Vrypas

Deur dieselfde skrywer:

Vervolgverhale vir *Sarie*
So min blomme (1966)
Onder skewe sterre (1967)
Sonder klein trou (1974)

Ander publikasies
Tiendes van anys (1962)
Ek is maar ene (1972)
Amper my mense (1974)
Rang in der Staaten Rij (1979)
Systap onder die juk (1982)
Serfontein-atlas (1984)
Die laaste jagtog (1984)
Galery van reënmakers (1986)
Keurskrif vir Kroonstad (1990)
Deurloop: Keur uit die
essays van Dot Serfontein (1992)
Vertel! Vertel! (1995)
Die huis van papier (1997)
Vis en tjips (1997)

Vrypas

Dot Serfontein

Protea Boekhuis | Pretoria | 2009

Eerste uitgawe, eerste druk in 2009 deur Protea Boekhuis
Eerste uitgawe, tweede druk in 2009

Posbus 35110, Menlopark, 0102
Burnettstraat 1067, Hatfield, Pretoria
Minnistraat 8, Clydesdale, Pretoria
protea@intekom.co.za
www.proteaboekhuis.co.za

REDAKTEUR: Amelia de Vaal
REDIGERING: Annamarie Steenekamp
PROEFLESER: Martjie Bosman
BANDONTWERP: Hanli Deysel
BANDFOTO: 'n Jeugdige Dot Serfontein
BLADUITLEG EN ONTWERP: Hanli Deysel
TIPOGRAFIE: 11 op 15 pt Century Schoolbook
GEDRUK EN GEBIND DEUR PAARL PRINT

Vertalings van aanhalings: Dot Serfontein
© 2009 Dot Serfontein
ISBN 978-1-86919-297-6

Geen gedeelte van hierdie boek mag sonder skriftelike verlof
van die uitgewer gereproduseer of in enige vorm of deur enige
elektroniese of meganiese middel weergegee word nie, hetsy
deur fotokopiëring, skyf- of bandopname, of deur enige ander
stelsel vir inligtingsbewaring of -ontsluiting.

* Die politieke en sosiale kommentaar wat hierin uitgespreek word, is dié van die outeur. Die uitgewer stem nie noodwendig daarmee saam nie.
* Kragwoorde verskyn binne konteks en het nie ten doel om aanstoot te gee nie.

Inhoud

Vrypas —*11*
Die skrywersberoep —*15*
My jubeljaar —*16*
Oupa Hennie —*28*
Eerste vriendskap —*34*
My mense —*41*
Skool toe —*47*
Briewe —*59*
Die Wildtuin —*71*
Die Bybelfees —*76*
Simboliese Ossewatrek, 1938 —*80*
Laerskool —*84*
Tientie en ek —*90*
Pieknieks —*101*
Standerd ses —*111*
Insetsels —*114*
Paddavlei —*117*
Koshuis —*122*
Pa en Ma – en die yskas —*132*
Oujaarsaand 1943 —*137*
Universiteit —*146*
Universiteit 2: Baviaanspoort —*154*
Lewenslange vriendskap —*162*
H.O.D. en Sentraal Hoër —*166*
Sentraal 2 —*174*
Die eintlike loopbaan —*180*
Die Volksblad —*188*
Vryskut —*197*
Die missie —*204*

Die erwery —*205*
Standerd ses-onderwys —*209*
Die Sestigers —*214*
Pakt —*218*
Die Krogs —*220*
Vanmelewe se boerdery —*223*
1951 —*228*
Tuis —*235*
Tuis 2 —*238*
Die weeshuise —*242*
Witsieshoek, sendingweeshuise en Chautauqua —*247*
Chautauqua-vroue en Emily Hobhouse —*252*
Majoor Warden —*254*
Baas en Klaas oppieplaas —*257*
Ons boer —*260*
Kursus in bome snoei —*265*
Die sewentigs —*269*
Die tagtigerjare —*277*
Weermag —*280*
Belowe my —*284*
Later eendag —*287*
Lees —*290*
Verassing —*291*
Sing van ons land in die Suide —*294*
Kariba —*299*
Oorsee —*304*
Winburg —*307*
Weskus —*316*
Mymering —*323*

Tagtigers 2 —*325*
En nou is hulle groot —*329*
'n Halfeeu gehuud —*331*
Tagtigste verjaarsdag —*334*
Herfs —*335*
'n Prekie vir die jong vrouentjies
van destyds se kleindogters —*338*
Kan 'n mens —*346*
Gebed oor 'n appelroomkoek —*348*

Vrypas is nie 'n herskrywing van die land se geskiedenis of politiek nie, maar my weergawe van die konteks waarbinne dit drie geslagte lank die lewe van my plattelandse boeregesin beïnvloed het.

Vrypas is nie 'n herskrywing van enige van my reeds gepubliseerde boeke nie. Dit vertel van die dinge waaroor ek voorheen geswyg het, dit swyg oor die dinge waarvan ek voorheen vertel het.

Dot Serfontein
Kroonstad
2008

Vrypas

In die skerpsinnige spanningsverhaalskrywer P.D. James se boek *Devices and Desires* gee 'n karakter dié troostelose opgawe van wat die mens van tagtig jaar oud te wagte kan wees: "Die liggaam is nie meer geïnteresseerd in seks nie, die gedagtes is nie meer geïnteresseerd in spekulasie oor die toekoms nie, die kleiner dinge in die lewe het meer betekenis verkry as groter dinge in die lewe. Dus moet die tagtiger hom of haar roetineer om te aanvaar: 'At eighty, nothing really matters at all!'"

'n Mens kan nie help om te dink dit wys heen na iemand wat nog nie die klein maar verfynde positiewe nuanses van tagtig onder die knie het nie.

Selfs in die Bybel (naas die taamlik onsmaaklike vergelyking van die mens van gevorderde leeftyd met droë gras) word ouderdom meer positief gesien en ten minste wetenskaplik gefundeer. Dáár word gesê dat die mens kan reken op 'n ouderdom van sewentig jaar en as hy of sy baie sterk is tagtig jaar. Só word die fisieke oorlewingseienskap van die gewone mens erken. Jammer dat die Bybel nie aanstip wat ná tagtig met mens gaan gebeur nie. Is dit doodgewoon uit mededoë en takt wat dit verswyg word dat mens eintlik dan met een hou van 'n eselskakebeen die ewigheid in gevel behoort te word, by die aanhoor van slegte nuus soos Eli van sy stoel af agteroor behoort te val, of soos Saul ná sy geheul met heksery op die slagveld behoort te sneuwel? Of beteken dit dat ná tagtig die oorlewendes 'n vrypas gegee word om te doen of te laat net waarvoor hulle lus is, sonder dat dit teen hulle aangeteken staan? Die ou paar sondetjies wat tagtigjariges nog sal doen, sal hulle só bebrou dat dit eintlik eerder as wonderwerke gereken sal kan word.

Die fisieke aftakeling van die tagtigerjare is blykbaar 'n groter probleem vir die nageslag as vir die bejaarde. Jy word gaandeweg doof, dus word aanvaar dit help niks om jou by 'n gesprek oor 'n aktuele tema te betrek nie. Die huidige geslag besef dikwels nie, so gou as wat 'n bejaarde sy bril opsit, hoor en verstaan hy alles wat gesê word. Dit is omdat die jonger geslag as gevolg van moderne tegnologie die belangrike kommunikasievereiste van ordentlike artikulasie en relevansie van tema verloor het. Elokusie is vandag onbekend. Hulle kommunikeer met ruklyf en pensdans, sing dowwe "songs" en herhaal outydse wolfkrete oor die paar temas wat jou vyftig jaar gelede al verveel het. Moenie stry nie, taggentagjarige, mens se kleinkinders praat regtig net in slagspreuktale.

Jou reaksie sal robotgewyse begroet word met "Hêllo", "Amandla!", "Be cool!", "Jou fokken bybie!" en jou tot in jou derde geslag in al elf tale binne die pit van moderne kommunikasie bring.

Ons sou nie geïnteresseerd wees in seks nie? Oral kry ou sake nuwe name, behalwe seks: 'n nuwe, hoogs verwikkelde saak wat sy ou naam moet hou om te oorleef. Moderne seks is baie soos 'n mikrogolfoond. Jy druk die knoppie, maar dan moet jy blitsig die deurtjie toedruk voor die uitstraling jou velle afskroei ... en jy dink jy het gevry! Dit kos natuurlik baie energie van die media en advertensiewese om 'n vonk te slaan uit die sellulietlose, anoreksiese boboudbeen van die seks-*idol* van vandag. Want sy moet oorleef met hare wat soos oergrotmodelle s'n moet rondwaai. Daarby moet sy al vanaf vyf-en-twintig daadwerklik teen rimpels en plooie veg. Hoe sal sy weet om die regte waspoeier te gebruik wat haar klere nie so sal laat krimp dat dit lyk of sy bo-op die broek sit nie, op halfafgeblaasde ballonnetjies, in die middel tatoeëermerke soos operasielittekens en 'n naeltjie-diamant, en onder net 'n boudvlossie wat kan vonkel? Die teenoorgestelde geslag se kundigheid is voltyds nodig om met viertrekke alles gelyk gedoen te kry voordat tamboerslae en 'n nuwe sportmotor sy aandag aftrek.

Nee, ons geslag van gevorderde, lank beproefde tegnologie hanteer seks as kosbare familiesilwer wat blink gevryf per geleentheid op kersbeligte tafels pryk.

Dieselfde geld natuurlik vir die stelling dat die tagtigjarige nie meer oor die toekoms spekuleer nie. Natuurlik spekuleer ons nie meer nie. Niks is kleiner of eenvoudiger as om oor die toekoms te spekuleer nie. Jou spekulasie het dieselfde waarde as dié van die agtjarige kleuter wat strokiesprente lees. Dis wanneer mense oor die toekoms begin spekuleer dat mens jou regtig in 'n geselskap verveel. Ongelooflik, die sothede wat kwytgeraak word teenoor jou wat die verlede ken, en nie 'n toekoms het nie.

Laat my toe om 'n paar ekstra bedryfsrisiko's vir bejaardes aan te stip.

Bejaardes loop nie laggend die straat af met die oog op aankomende bekendes nie. Hou jou oë op die grond, want 'n driesentimeter-riffie op die sypaadjie kan jou laat struikel. Struikel in terme van die jarigheid het 'n heel ander betekenis: Oumense struikel nie, hulle val soos boomstompe en vat grond soos glasbekers. Buitendien, jy hoef geen aankomeling te groet nie. Hy of sy sal jou opgewonde om die nek val, met opregte komplimente oor hoe fiks jy lyk, want jy stel vir so 'n mens 'n aantrekliker toekoms in die vooruitsig.

Jy hoef nie iemand se naam te probeer onthou nie, want hy sal joune ook nie onthou nie. Hy/sy sal sê: "Bly jy en oom Piet nog op die plaas by Steynsrus?" terwyl jy tant Alie is en al twintig jaar in 'n aftree-oord in Parys woon, omdat oom Koos juis al twintig jaar gelede oorlede is. Moenie hulle probeer reghelp nie, jy maak hulle net wakker uit 'n mooi droom.

Moenie probeer besuinig nie, betaal! En betaal markgedrewe

pryse vir iemand om jou naels of toonnaels te sny en om jou rompe te verander sodat die ritssluiters aan die kant sit sodat jy dit self kan toerits. Baie ou mense is al onnodig blootgestel deur mense wat agter hulle staan om hulle rokke toe te rits. Dit is kennis wat soos die wiel weer eens ontdek gaan word. Hou dit in gedagte as daar sprake van 'n tweede huwelik is.

Die ontbering van die klimmende jare lê nie daarin dat mens fisiek en geestelik swakker word en eindelik doodgaan nie, sê Ivo Andric, die Bosniese skrywer, maar dat die ouer mens in die pad staan van jongeres met drome op weg. Jy word, sê hy, nie na die graf gesleep deur jou eie swakhede nie, jy word van agter af in jou graf ingestoot deur ongeduldige jongeres.

Wanneer die vyf-en-vyftigste familieportret of aandenklike porselein-harlaboerla van jou muur af stukkend val, hark jy nie rond om dit te vervang nie – die kaal kol aan jou muur is 'n verhelderende ruimte en jy besef jy skep 'n nuwe hede: ontdaan van 'n verlede van oorklettering.

Natuurlik is daar klein dingetjies wat groot word. Ja! Jou sorg vir jou katte en jou honde of die voëltjies op jou vensterbank. Wat jy aan hulle bestee, is soos die verlore penning van die gelykenis: As hulle wegraak, sal jy die huis uitvee tot jy hulle weer kry.

Daar is pyn. Groot pyn wat kleiner word by die besef van die dieper essensie daarvan: dat jou liggaam moedig in die laaste loopgrawe vir jou veg teen 'n oormag. Van die groot dinge wat klein word, is onder andere die dood. Jou dood. Dié was eers 'n vreemdeling op straat, nou word dit 'n hartsvriend langs jou bed. Iemand anders gaan jou begrafnis reël en jou grafsteen oprig, en as hulle nalatig is daarmee, wel, *hard lines* vir hulle! As iemand verder iets van 'n ontslapene wil weet, kan hulle sy of haar sterfkennis by die argief gaan aanvra. Alles is daar op rekenaar, met die foute verswyg, byna soos mens glo die Hiernamaals met ons ou grasmense sal werk.

Die skrywersberoep

Die skrywersberoep – dit is 'n beroep, 'n veeleisende een wat ná jare se toegewyde arbeid baie skrale opbrengste kan bied – het nogal baie in gemeen met die delwersberoep.

Diep onder in elke individu loop die aarwerk van sy of haar aanlegte wat dwarsdeur die lewe die dryfvere bepaal. Dit kan edelstene wees, dit kan die drang wees om self deur die geskrewe woord te ontlaai. Om hierdie are te kan ontgin, moet die skrywer, soos die delwer, sekere gereedskap byeenbring. Hy moet, soos die delwer, bereid wees om deur tonne afvalgrond (of leeswerk) te grawe om by sy aarwerk uit te kom. Om homself te ken, moet hy enersyds midde-in die lewe om hom staan, maar andersyds in strenge afsondering bly om nie op dwaalweë te beland nie.

Dit verg 'n lewenstyl waarby jou beste vriende jou grootste vyande kan word, en jou kollegas jou onredelikste kritici of die steler van jou beste temas.

Soos in die delwersberoep is dit 'n deurentydse sifting van besonderhede, 'n jaloerse bewaking van wat jy beoog om te gee en wat jy wil verberg: alleenheid as lewenstyl. Soos die delwer ná jare se toegewyde arbeid moet jy leer om die teleurstellings te verwerk wanneer jou produkte op markwaarde as bloot onegte diamante of klatergoud geëvalueer word. As jy een woord publiseer, moet jy bereid wees om vir tien verantwoordelikheid te aanvaar, want jy kan niks daarvan aan ander delegeer nie; dis net jyself, jou vingers, jou are en die genade van die Liewe Heer wat dit moet doen.

My jubeljaar

Ek is gebore op 30 April 1925 in 'n besonder koue winter, sê hulle, in my ouma Serfontein se huis in die ou, verwaarloosde gedeelte van Kroonstad. Met die Afrikaner se herinnering aan die mediese gruwels van die Anglo-Boereoorlog sou hulle nooit droom om in 'n hospitaal gebore of afgesterf te word nie. Wanneer mens 'n sekere ou antie met haar koffer by 'n vreemde huis sien ingaan en sy kom nie na 'n paar uur weer uit nie en jy hoor van water wat kook, weet jy die verwagte baba arriveer, nog voor jy enige geboortekreet hoor.

Wanneer mens 'n straatblok afgesper sien met 'n ysterpaal en 'n tou, weet jy binne is daar 'n sterfbed omring deur familie, erfgename en agente (om later sterfbedbeloftes te kan bevestig). Jy weet die sterwende se mate is reeds by Voorboom, die begrafnisondernemer. Veral wanneer dit somer is, moet mens stip op tyd werk.

Dit was die jaar nadat die Afrikaners, by monde van die Nasionale Party in vennootskap met die Arbeidersparty, vir die eerste keer ná die Anglo-Boereoorlog wankelrig vir 'n dekade aan bewind sou kom. Kroonstad is sedert sy begin hoofsaaklik bewoon deur Engelse wat óf by die goud- en diamantvelde onderdeur was óf deur die Zoeloes in Natal skrikgemaak is. Hulle het langs die transportpaaie opgedrifsel. Kroonstad was een so 'n plek van swartskape van ou Britse adel, Ierse vuisvegters en Oos-Indiese slawe-afstammelinge wat vir wit deurgegaan het. Party van hierdie andersoortige pioniers het hotelle of winkeltjies geopen, ander het kerke gebou, party het hulle dadeloos dood wou treur oor Brittanje se verlore kanse, party wou hulle dooddrink daaroor. In hierdie roesemoes moes ou dominee Van der Lingen sy Hollandse kerk bedryf, weerbarstige Boere kalmeer, en moes die Vrystaatse presidente 'n republiek uitworstel.

Gedurende die Anglo-Boereoorlog was dit een van die Engelse se hoofkwartiere, dus is dit nooit platgeskiet nie. Kroonstad se Engelse dorpsbestuur het saam met Milner, die Kaapse goewerneur en Hoë Kommissaris, geglo: Teen 1920 sal daar geen Afrikaners in die land oor wees om moeilikheid te maak nie. Hulle is finansieel deur die oorlog geruïneer, hulle plase is verwoes, hulle aanwas is in die kampe vernietig, hulle staatsbestel gekaap; dus kan die origes met vrug by die lojale Kaapland ingelyf word. Die weinige weerbarstiges is deur die Rebellie van 1914 in die tronk, die res deur die Depressie werkloos. Daarom was dit met die allergrootste skok wat Kroonstad se stadsraad in 1925 'n Afrikanerburgemeester moes aanvaar. Maar soos die ou slagter ('n getroue ou Sap) gesê het: "Let's be bold, let's move forward."

Kroonstad laat sy uitgediende watersuiweringstoestel opgradeer tot die allermodernste "machine", ekstra vlieëdoodslaners word aangestel en per mudsak dooie vlieë betaal, aan die munisipale drade hang vyfduisend dooie rotte en muise, en sal die inwoners ophou om hulle koeie in die agterplaas aan te hou en melk in leë whiskybottels af te lewer! En sal almal nou ophou om hulle drinkwater te kook! Die water stink wel oor die droogte, maar elke ingeligte weet dat kook net die stank vererger. En: "How long is Kroonstad going to cling to the old unsavoury bucket system when water closets are being erected even on railway stations?"

Die "backward farmers who have only recently pulled themselves up by their shoelaces to ordinary refinement" moet weet, dis die laaste verkiesing wat Sy Majesteit se lojales deur die vingers sal laat glip. Intussen moet hulle oombliklik begin slote grawe vir die voetgangersprinkane om in te verongeluk en moet alle skure uitgerook word, want daar is reeds "two citizens" dood aan builepes en die polisiehoof, 'n oudsoldaat van Sy Majesteit, wil weet watter "scoundrel of a Boer" verantwoordelik is vir die lyk wat dryf in "Mister Basie Willemse's dipsloot". Wie is hy, wie het dit gedoen en hoekom? Is dit nie erg genoeg dat die spoorweginspekteur wat die Nasionaliste nou aangestel het, in die koerante die sotheid kwytraak dat daar sewentig spoorweghuise in Kroonstad is wat nie geskik is vir menslike bewoning nie en dat hulle jou waarlik teen die stadsraad se sin 'n skool vir spoorwegkinders in die Railwaykamp begin het? As Brittanje van alles moet hoor, is die duiwel los.

Geen wonder dat ek wat my ouers se derde kind was, in 'n redelik onstuimige tydvak my opwagting gemaak het nie. Die beplanning was dalk nie so deeglik nie. Per slot van rekening was daar reeds die ou seuntjie met sy oupa Daniël se familienaam en 'n ou dogtertjie met haar ouma Helena se naam, die allerfraaiste bybietjies in die familie, te oordeel na die dosyne poskaarte van hulle in alle familiefotoalbums.

Nie 'n wonder nie dat vyf dae ná my geboorte – toe elke vrou geweet het tien dae is die tyd om ná 'n geboorte die bed te hou – my pa ou dominee Dönges laat kom het om my gou te doop: Daar was nie tyd om die Emily Hobhouse-kantdooprok van die plaas af te laat kom nie; my ma se syonderrok was darem mooi gesmok.

Soos in my oorlede oupa Danie se tyd is dit steeds in krisistye droog, die lammerooie moet soos altyd in die groenvoer kom, en my pa is die jubelende sekretaris van die plaaslike Nasionale Party. Soos in die daaropvolgende agt jaar het hy seker toe al in wanhopige frustrasie by my ma gekla oor die mense doodeenvoudig nie die pad vorentoe wil loop soos generaal Hertzog sê hulle moet nie, en ná daardie agt jaar doodgewoon aanvaar dat mens tog nie die pad moet loop wat generaal Hertzog sê mens moet loop nie.

Ná die doop word almal in die motorkar met die afslaantent

geboender – daardie tyd die nuutste uit die Ford-garage van Tommie Armstrong ('n deetlike ou Skot, darem) – en teen 'n ylingse vyftien myl per uur uitgeja plaas toe. Heeltemal sonder ophef was my aankoms daar darem ook nou nie. By die grenshek genaamd "Die oskamp se hek" (gerespekteerde baken vir wit oor dit 'n baken is, vir swart omdat daar naby onbekende grafte lê waar dit spook), word ons ingewag deur al wat swart statbewoner is, wat natuurlik toe al die bostelegram van my aankoms gekry het. Hulle was juis aan 't papstok hardloop. Dit het behels dat een plaas se mense 'n ander se papstok steel en daarmee terughardloop na hulle eie stat, met die papstok se regmatige eienaars agterna. Dit was daardie tyd nog vir wit en swart 'n gerespekteerde seremonie, en vir reënmaak in erge droogtes amper beter as jou plaasbiduur. Hamerkop, my pa se regterhand, was daar met die vlag op my pa se vosperd en hulle het die motorkar al jillend vergesel tot by die huis. Dat daar nóg 'n verwelkoming op my sou gewag het as die Noodlot nie ingegryp het nie, wis ons nie.

Twee dae ná my intog kom Hamerkop douvoordag aanklop: Oubaas Stinkfaans lê by die oskamp se hek, doodverkluim. Van die perd af geklim om die hek oop te maak, en toe kon hy nie weer opkom nie. Jy weet mos.

Ja, my pa weet!

Oom Stefaans was familie van my pa, verlangs, maar naby genoeg dat my pa geglo het hy is hom koelte onder ons boom verskuldig.

Oom Stefaans, ná drie plase deur sy keelgat, is 'n armblanke, laasgenoemde die eufemisme vir daardie tyd se kantiengeval. Dié mense is deur die hele gemeenskap bekend: Hulle besoek kroeë, iets wat 'n gewone inwoner maklik onder tug by die kerk sou bring, hulle slinger met 'n rooi neus deur die straat, soek skoor met swartes, terwyl hulle vrouens en kinders deur die kerk onderhou word. Wanneer die oom dus weerbarstig raak, laat my pa gewoonlik vir Hamerkop met die bokkiekar ingaan dorp toe om die oubaas op te laai. My pa laat hom dan in ons stoepkamer uitvars tot redelik op koers, waarna Hamerkop hom weer terugvat dorp toe.

Maar synde van my pa se kant van die familie is oom Stefaans "'n doodgoeie ou siel" wat niemand kwaad aandoen nie. En bo alles 'n rebel wat in 1914 nog die slag van Mushroom Valley saam met generaal De Wet deur is, glo 'n dodelike vegter. Waarskynlik het hy gehoor die nuwe bybie is daar, want hy het vooraf gesê as dit 'n meisietjie is, moet sy my ouma Serfontein se name kry. Hy sal daarvoor sorg. Hy het 'n aandoenlike verering vir my ouma gehad, waarskynlik oor sy hom ontydig gekasty het oor sy "losse gedrag".

My pa vertel later: "Ek sê toe vir Hamerkop, maar jong, jy ruik dan self die ene brandewyn?"

"Ja, nee, maar toe hy by die oubaas kom, lê daar neffens hom 'n halfbottel van die beste witmensskokiaan: 'Ek kon dit mos nie daar laat lê vir allerhande heidings om te vat nie!'

"Hamerkop, dié is so dronk hy vat al mis wanneer ons die ou oom wil optel. En die oom self was stokstyf; ek sou hom in g'n mouter gelaai kry nie. Tien myl dorp toe of een myl plaas toe? Die einde van die storie is toe dat ons hom tot in die stoepkamer kry." En daar lê ek en die ou oom in staatsie met net die muur tussen ons tot sy mense hom met 'n perdewa kon kom oplaai. "Gelukkig," so eindig my pa dan sy storie, "was dit winter; hy kon goed hou."

Nou ja, ek kan darem getuig dat die resultaat van my intrede nie van my so 'n erge rassis gemaak het dat mens dit sal agterkom nie. En as niemand my op my doopname Susanna Jacoba genoem het nie, was dit nie oom Stinkfaans se skuld nie. Hy het gedoen wat hy kon, soos in al sy oorloë. Vanwaar dan die naam Dot? My ma het dit taktvol só uitgelê: "Jy was ons spesiale ou dogtertjie. Jy noem jouself toe Dottertjie, en die res van ons, Dot." In latere jare kon ek my wel verbaas dat my gelowige ma so vir my kon jok oor my bynaam. Sy wat selfs vir my die waarheid kon vertel insake ou Vader Krismis, en – hoewel met toeligting in die allerhoogste beeldspraak – hoekom 'n haan 'n hen jaag.

My Sothonaam word Madipô, na my ouma Serfontein, maar in die omgang onder die Sotho's, Mamotobake. *Toba* beteken "die pad hou", *tobaka* beteken "om nie een pad te hou nie". My ouma Middenspruit noem my toe min of meer in dieselfde gedagterigting Potjierol, 'n naam wat, met hoeveel goeie bedoelings ook al, saam met haar graf toe gegaan het.

Die eerste paar jaar van my lewe sou vandag se sielkundiges tot ernstige nadenke stem, maar ek onthou dit as 'n tyd van ongekende vryheid. My ma se bedrywighede, hoewel in haar huis gesentreer, was oor 'n ongelooflike wydte versprei. My pa, as die oudste seun van my ouma Serfontein se nege kinders, het die woonplaas geërf. Dit het gemaak dat daar tydig en ontydig broers, susters, niggies en neefs opdaag en oorbly en agterbly. Net om voorraad te voorsien om die mage dik te kry, het 'n voltydse huishoudkundige meesterplan vereis.

Die Serfonteins was almal ook mense wat oor 'n menigte van onderwerpe in deskundige diskoers verskil het. Om hulle nuutste argumente oor volk en vaderland en kerk en hulle opsommings oor ander lede van die familie te volg, het kopwerk vereis waarmee my ma net kon bybly weens haar vroeëre Milnerskool-opleiding in die *Royal Reader*. Daardie boek het mos volledig verslag gegee oor aardrykskunde van die pool tot die trope, van al die kolonies wat Engeland van barbarisme gered het, die geskiedenis van Adam en Eva tot die prinse van Wallis, die beste van alle Engelse skrywers, van Chaucer tot Wordsworth. Van al die wonings en konings van Engeland, al die industrieë, van sywurms (alles ryklik litografies geïllustreer) tot stoomenjins leer mens in dié boek. Jy weet agterna van al Engeland se bome en plante, van *daffodils* tot saagmeulens, jy ken die anatomie van voëls tot walvisse, jy lees van elke veldslag gewen met fantastiese heldedade deur Engelse soldate. Ja, alle punte van beskawing wat jy kan nodig kry. Dit is op rekord dat die Engelse dit reeds bereik het en mens hoef nie vir 'n paar eiesoortige Serfonteins terug te deins nie – nie as jy die *Royal Reader* deur is nie.

Só word ek groot tussen woes borrelende seeppotte, reusekastrolle konfyt, terte en koeke soos blomme uitgerys, bees- en varkkarkasse, met byle stukkend gemaak en aan hake onder die bloekombome gehang, in handmeulens gemaal, gestop in derms wat saans by kerslig gekrap is, en vasgesteek met doringboomdorings.

Daar was ook vir my onverklaarbare pendelings in 'n motor met afslaankap na my ouma (Ma se ma) se plaas Middenspruit, na my ouma Serfontein (Pa se ma) se huis op die dorp, na my tant Lena (Ma se suster) op die dorp, en na Pa se suster Lettie. Tant Lettie was 'n onderwyseres en haar man, oom Van Niekerk, was die skool se prinsipaal. Van hierdie genoemdes, outoriteit oor lewe en strewe, was dié wat vandag min of meer as "die media" bekend sou staan: Jy hoef nie te glo wat hulle sê nie, maar jy doen wat hulle sê. Op pad na al die bestemmings toe was ons kar altyd vol vragte groente en vrugte, karmenaadjies en biltong.

Niemand kom agter wanneer ek buite natreën nie, want my klere word aan my lyf weer droog. Nog nooit van 'n reënjas gehoor nie. Ek hoor die kinders op die dorp dra skoene en spesiale jersies wanneer hulle koud kry. Ek kry nie koud nie en as my voete bars, smeer die kombuisousie dit vir my met kersvet en paraffien. Ek dink en doen net wat ek wil, wanneer ek wil en niemand kom dit agter nie. Niemand dink oor wat ek sê nie, want ek praat eintlik net met myself.

Dit was natuurlik die goue eeu van ouerskap, toe kinders selde gesien en nooit gehoor is nie. Daar is selde met kinders geraas. Met hulle is soos met goed geleerde osse gewerk: net 'n sekere oogopslag, 'n betekenisvolle beweging van 'n ouerlike skouer en jy is weg, gouer as nou, want jy weet jy was weer 'n nuuskierige agie wat wonder oor husse met lang ore, en jy maak spore. Jy hoef nie te wonder of jy iets verkeerd gedoen het nie, jy kry 'n goed gemikte plathandhou op jou boud, en jy weet vir altyd wat verkeerd was.

Die tersaaklike is nooit voor of met kinders bespreek nie. Van goed soos menstruasie of seuns se bednatdrome het kinders met verbeeldingryke toevoegings by ouer kinders in afgesonderde hoekies gehoor, op dieselfde manier as wat mens van toordery en spoke hoor.

Ons was drie kinders, ek was tien jaar oud toe ons vierde boetie gebore is en ek het wragtig nie geweet hoe hy daar gekom het nie. Net my broer Danie, ses jaar ouer as ek, het vir my verduidelik hierdie laatlam sal maak dat ons ander nou sal moet werk dat ons neerslaan, anders gaan daar vir niemand iets oorbly om eendag te erf nie. Toe ek wou weet wat "erf" is, sê hy hy sal my vertel wanneer ek sestien jaar oud is. Later jare, ná my ouma Middenspruit se dood, sou ek die geheime agendas van die volwasse gesprekke op Middenspruit begin verstaan.

Aanvanklik was net ek en my ouer suster Lena, oftewel opgegradeer tot Nooientjie, die enigste sigbare kinders in die huis. Sy was, met verbasende toespelings, 'n beroepsafluisteraar van grootmensgeselskap. Die oudste broer Danie het toe by my ma se ouers op Middenspruit gewoon. Geslagte tevore het grootouers die finale sê oor 'n kleinkind gehad. 'n Kleinkind is maklik sommer net aangesê om by die oupa en ouma te kom bly. Die redes het verskil, maar die onuitgesproke ooreenkoms was dat so 'n kind in aanmerking sou kom vir die erfgrond ná die dood van die oupa en ouma. Dit was 'n gebruik wat onbedoelde gevolge gehad het. So 'n kind, indien later terug in die ouerhuis, het meermale nog erger probleme gehad as dié waarvan mens eers op sestien jaar geweet het. En by die oupa en ouma se dood was daar meermale heftige rusies tussen die ooms en tantes oor wie wat kry.

In ons geval het my broer Danie tot standerd ses by die plaasskool op Middenspruit skoolgegaan en net nou en dan huis toe gekom. Hy was vir my, my suster en my twee dorpsniggies, wat merendeels ook vakansies by ons was, 'n bron van kennis. Op tien jaar het hy sy eie windbuks by Oupa gekry. Hy kon Oupa se groot sedan "dryf". Want Oupa se regterhand was 'n Halfjavaan, Jankoos; hy het gehakkel en het net een oog gehad en hy mog nie bestuur het nie. Dus het Danie regop al hangend bo-oor die stuurwiel bestuur, terwyl Jankoos langs hom sit om die "gheers" te "tjyns" en my oupa in afsonderlike glorie agter in die sedan op 'n gansveerkussing sy pyp sit en rook het. Danie het saam met Oupa die kerkraadsvergaderings bygewoon. Hy kon trompette van pampoenstele maak. Danie kon pampoenspoke met regte kersies binne-in maak, hy kon telefone maak met blikkies en draad waarin mens "regtig" kon hoor, hy kon elke grootmens so wesenlik namaak dat jy jou ore nie kon glo nie, van die predikant tot die Jood wat volgens Oupa hom wou verneuk toe hy sy wol gekoop het. Juanita, wat oor die kombuis regeer het, moes elke week vir hom en enige van die bywonerskinders wat saam met hom skoolgaan en kom kuier, 'n slapkoek bak. Natuurlik het Danie heeltemal wetenskaplik aan spoke geglo, en op 'n stadium het hy ons vir die waarheid vertel sekere mense glo dat Liewe Jesus van 'n aap afstam. Ons moet net oplet: Wanneer so 'n mens oor die tafel bid, hou hy sy hand voor sy oë. Naarstiglik hou ek toe by elke ete dop en tot my skrik hou my pa en al wat 'n oom is, die hand voor die oë wanneer hulle bid.

Danie, oftewel Bul, sê darem mens kan oom Clifton – hy's 'n dorpenaar, my ma se suster se man – verskoon, want dié sê self vir Oupa, met al die misdade waarmee hy as magistraatsklerk te doen kry, wil die Bybel net 'n mistiese verhaal word. En vir ander mense sê die oom, met dié dat sy vrou (tant Lena) elke dag kastrolle vol kos en *bustboddisse* en skoene en geld uitdeel aan arm mense, hoef hy nie daarvoor te bid nie. Hy betaal daarvoor. Verder speel hy viool en "biljirts" vir sy senuwees en teel asters en sangkanaries, want teen die tyd wat ou Hennie Middenspruit afklok, het Leentjie al hulle hele erfporsie uitgemors op skarminkels en hy en sy ou seuntjie Klasie sal in die pad moet loop. Natuurlik het Bul volle toegang tot grootmensgesprekke gehad.

My tant Lena is insgelyks destyds gegee vir my oumagrootjie op Winburg, toe my ouma Middenspruit as jong weduwee met twee kinders ná haar man Jan Delport se vroeë dood agtergebly het. Saam met Oumagrootjie was Lena gedurende die oorlog in die konsentrasiekampe by Winburg en daarna Oos-Londen en het daar baie siek aan maagkoors geword. Sy was haar lewe lank daarna verswak. Dit het van haar 'n rasend bedrywige welsynsmens gemaak, want sy het beweer: "Ek ken honger, ek ken koud, ek ken veragting."

My beste vriend was tant Lena se enigste kind Klasie, die wonderlik sonnige mens wat met 'n hartlike lag die somberste gegewens kon afmaak. Ek en Nooientjie, drie jaar ouer as ek, was tien jaar lank ongemaklike trekperde. Sy is eers skool toe toe sy tien jaar oud was, want om destyds kinders weg te stuur na goed soos koshuise was 'n lelike ding wat ouers so lank as moontlik uitgestel het. Haar status in ons huis het aan dié van 'n prinses gegrens. Sy kon lankal lees en skryf, sy was lank die skriewelant wat maandeliks die gesinsbrief vir my ma se mense in Winburg moes skryf. Sy mog die *Kleinspan* van M.E.R. oor Krulbol, Rinkhals, Oortjies en Otjie (die eerste Afrikaanse strokiesprent) wat saam met die *Huisgenoot* gekom het, eerste lees. Sy het 'n kis vol speelgoed gehad met teestelle, meestal presente van tant Lena wat getuie oor haar was, wat sy toegesluit kon hou sodat "nuuskierige agies" nie al weer daarin kon grawe nie. Daardie tyd het "getuie oor jou" beteken dat hulle vir jou verantwoordelikheid neem as jou ouers verongeluk en op jou verjaarsdag vir jou 'n present gee. Ek het ernstig gebid vir my ouers se welsyn, want die getuie oor my was my ma se kinderlose tante van Winburg, getroud met 'n oom met 'n yslike twaksnor, 'n oom wat ek gedwing was om te soen wanneer ek hom groet – siende dat hy in die Boereoorlog 'n kommandant was, in elk geval. "Grawe" het 'n besonder negatiewe betekenis gehad daardie tyd en 'n arme kind kon nie sy hand uitsteek na 'n laai nie, of iemand beskuldig hom van "grawe". Net so met "al weer", wat beteken die arme agie bring sy dae deur met grawe in ander se goed. As my pa iewers heen gery het met die motor, het my suster reg agteroor geslaan as sy nie mag saamgaan nie, terwyl ek agter die stal gaan wegkruip het sodat ek nie hoef saam te gaan nie.

Sy, my twee niggies – Sanna, daardie tyd genaamd Toekel, en Klein Maynie, oftewel Tiekie – en soms my broer as leier het 'n formidabele bende gevorm. Hulle was die dogters van my pa se tweelingsuster Maynie, wat dood is aan 'n gebarste blindederm by Tiekie se geboorte. Hulle pa, in die omgang bekend as "oom Meneer" of "oom Van Niekerk", het daarna met sy vrou se ouer suster, my tant Lettie die onderwyseres, getrou. Hulle en Toekel en Tiekie was die meeste vakansies by ons aan huis. Ek, die agterna-een, het hulle gevrees en tegelykertyd gesmag na hulle geselskap. Nou ja, derde kinders het probleme van hulle eie wat elkeen maar na sy aard en gene vir homself uitwerk. Ek het my eie sisteem van ontwyking en fantasie uitgewerk. En tussen my en my ouers was 'n eiesoortige, halfonuitgesproke, tussenruimtelike kommunikasie wat ons wedersyds gepas het.

Dis maar in my stiltes wat ek besluit het my ma is soos 'n mooi boom. Somers, wanneer al die ander bome nog groen is, rys sy reeds met herfse goudgeel: pragtig, maar net reg om dood te gaan. Haar dun takwerk in die winter: Kyk hoe elegant, maar hoe eerlik sigbaar. So iemand het mos reeds doodgegaan. Dan huil ek so alleen-alleen oor die sterfte van die mens wat vir my vars brood en lemoenkonfyt gee en "Ständchen" van Schubert op die ou opwengrammofoon speel en volkome vrede het (halfteleurgesteld dat sy tog nog lewe).

My pa was vir my soos een van die sterk bloekombome wat my oupa Serfontein jare tevore op die werf geplant het. Die lang, gevlekte stamme, die digte, harde blare het onaangeroer deur die seisoene gebly. Op onvoorspelbare tye hang die takke vol fyn, soet stuifmeelblommetjies en die week daarna hang dit vol hoekige saad.

Ons hele huisgesin was lugtig vir my pa, die bangste wanneer hy glo hy doen dinge vir ons beswil en ons weet nie of dit dalk net vir sy beswil is nie. Ons het om hom beweeg soos oor ys op die plaasdam: Soms hou dit onder jou, soms breek dit onder jou. Maar jy glo nie vir 'n oomblik aan sy dood nie – net aan hoe hy sal huil oor joune. Selde het hy vrede uitgestraal, want sy standaarde was selde bereikbaar. Wanneer ons gesin geweet het wat hy dink hoe hy dit wil hê, het ons gemaak soos ons dink hy dit wil hê, en as ons verkeerd gedink het, het ons dessitwil tweede gekom as ons nie genoeg inisiatief gehad het om dinge behoorlik weg te steek nie.

Hy was 'n mooi man, wat in die samelewing op politieke, landboukundige en morele gebied 'n leiersfiguur was. Waarskynlik het hy homself verantwoordelik gehou vir sy voortbestaan, eerder as om die Voorsienigheid daarmee te vertrou. Sy standaarde vir homself was hoog, sy vergewing maar skraps, wat van hom 'n eensame mens gemaak het. Maar al hierdie dinge het nie verhoed dat hy immer die snaakse, die onbetreklike in 'n situasie kon raaksien nie. In ons huis het ons baie saam met hom gelag oor mekaar. Hy het nooit gevloek of gedrink of my ma verkleineer nie. Geld was vir hom en dus vir ons hele huisgesin so onbelangrik dat dit nie eens 'n grap werd was nie. Een ding wat hy besonder sleg gestaan het, is wanneer ons kinders vir hom vra: "Hoe bedoel Pa dan nou?" Hy antwoord niks, skuif sy stoel agteruit en stap weg. My broer Danie kon hom nooit inhou nie, as hy hom kom kry, vra hy dit.

En dan moet my ma oorvat: "Hoekom vra jy wat hy bedoel? Hoekom sê jy nie net jy weet nie wat hy bedoel nie, verkieslik saggies vir jouself sodat jy hom nie beledig nie." En Danie: "So ek moet die skuld dra? Oor hy een van 'n tweeling is. Kyk, hy kan nie eens musiek speel nie, waar oupa Hennie, wanneer hy sien ek weet nie wat hy bedoel nie, sy konsertina uittrek en 'Ou Krisjan was 'n wewenaar so by die veertig jaar' speel, of so iets moois."

Oupa Hennie

Ja, my stiefoupa Hennie op Middenspruit, die enigste oupa wat ons as kinders geken het, was 'n ryk man. Hy het bosse en klowe en rivier en spruit en wildsbokke in hulle honderde, Afrikanerbeeste en skape gehad. Vreemde volwassenes kon dit nie sonder 'n slee met 'n drywer en ou Makman en Jan-Bloed, die twee ou werfosse, die veld in waag nie, enersyds om die pad terug te kry as jy nie op die sleespore kan terugry nie, en andersyds sodat as 'n slang jou daar byt, ander op die sleespore af jou betyds by die opstal kry vir 'n ordentlike begrafnis. Oupa Hennie het soveel Geldenhuys-familie, bywoners en ander armlastiges onder sy sorg gehad dat die tweemanskool op die plaas jare lank kon floreer.

Oupa het konsertina gespeel en die wêreld se raaisels en rympies geken. Hy was net so tuis in sy manelpak as met opgerolde broekspype in die lusernleiland. Net motorkarre het hom gewen en my broer Danie moes op elfjarige ouderdom vir hom "die ellendeling dryf", min of meer soos vandag se kleinkinders hulle oupas se rekenaars vir hulle moet stel.

"Raai, raai," sou Oupa 'n raaisel opgee, "om het nekje gegrepen, om het pensje gestreken, o my liewe heugje, uit het gaatje kom het vreugje?"

Die antwoord is natuurlik 'n viool, maar party grootmense het 'n meerkatgrim gekry wanneer hy dit vra.

Ek onthou hoe sy talryke werkers onder voorman Tieties, ai

Bellie se man, op die stoeptrappies met twaksakkies vol klippies kom rekenskap gee het van bees- en skaapgetalle. Oupa sit dan by op sy groot houtstoel, met sy rokerstande geklem om die pyp met die silwerdekseltjie terwyl hy kort, noulettende rookblasies uit die hoek van sy mond loslaat. Hy was geset maar nie swaarlywig nie. Mans was destyds geset, vrouens fris en net diere vet.

Hier teen laatmiddag moes mens Oupa se voete vir hom in die sinkbadjie was en afdroog: die laaste van die groot heilsvertroostings van die plattelandse Afrikaner. Sy verjaarsdae het my swygsame ouma laat vier met seeppotte vol gebraaide kalkoene, reusagtige varkhamme, dosyne slapkoeke, honderde handtertjies, stomende doekpoedings en drillende blamaanse. Die viering is deur die hele omgewing in die gees van Nagmaalsviering bygewoon.

Sentraal in die voorbereidings vir my oupa se verjaarsdag was ai Bellie en haar huisgesin – mense van oer-Oos-Indiese afkoms wat nog saam met die Delports van Leeugamka af gekom het en in status net onder my ouma en effens bo my stiefoupa was.

Vieruur die oggend van die verjaarsdag dreun die vuur in die groot ou pêrelstoof al. Dan word die fuik van die vorige aand ingebring met 'n lewende skilpad, nie te groot en nie te klein nie, uit die wendam gevang. Die skilpad se kop word met die knyptang uitgerek en met die broodmes afgesaag en die reptiel word al spartelende met dop en al in die warm oond gelos, voor die huismense op is om te hoor hoe die skilpad in die oond rondloop.

By ontbyt word die sag gebakte skilpad op 'n skinkbord met 'n langsteellepeltjie, 'n bakkie kruie en 'n servet aan my oupa voorgesit. Hy skep dit dan uit die openinge in die dop. Hy was versot daarop, veral as dit 'n wyfieskilpad was wat nog eiers in haar had. Ek het nooit iemand anders dit sien eet nie. Van die dop het ai Bellie se gesin van vurke tot stopskulpe tot medisynepoeier vir eie gebruik gemaak.

Ja, ai Bellie kon vertel van ounooi Betjie Swart, die Delportouma wat veertien dae ná oubaas Johannes, haar seun, se dood eers sy doodsklere klaar gehad het, daarmee in die grafkelder afgegaan het, die kis oopgeskroef het en die oubaas eers daarmee netjies gemaak het voor sy uitgeklim het.

"Die oubaas, nog maar drie en dertig jaar oud, het skielik gegaan. Die Boesmans het hom met 'n gifpyl geskiet."

Ai Bellie wonder net wat geword het van die Tommies wat in die oorlog die kiste uitgehaal en die bene uitgeskud het omdat hulle gedink het daar is geld by begrawe. Sekerlik sou ounooi Betjie 'n vreeslike vloek laat kom het oor enigiemand wat met haar seun se beentjies gelol het. Dis dié dat sy wonder oor oubaas Hennie wat ná die oorlog die bene weer moes bymekaarmaak en terugpak en begrawe. Het hy ooit die regte bene bymekaargekry? Hy het mos nie die oorlede Delports so goed geken nie. Vir sy eie onthalwe hoop sy hy het.

Die eerste groot breek in my kinderlewe was toe my ma byna 'n jaar lank min of meer pal op Middenspruit moes wees om my ouma, toe bedlêend aan diabetes, op te pas, en ons net naweke op Erfdeel kon wees. Daar was dit nou ek en Klasie, enigste kind van my ma se suster Lena. Ek was verbaas oor al die voltydse reëlings van geld tot emosies tot wetenskaplike sorg wat aan so 'n enigste kind – as 'n baie kosbare wese, natuurlik – opgelê word. Inderdaad 'n sware drag vir alle betrokkenes.

En daar was natuurlik Swartland, my ouma se ou kat wat pal aan die voetenent van haar bed gelê het, twee dae voor haar dood net afgespring het en vir dae soek was.

Swartland met sy netjiese wit borsie was die eerste en die laaste kat wat ek nooit sy mond aan vleis sien sit het nie. Wanneer ons smiddae aan die groot eettafel sit, skep my ouma sy bord ook in: 'n groot homp mielierys, 'n skep pampoen boop met 'n klont botter daarin. Dan skuif my oupa die bord onder sy eie stoel in en vra die seën. Swartland het ure lank saam met my in die moerbeiboom gesit terwyl ek met hom en myself gesels, ons al twee se monde pers van die moerbeie, waarop hy versot was. Voëls en muise het hy net vir ontspanning gevang, met hulle gespeel tot hulle dood is, 'n gaatjie gegraaf, hulle netjies daarin geskik, sy stert breed gemaak, op hulle gepie en die gaatjie toegekrap.

Voor my ouma Middenspruit se begrafnis, het ou Bellie my vertel, het hulle Swartland dood met 'n lang verestoffer bo uit die moerbeiboom afgekrap. Ou Tieties het hom onder een van my ouma se lemoenbome begrawe. As hulle my maar vroeër laat weet het, want ek meen ou Swartland het 'n vaste prosedure vir begrafnisse gehad waaraan net ek reg sou kon laat geskied.

Wat toe selfs vir my eienaardig was, is dat ons die middag ná die begrafnis daar weg is en dat nie ek of my ouers ooit weer op Middenspruit gekom het nie. Ek weet ook van haastige reëlings om Bul – oftewel Daniël Johannes, toe reeds in standerd ses in die plaasskool op Middenspruit – oorgeplaas te kry na die dorpskool dat hy by my ouma Serfontein kon loseer. Nooientjie, oftewel Lena, wat toe nog nooit in 'n skool was nie, trap direk in standerd twee in by die kleiner onderste dorpskool waar ek later ook sou skoolgaan. Sy bly by my tant Lettie en oom Meneer, die prinsipaal, in hulle dubbelverdiepinghuis, 'n straatblok ver van die skool, en haar juffrou is die kwaaiste juffrou in die hele skool. Nooientjie ly so ernstig dat selfs ek haar jammer kry. En Danie se juffrou W.D.M. van der Merwe, die "doyenne" van laerskoolonderwysers, het hom binne twee kwartale opgedreun tot hy eerste in die klas staan, maer en verrinneweer en vir goed oortuig daarvan dat enige mens net tot sy skade te diep op skoolprestasies kan ingaan.

So hier en daar hoor ek die onbegryplike, naamlik dat my oupa Middenspruit nou sy pyp, daardie een met die silwerdekseltjie seker, opsteek met tienpondnote. En dis depressie 1932, begryp jou aan, skinder die grootmense. As gevolg van hierdie onverskilligheid so drie maande ná Ouma se begrafnis, is hy weer getroud, en wel met 'n jonger weduwee met twee kinders.

En 'n paar jaar later hoor ek by Bul dat Oupa vir dié antie 'n ander plaas bygekoop het, want daar word deur dese en gene beweer dit spook op Middenspruit en dat daar nou in die Middenspruit-opstal 'n bywoner woon wat beweer dis sy plaas.

Meteens was ons hele gesin op – vir ons almal – 'n ander geordende baan. Ons bly op ons plaas, my ma is beskikbaar, die groter kinders is in die dorpskool en kom net naweke huis toe.

Ek het nooit van enige griewe van my ma gehoor nie, behalwe een keer toe sy en my pa gepraat het: "Man, Kootjie, ek neem hom vir niks kwalik nie, ook nie dat hy die grond ingepalm het nie. As Afrikaners maar liewer nooit van erf geweet het nie. Of getrou het nie. Dis die beloop van die lewe. Maar ek het min goeie herinneringe aan daardie tyd. As die twee stiefkinders die geringste ding nodig het, sou hy sê: 'Ja, koop maar; Captain pays for all.' En dat hy ons meisies, toe al hubaar, geforseer het om velskoene wat hy self gemaak het, te dra. Dat hy ons in die hoërskool uit die skool laat haal het, want 'as meisiekinders hulle skoene deursit op die skoolbanke, sit jy vir altyd met hulle'. Ek glo hy was hoogs verlig toe hy ons twee darem voor die Groot Griep van 1918 van die hand kon sit. 'n Wonder ons het mans gekry."

En my pa sê met sy skewe laggie: "Wel, ou Boet," [só het ons hele gesin my ma genoem], "ons het maar gedink as jy so ryk is soos die Geldenhuyse, kan jy maar velskoene dra, dit sal nie jou huwelikskanse verongeluk nie en dit het nogal jou bene mooi opgewys."

Dan bly my ma stil, sekerlik gedagtig aan die dubbelslagtigheid van die kompliment – hoe goed ook al bedoel. Sy wou nooit ryk wees nie, sy was nie 'n Geldenhuys nie en 'n ordentlike meisie se bene was nie ter sake by huwelikskeuse nie, maar wel die liefdeslig wat uit haar oë straal. Dié was natuurlik foutiewe aannames wat oorgeërf kan word.

En natuurlik het my oupa self sy erfgrond onder die Geldenhuyse gehad. My pa het baie goed met hom klaargekom, hulle het oor Afrikanerbeeste en die Helpmekaar-beginsel saamgestem. My pa het dit later vir my so gestel: "Kyk, daardie tyd, as 'n jong weduwee met kinders weer trou, was daar 'n beginsel dat die tweede man onderneem om die eerste se kinders as sy eie groot te maak, met dien verstande natuurlik dat sy eie kinders saam met die eerste s'n erf. Maar as die tweede man geen kinders van sy eie bydra nie, word hy, kom ons sê as 'n os gereken en nou ja, dan moet hy maar die juk vat."

Ja, my oupa Middenspruit het nie in die Anglo-Boereoorlog gaan veg nie – glo 'n lastige knie. Wat ook al ander se dryfveer was om nie in Transvaal te gaan veg nie, by my oupa Geldenhuys was dit vir seker nie oor hy bang was nie. Punt is, sy Geldenhuys-familie was grondeienaars op die Johannesburgse goudvelde. Hy was doodgewoon te goed ingelig. Hy het ook geweet dat dit nie oor die Transvaalse burgers gaan nie, maar oor die goud, en die goud tot die derde mag.

Dit was algemeen bekend dat die goudmyne in die begin van 1890 beskou is as net so uitgewerk as dié by Barberton, en daar was algemene rus orals. Dit was toe dat twee ingenieurs uitgevind het die goud is nie op nie, daar is net te vlak daarna gesoek. En die term "deep-level mining" het die besef gebring dat, ten spyte daarvan dat al hoe meer myners aan tering sterf, daardie eintlike goudriwwe wel dieper was. Dit was daarná dat die frenetiese Jameson-inval in 1896 gevolg het. Bul het baie keer by my oupa gehoor: "Jan Smuts is van die Kaap af deur Rhodes en Milner oorreed om staatsprokureur van die ZAR te word, met die uiteindelike doel om die ou president uit die pad te kry vir 'n bloedlose kaping van net Johannesburg. Hulle het nie gedink president Steyn van die Vrystaat met generaals De Wet en De la Rey sal hulle neuse daarin kom steek en net aanhou en aanhou veg nie."

Nou, as my oupa hiervan geweet het, wie sê president Steyn het nie ook geweet nie? Dalk het hy in 'n visioen gesien dat daar agt-en-veertig jaar later goud in die Vrystaat ontdek sou word …

Eerste vriendskap

My ouma Middenspruit se begrafnis onthou ek goed. Op 'n dag is ek en Klasie van 'n lekker klim in die moerbeiboom af geroep: "Ouma is weg, terug na Liewe Jesus." Maar nou ja, wat beteken dit nou ook vir 'n kind van sewe jaar?

My ouma se dood bring toe vir my as kind die eerste van geweldige teenstrydighede van die geloof. Gelukkig het ek al Bellie se verklaring gehad om alles vir my in 'n meer aanvaarbare lig te stel. "Julle hoef nie so te huil nie. Alles is reg daarbo vir ounooi Lenie. Jy sien Swartland is al klaar daar bo vooruit om vir haar by die hek te wag. Dis dié hoekom jy nooit moet lelik werk met 'n kat nie. Onthou, dis hy wat vir jou wagstaan by die hek daarbo, hy sal jou keer daarbo."

Later sou ek vir 'n vlietende oomblik hieraan dink toe ek lees van die Egiptenare se geloof in die hond wat die sterweling moet begelei. Dis dalk waar die kennis verstrik geraak het. As die Egiptenare daardie keer by die Rooi See op katte kon staatmaak, het hulle dalk vinnig genoeg deurgekom. Dié vergelyking is wel te vergesog vir die gelowige, maar sê nou hulle het deurgekom, dan sou daar anderkant 'n hengse geveg tussen hulle en die Israeliete gewees het wat die Here natuurlik in die hand van die Israeliete sou swaai, maar in alle mitologieë het die vegter se siel altyd hoër status in Valhalla as die siel van dié wat sommer onverhoeds verdrink.

Voor ouma Middenspruit se begrafnis is ons nietemin betrek in 'n dramatjie wat grootmense nou allermins voor lus is, maar wat ons twee bogte diep tref. Klasie weier om die nuwe wit hemp met die swart strikkie aan te trek en hy ruk soos 'n besetene aan die knope terwyl my tant Lena inmekaar krimp van 'n hulpelose huilbui: enigste kind, wat anders as skuldig wegkrimp in krisistye.

Ek is nie links nie en ek maak net so, met, so meen ek, goeie rede. Ek wil ook nie 'n wit rok met 'n swart strikkie aanhê nie, maar ek is gewillig om ferm daaroor te redeneer: "Ouma het my belowe, Boeta, jy sal vir my 'n pienk rokkie wat blink met valletjies koop, en 'n blou strik vir my hare. *Njieou, ka nnete, ruri*, so waar as padda manel dra, Ouma het my belowe, belowe jy sal. Ek wil nie daai ou simpel wit rokding aantrek nie."

"Ongelukkig sal jy." Ma is 'n groot, sterk vrou, sy vee net met die agterkant van haar hand die trane uit haar oë, pluk my aan my vlerk reg, gee my 'n klap op die boud en oor is die rok: derde kind, einde van storie.

Klasie skrik sy agterent af, steek sy hande haastig in die wit hempsmoue en skuil agter sy ma weg. Dit was in Januarie 1932.

Die Middenspruit-sage was baie jare lank vir ons geslote, en dis beter om die hele storie se begin neer te skryf. In die vyftigerjare van die agtienhonderds het twee Delport-broers en hulle suster na die Vrystaat gekom, waarskynlik na die Winburg-distrik. (Hulle was afstammelinge van die Swellendamse kommandant, J.P. Delport, wat die opstand teen die Kaapse Regering in 1795 gelei het.) Johannes Gerhardus (gebore 1822), Magdalena Maria, getroud met Lukas Delport, haar neef, en Paul Johannes (1824–1880). Die plase wat hulle bewoon het, was Bloemskraal, Winburg, De Rust en Langkuil.

Van belang is Paul Johannes van Middenspruit, getroud met Anna Elizabeth Swart. Hulle het van Leeugamka getrek rondom 1860. Paul het as jongman osse bymekaargemaak wat nie gedeug het vir transportryers nie. Wanneer hy 'n hanteerbare klomp bymekaar het, sit hy te voet met hulle af Kaap toe. Hy het glo beweer: "As ek met 'n os deur die Karoo is, deug hy." In die intensiewe boerdery van die Kaap was geleerde osse skaars. Hy verkoop hulle daar, koop met van die geld 'n perdewa en perde en negosieware en reis in groter gerief daarmee terug Vrystaat toe. Nie onwaarskynlik nie, want daar was toe nog nie spoorweë nie. Die transportpad was die enigste verbindingsmiddel tot by 'n hawe, sê maar Durban, waarna jy met die skip verder na Kaapstad kon gaan. (Sarel Cilliers het self in 1862 toe hy vir die Kaapse sinode af is en die skip met sy dagboek vergaan, padlangs moes verder. Hy het te perd teruggery Vrystaat toe – nadat die Kaapse kerk, met sy Skotse predikante, geweier het om die Vrystaatse kerk te erken, synde die "kerk van opstandelinge".)

Glo ná die derde rit van hierdie aard Kaap toe kon die jongman Paul Delport in 1861 die plaas Middenspruit, 7 226 morg, van J.H. Boshof koop. Dit was 'n gedeelte van die oorspronklike plaas Valschrivierdrift, van een van die eerste intrekkers, Dawid Malan, wes van die pas aangelegde dorpie Kroonstad. Die legende lui dat toe die kontrak geteken is, die tafeltjie waarop die goud afgeweeg is, gebreek het, so swaar was die goud. Op die eerste daguerreotipie-foto's in vergulde raampies wat vir ons oorgebly het, vertoon die jongman Paul Delport nogal blas, sy hare ook nie alte plat nie. Ek sou hom so graag wou ontmoet het, dié onbekende oupagrootjie. Watse stories sou hy nie van sy ritte kon vertel nie. Die foto's van sy seun, oupa Johannes Gerhardus, 'n dekade later geneem, toon 'n fynbesnede jongman, die blasheid deur Anna Elizabeth Swart volledig uitgeteel.

Die plaas het twee spruite, etlike fonteine, myle rivierfront, die transportpad na die Wes-Transvaal en rante en klowe gehad. Paul Delport en sy vrou Anna Elizabeth Swart het die plaas opgebou in die tradisie van die Oos-Kaap, net langs 'n spruit met fonteine, teen 'n sandklipplaat, 'n ringmuur om die opstal met skietgate na buite en neste van ganse as waghonde na binne. Onderkant hulle wendam was uitgebreide lusernlande, lanings vye, amandels en kwepers. Binne die ringmuur was lemoenbome en granate en moerbeie. Hulle had drie kinders: Albertha Magdalena (getroud Roux en daarna Steyn), Anna Johanna (getroud Erasmus), en die enigste seun Johannes Gerhardus, later getroud met Helena Susanna van der Hoven van Winburg.

Paul Johannes is in 1886 oorlede en sy seun Johannes Gerhardus neem die boerdery oor. Daar was toe reeds etlike plase in die testament, ander het die oorledene reeds aan sy broer verkoop. Johannes was veronderstel om Middenspruit te erf met sy ma Anna Elizabeth se vruggebruik daarop. En so bly woon sy ma en sy gesin daar. Op 28 Maart 1896 egter, op drie en dertigjarige ouderdom, sterf Johannes Gerhardus aan bloedvergifting, so meen ek, en in die opstal bly toe die ou moeder en die jong weduwee, met haar een dogtertjie, Helena. Haar tweede dogtertjie, Anna Elizabeth, my ma, word vyf maande ná sy dood gebore. Twee jaar later sterf die ou moeder en toe kom die verwikkelings in verband met die erwery. Blykbaar was van die ander plase waarop die dogters geregtig was óf nie voldoende nie óf reeds afverkoop, en hulle eis 'n gedeelte van Middenspruit. Dit word afgesny.

Intussen trou my ouma Middenspruit weer en wel met Hendrik Jacobus (Hennie) Geldenhuys van die buurplaas, op daardie tydstip reeds 'n "ou jonkman", iets wat iemand sonder eiendom maklik op sewe en twintig jaar oud kon word, daardie tyd. Ouma en oorle oupa Johannes Delport se oudste dogtertjie, klein Lena, was op gebruiklike wyse toe reeds vir my oumagrootjie op Winburg gegee.

In elk geval breek die oorlog in 1899 uit en stiefoupa Hennie kon nie gaan veg nie, want hy had 'n lastige knie, en hy doen wat taamlik algemeen was onder vermoënde mense van die Vrystaat wat nie so geredelik Transvaal se onafhanklikheid met die wapen wou gaan verdedig nie: Hy huur 'n man teen 'n koei met haar aanwas om tydens die onluste in sy plek te gaan veg. Dit het nie verhoed dat die gesin se huis afgebrand word en hulle in hul tuishuis op die dorp opgesluit bly nie, nes die res van die gemeenskap. Ek het self as kind die groot ou pêrelstoof, stukkend geslaan, voor die agterdeur sien staan. Ek is ook vertel dat die Tommies teiken geskiet het na my ouma se Wedgewood-erdeware en dat hulle die kiste van reeds genoemde Delports wat almal daar begrawe is, uit die grafkelder gehaal en oopgebreek het omdat hulle gedink het daar sal geld in begrawe wees. (Sou dit eerder joiners as Tommies gewees het?) Hulle het alles net so laat lê en oupa Hennie moes ná die oorlog die geraamtes en lyke oorbegrawe.

Dit was nie al probleem nie. Toe hulle terugkom op Middenspruit, blyk dit dat daar 'n ander gesin in die opstal is en my oupa-hulle toegang geweier word, want: "This is mister Goosen's farm (uitgespreek Ghoessin); you just ask the Commandant of the army." Nog was dit nie al nie. Toe oupa Hennie die sake nagaan, blyk dit dat in die Delport-testament 'n hele klomp onduidelikhede en ontoelaatbaarhede was wat hom as plaaseienaar ernstig skaad. En hy besluit om die saak op te neem.

Toe ek destyds die boek oor Kroonstad moes skryf, was die ou kerknotules een van my bronne. Daaruit blyk die onaardigheid van die hele saak. Oupa Hennie wou namens my ouma Middenspruit die testament laat herlees of wat ook al. Om daardie rede het hy en 'n medegetuie toe die opstal besoek waar een van ouma Middenspruit se twee skoonsusters en dié se man woon. In die notule kom my oupa dan as benadeelde voor die kerkraad. Toe hy en gemelde getuie na die plaas gaan, is hulle deur die skoonsuster se man met 'n haelgeweer ingewag: "Sit jy jou pote deur daardie hek en ek skiet jou vrek." Waarskynlik 'n oompie wat pas handiger geword het met skietgoed. Dominee W.D. van der Lingen, toe pas terug ná sy verblyf in die kamp by Oos-Londen, skryf: "Sulke lelike tale tussen broeders." Nietemin, die saak sou kon voortgaan indien my ouma Middenspruit daarvoor teken en onderneem om skade te vergoed aan persone met die ondersoek gemoeid.

My ouma het geweier en die saak is laat vaar.

Nou moet mens seker aanvaar dat daar tussen my stiefoupa en die Delports nie veel gemoedelikheid oorgebly het nie. My ma en haar suster Lena het eintlik eers in hulle latere lewe kontak gehad met hulle pa Delport se mense, maar tant Lena kon nog haar pa Delport onthou. My ma en tant Lena is in die Geldenhuys-familie nie as stief nie maar as eie aanvaar (behalwe in die geval van erftransaksies). My tant Lena is trouens getroud met Jan Wessels, die swaer van oom Lang-Jan Geldenhuys. Hulle kon woon op een van die eertydse Delportplase, Gansvlei, tot haar man se dood in die Groot Griep.

In die laat twintigerjare het my ouma in 'n koma verval en almal was die einde te wagte. My ma moes daar waak.

Toe kom dokter Dijkman by my ma. Hy was 'n kleinseun van die vermaarde Jane Dijkman, skryfster van die eerste Afrikaanse kookboek, en hy was op die platteland en in die stad beroemd as 'n sjirurg, saam met sy neef dokter Derksen, dié weer 'n uitstekende diagnostikus en beroemde homeopaat. Tussen die twee Wêreldoorloë was hulle die twee magtiges wat 'n blindederm op 'n kombuistafel by 'n lanternlig uitgehaal het en slagoffers van die gevreesde sinkingskoors en swartwaterkoors kon deurhaal. Dijkman vertel van die nuwe spuitstof insulien wat sulke uitstekende resultate by diabete bring. Kon hy dit op my ouma toets? wou hy van my ma weet. Hy sou telegrafeer na Johannesburg en hulle sou vir hom 'n pakkie met die passasierstrein afstuur. Dalk, wie weet, kom dit betyds en, wie weet, help dit. So bring hy dit, hulle spuit dit in en my ouma beleef die merkwaardige herstel wat insulien vandag steeds bring.

So vertel my ma: "Toe sy regop kon sit, vra sy my: 'Anna, watse ink is hier aan my vinger?' Ek sê toe: 'Ma moet vir pa Hennie vra. Hy en oom Broer was die laaste hier by jou om vir jou te bid; Pa het die nastergalinkpotjie gehad.' Toe vra Ma vir Pa en hy sê toe: 'Hart, jy wil tog nie so 'n gemorstestament agterlaat soos die Delports nie? Ek is bly jy is beter, maar nou is alles in orde vir my en jou.' Ma vra toe: 'Maar het ek geteken?' Pa Hennie sê toe: 'Ja, jy het. Jy was helder daardie rukkie.'"

Toe my ouma weer kon loop, het sy my pa en ma gevra om haar na Buks Botha, die prokureur, te vat. Die nuwe testament, geteken deur my ouma, sê toe Middenspruit in sy geheel gaan na oupa Hennie met 'n klein geldelike toegif aan my ma en tant Lena. Ouma wou 'n ander testament opstel, en eers toe sy heftig word en sê dat sy hoegenaamd nie bewus daarvan was dat sy geteken het nie, is 'n nuwe opgestel waarin Middenspruit oorgaan na die twee Delport-dogters met die vruggebruik aan my oupa Hennie; wat 'n weerspieëling was van my ouma (sy was 'n Van der Hoven, nè) se billike lewensinstelling.

Op 27 Januarie 1932 is my ouma toe oorlede, terwyl ek en Klasie buite paadjies en 'n dorpie uitlê met sy speelgoeddiertjies en ons ma's binne my ouma vir die laaste reis skik.

Dit was bedoel dat my ouma se dood ook vir my oupa die einde sou wees. Ná die begrafnis het hy my ma £10 present gegee en die brief van die prokureur. Die plaas is nou syne en my ouma se kinders mag dit alleen besoek ná toestemming van die prokureur. Mens glo maar hy het nie te goed verstaan wat "vruggebruik" en "erf" beteken nie. En dit het aanleiding gegee tot heelwat mistasting deur sy nuwe gesin wat hy drie maande ná my ouma se dood Middenspruit toe gebring het. Die grond was nooit syne nie, dit was die Delport-erfgename s'n. Hoe ook al, my ouers het dit gerespekteer en was rustig daaroor. Soos dit nou maar gaan, het onkoste en lewenskoste opgeskiet soos my oupa waarskynlik nie kon glo nie. In die veertigerjare het hy voorgestel dat my pa en tant Lena se man, oom Clifton, hom 'n aanbod moet maak om sy vruggebruik vir kontant by hom te koop. Dit is gedoen. Eers ná sy dood in 1950 se koers kon die twee susters besit kry van die hele plaas. "Om wat mee te maak?" hoor ek my ma nou nog sê. "Ek is nou oud."

Nou ja, dit dan die lig- en skaduweegeskiedenis van die plaas waarop ek en Willem oud geword het en ons vyf kinders grootgemaak het – verspreid, en ek dink ja, voorspoedig, tevrede en met vele grappe en grepe, maar wat tog dít bewys: My ma se teorie dat grondeise maar nooit van geslag tot geslag sonder sonde en kwaaivriendskap geld nie.

My mense

My ma was fris gebou, ons het 'n plaas gehad, ja, maar geld vir klere het selde ter sprake gekom. Sy het nooit gebad soos ander nie. Sy kon nie, want die bad in die rondawelbadkamer het my pa eiehandig van sement gebou, so groot soos twee klerekaste, en vergeet om 'n uitloop te prakseer; dus moes die water ná 'n bad uitgeskep word na die perskeboom buite. In der ewigheid kon die geisertjie die bad nooit vol warm water kry nie. Ma het gestort, winter en somer in koue water, met haar voete in 'n sitbadjie, wat sy daarna self uitgedra het. Dis soos sy was.

Og, tot op hede verlang ek daarna om net vir 'n paar minute saam met haar op die ou stoepbank op die systoep te kan sit, sy aan 't boontjies afhaar, ek sommer net teen haar, soos vroeër, deel van die skommeling van haar boarm, met die geur van Johnson's babapoeier en skoon reënwater om haar. Hoe verskriklik graag sou ek nie, al is dit net vir 'n paar oomblikke, herleef dat iemand se liefde en volledige vertroue na my toe uitstraal, sonder verdienste van my kant. Hoeveel dinge uit my latere lewe sou nie meer skuld wees nie maar voorbestem, my mislukkings nie meer rou sere nie, maar vlooibyte, die dood nie meer verskrikking nie, maar die einde van 'n goeie reis waarin ek my foute en sondes soos 'n goue harnas om my kan saamdra – na die oord waar sy heen is.

Ek het haar gesien as 'n populier, vroeg vergeel, met die kaal takke van die winter om haar; altyd het ek haar sien doodgaan en gevrees. Natuurlik het hierdie beeldspraak vir my as 'n ontdekking gekom, maar natuurlik sekerlik ná ek Elisabeth Eybers se "April" gelees het:

> Populier wat teen die bloute tril
> jy styg so loodreg strak en stil
> bo die ontnugtering van April ...
>
> en winterlank sal hoog en heg,
> die raam staan wat jou twye vleg
> soos iets wat duursaam is en eg.

Ja, want van Eybers het ek, soos haar boeke verskyn, alles gelees. Dis van die weiniges wat ek vandag nog kan verstaan. Een van die mense wat nooit die musikale klank van rym onderskat het nie, was sy. (In die groot waan van Sestig is sy deur party geleerdes as blote dilettant beskou!)

O, daar was baie mense in my vroeë jeug. Daar was Ou Jannie, my pa se jongste broer, wat 'n hele paar jaar by ons ingewoon het in die stoepkamer. Natuurlik het ek self, en die ander op stadiums Ou Jannie aanbid. Sy opmerkings oor ander, sy lewensbeskouings was in geen opsig aan die saaie realiteite van die lewe verbind nie. Dit het vlerke gehad. Ek het hom vantevore beskryf in *Oom Lood* – sy badkamer 'n drom met gaatjies bo in 'n wilgerboom, sy motor, sy klere, sy lag oor dinge waaroor geen grootmens lag nie. Daar was die dae en weke wat hy self en ons kinders geleer het hoe om 'n net te knoop met 'n plankie en 'n klos. Dit het selfs my pa by tye besig gehou. Eindelik was daar dan die wonder toe my broer Danie op 'n koue wintermiddag met die tou deur die rivier moes swem. Die volgende oggend is ons almal douvoordag af rivier toe, want hierdie net was nie 'n skepnet wat enige bobbejaan glo kon knoop nie, maar 'n ware stelnet. En wonder bo wonder, daardie net word met verdrag uit- en oorgetrek en daar is twee groot geelvisse in en – in 'n warboel geknoop – een modderige baber wat Ou Jannie doodsveragtend met sy knipmes doodkap en in die vlakwater teruggooi vir die krappe om te vreet. Solank as wat Ou Jannie by ons gewoon het, het ons alles geweet van die Serengeti, daar het 'n leeuvel op ons sitkamervloer gelê en my ma het vis gebak en gebraai en ingelê. Ons het geweet van die skurkagtige skrywer wat Ou Jannie se motor bo in Duits-Oos gesteel het en hoe Ou Jannie myle tot by 'n grootpad moes loop, dik van die malaria, met net sy olifantgeweer en sy boek *Mein Kampf* van Adolf Hitler by hom, tot iemand hom opgelaai het, my pa vir hom treingeld gepos het en hy onder die seënende hand van my ma tot ruste kon kom. Ons het ook geweet wie die skurk was: 'n man wat as skrywer roem had oor hy so baie van diere gedink het maar duidelik so min van mense.

Dorkas, 'n jonger dogter van Hamerkop, het 'n groot rol in my persoonlike lewe gespeel in die tyd toe my ma op Middenspruit moes instaan. Met die twee ouer kinders daar op skool, het Dorkas vir ons op Erfdeel huis gehou. Sy was allermins 'n outydse ousie. Wanneer my pa weg is, kry sy vir ons die opwengrammofoon uit en speel plate. Vir die jodelplaat was Dorkas vreeslik lief. Later van tyd kon jy haar hoor jodel, van bo van die statte af, al met die voetpaadjie af na ons huis toe, beter as enige Switser kan droom om te doen.

Daar was ook destyds die (enigste Afrikaanse) grammofoonplaat in omloop van ene Japie Krige wat 'n voetbalwedstryd beskryf. Die einde van die storie was dat Dorkas agteraf van haar pa Hamerkop praat as Japie, natuurlik in onvleiende tale. Op 'n keer het sy besluit sy gaan haar naam verander. Sy het toe die ou pêrelstoof goed warm was, haar been teen die kant gedruk om só die woorde *Pearl, Scotland* op haar kuit in te brand. Dit was natuurlik na die voorbeeld van die gewone beestebrand van Afrikanerbeeste. Van toe af moes ek haar Pearl noem voor sy soggens vir my pap sou inskep.

Hoof natuurlik oor ons almal was Matheba, van die ander tak van ons statbewoners, naamlik Isak en Thaba – ouer, deegliker mense, regte Basotho-adel. Wanneer Dorkas met allerhande aweregse praatjies kom, sluit Matheba, wat fris was, haar in die koeler toe – daardie sifdraadkookshuisie met die dak van druppende water, die koel bastion wat tussen plaasmense se kos- en wurminfestasies gestaan het – tot sy hoog en laag sweer sy sal nooit weer nie, en uiteindelik swaaistert daar uitstap, al singende: "And when I kissed her hand I could see, the plain golden ring on her finger, it was goodbye to the Isle of Capri," al het sy van die hele storie net die woord "goodbye" verstaan.

Maar Matheba het my op 'n dag vertroulik ingelig dat Dorkas nie die Sothomeisieskool se inisiasie deurloop het nie, dis waarom sy só is. Só synde vir niks deug nie. Ek wou weet wie en wat die mense is wat mens daar leer. "Die ou vrouens wat die lewe ken," moes ek hoor. Ek het dit onthou en oor my eie twee oumas gewonder. Hulle het nie die lewe so geken dat mens dit sou agterkom nie, het ek gedink.

Die jong seuns van Dorkas se ouderdom was baie lugtig vir haar, want as hulle te eie met haar wil raak, skink sy vir hulle koffie met miereiers in wat hulle mage vreeslik laat werk, het sy my vertroulik vertel. En Dorkas se lewe het vol ongeskoolde plesier gebly. Daar was natuurlik opgewonde uittogte ná dit gereën het om te gaan veldkos uitgrawe of by die dam se uitloop babers met hoepels dood te slaan.

Ná die bloekombome saad gemaak het, plak ons die blomdoppies met spoeg of doringboomgom aan ons gesigte soos, volgens Dorkas, die Sothovrouens maak wat nog hoepelrokke dra en langpype rook. In die voetpaadjies waar die sand glad gespoel is, leer sy my die vingerpatrone waarmee dié vrouens hulle huise verf.

A, en die stories wat ek daardie tyd gehoor het: van die vrou met 'n stert wat dikmelk drink, van die waterslang met die kroon op sy kop, die slang wat mense verdrink. Van die jong bruid wat deur die jaloesie van ander vermoor is, van haar beentjies wat onder die granaatheining begrawe is en die voëltjie wat snags daar gesing het om te kla; so baie stories, so baie grappe, soveel draakstekery met ander.

Toe Dorkas trou, het my ma (soos vir elke werker wat trou) vir haar 'n regte vrugtetroukoek op pilaartjies gemaak, met pienk versiersuikerblomme en -blare daarop, en die bruid se naam. Sy kon nie met my ma ooreenkom oor die naam Dorkas nie. My ma wou nie val vir Pearl nie. Eindelik is ooreengekom op Naledi, wat "sterretjie" beteken, alhoewel dit nie haar regte Sothonaam was nie (wat langer en onvleiender was).

En soos dit die gebruik was, is die bruilof (wat 'n naweek lank geduur het), met skilderagtige bedryf van perdekarre en volstruisvere, beesslagtery en vate van die gasvrou se beste bier, vir 'n rukkie plegstatig deur al ons vroumense bygewoon. By so 'n geleentheid dra my ma 'n hoed en ek skoene, en by die toppunt van die seremonie sal ons dan daar aandoen, op stoele spesiaal vir ons reggesit. My ma sal van die bier kry en ons kinders tuisgemaakte koeldrank. Meteens sal daar 'n gejuig en gestamp van voete opklink, presies soos 'n hedendaagse toyi-toyi. Die hoofhut se deur gaan oop en die bruid, gesteun deur ou moeders van betekenis, kom uitgestrompel in haar witmenstrourok, bars in trane uit en skuifel vorentoe. Dan, in die daaropvolgende gejuig, staan ons stilweg op om nie die verdere verrigtinge te steur nie.

Terug by ons huis was daar baie keer redenasies daaroor. Die belangrikste, natuurlik, was die vrae waaroor ons nooit eenstemmigheid kon kry nie: Hoekom het die bruid so gehuil? Sit sy net aan? Dan sê my ma, wat die storie waarskynlik toe al te veel keer moes beantwoord: "Nee, sy sit nie aan nie. Sy huil oor ... ag, magtag, hoekom vra julle nie self nie?" En my pa, van 'n afstand af: "Al wat ek weet, is dat Hamerkop nie gehuil het nie. Al het Dorkas die *mopatho* gedruip, het hy 'n dik klomp beeste vir haar gevra."

"Hoekom?"

En Pa, nogal: "Mens gee nie sommer jou meisiekinders weg nie. Daar moet betaal word vir hulle."

En ons twee meisiekinders kyk oopmond van ontsetting toe en Bul sê ingedagte, uit die hoek van sy mond: "So, mens trou nie oor jy die meisie liefhet nie."

My ma sê beslis: "Ja, jy trou oor jy haar liefhet en jy is dan gewillig om enigiets vir haar op te offer." Maar beeste?

Enigiets, ja; soos 'n skrifgeleerde se vermaning kom dit.

Jare daarna, by my suster Nooientjie se troue in Bloemfontein, moes ek by die oop deur wag om die teken vir die orreliste te gee. Toe Nooientjie en Pa die trappies opkom, gryp sy my met 'n beswete hand vas en fluister: "Leen my asseblief jou sakdoek." En ek sê toe vir haar sy moenie huil nie, hy is klaar daar voor, so hy beskou die lobola as betaal.

"Pasop, ek gaan huil!" antwoord sy, en net so dringend sê ek vir haar: "Bêre dit vir later!"

Ek sou eers vier jaar later trou, dus kon ek met groot bravade daardie dag raad gee.

Die vierde van die vier groot vrese van my kinderjare was as my ouers iewers heen is, dat hulle my nooit weer gaan sien nie, want ek sal dood wees voor hulle terug is of andersom.

'n Ander groot vrees was om op 'n nat pad tussen ons en die dorp motorkar te ry sonder kettings aan die wiele. Alle verantwoordelike grootmense het in sulke omstandighede kettings aan die agterwiele gesit. Nie my pa nie. Sonder kettings jaag en glip ons en gly verby doringboomstamme en moddergate, want ry mens stadig, sit jy vas. En om te sien hoe hy hierdie lewensgevaarlike toertjie geniet, hoe hy as 't ware diabolies uitreik na die gevaar! As die Vrystaat nie so 'n droë klimaat gehad het nie, sou ek stellig geleer het om hom te haat.

Nog 'n vrees van my, daardie jare, was vir wurms. Male sonder tal word ek in die nag wakker, gaan ek aan 't gil en wanneer my ma by my kom: "Help my, daar het 'n nare ding oor my maag geloop!" En niks sou my dan terugkry na my bed nie. Ek hang die res van die nag op 'n strepie aan my ma se kant van die bed. Die ernstige pak slae wat Bul persoonlik van Pa gekry het, was toe hy my met 'n houtwurm gejaag en ek besef het dat my pa net so bang vir wurms is soos ek.

Maar my ergste groot vrees was vir babatjies. Wanneer daar mense met babatjies stilhou, hol ek die veld in. Daardie niksseggende oë, die aaklige, pap, stinkende lyfie, daardie kwylende oerkrete, die onsamehangende, stuipagtige handbewegings! Niemand sou my daardie tyd kon oortuig dat ek eendag vyf van hierdie wesens liewer as my eie lewe sou kon kry nie.

Daar was natuurlik ook my weersin in sousboontjies en om ou ooms met moestasse te soen wanneer ek hulle moet groet ...

Skool toe

Kort ná die Middenspruit-sage het my pa op 'n dag besluit hy gaan met ons toer. Ek het nooit daardie tyd gehoor mense gaan "met vakansie" nie. As jy in elk geval 'n motorkar (seilkap-Ford) met klappies en kettings vir die wiele en kanne met brandstof en water het en miskien 'n klein seiltentjie, "gaan toer" jy met jou huisgesin.

En toe: Dit sal Durban wees; ons sal in 'n regte hotel tuisgaan en almal moet gouer as nou by Rautenbachs, ons enigste Afrikaanse winkel op die dorp, inval en baaikostuums, grafies en emmertjies, sandale en wat nog inkoop, en kosmandjies by ou

Abrahams die tuiemaker. My ma bak beskuit, brand koffie, sout ribbetjies in met 'n soort desperaatheid wat my verskrik. Ek soebat om te bly. By my tante, by my ouma, by Matheba, ek kan mos lankal swem! Wat nou? Niemand luister nie. Ons word drie-uur op 'n môre uitgeruk, ingebondel – ek met my leë Lyle's Golden Syrup-blik waarin ek moes opgooi, nie as nie, maar wanneer ek rysiek word. Ons ry drie dae lank soontoe. Langs verskriklike afgronde en in vreemde hotelkamers wat ruik soos ons ouma se aartappelkelder.

Eindelik daar. Opgewonde is ons af strand toe (party van ons). My ma in 'n skrikwekkende, gestreepte kabaai en 'n ding soos 'n ballon om haar hare, my suster met 'n grafie en emmertjie, my broer met sy visstok. Ek kry 'n toeval sodra ek naby die water kom. Niemand steur hulle daaraan nie.

Ek moet sand aandra vir sandkastele, en 'n brander slaan my onderstebo. Ek steek almal in die skande toe ek, sewe jaar oud, soos 'n maer vark 'n keel daaroor opsit. My ma het binne ure vriende gemaak met 'n ander vrou; hulle sit onder dié se sambreel en my ma praat Engels – van dié waarmee haar geslag die breekwater moes in. My pa, sien ek, sit doer ver op 'n duin en koerant lees. Volledig aangetrek met oprygboetse en sy Borsalino-hoed op sy kop. Klein soos ek was, besef ek sekere mense swem net in die Valschrivier by Kroonstad. Teen daardie tyd het ek 'n vreeslike pyn in my oor, maar ek dra dit manmoedig, want ek hoop net uitkoms is naby.

Nie so gou nie! Hierdie Engelse antie het 'n dogtertjie en sy annekseer my. Halwe kop korter as ek, nog nie 'n enkele tand gewissel nie en ek verstaan nie 'n woord wat sy sê nie. Maar sy kommandeer my links en regs. Groot broer kom op ons af. Taamlik ingesuur, want hy het nie een enkele vis gevang nie en die branders het sy stok weggespoel. Hy praat met hierdie kind en ek verstaan darem sy Engels. Hy vra haar wat haar naam is en sy sê Rose Marie en hy vra hoe oud sy is en sy sê ses jaar oud en hy vra of sy al in die skool is en sy sê ja, sy is in standerd een. En sy vra hom wat is sy sussie se naam en hy sê

"Soezenna" en sy vra hoe oud ek is. Hy kry so 'n soort van 'n verkennerstrek om sy mond en hy sê: "Shie is vaaif jears old end shie is in standerd frie. Cim, Sis, iauwer moerie will bie cross if wie cims not." Vir weke daarna was hy my spesiale held en kon hy my hiet en gebied soos hy wil.

Die volgende oggend, as spesiale toegif aan my ma, besoek my pa met ons die Lever Brothers se seepfabriek. Ek meen, my ma is mos gunter jare al die streep van amateur met seepsoda verby. Ek flenter agterna. My oor steek van die een kant van my kop tot by die ander kant. Toe dit erg word, koop my pa vir my roomys wat die spul sou afkoel. Elkeen wat al oorpyn gehad het, sal weet wat 'n infame leuen dit was. Vir jare daarna kon ek Lifebuoy-seep se pienk strepe net assosieer met die skree van 'n vark wat doodgesteek word, en hoe ek van die roomys opgegooi het.

My pa se slotopmerking ná 'n uur was: "Nee wat, Boet, die Ingelse moet maar by jou kom aanklop vir die regte seepresepte." Wat my ma laat straal het van trots.

Terug by die hotel sê hy: "Ek wou darem net gehad het julle moet een keer die see sien soos toe ons destyds met die Verdedigingsmag in Suidwes teen die Duitsers moes veg. Hy lyk maar orals min of meer dieselfde. Pak op, ons kan vanaand nog halfpad na Pietermaritzburg toe slaap en by die Voortrekkermuseum uitkom."

Dit was Durban. 'n Week lank soontoe, twee dae daar en een week terug. Maar nou ja, die Verdedigingsmag het klaar gepraat.

Ons kinders het geglo ons weet alles van die Verdedigingsmag. Soos ons van die groot gebeure van voor ons tyd uit ikone tot ons beskikking ons eie afleidings gemaak het.

Daar was byvoorbeeld ons oupa Danie Serfontein, volksraadslid, se manel en keil in 'n leerkoffer wat broer Bul altyd uitgesmokkel het as hy in speletjies die predikant is en hy ons by katte- en hondebegrafnisse die aandgesang laat sing, al is almal hoe vals.

Daar was ook die onuitputlike voorraad memorabilia van my ma se fotoalbum uit haar jongmeisiedae. Daarin was reekse gekleurde poskaarte wat droewe verhale van jongmeisieleed en jongmansverlange op die oorlogsvelde of langs sterfbeddens van geliefde nooiens uitbeeld, soos "Kathleen Mavourneen", "Tosti's Goodbye", "So, you want to be a Soldier, Little Man" en "Nearer, my God, to Thee". Hierdie dinge het die grootste gedeelte van jongmenskorrespondensie in my ma se jong dae uitgemaak. My suster Nooientjie was die groot vakman om hierdie kaartjies los te torring om agterop te lees wie dit vir my ma gestuur het. Ons kon só dingetjies en name, nooit by ons genoem nie, agterkom.

In my ma se laai was eweneens die mooi geïllustreerde verjaarsdagboekie met die half-Hooghollandse spreuke daarin en die handtekeninge van byvoorbeeld generaal Hertzog, wat sedert hy oorgeloop het na die Sappe nie meer genoem is nie. Beter, en met datum gemerk, was die handtekening van mevrou generaal Joubert wat tydens die Rebellie die vroueoptog deur Pretoria se strate gelei het om by generaal Botha te eis dat generaal De Wet uit die tronk vrygelaat word. My ma was daar, agtien jaar oud. Selfs Engels was nie vir een van ons kinders 'n probleem nie. Ons het almal ons tweede taal geleer uit die aanwysings op die blikkies Lyle's Golden Syrup wanneer ons soggens ons mieliepap en stroop eet.

Die Verdedigingsmag het 'n klomp teenstrydighede blootgelê. Met die woelinge in die dertigerjare wou niemand eintlik erken dat hy vóór die Rebellie in 1914 lid van die ou Verdedigingsmag was nie. Hulle het mos die Engelse teen Duitsland gaan help veg.

My pa was lid daarvan, so getuig die yslike diensrewolwer aan 'n groen koord en 'n kiekie wat uit die album gehaal is en in my ma se Bybel versteek was. Was hy 'n held of was hy 'n lafaard?

Op die kiekie van die Kroonstadse tak van die Verdedigingsmag sit al die jongmans gepoets en paraat in uniforms, kamaste en patroonbande, maar in die agterste ry staan my pa, met 'n gewone baadjie en das, sy mond dik, sy vaal oë verby die fotograaf soos die afrigter van 'n voetbalspan wat verloor het. Hy het geweier om die uniform te dra, want dit was die ou uniforms van die Kakies in die oorlog, het my ma verduidelik. So 'n soort van 'n held dus, tog.

Later het nog feite tot ons gespreek.

Toe die Unieregering in 1910 deur die Engelse toegestaan is met 'n verdedigingsmag vir binnelandse veiligheid, was daar dadelik al die gewone neuksels wat ons ken. Generaal Botha, die eerste minister, was klaar onder verdenking oor sy vriendskap met Kitchener, en hulle onderhandelings vir 'n aparte vredesooreenkoms lank voor die ware een. Generaal J.C. Smuts, die gewaande Rhodes- en Milner-simpatiseerder, was Minister van Verdediging. Liewe hemel, afgesien van 'n paar stofopskopperye in die Noordweste saam met Manie Maritz, wat weet Smuts van oorlogvoering af, gereken teen mense soos generaal De Wet en generaals Hertzog en De la Rey – so het die stories geloop. Soos gewoonlik was die Vrystaat weer vies.

As hoof van die pas gestigte Unie-Verdedigingsmag is toe aangestel kommandant-generaal Christiaan Frederick Beyers. Brittanje het ná die uitbreek van die Eerste Wêreldoorlog die Suid-Afrikaanse regering onder generaal Louis Botha versoek om 'n deel van die Duitse kolonie, Duitswes-Afrika, te beset en in September het die parlement in Kaapstad ten gunste van 'n inval gestem. Beyers het nie gehou van die idee dat die Suid-Afrikaanse troepe buite die landsgrense moes veg nie en bedank toe as hoof van die Weermag. Baie jongmans – generaal Beyers ook – wou nie die kakie uniforms dra nie, omdat dit gelyk het soos die Britte se uniforms tydens die Anglo-Boereoorlog. Beyers wou nie openlik tot gewapende verset oorgaan nie, maar die Rebellie onder leiding van generaal Chrisiaan de Wet het met baie dramatiese gebeure gepaardgegaan. Baie is al daaroor geskryf: Is generaal De la Rey per ongeluk doodgeskiet oor hy aangesien is as een van die Fosterbende? Het generaal Beyers regtig in die Vaalrivier verdrink toe hy die rivier wou deurswem, of het die Regering hom geskiet? En het generaal Botha in 1919 in die naweë van die Rebellie selfmoord gepleeg, of het hy aan 'n hartaanval beswyk?

Die Verdedigingsmag moes nou buitelands teen die Duitsers in Suidwes gaan veg, en die soldate word in die uniforms gedwing; dié wat nie wil nie, moet juis gaan as hulle nie gearresteer wil word nie. So moet my pa gaan, uniform of nie.

Die Rebellie breek uit naby Winburg, generaal De Wet se seun Danie word doodgeskiet deur die Witbande (Regeringsvrywilligers) en generaal De Wet self word gevang en in die tronk gesit.

Nou weet mens nog altyd nie: Wat van onse pa?

Eenkeer vang hy ons kinders met die rewolwer. Hy lag toe net en daardie aand voor die kaggel vertel hy: Hy was nie langer as 'n paar weke in Suidwes nie, het nooit 'n Duitser met 'n oog gesien nie. Al keer wat hy met die rewolwer geskiet het, was toe hy opdrag gekry het om die mak bobbejaan wat hulle kos en kouse gesteel het en patrone wou vreet, te gaan skiet.

"Daar kwes ek dié ook nog, en soos 'n mens kom val hy teen my voete vas en hy huil en smeek soos 'n kind dat ek hom moet help. Ag, te verskriklik!

"Ek staan toe nog so, toe ruk die sersant die rewolwer uit my hand en hy sê: 'Verdomp man, wat is 'n lafaard soos jy vir die oorlog werd as jy nie eens 'n bobbejaan geskiet kan kry nie. Klim op die eerste bleddie skip, neuk die rewolwer in die see en gaan kots verder vir jou vaderland op Robbeneiland.' Sekerlik, dadelik klim ek toe. Terug. Die skeepsdokter blyk toe 'n kennis van ons te wees, 'n Vrystater, en dié boek my toe af vir 'n gebarste blindederm."

In die Kaap kom die pas gestigte Helpmekaar-vereniging se bestuur hom afhaal, almal ou vriende van sy pa wat tot met sy dood in 1912 die lid vir Kroonstad in die Unieparlement was. Siviele eise van derduisende ponde was toe reeds ingestel teen die rebelle, generaal De Wet inkluis, vir skade wat hulle sogenaamd met hulle optredes aan ander se eiendom aangerig het. Die Helpmekaar-fonds samel toe geld in om die skuld te delg. My oom Fanie, weet ek, dié is amper gevang oor hy 'n Witband se windpomp se skroewe losgedraai en op die geluk van die Duitse Keiser gedrink het, met die Witband se eie brandewyn. Maar teen die tyd wat die eise voorkom, is oom Fanie vanweë die Valschrivier se begroeide bolope net nie meer te kry nie. My pa was dadelik die sekretaris en stigter van die Kroonstad Helpmekaar en daarna van die Nasionale Party-tak wat daaruit voortgevloei het, tot diep in die dertigerjare.

My broer Bul het vir ons ander sekere riglyne uit sulke oergebeure vasgelê: Mens sing vir die Here al is jy vals, jy lees uit die boeke oor jou vaderland al is dit in Hooghollands geskryf, jy skiet Kakies al wil jy net jou eie sersant doodskiet, jy skiet nie bobbejane nie al vreet hulle patrone, maar jy vry in Engels al is dit net op poskaarte.

Opsommend moet mens baie versigtiger vir jou ma se plathand wees as vir jou pa se rewolwer, in oorlogstyd.

Maar ná die Durban-ganery het iets verander. Toe alles min of meer uit- en afgepak is en my oor afgekoel is met soetolie en ons vir elke ousie 'n bottel seewater kon lewer, vang ek net 'n helse depressie met 'n trek so lelik op my gesig dat dit indruk maak. Ek pak my popgoedkoffertjie. My ma neem my eenkant op haar skoot. Sy bring tyd saam met my deur. Ek woel my los. Ek skree die onheilswoorde uit: "Ek wil skool toe gaan. Nou dadelik. Ek gaan by Matheba-hulle se skool skoolgaan." My ma fokus my duidelik daarop dat wit mense nie daar toegelaat word nie. Hulle sny allerhande plekke van jou lyf met 'n knipmes, onder andere. Dan gaan ek by die nonnas in die klooster skool, eis ek. Ek wil nóú gaan en ek wil 'n pennemahoed hê.

Ek hoor my pa van ver af: "Boet, neem haar koors, die kind is siek!"

En my ma is meteens rustig: "Ek dink sy wil regtig net skool toe gaan. Sy is sewe jaar oud, sy kan lees en tel."

"Nou wat is die haas? Dis nou eers Augustusmaand. Volgende jaar, op stuk van sake, behoort te doen."

Maar die Ford-kar se slinger word gedraai en daar volg etlike geheimsinnige ritte in Kroonstad toe.

Die hoogste gesag in ons familie is nóg my pa, nóg my ma. Dis my tant Lettie, en haar man, oom Meneer. Sy is ná die Anglo-Boereoorlog deur die kerk Wellington toe gestuur om as onderwyseres te kwalifiseer omdat sy een van die enigste drie in die dorp was wat ná die oorlog matriek deurgekom het. Sy hou toe al jare skool op die dorp en is koshuismoeder en was selfs al alleen oorsee! Haar man, wetenskaponderwyser, was 'n Kapenaar wat gekies was om saam met Scott op sy reis na Antarktika te gaan, maar 'n storm het die skip verby die Kaap gewaai en só is hy vir ons gered om vir vele jare as prinsipaal en algemeen gesaghebbende op onderwysgebied ons gemeenskap op dreef te hou. Groter gesag sou jy nie kry nie.

My geval is sonder enige verdere tydmors afgehandel. Skool toe, na sub B, met 'n korrek ingepakte tas, om ook by my ouma te gaan *board*.

Deur my onverskillige gekerm oor die Roomse gevaar gaan ek skool toe met 'n koffer klere, 'n lei, 'n kosblik, 'n jersie wat nou 'n trui is, kaparrings van skoene wat die josie uit my hakskene skaaf, sonder 'n panamahoed: 'n vreemde dogtertjie, 'n halwe kop groter as almal om my. En ek ken Helena Lochner se *Ou Koning van Klou* en "My vuurtjie en ek is op wag" van Celliers uit my kop, maar ek is links en ek stamp teen almal wanneer ek skryf. Ek loseer saam met Bul by ouma Sannie Serfontein en moet agter op sy fiets se drarak klou op pad skool toe. Wanneer ons verby ander kinders ry, skree hulle vir hom: "Jou agterwiel draai!" En ek krimp inmekaar van vrees, net soos wanneer 'n motorkar in die turf vassit. Dan ry Bul net vinniger en wanneer ons by die skoolhek ingaan, staan daar 'n paar bengels wat hom uitjou: "Ou Danie-kepaniekeriekstiek-stanie, hy het sy pa se jamies aan!" (En ons ry byna in die hekpaal vas.)

Gestroop is dan ook my broer van sy waardigheid en eer. Ek besef toe nie dat Augustusmaand vir hom en my suster net so 'n aanpassing is soos vir my nie. Ek weet net ons al drie is so vas soos babers in 'n net.

Vir my lê toe 'n nog vreesliker oordeel voor. Met kleinspeeltyd bondel almal by die deur uit en ek weet nie waarheen nie. Toe ek my kom kry, omring 'n spul kleinformaat-bengels my. "Gee ons jou brood." Ek druk dit teen my vas, nie oor die brood nie, maar oor die kosblik. "Gee dit of ... ons soen jou. Ka, ka, ka!" Hulle wil hulle breek. Ek vlug stilswyend en paniekbevange na – so is ek deur die skooljuffrou voor skool beduie – die dogterskleinhuisie. Daar skuil ek tot ek 'n klok hoor lui, kom swetend terug in die klas, naar op my maag. En heel voor in die klas herken ek die voorbok ewe sedig met so nou en dan 'n berekende blik na my kant toe. Dit troos min dat hy nie sy tafels ken nie en die juffrou sy bank met kryt met 'n kruisie merk sodat hy die volgende dag eerste 'n beurt gaan kry om sy tafels op te sê. Ek begin huil, ek voel siek, my hakskene brand soos vuur. Die juffrou stuur my op na Meneer se kantoor toe en hy sê hy sal my met sy fiets terug huis toe vat. Ek soebat woes, ek wil liewers loop, my pennieks voel dan beter. Ek het natuurlik gehoor die pennieks is 'n lelike siekte (waaraan Meneer se eerste vrou, ons tant Maynie, dood is).

"Bog, kind," sê hy kort (as Bolander brei hy nog altyd), "jy is net te maarg, sê virg Ouma sy moet jou orgdentlik opvoed. Sal jy so verg kan loop?"

Natuurlik. Met boeksak en al sukkel ek 'n ware dolorosa af terug na my ouma se huis. 'n Ent daarvandaan kom ek twee dogtertjies teë, hulle kom van die onderste skool af, die een naby my ouma se huis, waar al die Depressiekinders skoolgaan, ook onder oom Meneer. Hulle mage is waarskynlik ôk maar naar.

"Hoekom?" (Hulle vra my met mening uit.) "Hoekom trek jy

nie jou skoene uit as dit jou skaaf nie?" "Mag mens?" Hulle is verbaas oor my simpelheid. Ja, nie een van die twee het skoene aan nie. "In die onderste skool – ons is mos die ghaaipskool. Het jy nie geweet niemand by ons dra skoene nie?" Ongelooflik. Hulle kry ook elke speeltyd 'n beker sop. Dik ou *boy*, met stukke vleis in. Die seuns? Dit blyk dat as 'n seun sy voet verkeerd neersit, stuur juffrou Kriel hom Maandag met die skool-*boy* op die fiets op na Meneer toe waar hy opgedres word tot net voor hy sy broek natmaak. En Meneer bring hom self op sy fiets terug wanneer Meneer die spaargeld kom opneem. En ken ek "Jesus roep my vir 'n sonstraal"? Nog nooit daarvan gehoor nie. Hulle sal my leer. Paradys, absolute paradys soos ek dit in my gedagtes van skool voorgestel het. My voete koel in die sypaadjiewatertjies heerlik af! Ek het gearriveer! Ek sal nooit weer terugkyk en nooit vir enige verantwoordelikheid terugdeins nie. Met geen skoen aan my voet – voor ek ná standerd drie na die boonste, grillerige, grênd skool toe sal moet gaan nie – en met twee lewensvriendinne naas my, sien ek jubeljare in vooruitsig, gaan ek die soet en die suur van die ware lewe tors. Ek het gedink ek steek 'n weldeurdagte, goed beliegde toespraak af toe ek by Ouma neul om liewer in die onderste skool te gaan skoolgaan, maar die spoed waarmee dié se instemming kom, kon mens laat dink dat dit reeds in die oppersale van die familie so besluit was.

En skielik is ek ingeruk na die swaartepunt van die destydse opvoedkundige beginsels – met die agterstand dat ek in sub B 'n jaar te oud is vir die standerd, maar met die voorsprong dat ek nie meer hoef te klank wanneer ek 'n straat se naam sien nie – nog onaangeraak deur die klein kliek presteerders of die agterblyers. En vergeet nie, oom Meneer is die prinsipaal en sy vrou se ma woon twee blokke boontoe op in Oranjestraat en twee van die vier juffrouens loseer by haar. Op dié bepaalde status sou ek my kon beroem as ek daaroor wou of kon nadink. Ek het nie, waarskynlik omdat dit so vanselfsprekend was en daar soveel ander dinge was wat my aan die lyf geraak het.

Voor jy kan sê mes, is ek deur juffrou Retief in die Voortrekkers se junior drawwertjiespan en ek kan skeepsknope met toe oë maak en spoorsny met pyle en klippe op klippe, duskant en oorkant die rivier, en ek loop soos watter professionele waaghals oor die lewensgrillerige hangbrug sonder om aan die relings vas te hou. Ek praat natuurlik ook nie meer van broeklosmaak en ander aardighede nie, ek vra bloot om kamer te verlaat. Ek is aangestel oor kraletjies uitsit, een juffrou se outentieke strafmetode. Daar was naamlik 'n kis met allerhande groottes en fatsoene doiliekrale en koperdraad waarmee ons veronderstel was om servetringe en ander snuisterye te ryg. Maar as 'n kind se somme nie reg is nie, of hy snuit nie sy neus uit nie, of hy haak vas wanneer hy lees, moet hy met sy twee knieë kom kniel op vyf kraletjies elk en só bly staan tot tyd en wyl die juffrou hom weer raaksien of tot hy soort van in duie stort. Daar was glo voor my koms die allerlelikste vorms van korrupsie. Gladde kraletjies vir die gunstelinge, aaklig hoekige krale vir die res. Oningewy wat ek was, is ek toe dodelik regverdig, een hoekige een in die middel, vier gladdes rondom, die hoekige een in die holtetjie van die knieskyf sodat dit minder seermaak. Sondaars het dit agtergekom en waardeer.

Omdat ek laat skool toe gekom het, is my lei ook minder vol vaal kolle en die lyntjies wat my pa met die spyker ingetrek het, presies (hy het tot die blokkies op die agterkant waarin die syfers en skoonskrif moes kom, presies ingetrek soos dit destyds wet was in die ou Milnerskool). Alles was nog mooi sigbaar, wat my die idee gegee het dat ek 'n wonderlik mooie handskrif het, alhoewel ek links is en kromelmboog moes implementeer. Ek was in geen opsig agter skedule nie. Einde van sub A kon elke kind tel tot by 20, die ABC volledig opsê en dit oorskryf in die blokkies. Einde van sub B kon elke kind drieletterwoorde lees en skryf, tot by die vyfmaaltafel uit sy kop opsê, sowel as "Die Here is my Herder".

En elke juffrou kon destyds 'n plak hanteer soos 'n tennisraket, met 'n behoorlike deurswaai. So, en aldus: Elke kind klank in sub A, hy drieletterlees in sub B, en in standerd een dink hy nie hy kan lees nie, hy kán lees en kan "Alexandrabrug" spel en eers daarna, en heel gemaklik "Twinkle, twinkle little star, how I wonder what you are" in basiese ritme in groeplees voordra. Ek kon. Smiddae moet ek voor 'n groot bord kos sit, en wat ek nie ongemerk kon afgradeer na Pernjiau, die kat nie, wurg ek af. 'n Ware heldin! Ek wou mos. Ek moet daarna my les kom opsê en die moeilike woorde spel, en my tafels. Dan lê ek tot drie-uur deur die groot venster en uitkyk en wonder hoe lank dit sal duur om met die rivier langs uit te swem terug na my ouerhuis toe. Vir die eerste keer word huis toe vir my 'n plek met 'n emosionele waarde. Ek vind dit lekker om hartseer te voel: Ek voel groter, soort van.

Nee, ek moet rus, dis ook iets wat ek moet aanleer. Halfvier gee Ouma my koffie en beskuit en dan mag ek buite gaan speel, asof buite speel 'n onbegrensde wydte is. Wat ek toe nie geweet het nie, is dat in die tyd wat ek agter 'n toe deur rus, moet groot broer, 'n standerdvyf wat hy is, net so deeglik sy les kom opsê, sy geskiedenis leer, plus sy Bybelversie, 'n kolom lank. Wanneer ek uit die kamer kom, is hy weg op sy fiets na allerhande versoekings, waarvan ek natuurlik nou vir die eerste keer hoor.

Kyk, my ouma het in die semi-ou gedeelte van Kroonstad gewoon waar, nademale die Depressie, allerlei ou perdestalle en buitegeboue betrek is deur armlastiges en ander onaanvaarbares. Wat nie te gebeure was nie, het my ouma saans hardop vir my voorgelees uit *Die Volksblad.* Haar spesiale stryd was teen ghaaifokse, merriegouround-slamse en sirkuswanskapiges, mense in sinkhuise wat honde aan kettings aanhou en huise waar rooi ligte snags brand, en meisiekinders wat kortbroekies dra en rook.

Sy het my leer brei, links soos ek was, en my afgevalde steke help ophekel, en saans voor die koolstoof kry ek die wysie onder die knie van "Rust mijn ziel, uw God is Koning", met pertinente verwysing na wie Hy eintlik is.

Hoe voorbeeldig ek ook al glo ek is, ek bly foute maak. Ouma raas nie. Sy gesels oor die foon, en ek word nader geroep: "Tant Lettie wil met jou praat."

"Ja, ta Lettie?"

"Hoe sê jy?"

"Naand, ta Lettie. Dis ek, Dottie, hier ..."

"Kyk, ek hoor jy wou nie vermiddag jou tamatiebredie eet nie en waar was jou spaargeld? Meneer sê jy het nie kom spaar nie. Luister hier, as jy eerste in jou klas wil staan, moet jy gesonde kos eet vir jou brein om te ontwikkel."

"Ja, ta Lettie." (Die kat het sy deel van die bredie onder die tafel opgebring, die vrotsige ding.) En watse verskil is daar nou tussen eerste sit en eerste staan?

Briewe

Die briewe van my oupa Danie en my ouma Sannie Serfontein het my diep ontroer toe ek dit ná baie jare terugvind in my tant Lettie se nalatenskap.

Jonk, verfynd; dis van twee jong getroudes op 'n plaas nog maar halfpad herstel ná die oorlog, met nege kinders en toe die man wat as eerste verteenwoordiger van Kroonstad in 1910 se eerste Unieparlement in Kaapstad sit, hy so verlate soos sy. Sonder geld, my ouma se kinders in Bloemfontein op skool, party druip, ander is siek. Hy en sy moet geld leen by hulle onderwyseresdogter – sy omdat sy 'n jersie moet koop vir die treinreis na Bloemfontein. Hy ken omtrent niemand in die Kaap nie; naweke so alleen, so bekommerd oor haar, vrou-alleen op 'n plaas in die Kroonstaddistrik. Hy het nog nie eens by benadering van die finansiële skokke van die Anglo-Boereoorlog herstel nie. As lid van die eerste naoorlogse regering moes hy deurentyd hulp en bystand verleen aan die verarmde Boerebevolking om hom heen – 'n slagskaap, 'n kosbare sak mielies, 'n gebed.

"Ja," het oom Piet Keeve, een van Kroonstad se grootste grondbesitters, eenkeer vir my broer Danie gesê, "jy dra 'n kosbare naam. Toe ons ná die Anglo-Boereoorlog hier intrek, het ons niks, maar niks gehad nie. Ons het 'n staanplek op 'n Tommie se plaas gekry. Ons het 'n paar ossies en 'n soort van 'n ploeg gekry waarmee ons vir hom mielies moes plant. Hy het ons soos varkwagters behandel. Ek was 'n jong seun en moes van voor ligdag af op die lande werk vir hom. Eendag hou daar 'n kar en perde langs die pad stil. 'n Man klim af en kom oor die sooie na my toe aangestap. Hy steek sy hand na my uit, hy vra alles van my uit. En net daar laat hy my saam met hom kniel en hy doen 'n gebed vir my. Dit was jou oupa. En 'n jong mens soos jy sal dit nie glo nie, maar ek sê vir jou dat daardie gebed die keerpunt in ons lotgevalle gebring het. Ons was binne 'n paar jaar in staat om die Tommie uit te koop, en daarna ander Tommies. Ek het eenkeer vir jou pa gesê: 'Ja, Kootjie, julle stem die Engelse uit die land uit. Ek en jou pa het hulle ook uitgehaal. Hy het hulle uitgebid en ek het hulle uitgeboer.'"

My oupa Danie is in die tagtigerjare van die negentiende eeu as die tweede jongste van dertien kinders met groot opofferings Boland toe gestuur om vir predikant te gaan leer in die voorbereidende skool by dominee G.W.A. van der Lingen, wie se broer juis daardie tyd predikant op Kroonstad was. Hy het by dominee Van der Lingen se swaer, wat een van die Du Toit-broers was, gaan loseer, kort voor lank betrokke geraak by die Afrikaanse Taalbeweging en een van die oorspronklike redaksielede van die *Di Patriot* geword. Hy het nie klaar geleer vir predikant nie. Swak gesondheid. Hoofpyne en geweldige neusbloedings, sê hulle. Eers by sy dood is daar vasgestel dat hy 'n bloeier was. Geloofsverskille, sê party ander mense, en dit kon ook ten dele waar gewees het. Synde 'n Serfontein, sou hy niks wat ander oorgeesdriftig glo, ten volle sy eie gemaak het nie.

Wat hy van blywende waarde saam met hom teruggebring het, was 'n professionele godsdiensaanbieding, organisasievermoë, Afrikanerskap, 'n geoefende, skoon Afrikaanse skryfstyl en 'n vrou uit een van die Boland se intellektuele families, die Bothas.

Sy was Susanna Jacoba Botha, saam met die Neethling-susters een van die eerste drie graduandi van Wellington, en 'n kleindogter van die vermaarde Jan de Kock, oorspronklike eienaar van Nietvoorbij, Stellenbosch. Klein, tengerig, waardig, van min woorde was sy, in alle opsigte die teenoorgestelde van die pioniersfamilie waarin sy getrou het. Maar sy was taai. En sy kon skoolhou. Die bekende Fanie Botha, die groot leermeester van Afrikaners in die Noordwes-Kaap, was 'n broerskind van haar, en Manie Rousseau, die briljante geleerde wat sy lewe gewy het aan die opvoeding van swart mense in die Oos-Kaap by Lovedale, 'n susterskind.

Sy het talryke Serfontein-spruite van voor die oorlog afgerig vir die katkisasie. En wanneer sy gesê het "O, heilig Lam, Uw kostbaar bloed, behoudt zijn waarde en kracht, bewaart nog daag'lijks mijn gemoed," het die Serfonteins dit geglo, en dit sê veel. En met Nagmaal wanneer hulle soos windswaels die dorpshuise betrek, ook en hoofsaaklik om nuus uit te ruil, het die ouers die kinders in plate na Sannie gestuur om musieklesse te gaan neem op haar klavier.

Die Serfonteins het baie grond gehad, maar daardie tyd kon grond nie veel geld oplewer nie. My ouma en oupa het met sewe kinders tot en met die oorlog by hul grootouers en saam met die jongste broer, Christiaan, sy vrou en etlike kinders in die sesvertrekhuisie op die woonplaas Bossiespruit gewoon.

Ná die oorlog het my ouma met haar kinders in 'n tent gewoon, terwyl my oupa laat klip kap het vir 'n nuwe huis verder langs die rivier op. Dit was 'n naoorlogse, imposante kliphuis wat 'n groot gesin moes huisves. Die boumeester was Jan-Grashoed Kleynhans, getroud met 'n niggie van Oupa. Die sandklip is op die werf gekeil. Die huis is gebou in 'n L-vorm met 'n hoë stoep, handgebeitelde klippilare en 'n hoë gewel met 'n uitsig op die Valschrivier se loop.

In dié huis het ek grootgeword en woon die kinders van my broer se seun nog. Al my mooiste herinneringe van saamleef en tog ook alleen wees, van koestering en vry-uit jou eie ding doen, lê verweef in die hoë houtplafonne met kwaste waarvan jy drake en engele, vlammende kastele en alsienende oë kon aflei wanneer jy siek op jou bed lê. Die drie deure wat op die voorstoep uitloop het gekleurde glasruitjies gehad, waardeur jy ure kon kyk hoe die wind die bloekoms rondruk. Daar was 'n kaggel waarin die doringhoutvuur op wintersaande gebrand het, waar jy mielies in die as en biltong teen die kaggelysters kon braai.

In die stoepkamer wat uitloop op die voorstoep was daar teen die plankplafon 'n swaelnessie. Linnelappe is met skroewe daaroor vasgeskroef sodat die nessie nie afval nie. Een van die laaste dinge wat oupa Danie gedoen het voor hy weg is Kaap toe vir sy eerste en laaste Unieparlementsitting was om hierdie linnelappe onder die swaelnes vas te maak. Dertig jaar later was die lappe nog daar en elke somer het my pa die wilde swaels verwilder wat vroeër terugkom, sodat die mak swaeltjies weer in hulle nes kan intrek. Ná dertig geslagte swaels kom hulle toe nog altyd terug.

En wanneer die eerste voorjaarstulpe die veld vol geel staan, gaan pluk ek daarvan en sit dit by my oupa se graf wat alleen in die begraafplaas lê. Ek het hom nooit geken nie. Hy is deur sy kinders vereer as 'n heilige. Dit is nie hoekom ek die blomme vat nie. Sy grafsteen is 'n volmaakte spierwit marmerengel wat met 'n trompet staan, die vinger na bo. Op die een of ander manier het die vinger jare voor my geboorte afgebreek. By geleentheid vat ek dan die blomme en soek aanmekaar in die gras of ek nie die vinger kry nie. Ek was absoluut seker dat ek en niemand anders nie, eendag die stukkie wit marmer sal optel en die engel sal heelmaak. Eendag het my ma droog vir my gesê: "Die vinger sal self aangroei wanneer jou ouma daar anderkant aankom."

Toe my oupa en ouma in 1905 in die huis ingetrek het, het hy geld daarop geskuld. Hy moes aanteelvee, boerderygereedskap en 'n wa koop. Hy moes stalle en 'n kraal bou. Dat hulle kinders geleerd moet kom, daaroor was my oupa en ouma fanaties en daarvoor het hulle gewerk. So was hulle dan die prototipe van die arm, maar ontwikkelde Afrikaner, die vlegwerk onder 'n nuwe geslag wat eindelik tot leiersposisies in die land kon klim. In baie opsigte het dié posisie polities verander, maar dat hulle idealiste was, weet mens vir seker.

Oupa skryf dus aan sy vrou vanuit sy huurkamertjie in Kaapstad só:

Sondagmôre, 27.2.1911

Liefste Mamie

Vandag is weer Sondag en die dag sal natuurlik vir my lank wees. Ek het so spyt dat ek nog niks van julle gehoor het en of dit al daar gereent het, maar ek hoop om morre tyding van die huis te kry.

C.T.M. Wilcocks, L.V. vir Fauresmith is al gister weg naar 'n buiteplaas, Hendrik de Waal, lid vir Wolmaransstad, is na Somerset. Chrisjan [Chris van Niekerk, LV vir Boshof] pas maar ver Lenie op want sy is nog nie heeltemaal gesond nie. Haar moeder is nou ook hier. Saterdag is altyd vir my die swaarste dag hier in die Kaap om deur te breng. Naar Wellington skoonfamilie wil ek nie al te dikwils gaan nie, ofskoon boet Danie en Annie vir my baing goed is. As ek daar kom en van die Paarl, voel ik maar heeltemal afgesterwe.

Die Muizenbergstrand is die mooiste wat ek nog

gesien het. Mans en vrouens swem daar deurmekaar lyk dit vir ons. Met die terugkom kom ons by 'n sekere station Plumstead en daar stond met groot letters aan die sy van 'n trap, met kryt geskrewe, miss Susan Botha en Venter maak my er aan opmerksaam ofskoon hy nie wis wat jou naam is en dit het my natuurlik weer laat terugdink aan onse jong dae. So reg statig was jy daardie dae ook voor die Vrystaatse boertjie jou die wildrnis ingevat het, Mamie.

Sondagaand: Van die £10 waat jy in jou vorige brief vir my gestuur het, het ik £5 geneem en nog £1 wat ek van die huis af saamgebring het en dit het ik toe vir Mrs. van Niekerk gegee vir 'n maand syn boarding geld en van die £5 wat ik nog had, moes ik nou die dag weer £1 gee vir die Kerk en nou het ik nog £4. Ik wou nie graag vir Mrs. van Niekerk 'n cheque gee, want Danie [hulle seun op universiteit] skryf maar elkemaal van die groot rekening wat ek sal kry, nou is ik bang as ik die balans in die bank te veul uitput, dat ik dalk kort kom ver die boarding geld van die kinders en dan weet ik ook nie wanneer ik 'n kans sal hê om van die hamels op Eerste Geluk te verkoop. Ik gebruik nog maar my selde klere wat ik van die huis af mee gekom het, ik wou ver my 'n pak klere laat maak maar ik het toe ontsien en sukkel nou nog maar op. Fanie [hulle seun] skryf glad nie meer hoe dit met die skool op Kroonstad gaan nie, ik denk dit gaan seker nie goed nie en daarom skryf hy nie. Sê vir Lettie [hulle dogter] ik seg baing dankie, as sy die £5 nodig kry wat ik by haar geleen het, moet jy dit solank vir haar teruggee dan sal ik later met jou regmaak.

Hoe is dit nou met Jannie [hulle seun], gaat hy skooltoe? As hy nou gaan, ken Lettie meteens kyk na hom en hom aanhelp met sy lesse. Hoe langer hy wag, hoe swaarder sal dit gaan. Hoe het Johan gemaak in sy eksamen?

Hartlike groete aan u en al die kinders
Als altyd jou liefste
Danie.

Oupa Danie het alle rede gehad om oor sy seuns Johan, Fanie, Jannie, Kootjie en Danie te wonder. Trouens, hulle skoolganery, soos ek dit later uit my pa se mond verneem het, was 'n stelsel waarvan ek nog nie voorheen of daarna gehoor het nie.

Sondagmiddae is al die skoolgaande kinders op die plaas gewas, aangetrek en op die kapkar met twee perde gelaai. Voor by die leisels was 'n ou Boesman, agterop voer vir die perde, 'n halfsak meel en 'n halwe skaap. Daarmee is die kinders in dorp toe, na die tuishuis toe, om skool te gaan. Hulle het die hele week daar gebly, onder toesig van die oudste dogter, Lettie, met die ou Boesman om te kook. Vrydagmiddae het hulle uitgekom plaas toe. Teen Woensdag, so het my pa baie keer vertel, was die vleis al heeltemal bederf en dan het hulle tot Vrydag net op droë mieliepap geleef.

Dit het gemaak dat die seuns en die Boesman soms saans ná donker die 16 kilometer plaas toe gehardloop het om vrugte uit die tuin te stroop, koeie uit te melk, hase met kieries te jag en in die algemeen die spyskaart aan te vul terwyl die gelowige vader die volksake beredder en die moeder die jongste kinders tuis grootmaak.

"Skoolgaan," het my pa gesê, "was ons persoonlike oorlogsbydrae. Ons het dit ons plig geag om die ou Skotse onderwysers en onderwyseresse van die Milnerskole al die hel waartoe ons in staat was, toe te deel. Ons het snags hulle kosyne en deurknoppe met nagvuil bestryk, draadstrikke oor hulle hekkies gespan, dan klippe teen hulle voordeure gegooi en laat spaander. As hulle dan by die deur uitvlieg om ons te vang, val hulle hul nerfaf oor die drade en wanneer hulle dan swetsend teruggaan binnetoe, is hulle hande en klere besmeer. Dit is so, sommige van hulle was saans so dronk dat hulle skaars al die beledigings kon ontleed, maar daar was nogal sommige ou menere wat die verengelsing met 'n soort idealisme probeer deurvoer het. Vir hulle was ons bullebakstreke seker die klinkende bewyse van die Boer se barbaarsheid.

"Die gevolge van ons nagstreke was dat ons ongelooflik fiks en taai geword het, maar wanneer ons soggens vaal-vaal aanslenter skool toe, het ons hoegenaamd geen erg aan die opvoedingstaak gehad nie. Die onaardigste mens wat ek in daardie tyd geken het, was jou ma. So 'n kort buksie van 'n dogter wat so ywerig soggens by ons verbystryk skool toe dat jy eintlik haar *pencilbox* in haar boeksak kan hoor raas. Ons het sulke leergieriges verafsku."

My tant Lettie het, verbasend, haar matriek só deurgekom, haar onderwysdiploma verwerf en in die jaar toe die briewe geskryf is, was sy reeds onderwyseres, terug op Kroonstad. Ná standerd agt is die twee oudste seuns, my pa Kootjie en my oom Danie, wat later dokter geword het, na Grey Kollege gestuur "vir die matriek". Met die geledere nou redelik uitgedun en die drade deur my tant Lettie aansienlik korter gedraai, het my oom Fanie en my oom Johan nog op Kroonstad die goue eeu probeer uitrek.

Ná hierdie vorige brief kom tydings wat dui op heelwat steurnisse tuis. My pa Kootjie op Bloemfontein en my oom Fanie tuis het die eksamen gedruip, my oom Danie moes vir 'n blindederm geopereer word, my pa het masels gekry en my ouma moes per trein na Bloemfontein.

Sondag morre.

Liefste Moeder,

Seer hartlik dank vir jou brief wat ik gister morre hier ontvang het. Ik het gister maar tuis gebly omdat ik veul werk had. Ik moes ministers Graaff en Fischer sien re die Alexander brug. As ik die geld nou kan kry, sal dit veul vir die vooruitgang van Kroonstad beteken.

Van Kootjie het ik tot nou toe nog niks gehoor. Ik het hom nogal gevra om dadelik vir my te skryf wat hy gaat doen. Wat nou my verblyf hier in die Kaap aan betref, die is nou ver my treuriger dan te voren, ek was nog geen dag sonder hoofpyn nie; die bekommernis o'er die teleurstelling van die kinders maak dit ver my nog onaangenamer. Die wens het ook al dikwijls bij my opgekom om toch maar in sulke oomblikke liewers tuis te wees. Sodat ons saam elkanders lief en leed kan dra, doch ik leef nou maar in die hoop dat dit beter sal gaan. Ons moet ons toch nou maar volkome en met volle tevredenheid laat in die hand van die Heer, want die Heer alleen weet waarom dit goed is, nie alleen ver ons kinders nie, maar ook ver onsself. (Ach, die Woord van God klink my so gedurig in die ore. Wat ik nu doe, weet gy niet.)

En laat ons nou nie net maar altyd met verbroke harte denk aan Kootjie en Fanie nie en dan vergeet om dankbaar te wees vir Danie en God reg kinderlik te verheerlik.

Sondagagtermiddag: Liefste Mamie, eensaam en alleen set ik hier in mij kamer met onafgebroke gedagte aan huis, aan u en kinders, voor u is die dag seker nie wat hij ver my is, want jy het tog die kinders ver geselskap. Dit is hier in die Kaap nou so warm. Die vriende wat in Groenpunt woon, seg dat dit daar aangenamer is maar dan klaag hulle weer oor die afstand wat hulle gedurig moet aflê na die Huis.

Pas is hierdie teleurstelling verwerk of daar kom 'n verdere terugslag bo uit die Vrystaat en die brief van my ouma wat dit vermeld, het ook bewaar gebly:

Bloemfontein

Liefste Pappie,

Ik is Saterdag hierheen gekom op 'n telegram dat ik van Kootjie kreeg dat Danie erg siek is aan appendicitis. Toe ik Saterdagochend by die hospitaal kom, was Danie vol pyn en op aanraai van die dokter het ik toen geseh hulle moet maar operasie maak, want toe is hy al van Dinsdag in die hospitaal. Die middag om 3uur het hulle begin en half vyf eers klaar gekry. Ik het naby die operasiekamer gewag maar hoe ik al die tyd gevoel het, is by die Heere alleen bekend. Mynard Wessels was ook al die tyd daar en was so deelnemend als of het syn eigen broer was. Kootjie het ook daar gebly. Die dokter wou toe nie dat ik hem moet sien nie, want Kootjie seg toen hulle hom uit die kamer bring, staat syn ooge stokstyf syn mond hang oop en hy is doodsbleek soos een lyk.

Sondagmiddag was ik weer daar maar toen had hy so pyn in die wond en was so koortsig dat ik nie weet waarheen my te wend. Toe het ik Kootjie weer opgestuur maar toe was hy weinig beter. Nou lê hy darem al koerant te lees. Hy is in en privaat kamer. Ik het jou, Pappie, tog te veel gemis want om al die verantwoordelikheid op my te neem vir so 'n geval is maar 'n groot saak.

Hier is nog 'n vroutjie. Hulle het ook 'n operasie op haar man gemaak en nou loop ons twee maar so tesaam altyd na die hospitaal maar dit is goed en drie-kwartier om daarheen te loop. Die cab wil ons nie neem nie, om die volgende rede.

Die eerste dag kry ek juis die vroutjie besig met die cab te stry. Hy verstaan nie Hollands nie. Ik wou haar help maar toe ik in die man syn gesig kyk, sien ik dis ou Kerneels ... Dit lyk of hy uit die plaas is wat die Tommies hom gegee het. Hy dryf cab vir een Jood. Toen hy my herken, ken hy dadelik Hollands. Hy was daarop uit om goed te doen en wou my minder laat betaal. Nou loop ons liewer 'n draai.

Kootjie het hom knap gedra om Danie tot tweemal op 'n dag te besoek en jy weet waar is die kollege maar hy het Fanie geskryf om syn bicycle vir hom te stuur want hy seh syn hakscheene raak deur geloop. Danie moet drie weke in die hospitaal bly en nou is ik tot die dood onrustig dat Kootjie weer sal inval want Mr. Wessels seh hy het nog nooit gesien dat iemand die masels soo erg als hy gehad het nie. En hy het ons niks laat weet.

Ik het Vrydag vir die kerk ingegaan toe ik die telegram kry en het Saterdagoggend dar opgeklim. Ik had geen geld en ook nie genoeg klere nie, maar ik het toen maar £5 by ou Ben geleen en hier het ik vir my van morre 'n warm baadjie van 18/6 gekoop omdat ik wou verkluim van die koue. Hoekom denk jy sul dit nou reën. Partykeer dink ik dis ik wat self die reën maak. Als ik nou maar teen Saterdag naar huis kan gaan, sal ik nu misschien uitkom mit die geld.

Hartlyke groete van jou liefhebbende vrouw, Sannie

"Dit was die jaar," so het my pa later gesê, "wat van my 'n grootmens gemaak het. Toe het ek besef watter opofferings my ouers vir ons geleerdheid gedoen het, watter stryd my ma alleen met ons nege kinders moes voer, die eensame stryd van my pa vir sy mense ver weg van familie en eie belange. Dit was vir my 'n groot voldoening dat my vader voor sy afsterwe nog kon verneem dat beide ek en my broer Fanie matriek deurgekom het en Danie, genadiglik herstel van 'n operasie wat daardie jare lewens geëis het, sy matriek in die eerste klas deur is. Toe sy [my vader se] onverwagte dood kom, was ons volwasse, verantwoordelik genoeg om ons ma en die jonger kinders by te staan."

Daardie Desember terug by die huis laat my oupa 'n kiestand trek. Dit bly lol en hy moet etlike kere terug na die tandarts om die bloed te stop. Een nag raak dit weer geweldig aan die bloei. Daar moet perde gevang word, ingejaag word dokter toe. Tot my pa se dood het daar op ons plaas 'n gesin gewoon wat vir niks op aarde goed was nie. Die man se naam was Andries Mareka. Hy het, soos die lelies van die veld, so min as moontlik gearbei. Maar dit was hy wat in die nag van my oupa se groot siekte, toe die ander werksmense van 'n bierparty onkapabel was, die perde gevang en my ouma en oupa ingejaag het dorp toe. Om die bloed te stop, is daar 'n gelatienpreparaat in die wond gespuit; terselfdertyd het 'n spesialis van Johannesburg af gekom. Of die kiem in die gelatien was of van al die gepeuter in die wond is nie seker nie, maar my oupa het ten spyte van die beste mediese versorging klem-in-die-kaak gekry en is op 6 Januarie 1912 aan dié vreeslike siekte oorlede. Daar was briewe van meegevoel van onder meer generaals Hertzog en Smuts en dominee Perold, moderator van die Kaapse Kerk. Hy het die begrafnisrede kom hou.

Briewe is vandag, soos toentertyd, waardevolle bêrestukke, maar aan die lewensomstandighede van my ouma het dit weinig verskil gemaak. Sy moes met haar nege kinders alleen die mas opkom, skuld afwerk, op die dorp gaan woon, kleinkinders en onderwyseresse by haar laat loseer. Sy het dit gedoen met waardigheid. Was die Kaap en die hemel per slot van rekening so ver uitmekaar? Ek sien haar vandag nog sit in haar rustige maar beskeie dorpshuis in die eetkamer op die akkerhout-Morrisstoel, reg onder die groot portret van die mooi man, my oupa. Haar kerkgeld en haar melkgeld was elk in 'n dosie reggesit, sy het haar een biblioteekboek per week en *Die Volksblad* gelees, briewe geskryf, smiddae ons Bybelversies aangehoor en ons wiskunde gekorrigeer en dahlias en varings in haar tuin versorg.

Die Wildtuin

Daar het twee ander ritte gevolg wat vandag nie meer 'n paragraaf se nuuswaarde sou hê nie, maar daardie tyd van besondere deursettingsvermoë gespreek het.

Dit het geblyk dat Bul 'n afgeleefde lorrietjie bekom het wat eintlik vir my pa iets soos vlerke was. Nou sou ons eindelik 'n ryding hê waarop mens kampgereedskap en ekstra bagasie kon laai. Ons gaan weer toer. Waarheen? Niks minder nie as na die Krugerwildtuin waaroor almal so stry nie. Moet dit toe Paul Kruger se naam kry, met 'n ordentlike standbeeld, nie een soos dié in Rustenburg waar hy in 'n leunstoel, seker siek aan malaria, 'n boek sit en lees nie, maar iets fors waar mens duidelik die afvinger kan sien van die kruitwond. Daardie streke is vrot van die sandklip.

"Ma' ek dag 'n leeu het hom getakel."

"Hy het so baie leeus getakel, hy kon 'n lewe daaruit gemaak het as hy wou."

"So daar's leeus daar? Hè, Kootjie?" vra my ma.

"Daar's ruskampe. Ek het solank vir ons by Punda Maria bespreek. Dis die heel noordelike een."

"Maar is daar leeus?"

"Daar is ruskampe met sifdraad toegespan."

Nooientjie help saam. "Ek deps ek sit by jou, Oupats [so het ons my pa genoem] as jy die lorrietjie dryf."

Die oop lorrie …! Daar val toe 'n gevoelvolle stilte.

Daar kom die welbekende verkennerstrek om Bul se mond: "Ek dryf self die lorrie en tussen hakies, die term is 'bestuur'.

Dis my lorrie, dis myne, en ek alleen bestuur."

My ma stamp haar stoel woedend in. "Julle is van julle verstand af. Jy sal nie in 'n oop lorrie tussen leeus en olifante in ry nie."

En Bul sê: "Ek wil, ek wil. En ek neem my box camera saam."

"Nou gaan, gaan. Maar ek bly by die huis." Finale doodskoot. Wie gaan die beddens opmaak, wie gaan die pap maak? Wie gaan sorg vir padkos en wie kan 'n padkaart lees? Dit was een geveg wat my ma nie sommer wou verloor nie.

Nietemin, sy staan teen 'n oormag. My oom Fanie en sy gesin gaan ook, oom Meneer-hulle gaan ook. Om die waarheid te sê, tant Lettie is reeds hard aan die werk om vir elke dogtertjie 'n kakierompie en kakiebloesie en laphoedjie te maak, want hulle sê dis baie stowwerig daar as mense vinnig wegja vir die leeus. Oom Meneer sê dis 'n hanetree daarvandaan na Lourenço Marques, na die see toe, want oom Meneer, synde 'n Bolander, kry sy heimwee so dan en wan na die see.

Ek sê ook iets: "Dis mos vervuil van die Portugese daar by Lourenço Marques."

En Bul sê: "Dis seker wat julle in die onderste skool leer; ons juffrou Van der Merwe by die boonste skool sê dis Vasco da Gama. Dias het nie 'n poot daar gesit nie. Hy het net die matrose wat nie wou luister nie, in bootjies land toe gestuur om te gaan vars water haal en dan ry hy vir hulle weg. Tot hy Natal op Krismis ontdek en sê dié wat teëstribbel, kan agterbly."

Die atmosfeer is dermate vertroebel dat ek buitentoe uitvlug na die wag-'n-bietjiebessies toe – my wonderlike troos elke herfs, omdat net kundiges soos ek die ryp, sagte bessies van hierdie plat bosgasies kon pluk sonder dat die dorings my steek.

Maar op 'n dag spring ons toe weg wildtuin toe. Gelukkig slaap ons oor in Pretoria, waar my tant Lettie vir my persoonlik neem na 'n winkel waar sy vir my van die nuwe opvoedkundige hulpmiddels, die *jigsaw puzzles*, koop – die blokkies hout met 'n storie. Myne was, so hoor ek, van iemand met die naam Cleopatra, wat juweelbesaai en met kleurryke komberse 'n slang teen haar bors vasdruk. Vir die res van my lewe was ek toe verslaaf aan *puzzles*. Selfs nou nog bly dit vir my 'n versoeking wanneer ek 'n mooi een iewers sien. Ek kan vir ure allerhande belangriker skete en pyne vergeet, alle onregte vergewe, en wanneer ek die laaste blokkie in het, voel ek dat ek die toets teen die aansprake van die Alzheimer weer 'n slag oorwin het. Al is dit net-net.

Ja, en dit was die wildtuin se tweespoorpaadjies en ja, daar was net sifdraad om die kamp en ja, op die vergroting wat Cyril Smiedt, ons kontrei se plaaslike afnemer, later persoonlik vir Bul gedruk het, kon mens 'n vaal strepie iewers in die verte sien, wat Bul gesweer het is 'n leeu. Nog later het hy beweer mens kan duidelik sien dit was 'n wyfie en nog later kon hy 'n paar welpies uitmaak.

Ja, in die oop trokkie sou niemand by sy volle verstand ooit weer vir my oudste broer wil voorsê hoe lyk 'n leeu en in watter motorkar hy waarheen op watse soort pad wil ry nie.

My pa en ma en ons ander het in elk geval nooit 'n leeu met 'n oog gesien nie. My pa het vir elkeen van ons vroumense 'n borsspeldjie van 'n leeunael gekoop, effens stinkerig, maar mooi.

Bul het daarna die oop Fordjie vir my pa present gegee en later vir homself 'n DKW-lorrietjie gekoop en met 'n paar vriende afgery om in Beaufort-Wes die sonsverduistering beter te gaan sien, met natuurlik een van die eerste groot bokskameras byderhand, terwyl die res van die gesin moes doen met 'n stukkie geroeste ruit.

Die betrokke leeuvergroting het 'n rukkie in staatsie op die kaggelrak gepryk. Een môre ná die ander kinders al opgestaan het van ontbyt, net ek (my aandag verdeel vanweë die Lyle's-blik se fynskrif) nog nie, sien ek my pa voor die kaggelrak staan. Hy roep na my ma: "Boet, hierdie hele ding is 'n belediging vir wyle ou Paul Kruger."

My ma, al aan die afdek, staan nader. Ons kon haar nooit

daarop betrap dat sy vir my pa vra hoekom nie. Dalk het sy dit net in die slaapbed gevra om 'n intelligente antwoord te kry. Sy sê toe: "Ek dink die kamera het maar net geroer. Ou Cyril [die genoemde afnemer, ons eerbiedwaardige Joodse apteker, groot vriend van Bul] het mos self die afdruk gemaak. Dis darem nie soos die ou bruin kiekies wat Lettie se ou Van Niekerk in sy donkerkamertjie onder die trap maak nie."

My pa: "Ek praat van die gras waar net die leeu se een oor uitsteek. Die ou president sou nooit in sy dag des lewens 'n klomp diere afgekamp het in sulke gras en gedink het hulle sal die winter daarop kan oorleef nie. Dis van daardie onverteerbare ou tamboekiegras, net goed genoeg om strooise mee te dek."

En my ma: "Ek weet nie, ek kan nie help om te voel dit was darem 'n bietjie 'quixotic' van Lettie-hulle om 'n hele dubbelverdiepinghuis te bou net sodat haar man 'n donker hoekie onder 'n trap het om kiekies te probeer ontwikkel."

En toe weer my pa: "Hulle kan dit enige tyd afbreek as hulle wil. Dis nie sandklip nie."

Dit was by sulke geleenthede wat ek liewers in die skool wou wees, waar net een mens met net een ding besig is.

Ons was die amateurfase lankal verby toe ons die laaste groot toer onderneem het, in 1938 toe ek al in standerd vyf was. Daardie Desember het ons afgesit, volledig toegerus, om doktor Malan die monument se hoeksteen te sien lê.

Ek onthou net dit was bloedig warm en ek kon nooit by die plek uitkom waar ek die pragtige sonore stem kon herlei na die ou vaal oom daar doer op die plankverhogie nie. Later het ek besef dat net duiwe en ou predikante só behoorlik kan artikuleer.

Mens kon daar borsspelde koop in die vorm van 'n koperkruithorinkie. Jy kon briewe vir jouself skryf en dit laat stempel. Natuurlik het ons almal plaaslik vervaardigde Voortrekkerrokke gedra. Weer eens het ek nie 'n sê in die ontwerp gehad nie, weer eens was dit spierwit op die eerste dag en teen die vierde dag rooibruin stofkleurig.

Jare daarna toe ons kaarte vergelyk, sien ons dat Willem (my latere eggenoot) ook daar was, saam met sy oupa-hulle wat hom geneem het om persoonlik doktor Malan se hand te kon skud, in een van sy oupa se Voortrekkerpakke, gekrimp in die was of te klein omrede Willem toe so geil uitgegroei was.

Ons het Willem se uitrusting jare lank veilig bewaar. Ek kon hom nooit oorreed om dit weer aan te trek nie. Dit was byna soos met my pa se nooit vergete uitrusting in die Verdedigingsmag.

Willem se ma, ouma Net, presies en netjies soos ek haar geken het, het my op 'n dag gesê, toe sy my gehelp kas regpak het en ons Willem se Voortrekker-uitrusting onder die klere vind: "Gelukkig dat die verspotheid net een keer gebeur het. Dit was tog dan nie oorlog nie. Hoe ook al. Geen respektabele Bekker sal so 'n klapbroekgemors aantrek nie. Mý Bekkermense sou nie."

Reent het vir my sy eie betekenis gehad. Lank voor ek skool toe is, het my pa my al gewys waar op die plaas mens ná 'n reën die geel klei kan uitgrawe om kleiosse en kleiperde te maak, en waar die potklei is waarmee mens nie kleiosse en kleiperde maak nie. Hy het my met groot kundigheid gewys hoe mens 'n ordentlike kleios maak, op die regte, tradisionele manier met spesiale aandag aan die spoeg op mens se duimnael waarmee mens daardie gewenste blink veloppervlakte kry; hoe die klei kurkdroog moet wees voor mens dit op die ousies se miskoekvuur bak wanneer hulle Maandae die wasgoed op die klipplaat doen. Hy het my pogings streng gekritiseer.

Alles het goed gegaan tot ek hom op 'n dag sê dat ek nou honde en katte wil maak, en hy rustig antwoord mens maak nie honde en katte van klei nie. Ek kon hom nie vra hoekom nie. Punt is net, toe had ek skielik 'n brandende begeerte juis om honde en katte te maak. Ek doen dit stilletjies, tot ek self uitvind dat katte se hare alle koerse in staan en 'n hond nie wil staan tensy jy sy voorbene maak soos dié van 'n kleiperd nie, in welke geval hy dan nie meer 'n hond is nie, maar ook nie 'n perd nie. Maar die drang het my my hele lewe deur bygebly, met suksesvolle en minder suksesvolle pogings, en ek het dit altyd met hom geassosieer.

Die Bybelfees

Vir die plaaslike bekendstelling in 1933 van die eerste Afrikaans vertaalde Bybel moes sewe dogtertjies in lang wit rokkies met palmtakke dié Bybel die Moederkerk indra. Vir die tweede keer in my lewe kry ek 'n professionele tabberd, gemaak deur mevrou Olivier, die horlosiemaker se vrou (in die snyer meneer Wishardt, dierbare ou Skotse vrind van my pa, se winkel gesny en gestik).

Terwyl ek as 'n tweedegraadse engeltjie met my palmtak die kerkpaadjie opstap, kon die ou ooms dalk dominee Daniël Kestell of Totius of dokter Fourie gewees het. En het ek dit genoem dat ons kaalvoetjies moes stap? Hoe kon ek weet dat hierdie vertaling van die Bybel van 1918 af worstel deur arm teoloë en welmenende andersdenkendes tot die Protestantse kerke in die land eindelik self 'n uitgewery sou begin, die Verenigde Protestantse Uitgewery, waarvoor my pa almelee fondse help insamel het.

Al wat ek nog in daardie jaar of twee beleef het, was die droogte, die ernstigste wat reg deur '33 en weerskante toe gewoed het om die laaste van die uithouboere van hulle plase af 'n uitkomste in die agterstrate van Johannesburg en sy myne te laat soek en sonder toekoms in dorpe soos ons s'n te laat opdam in die ou gedeelte van die dorp teen die rivier. Die welgesteldes het uitgebrei en in dubbelverdiepinghuise gewoon, wes en noord van die ou paar straatjies waar my ouma nog in haar ou kliphuis naby die Moederkerk gewoon het. Ek het toe gedink dié gedeelte is die hele dorp.

My een vriendin het smiddae by ons "vir haar hasie" kom gras pluk. Ek het nie geweet dat die gras saam met die pap vir hulle gesin op 'n vuur gemaak van kartondose en optelhoutjies voor die eenkamerblyplek van die huisgesin gekook word nie.

Die 1933-droogte was die ergste ooit. Ek was nie te klein en te behep met my eie oorwinnings en teleurstellings om ooggetuie te wees van diere wat slinger van hongerte en deur my pa met stukkies boerpampoen aan die lewe gehou word nie. My pa en sy helpers het ure lank gesukkel om beeste wat in die modder van die leë Valschrivier vasgeval het, te probeer uitsleep. Man en muis was tot aan hulle heupe dik van die opgekarringde modder soos hulle gespook het om eerstens net die beeste se koppe omgedraai te kry, weg van die water. Kry 'n mens die agterbene uit, versmoor hulle voor in die modder. Daardie wanhopige uitroepe van die mense, die vreeslike modder, gebulk en geroggel van die diere en die voelbare neerslagtigheid van my ouers het my bygebly en my seker vir altyd 'n wantroue gegee in 'n mens se vermoë om 'n regverdige bedeling van die natuur te verwag.

Verskriklike stofstorms het smiddae oor dorp en veld uit die weste opgeslaan en met 'n brandend dorre wind deur skeure en gate geloei. Dit word dan so donker dat ons lampe moet opsteek en sakke voor ons vensters spyker. Soggens moet die standerd drie-meisies eers die saal met handbesems uitvee voor ons met vaalskurwe voete oor die plankvloer inskuif. En ons sing die hallelujaliedere met 'n stemvurk, want die delikate binnewerk van ons enigste klavier word met lakens toegehou.

My pa se groot idealisme vir die volksaak het gemaak dat hy vir verskeie familielede van hom "borg gestaan het", soos dit toe genoem is. Gedurende die Depressie is hierdie borggeld opgeëis en my pa het skuld moes maak waaraan hy jare moes afbetaal om nie sy eie plaas te verloor nie. My ma was minder versigtig oor dinge wat voor kinders bespreek kon word. Die eens vermoëndes wat as onverwagte gaste opdaag en in die sitkamer kom soebat: "Help my net vanjaar in godsnaam, ek sal 'n kontrak teken, en volgende jaar alles terugbetaal, met rente," het haar voor ons laat ontplof. My pa se verduidelikings het min gehelp. "'n Kontrak. Maar jy weet mos, Kootjie, dis nie die papier werd waarop dit geskryf staan nie. Sal jy wat Kootjie is, vir Faan Brits met sy lappie grond en sy vyf kinders volgende jaar op sy kontrak tronk toe laat gaan oor hy jou nie kan betaal nie?" En sy antwoord: "Maar wat nou as ek hom nie help nie? Sy vrou kan nie eens op die pad gaan werk nie, en hulle is Afrikaners."

"Ja, en skryf jy die skuld af, is hy die eerste een wat teen jou werk volgende jaar met die verkiesing en groet sy vrou my nie in die straat nie."

Die Bybelfees het darem toe goed afgeloop. Daar is selfs 'n portretjie van ons sewe in ons wit rokkies, met palmtakke in die hand en blomkransies om die kop. Ek het hulle name leer ken en hulle myne: Siesanna Jakoba. Ek het nog altyd die rokkie, ten spyte van geslagte kinders wat daarin huis-huis en mevrou-mevrou gespeel het. Ek onthou die valletjies moes spesifiek ge-"piekie" wees.

In elk geval wou ek ná die Bybelfees by my pa weet hoekom ons sewe nie ook elkeen 'n Bybel present gekry het nie maar net die ooms, wat natuurlik klaar weet wat daarin staan.

My pa sê toe oor dit klein geskryf is en daar nie prentjies in is nie. "Jy sou niks daarvan verstaan het nie."

Daardie keer, soos nogal dikwels daarna, het ek my bedenkinge gehad oor of my pa weet wat regtig in sy huisgesin aangaan en of hy self regtig weet wat in die Bybel staan. Ek het hom per slot van rekening nie daardie dag in die kerk gesien nie. Ek moes my woorde sluk, want toe sien ek later, nee, maar daar is 'n splinternuwe Bybel in 'n ordentlike kissie. Ongelees, nou wel, maar darem daar vir my om die nuwe Bybelversies wat ons terstond uit die kop moes leer, te kon naslaan. Demmit, ek kon klein skrif lees! En voorin staan daar toe in onse Bybel dat dit kom met komplimente van die voorsitter van die vertalingskommissie, spesifiek aan Kootjie Serfontein, vir die wyse waarop hy oor die afgelope jare die projek gesteun het. En ek hoor by my ma dat die kaalkopoom wat aljimmers met 'n tassie by ons afgeklim het, oom Hennie Otto, lid van die vertalingskommissie en later hoof van die Nasionale Pers was.

Ja sien, daar is in die ou lewe "C above C" waarvan die plebs gewoonlik nie die vaagste benul het nie. Dis die uitdrukking wat Willem en ek in later jare met groot plesier aangehaal het. Dit kom oorspronklik van my musikale oom Clifton, my tant Lena se man. Dit was in die tyd toe die Duitse Erna Sack hier kom sing het en die volk in ekstase had, en wie se sang oom Clifton as net 'n geblêr afgemaak het. Nee, sy gunsteling was Diana Durban, jeugdige *movie*-ster wat volgens hom Amelita Galli-Curci sou opvolg, want sy sing "C above C", soos 'n nagtegaal. Hy kon die C's aanwys op die klavier en sy viool. Arme Diana het maar die weg van alle filmsterre gegaan: hoog geroem en gou vergeet.

Simboliese Ossewatrek, 1938

Die Boere se militêre weerstand tydens die Anglo-Boereoorlog – wat 'n Britse offisier soos generaal Penn Symons gereken het niks meer as 'n "tea party" sou wees nie – word algemeen aanvaar as die mees heroïese in die Afrikaner se oorlewingstryd en tereg word dit onthou, beskryf, besing en vereer.

Die manier waarop die oorblywendes hulle met 'n kultuurstryd hieruit ontworstel het, is nooit geëwenaar nie en word selde genoem. Dit het begin by die mins belangrike segment, naamlik die Spoorweë – toe nog volledig deur Tommies beman – en het ontstaan deur die Afrikaanse Taal- en Kultuurvereniging van die Suid-Afrikaanse Spoorweë en Hawens. Dit is dié vereniging wat die plan gekry het om in 1938 die Voortrekkers se uittog van honderd jaar tevore te gedenk deur met 'n ossewaentjie op dieselfde pad as die destydse Trekkers noordwaarts te trek.

Maar die wa vir dié gedenktrek moes die korrekte afmetings hê – die Burchell-konstruksie – en daar moes osse wees: Afrikanerosse. Dit was 'n geweldige probleem, want met 1933 se Depressie en die droogte sou een span osse onmoontlik binne ses maande 'n wa van die Kaap af tot in Natal of tot in die dorp Louis Trichardt kon trek. Daar moet 'n touleier, 'n wadrywer en sy gesin wees. Voortrekkerdrag? Trudie Kestell en Kotie Roodt-Coetzee weet gelukkig toe hoe dit moet lyk. En Thesen van Knysna se stinkhoutfabriek kon 'n wa maak, en skeie. Hierdie wa sal by plekke van geskiedkundige belang aandoen en 'n klipstapeltjie daar oprig.

Maar dit is darem nie genoeg nie. Kom ons vra die Nasionale Pers om vir ons spesiale koeverte te druk, laat mense dit koop, laat die koeverte by die poskantoor stempel, op die wa laai en dit aflewer waar die wa aandoen. Seëls, ja, wat 'n bietjie geld sal inbring; Sal W.H. Coetzer, die kunstenaartjie, nie dalk die Voortrekkertonele skilder nie ...? Ook: Wat van 'n stel outydse kommetjies wat mens te koop kan kry by Afrikaanse winkels, soos byvoorbeeld Sonop? En wat van voor die wa 'n paar perderuiters wat 'n fakkel van die Voortrekkerbeweging saamdra?

Toe dit blyk dat ek op jeugdige leeftyd dalk 'n bril sal moet dra, is my pa glad nie bekommerd nie. Hy is tot oor sy ore gewikkel in die moets en die moenies van die vooropset, want soos 'n veldbrand wat met 'n klein vuurtjie begin maar 'n plaas afbrand, word dit duidelik dat die Simboliese Ossewatrek vol groot politieke en ander probleme sou wees.

Waarheen gaan hierdie wa? Watter plekke is histories van belang? Dit blyk gou elke liewe dorp is histories, dus moet hierdie wa orals aandoen. Watter Voortrekkerleier se naam moet die wa kry? En wat van Smuts – maar magtig, nooit, al is hy die Eerste Minister! Die wa? Sal generaal Hertzog gevra word om die boodskap by die einde te lewer, of doktor Malan? Soos M.E.R. dit stel: Dis mos maar onse maniere om met die naaf op die grond en die ploegstert in die lug vooruit te boer.

Daar was ook dié grappie, jare lank in omloop: Wat gebeur as 'n Boer, 'n Engelsman en 'n Jood op 'n verlate eiland uitspoel? Die Engelsman begin 'n klub, die Jood begin 'n winkel en die Boer begin drie nuwe politieke partye: die een links, die ander een regs en een in die middel.

Die einde van die storie is dat daar agt waens sal vertrek. En onthou van Johanna van der Merwe wat by die Bloukransmoorde meer as twintig assegaaisteke gekry het! Elke Voortrekkerleier sal 'n wa op sy naam hê. Groot saamtrekke van Volkspele wat doktor Pellissier so spook om aan die gang te kry, sou daar wees; 'n man met die naam Jan Swart komponeer 'n temalied wat almal sing: "Negentien-honderd-agt-en-dertig, jy bring die ossewa, om Afrikaners wakker te skrik en hul so mooi te vra ..."

Elke man groei 'n baard, behalwe my pa wat sê 'n ware Afrikaner vind dit nie nodig om 'n twaksnor soos 'n hanskakie te hê om sy kleur te bewys nie. En aangesien die leier van Kroonstad 'n Smelter is en nie wil hê ek en Tientie moet 'n perd in die perdekommando ry nie – oorlede oupa Sarel Cilliers sou in der ewigheid nie vrouens in 'n kommando laat ry het nie – sê my pa nou ja, dan ry ons alleen reg voor die wa; anders gee hy nie sy osse nie: ses spanreuse, amptelik erken as die mooiste osse, wat die wa soos 'n sardiensblikkie agter hulle aangedra het.

So leen oom Abrams van Military Stores vir my en Tientie regte sysaals, pragtig met stiksels op. Ons moes tien dae voor die aankoms van die wa op die tentoonstellingsterrein gaan oefen om nie van die saals af te duiwel nie. Ons ry toe in eensame glorie reg in die tradisie van die Helpmekaar-optog voor die wa uit.

O, en daar was probleme. Waar gaan die klein monumentjie – in die styl van die Paardekraalmonument – se eindpunt wees: Winburg? Bloedrivier of Pretoria? En wie se monument gaan op die ou end die grootste wees? Gelukkig leef Moerdyk die argitek nog, en Anton van Wouw die groot beeldhouer, en natuurlik kry Pretoria die grootste monument, arme Bloedrivier een op die kale haaivlakte en Winburg glad nie ene nie (as gevolg van die gewone toutrekmanier van party mense).

Toe my pa verneem daar gaan vir laerskole 'n opstelwedstryd oor die Groot Trek wees, gee hy my 'n pond present, maar dan moet ek dit nie in die opstel noem dat mevrou president Steyn nie 'n Afrikaner was nie, maar gebore Fraser, dogter van 'n Skotse predikant. Toe weet ek self mos dat president Steyn nie 'n Voortrekker was nie en ek sê ek gaan eerder sê dat Susanna Smit nie met ou Erasmus Smit, die ou sendeling, getroud was nie en ek sal die pond afslaan tot tien sjielings. Ja, ek wen toe die boekprys, spesiaal vir die eerste prys geskryf deur Thomas Blok, pa van ons eie huishoudkunde-onderwyseres.

Bloemfontein maak toe sy naam kak oor die Stadsraad daardie tyd nie wou toelaat dat die ossewa deur die hoofstraat loop nie, want die osse sal in die straat mis en wie gaan dit agterna skoonmaak? Toe trek die meisies van UKOVS hulle Voortrekkerrokke aan en hulle trek self die wa deur die hoofstraat.

O ja, dit was 'n glorieryke jaar, maar dit sou net so doodgeloop het as dit nie voorafgegaan is deur onopvallende dinge soos die Afrikaanse Taalbeweging wat saamgesmelt het tot die Federasie van Afrikaanse Kultuurverenigings (FAK) nie, wat verantwoordelik was vir die Afrikaanse Sangbundel (FAK-Volksangbundel) van Stephen Eyssen en andere; die Bybelvertaling in 1933 van Totius, Kestell en Fourie, en die eerste Afrikaanse Woordeboek in 1926. Dit het 'n stylstandaard in Afrikaans gestel wat nooit weer oortref is nie. Die skrywers van daardie tyd soos Mikro, Marais en Van Wyk Louw is, ironies genoeg, die eerstes wat aan swart mense 'n waardige plek in die letterkunde gee.

Ek onthou dat Anna Neethling-Pohl, die dramatiese aktrise, die reusevolkspele van 'n paar duisend spelers met geskiedkundige taferele, Sweedse opstelling en kore van Wagneriaanse omvang op rugbyvelde soos dié van Pretoria aangebied het.

En toe alles verby is en ons na die gewone terugkeer, onthou ek my ma se effens swaarmoedige: "Kootjie, daar was, hoeveel, agt waens. Wat gaan mens nou daarmee doen? Dis nie stoeltjies en koffietafeltjies nie."

Ek het 'n paar jaar later, toe ek 'n student aan Tukkies was, uitgevind wat met een wa gedoen is: dit het toe in die voorportaal van die Nuwe Letteregebou gestaan, en teen die muur die fakkel wat gedurende die feesviering van Kaapstad af deur Voortrekkerspanne gedra is. By die monument het dese en gene beloof dat hierdie vlam simbool is van die Afrikaner en dus nooit mag doodgaan nie. Toe ek op die studenteraad was, was dit nogal 'n konsternasie wanneer 'n tuinier vroeg op 'n Maandagmôre uitasem aan my koshuisvenster kom klop: "Hy is gadood, daardie foksel by die waentjie," en ek dan klere aanpluk en afhardloop met die sleutels om die kas met die brandstof en die leertjie oop te sluit, opklim en die brandstof infoeter, wat ek partykeer nog sonder vuurhoutjies aan die brand moet kry. Ek het dit verskriklik ernstig opgeneem en was seker dat die een of ander massaramp soos die Groot Griep van 1918 ons land gaan tref as ek nie die besigheid aan die brand kry voor die klasse begin nie.

My pa was minder begaan oor die lot van die ossewaens. Hy het gemeen: "Praat liewer oor waar ons die geld gaan kry om hierdie monsteragtige groot monumente betaal te kry." En my ma, rustig: "Ag, ons bak maar weer pannekoek. Alles wat ons Afrikaners nog ooit wou hê, het ons betaal met pannekoeke bak."

Laerskool

Die moordende dryfjag van die onderwys het nie afgeneem namate jy langer skoolgaan nie. In standerd een sou jy twyfel of jy ooit matriek gaan haal. Baie het ook nie. Dit is maar eers later, toe ek die stam-Afrikaner se titaniese stryd sien om in die land behoue te bly en sy identiteit te bewaar, wat ek dit leer verstaan het. Die Anglo-Boereoorlog het aardse goed verwoes, maar in die jare daarna, tot en deur die Depressie, het die stryd gegaan om die verloorders se siel te probeer red vanuit die starre gelatenheid. Daar is met dodelike nougesetheid probeer om elke moontlike gaping vir die Afrikaners te beset.

Tot op sestien jaar oud was 'n kind skoolpligtig. Daarna moes hy geld vir die gesin kon verdien. Daarom die worsteling om daardie kind deur standerd drie gejaag te kry. Ek weet. Ná standerd drie moes ons vir standerd vier opgaan na die boonste skool. In 'n smal rytjie. En ons het in trane van die agterblywendes afskeid geneem soos van vriende wat ons nooit weer sou sien nie.

Op 'n vergeelde kiekie staan ek met 'n kleurbaadjie en skooljurk. Myne is gekoop by Rautenbachs, die Afrikaanse winkel. Baie van die ander s'n is deur "sekere mense" verskaf: die mense wat beurse besorg het, onderwyseresse en verpleegsters laat oplei het, koshuisgeld vir skoliere betaal het. In die vier jaar wat ek op Tukkies was, het my pa as "sekere mens" al die geld wat hy as Afrikanerbeeskeurder verdien het vir my gegee om te gaan inbetaal vir die eerste Afrikaanse mediese fakulteit.

Kinders van sestien jaar oud was gereed om as handlangers op die spoorweë of paaie te gaan werk. Hulle kon skryf, spel en reken. Hulle het as plekaanwysers by ons bioskoop gewerk, die munisipale tuine versorg. As 'n kind standerd ses het, kon hy of sy 'n geringe klerklike spoorwegwerk kry. Ná standerd agt kon sy dalk 'n leerlingverpleegster word of moontlik in 'n plaaslike winkel agter die toonbank werk. Vanselfsprekend mag só 'n kind nie kleingeld ontvang of bereken het nie. Jy kon jare daar werk sonder verhoging, want die administrasie en besit van die hospitale, polisiediens en die meeste winkels was óf in Joodse óf in Engelse hande.

Die leerling wat matriek geslaag het, se keuse was effens wyer. Hy kon in Pretoria vir die staatsdiens aansoek doen, waar hy dan deur private studie verhogings kon verdien, of hy maak gebruik van die onderwysbeurse van die Normaalkolleges wat die kragbron van die Afrikaner se ontwikkeling geword het. Engelssprekendes het doodgewoon nie onderwysers gereken nie en moes op die ou end toesien dat geheel die onderwys deur Afrikaners bedryf word.

Dus, om onder te begin en deurgeneuk te word tot bo uit, was die resep. En met die gelatenheid van jare het ons dit aanvaar, soos ons plaasverbranding tydens die Anglo-Boereoorlog, die Rebellie, hongersnood, generaalsverraad, fusillering van stakers, myntering en Wêreldoorlogrestriksies aanvaar het.

En ons moes spaar op skool. As jy sestien sjielings gespaar het, kry jy 'n seël wat in jou spaarboekie geplak word. Wanneer die boekie vol is, kan dit ingeruil word by die poskantoor, en elke sestien sjielings word 'n pond. Persoonlik het ek daardie tyd hoegenaamd nie besef watter beginsels geld nie. Ek kan andersyds ook tot op datum nog nie vasstel hoekom hierdie gebruik ooit uit die onderwys verdwyn het nie. Dit was iets wat blywend, saam met die Tien Gebooie, in jou gestel ingebrand is. Ek wat my weeklikse halfkroon bring, staan net so onopvallend in die ry as die kind wat sy tiekie bring. Maar iets moet iedereen bring. Maandagoggend. Help nie om te dink jy het Sondag jou geld in die kollektebord gegooi nie. Dit was eenvoudig iets heeltemal anders as vir jouself spaar. Maandagoggende mog geen kind gedurende speeltyd in 'n klaskamer kom nie vanweë die kontantgeld. Sopbekers met dik of dun sop en jou eie droë brood is dan jou belangstelling. Ná speeltyd kom Meneer met sy fiets by elk van die drie Afrikaanse skole onder sy prinsipaalskap – boonste skool, onderste skool en die Spoorwegskool – om die geld op te neem en dit persoonlik te laat inneem by die poskantoor, destyds die enigste Afrikaanse instelling vir spaar. Later het hy met 'n verweerde ou Chev-kar gekom waarvan hy die slinger soos 'n verwoede moes draai om dit weer aan die loop te kry en waarmee hy daarna soos met 'n span wilde perde die straat opgejaag het.

Het ek iets van dit alles besef of het ek nie? Het ek iets van my goeie omstandighede kon opweeg teen die armoede en snode hongersnood van my maats in die Depressie?

'n Voorval in daardie tyd het my weke daarna nog verwar: Op 'n sekere koue Maandagoggend stap ek ewe flink teen die koue af skool toe. Uit die hoek van my oog sien ek 'n entjie verder op die sypaadjie iets sit. En ek weet nie hoekom nie, maar ek dink toe skielik aan 'n stuk potklei waaruit ek 'n hond probeer maak het en nie kon klaarkry nie oor die klei te hard geword het. Nader sien ek dis maar net een van die kleiner skoolseuntjies wat inmekaar daar op die sypaadjie sit. Niks vreemds aan sy verslete ou hempie en die lang nekhare wat by die kragie uitkrul nie.

Ek gaan by hom staan, ons al twee met voete kaal, wintersgebars, en ek sê: "Outjie, het jy spaargeld vir vanmôre?"

Hy antwoord my nie, kyk net na ons voete en skud sy kop. Was dit simpatie van my kant? Dit was eerder, het ek later gedink, 'n verskonende gevoel omdat ek die privaatheid van 'n ander mens oortree.

En ek vat sy hand en ek druk my halfkroon daarin en sê: "Dè, jy kan myne kry om te spaar."

Toe ek weer sien, is sy voete weg soos hy hardloop, en ek stap ewe deugsaam verder.

Die skool begin. Anna, my maat wat alles weet, van *Die Dronkaard se Weeskind* tot wat op die kleinhuisiemure geskryf staan, sê vir my die spaargeld is uitgestel tot ná speeltyd. 'n Kind het geld gesteel. Wie?

Die een of ander simpeltin, sê Anna. Hulle sê die kind het die geld gesteel en toe wou hy roomys daarmee koop by die karretjie, toe kom verklap die *boy* hom by juffrou Guillaume. Hoor jy nie hoe slaan sy daardie dief nie?

Hoe kan hy dit steel, die spaargeld is nog nie opgeneem nie? Dis nie spaargeld nie. Dis 'n hele halfkroon. En ek kry meteens daardie nare gevoel op my maag, en daar staan juffrou Guillaume in die deur.

"Siesanna Serventyn, kom bietjie uit gang toe."

En ek weet so seker as wat ek leef ek gaan pak kry, want net so min as daardie kind sal ek kan sê wat ek met my halfkroon gedoen het, so ek is net so 'n dief soos hy en Meneer gaan my uit die skool sit. Toe ek die deur haal, is ek reeds paniekbevange en in trane. Die arme kind se bene is rooi geslaan en sy oë is beskuldigend op my. Die vrae reën op my: "Ken jy hierdie kind? Het hy geld by jou gegryp en weggehardloop? Waar is jou spaargeld vir vanoggend? Het jy roomys daarmee gekoop?"

Die *boy* beduie in Sesotho, nee, dis hý wat die roomys gekoop het, daardie seun.

Dit word 'n helse moles waarin g'n kind se woord aanvaar word nie. Die juffrou haal die plak oor. "Nou sê jy waar het jy die geld gekry, jou skarminkel!" Ek ruk my los en ek hardloop, al skreeuende: "Ek het hom die geld gegee! Hy's arm, hy's klein, hy kry koud!"

Ek word deskundig aan my vlerk teruggepluk. Daar val 'n stilte. Daar word 'n heel ander draad gevolg: "*Boy*, hy het 'n tiekie se roomys gekoop. Waar is die tjeins wat jy hom moes gegee het vir die halfkroon?"

"Nee, maar die tjeins is die bewyse."

Moet die *boy* toe hoor: "So jy wil tjaarts offis toe gaan, maar jy het nog die hele halfkroon? Gee dadelik die halfkroon hier."

Roomys-*boys* het daardie tyd ook maar nie veel van 'n status voor 'n plak gehad nie. 'n Sakdoek word dwars teen my en die vreemde seuntjie se neuse gevee vir die trane en die snot: "Blaas, Siesanna. Blaas, Japie. Gaan terug na julle klasse toe. Ek open nou dadelik vir jou 'n spaarboekie, Japie, met hierdie halfkroon daarop. Eendag wanneer jy groot is, kan jy 'n roomysfabriek vir jou daarmee koop, gehoor? En jy, Siesanna, geld is nie daar om mee rond te speel nie. Jy spaar dit."

Ja, mens spaar dit! Goed en finaal geleer dat armsorg nie vir amateurs is om grootmeneer mee te speel nie. Ek weet dit vandag nog.

In 1934 was ek al 'n ervare hand in die skoolbedrywighede van die Depressieskool in Oranjestraat. Net so driftig as wat ek eens verlang het om skool te gaan, so verlang ek nou gedurende die week na die plaas. Maar eintlik net in teorie, want ek vind my broer en suster nog steeds mislik, ek het al my swart maters afgesterf, my kat is dood en as ek kaalvoet loop, steek dorings my dorpsvoete.

Ek kan darem toe al 'n tipe opstel skryf oor die plaasbedrywighede, soos die eerste vroeë perskes in September, die vinkneste wat swaai bo in die wilgertakke, die akkers vol wuiwende graan oftewel mielies, my ma se seepkokery, die jongosse-leer van my pa, hoe hy rieme sny en brei, die groot perskedroëry in Februarie, die turksvylaning met sy ryp vrugte, en die geruis van die water oor die watervalletjie. Dis alles dinge wat al die jare daar was, maar wat die skool my leer opmerk het en natuurlik wat ek ouderwets uit my groot broer en suster se voorgeskrewe boeke "gekoppie" het. Moenie dink die juffrouens wat self die voorgeskrewe boeke ken, was geflous nie. En moenie dink ek kom nie agter die juffrouens vrek oor my skryfwerk nie en kyk my hopelose somberekenings mis. Ek word voorgetrek, vir die eerste keer in my lewe, sigbaar. Nie oor ek ouer is as die ander, my ouers vermoënder is of oor Meneer die prinsipaal is nie, maar oor ek sigselwers so grênd raak, so glo ek.

Skoolgaan het sy roem en sy vergetelheid in daardie eerste jare ruimskoots aan elke skoolkind van die Depressieskool gebied. As ek dink met hoeveel gevoel ek in standerd een "In die Hoëveld waar dit oop is en die hemel wyd daarbo" van Van den Heever kon opsê, só dat juffrou Guillaume en ek al twee moes sluk aan ons trane; hoe ek in standerd twee vir juffrou Brink Totius se gedig kon opsê:

Wie roer aan my deur so vertroulik en sag?
Kom binne maar pelgrim, dis awend, dis nag.

Nee, ek mag nie na binne, ek pelgrimskind,
my lewe is swerwe, my naam is die wind ...

maar ook hoe ek dit oor en oor vir myself kon sê wanneer ek naweke op my perd myle langs die rivier afry met die geur van doringbome om my en die geroep van diederike oor die water. Ek kan my hoegenaamd nie die volwassenheid van enigiemand voorstel sonder daardie verbeeldingryke stimulasie van die destydse skool nie. Dit was een van my diepste teleurstellings toe my kinders begin skoolgaan en ek op hulle sillabus die armsalige ou prulgediggies sien wat veronderstel is om hulle gees te verruim. Dan moet hulle boonop in hulle eie woorde die inhoud neerskryf. Watter inhoud? Watter beelde, watter gevoel?

Ag ja, by stemming: Ek het altyd gemeen dat gedigte gesing is ...

Tientie en ek

Ek was in standerd twee toe my niggie Tientie ook by Ouma kom bly en dadelik in standerd een begin. Haar naam was Catherine, haar skoolnaam was Cathy, haar Sesothonaam Motintinjane. Ons het haar Tientie genoem, haar pa Tien-Tien. My lewe is drasties daardeur verander en natuurlik ook hare as enigste kind. Dit was vir ons albei die begin van 'n lewenslange vriendskap wat niks te doen gehad het met die feit dat ons pa's broers was nie. Ek was ouer en – so het ek my verbeel – volledig op hoogte van sake rakende nare broers en susters, enigste kinders, skool, dorpstrate, onderwyseresse, oumas, ta' Lettie en oom Meneer. Om nie te praat van swem soos 'n vis in 'n reusagtige rivier nie!

Fantasties was dit vir my om iemand te ken wat so van my kennis en oordeel afhanklik is. Ek het dit mildelik uitgedeel. Verbasend nietemin vir my was die manier waarop sy die eerste rukkie soggens met 'n handgebreide blou kepsie, wit kouse en skoene en 'n splinternuwe griffeldoos en kosblik afgesit het skool toe. Kepse was aan my totaal onbekend en die res van die items het ek tweedehands by my ouer broer en suster gekry. Om vir haar die nut van kaalvoet skool toe gaan te verduidelik, was maklik, maar daar was dinge waarmee die fyn donshaardogtertjie onversteurbaar haar gang gegaan het. Sy het haar eie voorraad lekkergoed gehad wat sy toegesluit gehou het en waarvan sy net per guns vir my een gegee het. Sy het 'n blikkie met Gibbs-pasta vir tandepasta gehad en nie Kolynos soos ek nie, en "Chopsticks" op die klavier gespeel. En sy het 'n regte tekenboek gehad waarin sy perde kon teken en 'n ander een spesifiek met prente om in te kleur. Sy het haar tafels tot by standerd drie geken, sy kon "Rock-a-bye baby on bush-a-bye tree" (sy het nie gesê 'on the tree top' nie) opsê en reg van die begin af kon ek haar nie vasvra met tafels en somme nie. Diep onder in my wese het ek beken sy kon al in standerd drie wees waar ek nog in standerd twee is, en skandelik nie vir haar gesê nie; net maar besef sy is iemand met wie ek rekening moet hou en meer nog: met groot verantwoordelikheid na moes omsien.

Dit het finaal beslag gekry toe ek vir die eerste keer op aandrang van haar ouers 'n naweek by haar moes gaan kuier. Was ek dalk onder ouerlike observasie vir my plusse en minusse? Dit was waarskynlik die eerste huishouding waarin ek op my eie die mas moes opkom. Die magdom nuwe indrukke het my my lewe lank bygebly.

Ek het kennis gemaak met 'n heel nuwe ouer-kind-verhouding. Ek was gewoond om skotvry op my eie baan by ons huis te beweeg, ek het presies geweet wat my ouers verwag en dit outomaties gedoen. Wanneer my pa sien ek loop kruppel, trek hy my nader aan die venster, lig die betrokke voet, sit spoeg aan sy vinger, vryf die kolletjie skoon waar die doring in is en roep: "Boet, bring 'n naald." Dan haal hy deskundig en regtig met min seermaak vir my die doring uit, en ek het geweet hoe groter die doring is, hoe meer geniet hy dit. Eintlik het ek probeer om nie kruppel te loop voor die doring begin sweer nie. Om die gaatjie oop te kry, 'n harde druk te gee sodat die doring self glad uitspring, was vir hom 'n sjirurgiese plesier. Ek onthou nog hoe hy die betrokke doring dan sekuur op die dun punt van die naald balanseer, my voet los, die naald nader na my gesig bring. Dan kyk ons 'n paar sekondes lank, wedersyds vol ontsag, na die doring. "Tag, maar hy was 'n knewel, nè?" voor hy die naald vinnig oor sy broekspyp skoonvee en dit vassteek aan die tolletjie op die vensterbank.

My ma, natuurlik, was net anders aanmekaargesit. Sy het 'n natuurlike aantrekkingskrag vir mense gehad. Dit was soos wanneer die donkerte van 'n kelder jou roep en jy die vrede voel sodra jy die koel vertrek binnegaan. As iets jou hinder, maak jy saggies die deur oop en gaan sit net daar. Dalk huil jy, dis niks. Dan is alles wat jou gedeer het, verby. Dit was seker vir hom ook so by haar – soos by dorings of donkerte. As dit nie so was nie, sou hulle nie met die helfte van die volwasse pligte kon klaarspeel wat hy in die afwesigheid van sy pa as oudste van nege gehad het, en sy as byna-wetenskaplike met miljarde ongeskrewe resepte vir selfstandige huisbestuur nie. Ek het natuurlik nie daaraan gedink nie en ek het hulle as vanselfsprekend aanvaar. Ek het uitgewyk en kon ongestoord 'n geheime lewe van my eie lei.

Dorings, donkerte, voetpaaie, vrede met en kennis van alles ...

En nou kom ek in aanraking met 'n huishouding waar die allerdiepste kommunikasie tussen ouer en kind is. Ja, in antie Anne se weelderige Victoriaanse tuin kan ons saam met haar en oom Fanie koeldrank drink in 'n somerhuisie toegerank met kanferfoelie. Tee soggens en koffie smiddae is 'n klein seremonie in fyn teegoed, gerangskik onder geborduurde net, weggeneem deur 'n netjies geklede huisbediende wat met 'n klokkie nader geroep word. Smiddae oefen my niggie onder antie Anne se toesig haar toonlere, en dan speel antie Anne vir ons: "Old king Cole was a merry old soul" en ons sing dit saam. En dan kom "Over the waves" en sy leer vir ons die passies van die volwasse wals. Hulle het 'n indrukwekkende staangrammofoon gehad met die hondjie van His Master's Voice so groot soos 'n skildery in kleur en waarop kosbare Engelse kleuterliedjies vir ons onthalwe gespeel is. Saans om die eettafel speel die hele huisgesin – oom Fanie, antie Anne en ons twee – Lexicon, 'n soort woordbouspeletjie, of anders kaart soos Snap en Donkie, en wie verloor kry 'n inkkolletjie op sy vingernael. Of ons bou *puzzles*.

Een van die hoogtepunte onthou ek en sy vandag nog. Daar was 'n Serfontein-oujongnooi, tant Issie, uit die oerstam van die Kammanassie wat soort van onder familiebeskerming gekom en gegaan het. Op 'n tyd het sy en oom Fanie en tant Anne vir Tientie en my persoonlik 'n yslike konsert gereël waarop Tientie en ek al ons resitasies moes opsê en die tannie het vir ons 'n toneelstuk geskryf waarin ons grootmensklere aantrek en 'n hele lewensdrama uitspeel. Die hele buurt het kom kyk en moes toegangsgeld betaal wat regverdig tussen die spelers verdeel is.

Nou, ek sou in my wildste drome nie my pa kon voorstel in ons sitkamer, kinderlik jillend, saam met ons aan 't Ludo- en Lexicon-speel en konsert hou nie. Dalk het hy met die twee ouer kinders hom uitgespeel met dergelikhede.

Nog 'n openbaring vir my was my niggietjie se speelgoedkas. Een kind – so baie om te moet doen: 'n groot kas met 'n gordyntjie voor waarin dose speelgoed soos in 'n winkel gestapel lê, dinge wat opwen, dinge wat afgebreek moet word, dinge wat opgebou moet word. Ek merk toe op dat sy, nes ek, nie 'n erg het aan baie poppe (dus klein babatjies) nie, en dit was vir my 'n goeie aanknopingspunt. Haar mees geliefde speelgoed was 'n kissie plaasdiertjies van gegote yster met bypassende bome en heinings en selfs 'n houthuisie gemaak deur die geliefde ou oom Baba Campbell, 'n veraf neef van ons pa's wat so van huisgesin tot huisgesin inwoning had, en 'n eindelose sin vir humor oor die familie en die skorte en skete wat hulle daarop nagehou het. Hierdie diertjies het my onmiddellik en vir goed gefassineer en hulle het die belangrikste kommunikasie in my en Tientie se kinderdae geword.

Met die jare saam het ek my eie kis plaasdiertjies bymekaar gehad. Tant Anne se suster antie Bella het in Johannesburg gewoon waar hulle dikwels gaan kuier het en dan het Tientie vir my ook 'n paar diertjies saamgebring. Dit was daardie tyd net by Stuttafords te kry. Daarmee het ons twee plaas-plaas gespeel tot ná ons al elkeen in die hoërskool ons eie kêrels gehad het.

Ja, sy was 'n aristokraat, antie Anne, uit die Weilbach- en Pistorius-families van Heilbron: 'n sagsinnige, fynbesnede, opregte dame wat in die stilligheid haar sereniteit geput het uit leerstellings van *Christian Scientist* en haar opvoedkundige ywer uit Arthur Mee se *Children's Encyclopedia*; grootgemaak in die verfyndhede van die Victoriaanse leefwyse. Onder andere het ek daar vir die eerste keer stapels *Ladies Home Journals*, die mondstuk van die opkomende Amerikaanse oliebaronne, gesien en met oorgawe gelees.

En daarby die spontane, wellewende oom Fanie, wat volgens my pa deur ons ouma skandelik voorgetrek is omdat hy haar pa Stephanus in die verre Boland se naam gehad het. Hulle het hulle korhaankuikentjie (algemene benaming destyds vir 'n enigste kind) met alles wat hulle kon bybring, grootgemaak.

Later jare sou Tientie weer vir my kon vertel watter wye openbarings sy beleef het in ons onkonvensionele huis die kere wat sy by my vir 'n naweek gekuier het.

Wat sê jou ma of jou pa hiervan of daarvan? Dié soort vraag het baie keer in ons twee se gesprekke voorgekom. Albei was ewe onkundig daaroor en albei ewe in ons skik oor ons so baie dinge weet wat hulle nie weet nie.

Nog 'n lewenslange suksesvolle oorplanting tussen ons twee niggies was haar voorsprong bo my in verband met perde. Sy kon nie net perde teken nie, sy had toe reeds 'n hobbelperd met die naam Pegasus, waarop sy rakelings voor my voete verby kaats, en wat meer is, sy het waaragtig toe 'n regte perd gehad, 'n opregte Basotho-ponie genaamd Tommie. Sy klouter teen sy bene op tot in die saal, vat sy maanhare vas, lê in met 'n lat en hulle katerwals in kringe en draaie op die werf rond terwyl ek droëbek bly staan en vir die eerste keer ernstige foute in my eie opset ontdek.

Terug by my eie huis gaan ek dringend ondersoek instel na perde in die algemeen en my eie agterstande. Ja-nee, daar is oralster perde vir allerhande aktiwiteite en ek sien my pa self by die eerste vakansie op 'n perd ry. Perd Biel, 'n vos, is toe onlangs aangekoop, want my pa het toe sy Depressieskades dermate afgehandel dat hy 'n stuk ou familieplaas reg oorkant die rivier kon terugkoop. Mens moes feitlik Kroonstad omry om daar te kom vanweë die seekoeigate en drade van ander, maar te perd kon jy met die steil walle af – die water het net tot by sy buikgord gekom – en weer op na die plek genaamd Skeweninge deurry.

Skeweninge is skielik deel van ons daaglikse lewe. Dis 'n onbeboude stuk slootwêreld. Drade en pale word met slee en osse tot by die rivierwal aangesleep en op 'n vlot oorgevat waar ou Hamerkop onder die groot ou witgatboom by ons piekniekplek wag en alles opsleep. Daar word water gewys, daar word suipkrippe staangemaak, daar word geargumenteer oor grensdrade weerskante. Nietemin, seker vir die eerste keer sedert sy vryersdae word Pa se boeresaal opgevryf met Dubbin en oorsien hy bedags op Biel die bedryf in plaas daarvan om in sy Fordkar draaie om die saailande te ry en sy ede te sweer dat hy ná hierdie droogte klaar is met saaiery en nou net die Boerevolk en sy Afrikanerbeeste verder vat.

Daarby was die mofskape so uitgedun deur die droogte dat ou Andries Mareka, die skaapwagter, nooit meer die ander werfperd genaamd Boesman gebruik nie en maar net deurentyd moet rieme brei onder die groot bloekomboom. Toe ek dit tentatief aan tafel aanraak dat ek 'n perd wil hê, soos by oom Fanie-hulle, kry ek dadelik my pa se ondersteuning. Ek sal perdry en dit sal op Boesman wees.

Ek onthou my ma: "Móét sy nou juis?" En my pa se yskoue: "Al my susters het in die Helpmekaar-optog ná die Rebellie perdgery. En niks daarvan oorgekom nie." Einde van storie.

Ek mag vir my 'n saal gaan uitsoek by ou Abrams se tuiewinkel. Daar verewig ek my naam toe ek nie 'n nuwe saal uitsoek nie, maar 'n tweedehandse een wat net soos my pa se ou Verdedigingsmagsaal lyk en ek glo ook die voortbestaan van my perdestorie verseker. Jare daarna sou oom Abrams wanneer hy my sien, kopskuddend en glimlaggend vra: "Are you still working op die ou Joodse maniere van destyds?" En die hele storie van destyds oorvertel aan enigiemand wat wil luister. "Haar pa sê my, 'Give her the best you have, my friend ...' en wat doen sy? Sy soek 'n ou tweedehandse saal uit. A child? Can you believe it?"

"Wil jy kom probeer?" vra my pa sommerso in die verbygaan op 'n oggend. Daar staan twee perde opgesaal. Nie klein Basotho-ponies nie; groot, hoër as vierhand-menere, en ek is ál mens naby. Ek staan voor 'n groot toets in my lewe.

Ek was lankal bo-op ou Boesman met my voete in die stiebeuels en my hand aan die teuels toe ou Boesman eers agterkom daar gaan iets bo-op hom aan. Hy sug so diep dat die buikgord kraak en volg my pa en Biel skoorvoetend, maar ek is amptelik daar. "Ek ry perd." My pa hou kort-kort stil om my en Boesman te laat opvang. Nou en dan slaan Boesman vanself oor op 'n uitmergelende draffie en so aan, maar ek belewe vergesigte.

In die standerd twee-klas verhoog ek my aansien deur uit my kop vir juffrou Brink "Appelblou skimmel met spierwitte

Johannes Gerhardus
Delport (oupa Delport).

Helena Susanna van der
Hoven (ouma Lenie van
Middenspruit) toe sy nog op
Eunice in Bloemfontein was.

Hierdie foto is in 1922 op Middenspruit geneem. Dit was die doopdag van Helena Susanna, my suster Nooientjie. Voor van links na regs sit: oupa Hennie Geldenhuys, met my broer Danie tussen sy knieë; ouma Lenie; my oumagrootjie Helena Susanna van der Hoven van Winburg met die dopeling op haar skoot; oumagrootjie se ander dogter Hester en haar man, die nimlike kommandant Koos Theron van Boereoorlog-faam.

Agter staan Helena, my ma se suster; een van oumagrootjie se ander kleindogters en langs haar my ma, Anna Elizabeth en haar man, Kootjie Serfontein. In die agtergrond is die hoë klipmure sigbaar waarmee die eerste Delports die opstal omring het.

'n Paar van my ma se droefgeestige poskaarte uit die oorlogstyd. Hoewel dit emosionele propaganda was vir die Engelse se deelname, het dit haar geslag nietemin ingelyf in die romantiese belewenis van liefde, opoffering en gelatenheid van die Victoriaanse tyd, en tog hulle lewe verryk.

Die bekwame onderwyseresse van die Oranjestraatskool: Agter staan mejuffroue Swart, kindertuin, De Villiers, sub B en Guillaume, standerd drie. Voor hurk mejuffroue Kriel, standerd een, en Brink, standerd twee.

Hulle het soggens fietsgery skool toe en voor skool op die buitestoof vir die leerlinge sop gekook.

Oumagrootjie Martha Maria de Kock,
van Nietvoorbij in Stellenbosch.

Daniel Johannes Serfontein en sy verloofde Susanna Jacoba Botha.

Die begrafnisbrief van Daniel Johannes Serfontein (oupa Danie).

'n Stellenbosse studentegroep: links agter is Aart Malherbe en S.J. Perold, 'n jonger broer van P.J. Perold wat eerste links in die ry voor hulle sit. Teen hom leun J.C. van den Heever, met langs hom Fanie Malherbe, J.C. du Plessis en D.J. Serfontein (my oupa Danie).

Voor links is J.P. Smit, H.N. Bekker, J. Steyn en Paul Roux, die enigste predikant in Suid-Afrika "wat ook die hoë betrekking van Generaal beklee het".

Aart Malherbe het landmeter geword, die Perolds, Fanie Malherbe, J.C. du Plessis en Paul Roux predikante, J.C. van den Heever en J.P. Smit prokureurs, H.N. Bekker 'n boer en Danie Serfontein boer en volksraadslid.

Die foto, wat rondom 1880 te Stellenbosch geneem is, kom uit *Die Kerkbode* van 21 November 1934.

Die eerste redaksie van *Di Patriot*. Daniël Johannes Serfontein (Oupa Danie) sit regs voor.

Ek en my nefie Klasie.

Die hoofdramaturge van die eerste tien jaar van my lewe, want ons het as een gesin geopereer. Links is my oudste broer Danie (Bul, oftewel Ouman) dan ek, op daardie stadium die jongste kind, my niggie Sanna (Toekel) net so oud soos Danie, haar sussie Tiekie (klein Maynie) en my suster Nooientjie (Lena).

maanhaar, dit is die ryperd, die baasperd van my" van A.G. Visser op te sê, ten spyte daarvan dat ou Boesman 'n ou geelbruin grysaard met lang, permanente winterhare is wat loop soos hy lekkerkry en niks daarvan dink om te gaan staan om 'n bol groen mis te los en daarna in die verbygaan 'n hap of twee gras te vat en onder sy stang in te werk nie.

Boesman en ek het nooit eie met mekaar geraak nie. Hy het sy standaarde gehad vir wat bo-op sy rug moet gebeur. Daarby het nog my pa se voorskrifte gekom: Jy spring nie sommer op 'n perd se rug en jaag weg nie. Ten minste vyftig treë 'n stadige stap sodat die saal met jou gewig daarop en die buikgord hulle regte lê kan kry op die perd se rug. 'n Ordentlike ruiter skuif nie sy hele voet soos 'n dronk Tommie in die stiebeuel nie; net die voorste bal van jou voet, want stiebeuels is nie daar om jou op die saal vas te hou nie, dis net daar om jou te balanseer. Dit is veral nodig, sou die perd jou afgooi, sodat jou voet nie vashaak in die stiebeuel en die perd jou verder sleep nie. As ek dalk gedink het perdry is opspring en lat inlê ...

Van lat gepraat: g'n ordentlike ruiter ry met 'n lat in die hand soos 'n sirkusmeester nie. Jy manipuleer jou perd met jou persoon en jou hakskene.

Nou ja, nie een van hierdie dinge wou werk met ou Boesman, 'n perd met jare se ondervinding agter hom nie. Ná die eerste vyftig treë stap Boesman nog vyftig aan. Ek kan maar persoonlike druk van enige soort toepas, hy stap soos hy wil, partykeer in en partykeer buite-om die voetpad. Partykeer skud hy vlieë van sy ore af, en as ons by 'n boom moet verby, loop hy so naby aan die stam dat ek my been moet oplig sodat ek nie teen die bas skuur nie. Boesman se tyd vir gange en galop is wanneer my pa Biel se teuel optrek en ons die voetpad terug huis toe vat. Hy skud my eers los met 'n moordende draf, dan trek hy homself op 'n galop by Biel se neus verby dat sy lieste klap. Ek kan hom met niks beheer nie. Dan skree my pa: "Ruk hom om aan een teuel!" Ek los die saalboom en ruk dan een teuel. Hy draai so vinnig dat ek aan sy maanhare klou om nie af te val nie. Voor jy kan sê mes is hy weer op loop, strik in die voetpad, met 'n duiwelse spoed huis toe, stal toe waar my pa se finale opdrag wag: 'n klein bakkie mielies vir elke perd.

Later raak ek slim: Sodra ons omdraai huis toe, klim ek dadelik af en lei hom en ek neuk hom met my elmboog op sy neus terug as hy by my wil verbygaan. Ons was definitief nie vriende nie en ek het die einde van my eerste groot lewensmislukking voor my sien opdoem.

My pa ook, want ná 'n tydjie sê hy op 'n dag ek moet skoene en kouse aantrek, ons twee ry Reitz toe. Hy het in die *Landbouweekblad* 'n advertensie vir 'n gedresseerde ryperd gesien. Dit help nie ons sukkel verder nie, die ou "ding" is vir goed deur ou Andries Mareka bederf. "Netnou verongeluk hy jou." Mens kan dink dat hy die hele saak ook vir homself as 'n lewensmislukking begin sien het.

So, ons ry Reitz toe, na 'n plaas. Dis 'n geel poon met swart stert en maanhaar. Die oom roep 'n jong man nader en dié klim op. Die perd se naam is Kweper. Is dit nou nie vir mens 'n mooi naam vir 'n perd nie! dink ek. Die jong man lewer 'n treffende vertoning met die perd. By die motor sê my pa: "Ons sal hieroor dink, Meneer." Maar ek trek hom aan sy baadjie opsy. Netnou koop iemand anders hom, asseblief.

Hy kyk my 'n rukkie so aan. "Jy dink so? Laat ek die man net eers vra hoekom hy nie self op die perd geklim het om ons te wys hoe geskik die perd is nie."

Ek speel 'n troefkaart: "Ons kan mos ook dat Hamerkop hom eers ry en as ons sien hy deug nie, adverteer ons hom ook weer in die *Landbouweekblad* en verkoop hom. Dalk nog aan oom Fanie. Tientie wil self 'n ander perd hê."

So kom die gedresseerde Kweper op 'n dag op die stasie aan. Die eerste oggend staan hy en Biel opgesaal buite teen die tuindraad. My pa is nog besig met sy pap en wors, toe glip ek uit. Ek vat die teuels saggies oor sy nek, ek lig my op om my been oor te sit ... toe vlieg die perd met 'n benoude kreet weg, af met die grootpad waarlangs hy gekom het. My voet sit in die stiebeuel vas en ek weet vir ewig en altyd daarna hoe dit voel as 'n perd met jou weghol en jou voet sit in die stiebeuel vas. Dis nou net voor jy jou bewussyn vir altyd verloor.

Wat toe gebeur, is dat hy rakelings by ou Andries Mareka se riembreiboom met die breiklip verby hardloop en my kop slinger teen die klip en wonder bo wonder los my voet die stiebeuel en ek val los.

Ek skree nog vir ou Andries: "Gaan vang hom!" want in my verwarring glo ek hierdie perd gaan nou terughardloop Reitz toe. Ek kom vaal van die stof met 'n yslike knop teen my voorkop by die agterdeur in, net toe my pa uitkom; hy vee nog sy mond skoon van die worssous. Andries kom staan met die perd 'n entjie weg. Dit was nie nodig om 'n woord te sê nie. End van die storie?

Nie as twee van ons 'n mislukking in die gesig staar nie.

"Môre?" vra my pa. "Nee," sê ek. "Nou! Hou hom voor vas, Andries!" My pa sê: "Wag net eers tot ek op Biel sit, dan ry ek vas teen jou."

En dis dan die begin van my eerste lewensverhouding wat my tussen perde, my pa en my niggie vasgehou het – vir die grootste gedeelte van my laerskool en daarna.

Binne 'n ommesientjie het Tientie ook opgegradeer geraak van ou Tommie na 'n regte appelblou skimmel genaamd Venus. Ons ry in al wat 'n plaaslike optog is, ons is op elke skou. 'n Maand voor die tyd sny my pa net Kweper se stert gelyk en sy maanhare korter en stuur hom in skougronde toe en Tientie se perd kom met die trein van Serfonteinstasie af. Soggens voor skool jaag ons met ons fietse op skougronde toe en oefen al die gange en draaie. Raak eksperte om met 'n eersteprys-kaart in die mond op 'n galop jou perd in te krink wanneer jy spoggerig om die arena ry. Ek kan dan ook daarop aanspraak maak dat ek 'n keer of wat as jong volwassene perde-beoordelaar op skoue was.

By Ouma en die Oranjestraatskool en Kroonstad waar ons

elke hoek en draai en kind geken het, was ek en Tientie arrogant en baas van alles, en ek wil sê met uitsonderings hier en daar het dit aangehou tot ons albei uit matriek is.

Toe ek as 'n ma van twee kinders 'n Appaloosa-hings vir 'n skou wou ry, kom my pa by my: "Hoor hier, jy is nou te oud vir sulke dinge. Los dit! As jy nie later met aambeie sit nie, is jy vroeër in 'n rystoel met 'n af heup. Nie jy of die perd beteken iets nie. Jy gaan jou verongeluk." Klaar gepraat. Hy mag met menseverhoudings net so vrot soos ek wees, maar met diere vertrou ek hom volkome.

Ek en Tientie is albei Tukkies toe, maar ons was in verskillende koshuise. Daarna is ons saam Bloemfontein toe, maar in verskillende werkkringe. Toe is sy na die Suid-Vrystaat, getroud, en ek na die noorde. Nou is sy weer noord en ek nog altyd noord-suid.

Afgesterf het ons nooit, alhoewel ons lewe later uiteengeloop het. Nou is ek in 'n aftree-oord hier in Kroonstad, en sy in Pretoria en ons kuier nog per geleende rygeleentheid. En van tyd tot tyd sal iets ons neem na die een of ander plek: die vooraansig van 'n ou kerkie, 'n verlate bruggie, 'n klompie ou bloekoms, 'n slootjie water. En op stoeltjies 'n entjie van mekaar, vanuit ons eie invalshoek sal ons die tafereeltjie voor ons teken, sy in haar eie styl met waterverfpotlode, ek met kwassies. Hare is soos sy, myne soos ek. Ons skryf die datum by en dit bly in ons tekenboeke. Om ons iets te laat verstaan van 'n groot ouderdomseën.

Pieknieks

Ja, ons skooljare was 'n beslissende tyd in my en Tientie se lewe. Skoolgaan in die laerskool in Oranjestraat was vir ons albei 'n fees. Ons het eerste gestaan, natuurlik. Smiddae ná skool speel ons weer skool in Ouma se agterplaas. Ons is dan self onderwyseresse, ons dra kastig hakskoene en maak met kannablomme ons lippe rooi om te lyk soos juffrou Brink, die nuwe onderwyseres wat haar hare "daai" en smiddae deur Boy Fullard se motor opgelaai word. Boy was ons parlementslid, die man wat as voormalige Smelter "ingekom" het teen my pa. Dus was ons hele gesin veronderstel om te maak of ons hom nie ken nie. Hy was boonop getroud en dus het Ouma maar 'n swak dunk van juffrou Brink gehad. En die ander juffrouens se oordeel was sekerlik nie veel milder nie.

Ek het haar aanbid, want daar was iets verheffend jonk in haar, teenoor die ander juffrouens wat op daardie stadium gevaarlik oorgehel het na oujongnooiskap. Dit was afgesien van juffrou Retief, die dogter van die vermaarde Oos-Vrystaatse politieke dominee, want sy het soggens vroeg op die agterstoep tougespring, wat haar 'n kersregop figuur besorg het. Sy het ons twee as Voortrekkertjies die riglyne van 'n militêre bestel ingedreun. Die gevare van die "laat-maar-gaan-lewe" het onder andere daarin gelê dat vrouens *bustboddisse* dra. Nee, kersregop in doen en denke, dan sal dit nooit nodig wees om sulke volksvreemde dinge te dra nie. Self het sy in wit sybloesies vreesloos voortgeskommel. Geen wonder dat sy tot die ontsteltenis van die Afrikaanse plaaslike gemeenskap later met 'n Hollander getroud is nie. Een van die Van Heyningens wat later hoof geword het van 'n groot bank. Wat jou net wys.

Sekerlik maar net so strydig met die gees van die uur was dat albei ons pa's gerook het, maar ernstig. Oom Fanie s'n was Springbok, my pa s'n C to C, voor hulle albei later oorgeslaan het na die pasgestigte Afrikaanse firma Rembrandt, aangesien hulle aandele daarin gehad het en moes hoes vir hulle vaderland. Sigaretboksies het daardie tyd pragtige reekse kaartjies in gehad en mens kon aanskoulike, duursame albums kry om dit in te plak. Die kaartjies het byvoorbeeld afbeeldings gehad van klassieke skilderye, inheemse blomme, vetplante, diere en die mooiste een, die geskiedenis van ons land. Baie van die skilderye van vroeëre eeue het vir die eerste keer as sigaretkaartjies aan ons bekend geraak. Die brandpunt van die hele besigheid was die bioskoop-kafee 'n blok noord van my ouma, van ou meneer Perry en sy assistente, die juffroue Ford, waar ons Nestlé's sjokolade – wat eweneens kaartjies in gehad het – kon koop en ons sigaretkaartjies kon uitruil vir dié wat ons kort. Enkele kere het ons selfs stilletjies bioskoop toe kon gaan, want die plekaanwysers was altyd die seuns wat die vorige jaar standerd drie gepluk het en nou klaar was met skool. Geliefde bioskoopprente vir ons was dié van Laurel en Hardy, die destydse beroemde grapjasse, en ons het dit altyd saam met my neef Klasie gaan kyk oor hy so vreeslik lekker kon lag en die grappe voor ons raakgesien het; dus lag ons baie keer net agter hom aan.

Saans nadat ons huiswerk deeglik deur Ouma oorsien is, was daar 'n hele aand se bedrywighede voor om uit te kies. Elkeen vat een van die dik Arthur Mee-boeke en kyk meestal net prentjies daarin. Hierdie boeke het rympies, gedigte, uittreksels uit wêreldliteratuur, nuwe wetenskaplike ontdekkings, raaisels, lesse in Frans en skildery-afdrukke in gehad. Ek lees vandag nog baie keer in myne, al is die kleredrag dié van die laat negentiende eeu en die groot ontdekkingsfigure meestal vergete. Die reeks is waarskynlik ná die Anglo-Boereoorlog vir die onderwys bekendgestel en is seker deur tant Lettie aangeskaf. Toe daar ná my ouma se dood vir my en Tientie gevra is of ons iets uit Ouma se huis wou hê, het ons net die Arthur Mee-reeks gevra en dit gedeel.

Partykeer illustreer ons ons eie Bybelstories met *crayons* en potlood. Ouma lees ongestoord vir ons al die nuus uit *Die Volksblad* voor, natuurlik met die klem om morele lesse daaruit te leer, terwyl ons net so onversteurd ons eie koerante maak, gedateer twintig jaar vorentoe, met allerhande nuus rakende vandag se maats se denkbeeldige volwasse prestasies. Jy skryf dit sonder dat die ander een dit sien, en ons pos dit kastig in die kaggel vir mekaar om te lees.

Daardie tyd het ons vir die eerste keer kennis gemaak met gekleurde *comics*. Ons kon daarin lees van die groot blonde held, Hairbreath Harry en sy meisie, Winnie Winkle en die skurk, 'n lelikerd met 'n swart krulsnor en 'n swart manel aan, genaamd Rudolph Rassendale. Deurentyd ontvoer hy vir Winnie wat dan ternouernood deur Harry van afgronde en treinspore gered word. Wat meer is, soms is daar dan 'n pop genaamd Winnie met klere wat jy kan uitsny – die eerste papierpop hier te lande. Die groot moeilikheid was dat hierdie wonderlike dinge net te kry was in die verfoeilike Engelse koerant, die *Sunday Times*. Met groot omweë en hulp van antie Anne se suster Bella van Johannesburg kon ons twee as groot guns dan en wan van die verbeeldingryke bedryf kry. Natuurlik teken ons later al Winnie se klere self, kleur dit in, sny dit uit en Winnie Winkle lei 'n rustige dorpslewe. Sy hou skool, sy trek uniforms aan, sy gaan dans, sy speel in films, sy trou, en ons verskaf die nuwe uitrusting, tot die hoede en die skoene en die handsakke. Dat ons nie albei óf speurders óf mode-ontwerpers geword het nie, is nogal vreemd.

Natuurlik kom alle dinge aan 'n einde. Ek het daardie tyd nog geglo daar is net drie dinge waaraan 'n mens kan doodgaan: as jy met motors te ver ry, 'n gebarste blindederm en suikersiekte. Daarom my gespook om agter te bly wanneer iemand wegry, al die Nestlé-sjokolade weg te gooi en net die kaartjies te hou en nooit so vinnig te hardloop dat ek 'n pyn in my sy voel nie.

Die eerste afskeur was toe ek ná standerd drie op is boonste skool toe en ek soggens agter in Meneer se Chev inklim wanneer hy Ouma se insulien kom inspuit, want stilweg het sy 'n diabeet geword. By die boonste skool, die Hillstraat Volkskool, het die meeste van die bengels van toeka reeds gedruip, dus was hulle van alle outoriteit beroof. Ek beland by ander klasmaats met 'n vreemde stel juffrouens (duidelik die keur van die personeel). Dinge word met dieper inslag aangebied. Party van die maats woon selfs in die meisieskoshuis onder 'n half-Duitse oudjuffrou wat tot hulle onderklere partykeer ondersoek, glad nie so eenvoudig soos die *nurse* wat ons jaarliks in die laerskool kom ondersoek het vir luise nie. Van my tande tot my oë word getoets deur 'n manlike dokter, en tot my skande is my oë so swak dat ek vorentoe moet skuif in die klas. Nietemin staan ek darem eerste, dus kry ek, tot my ouer broer en suster se ergernis, status by mense soos oom Meneer en tant Lettie vir wie skoolprestasie die enigste weg tot saligheid is.

Ek kon met sielsverheffende genoeë terugkyk na die tyd toe ek niks meer as die agternalopertjie was nie. En tog, daardie agternalopertjie-dae het my tot in my gryse ouderdom bygebly in die persone van oom Meneer en my tant Lettie. Hulle het my ingewy in 'n wêreld waarin die woord, die lied, die natuur en fantasie my dwarsdeur my lewe kon dra.

Daar was hulle dubbelverdiepinghuis waar ek kon afkyk op die rivier. In die voorportaal was dié geraamde woorde: "De taal van de veroveraar, in de mond van de veroverde, is de taal van slaven." Ek het nie Hollands verstaan nie. Ek het ook nie geweet hoekom sê hulle hulle het 'n blomkamer as hulle rankrose van die balkon af kan pluk nie. Ek het nie geweet hoekom my tant Lettie my niggies se rokke van papierpatrone afsny, terwyl Ma my en Nooientjie se rokke by Rautenbach se winkel se uitverkoping koop nie. Dalk was dit oor die borgstanery, ek weet nou nog nie.

Nog vreemder was oom Meneer se studeerkamer met 'n masjien wat self letters tik, sy boekrakke met rye boeke, almal met enerse agterkante, en dat dit agter glas gebêre word asof dit soos mense by die rakke sal afspring. Ja, ek het min van die grootmense van hierdie huis, soos trouens van alle huise, verstaan. Dit was voor die tyd toe grootmense pelle van kinders geword het en mammies hulle dogters op die hoogte stel van die goeters waarmee ons vandag se dogters verskrik.

As ek op die balkon van daardie huis staan en afkyk op die silwer spieël van die rivier wat kort onder ons onder die wilgerbome deurvleg, en aan sy ander kant die rivierwilgers, doringbosse, haak-en-steek, taaibosse, rietstroke met silwerskoon sandbanke, het dit iets vir my vertel wat ek aan niemand kon oorvertel nie. Dan kyk ek na die hoë hangbrug wat ragfyn van die duskant oorspin na die onbewoonde bosse oorkant. Ek hoor die reëlmatige klanke wanneer my niggies toonlere oefen, ek ruik my tante se pers viooltjiebeddings en iets van die ongerepte landskap oor die brug laat my wens ek kan eendag oor so 'n brug na êrens gaan, woon in 'n plek waar vrae oor die lewe gesoek kan word en die antwoorde hoe dieper hoe mooier word. Ek het gewens ek kon groot wees, en baie slim, om die antwoorde te kry. Ek het gewens ek kon op so 'n groot, blink stroom dryf.

Later kon ek regtig swem in dieselfde rivier, hoër op waar ons plaas is. Ek het die rivier in al sy vaarte en kolke leer ken, in sy groen water ingeduik en gedryf. En tot in my ouderdom: Waar is ek nader aan die antwoorde op lewens- en sterwensvrae as aan 't drywe op die stilvloeiende selfde rivier, op my rug aan die opkyk vanaf wilgerslierte en taaibosse, op in die lug tot in die skuimende somerwolke met die roep van 'n diederik ver stroomop in my ore.

Oom Meneer en Tante het ons gereeld, miskien om 'n heel

ander agenda, vakansies op die plaas rivier toe geneem om te gaan piekniek hou, 'n goeie driekwart myl van die opstal af. Die ding het 'n sisteem gehad wat ek later in Pestalozzi en Montessori herken het. Sy, 'n kort vroutjie, effens fris en met 'n gloeiende ligte vel, met die reisdeken, haar sambreel en haar breisak. Hy het heel vreemd aangedoen met 'n laphoed, plaasskoene en 'n kakiebroek. Ons val in 'n ry voor die tenk in waar elkeen 'n beker water moet sluk. Daarna almal na die sinkkleinhuisie om hulle make te maak. Ek is nog te klein om op die gevaarlike gat van die kloos te pas en tant Lettie help my persoonlik buite uit en weer in my broek. Geen verantwoordelike ma sou daardie tyd gedroom het om rek om 'n groeiende kind se pens te gebruik nie. Seuns het kruisbande gedra, maar dogters onderlyfies wat toeknoop. Die broekie self, van dienlike wit linne met 'n elegante kantjie om die pype, twee slippies langs die kante, is vasgeknoop aan die lyfie met ten minste ses knope onderaan en knoopsgate wat gevorderde naaldwerkkennis geverg het om te maak en nog meer vir 'n klein kind om te hanteer. In noodsgevaar sou 'n vierjarige kind die spulletjie nog betyds afgestroop kry sonder om knope te breek, maar om dit agterna weer op en vas te kry, kon ek eers bemeester kort voor ek op vier jaar kon lees en skryf. Met die gevolg dat ek ook broeke op onwaarskynlike plekke gaan wegsteek het en kaalgat skeef bedryf het. "Kyk net, die kweekgras sit weer soos 'n kolhaas se stert tussen haar boude ingewerk. Sies!" beskuldig die ouer kinders my dan.

Alles afgehandel, stap ons met die beespaadjie af rivier toe. Ek is nog nie halfpad nie of ek is weer so dors ek kan doodgaan. Oom Meneer sê dan ek moet 'n klein, ronde klippie soek, 'n vuurklippie, en dit onder my tong sit. Dis iets wat die woestyn mens leer. Teen die tyd wat ek naastenby die regte klippie het, is ons in die vlei waar die waaierseeroogblomme groei. Mens word blind daarvan as jy naby daaraan kom, dus moet ons almal met skrefiesoë verby hardloop.

Dan is ons by die doringboomgordel van die rivier en man

en muis klim boom om gom te soek. Ek kan nie bykom nie en dis maar goed so, sê Tante, want netnou sit die gom aan jou wisseltand vas en jy sluk die gom met tand en al in en wat van die muis?

    Muis, Muis kom in die huis,
    ek gee jou 'n beentand,
    en jy gee my 'n steentand.

Ek was dodelik getrou in hierdie saak. Wat 'n muis met 'n beentand maak en dat tiekies nie van steen is nie, het my min gepla. Wat ek wel geweet het, was: Die oomblik wat ek sê ek glo nie aan die muis nie, kom hy nie weer nie – volgens broer Bul.

Ons stap in gelid en op die wysie van 'n lied van 'n wandelpad wat die groot kinders in die Voortrekkers leer met die laaste skuinste af. Maar verby die gevaarlike boom met die hamerkopnes bly ons stil en ou Bul moet sorg dat hy sy knipmes diep in sy sak het, want as 'n hamerkop hom vir jou vererg, laat hy die weerlig jou doodslaan, en weerlig trek na blink goeters, so hy pik jou knipmes uit jou sak en vlieg na sy nes hoog in die wilgerboom.

Hier het die rivier 'n lang, gelyk bedding met 'n smal groefie in die middel uitgekalwe waarin 'n helder fonteingevoede stroompie loop. Hier breek ons los. Ons kinders spring-spring oor die sand en deur die water die oorkantste wal uit, want die piekniekplek is 'n entjie verder, oorkant onder 'n reusagtige witgatboom wat bo 'n paksel rotse uittoring. Hier gee ou Bul sy instruksies binnensmonds: die een wat eerste by die witgatboom is, moet skree ek is 'n roos. Die een laaste moet skree ek is 'n dee-o-o-zet. Rêddie, stêddie ôffie ghou! Almal spring kastig gelyk weg, maar net ek kom by die boom uit, skree roos, terwyl die res giggel-giggel op 'n stap aankom. Ek het nie die vaagste benul gehad van die fisieke orifikasies van mense nie, en ek glo hulle seker ook maar net uit die graffiti op skoolkleinhuisiemure. Ek kon nogtans voel dat daar niks besonders aan "rose" is teenoor "dee-o-o-zette" nie. Ek het lank vir die roosstorie geval tot ek uitvind dat daar vanslewe 'n man homself aan 'n tak van die witgat opgehang het. En op twaalf jaar het hulle wel geweet van spoke en ek was veronderstel om die spoke met my geskree weg te ja. Spoke vang nie kinders onder ses jaar oud nie, het hulle my verseker.

Daarna het ek myself afgegradeer tot heel agter en onder 'n wilde tabakbos vir die grootmense sit en wag.

En wat ek gesien het, het oor jare heen vir my, seker valslik, die ware wese van die liefde vasgelê. Tante sit die reisdeken en die breisak neer, sy steek haar rok onder by haar bloomer in, hy gaan sit op die rand van die slootjie, trek sy skoene uit, rol sy broekspype op. Sy het 'n bekertjie en daarmee skep sy water in die ketel. Hy vat die ketel aan, hou sy hand vir haar uit, sy kom langs hom sit. Hulle laat die water oor hulle bleek grootmensvoete spoel. Hulle gesels, sy is soos altyd teenoor hom, 'n bietjie beskroomd, en hy skud elkers sy kop soos 'n jong perd wat vlieë wegja en hy lag sy bulderende lag. Al sou ek gehoor het wat hulle sê, sou ek niks daarvan verstaan het nie. Dit was om te sien, nie om te weet nie.

Dit sou die liefde wees, dat mense met mekaar daarin kan praat, dat liefde allereers 'n stemtoon is, sagte, gewone gebare is, wat die ontbloting bring en daarna die dankbaarheid daarvoor teenoor mekaar. Wanneer sy die breisak en die sambreel optel en hy hou vir haar haar skoene reg om aan te trek, hardloop ek weg. Dan het ek gedink ek beleef die somtotaal van liefde.

Ná ou Bul manmoedig boomgeklim het om die rooster bo uit die witgat se mik te haal en ons houtjies opgetel het, word die piekniek die gewone een van halfrou braaivleis, dik hompe brood en troebel koffie waarin eers 'n kool gegooi word om die moer te laat sak – soos ek dit daarna uit talle pieknieks onthou.

Dan is dit storietyd. Verbeeldingryk vertel die twee opvoedkundiges. Ek kon nie veel wys word van Inka-prinsesse wat van kranse afgestamp word in poele vol krokodille nie, of van "Odjieseu" wat in 'n reus met een oog se skaapgrot land en onder 'n skaap se penswol klou om weg te kom. Daar was allerhande tersydes wat ek later tevergeefs in die swerftogte van Odusseus gesoek het. Sulke stories het in vervolg partykeer oor 'n hele vakansie gestrek. Intussen sit Tante met vier dun naaldjies en breigare vir oom Meneer sy spesiale sokkies en brei, terwyl die res van ons klomp met gewone ou winkelsokkies oor die weg kom.

Later knip sy die houtknip van die breisak toe. "Nou is dit tyd vir Dotjie om te hoor van die stout seuntjie wat so vreeslik lelik kon vloek, voëlnessies uithaal, die eiertjies stukkend trap en die klein voëltjies vir die kat voer. Die voëltjies het hom mos gaan verkla by die dwergies en die dwergies het 'n perdebynes met gras toegevleg dat dit soos 'n vinknes lyk. Toe daardie stouterd oor 'n tak bo die water uitrek om die nessie te kry, steek die perdebye hom so dat hy pardoems in die water val."

"Kon hy swem?" Ek dink benoud aan my neef Klasie wat net met vlerkies swem.

Tante weifel so effens voor sy sê: "Ja, hy kon."

En Meneer vat oor: "Nee, juffrou Serfontein, natuurlik het hy versuip. Jy sien mos nie hier rond 'n snotneus met 'n sproetgevreet soos 'n kalkoeneier wat voëleiers soek nie en hier's niemand met die naam Vloekmasjientjie nie, jy weet mos dit was sy naam."

Dan kry ou Bul so 'n afsaksel oor sy mond, want hy was al partykeer voor oor lelike woorde. En oom Meneer neem die storie terug na iets anders, oor ons koppe heen: 'n Mens moet nie die storie verwar met dié van die jongman wat enige iets vir sy meisie wou doen nie, so lief het hy haar gehad. En eendag sê sy vir hom sy sou wat in die wêreld gee om 'n halssnoer van blou vinkeiertjies te hê. Mens maak 'n gaatjie daarin, blaas die binneste uit en ryg dit met sygare aanmekaar. En dis hoe hy gaan soek het tot hy byna al die eiertjies het. Die laaste nessie was in 'n boom oor 'n diep rivier. En toe hy by die nessie kom, breek die tak en hy val in die stroom en ja, hý kon nie swem nie. En so verdrink hy toe, en by daardie plek het daar later massas en massas blou vergeet-my-nie-blommetjies opgekom.

A-ja, jaa! Dan is dit swemtyd, dan word die vuur natgedra met emmertjies water en dan stap ons terug. In die vlei sê oom Meneer: "Ek en Tante gaan net gou kyk of daar al aandblomme oop is by die krans. Stap julle kinders solank aan."

Ek sien hom vandag nog voor my: ou Bul, Danie, elf jaar oud, poenskop, vreeslose oë, kruisbande, kortbroek, met sy kort, selfversekerde stappie doodsveragtend in die skemer voor ons uit. Sy jare in die plaasskool is wel nie deur oom Meneer en Tante hoog aangeslaan nie, maar die oudste, die prins wat alle onvervulde ambisies moes verwesenlik, was hy. En sy voortdurende rebellies was juis daarteen.

In die helfte van standerd nege, toe reeds in die dorpskool en koshuis, besluit Bul skoolgaan is snert en hy kom huis toe. Hy en my pa het die volgende ses maande nie met mekaar gepraat nie. Die volgende jaar klim hy self op die trein Paul Roos toe, ruil die vakke om vir minderes, en kom daardie selfde jaar nog matriek deur. Daar was nou wel die probleempie toe my pa uitvind dat hy intussen vir hom nog 'n Fordjie laat afsaag het om 'n lorrietjie te wees en daarmee in die Junievakansie na die Victoria-waterval – waarvan ons nog net in die aardrykskundeklas gehoor het – gery het in die geselskap van 'n Engelse skooljuffrou.

Hy skryf in vir Regte by UOVS, maar ná vier maande hoor my pa hy is advokaat C.R. Swart se verkiesingsagent op Lichtenburg. Ons vir jou Suid-Afrika en te hel met geleerdheid.

In retrospeksie: Geleerdheid? Nee! By hom was dit miskien die eerste manifestasies van 'n "geen" waarmee baie Serfonteins gebore word, met 'n voorspelbare afloop. Dit is naamlik 'n hipersensitiewe belewing van die strominge in die gemeenskap óm hulle. Dit lei tot dringende, opregte pogings om die welsyn daarvan te bevorder. So was hy, so was sy pa en baie ander van ons.

Ongelukkig kom daarmee saam die onvermoë om enige kritiek normaal te hanteer. Hulle veg nie, hulle vlug net daarvoor. Die oumense het gesê die probleem met die Serfonteins is dat hulle nerfies so dun is. Ander het weer gesê Serfonteins begin altyd 'n oorlog, maar net voor hulle hom wen, stap hulle weg. Hulle eie koers in, waarskynlik in 'n tweede oorlog in.

Standerd ses

Meneer De Wet Erlank was een van daardie onvergeetlike figure in wie meer as die gewone hoeveelheid menslike eienskappe saamgevoeg was: 'n reus in die onderwys van destyds. 'n Groot, forsgeboude man met mooi, gebeitelde gelaatstrekke was hy, van aanskyn al 'n besondere mens. Sy optrede is gekenmerk deur sekerheid en vasberadenheid wat mense agter hom geskaar het. Tog was hy nooit bruusk en op die voorgrond nie. Hy het eerder die indruk gewek van 'n eensame, 'n persoon aan wie se deur jy eers moet klop voor hy jou inlaat. Hulle het gesê hy het ook as kind sinkingkoors oorleef; dan word jy so.

Al sy gawes het hy oor jare as standerd ses-onderwyser sonder voorbehoud in die Sentrale Volkskool uitgestort. Daarom dat hy 'n onmiskenbare stempel gelaat het op onderwyser en kind wat saam met hom gewerk het. Later was hy die skoolhoof. Hoe dikwels het ek nie personeellede so oor hom hoor praat nie: "Meneer Erlank was ..." En dan bly hulle stil, onmagtig om die besondere eienskap van hulle heldeverering in woorde vas te lê. En onmagtig om hulle gevoel mee te deel oor watter leemte in hulle lewe gelaat is toe hy fris en in sy fleur deur 'n hartaanval uit hulle werkkring weggeskeur is. Hy het elke môre, winters en somers, in die swembad gaan swem. Een koue wintersoggend het hy nie teruggekom nie.

My eerste ondervinding van meneer Erlank was jare gelede toe hy as jong onderwyser by die Volkskool kom skoolhou het. Hy en sy vrou het toe pas hulle eerste baba gehad en weldra was die hele Kroonstad in rep en roer oor die pragtige Erlank-baba. So mooi, dít was almal dit eens, had ons nog nie hier nie.

Een middag op pad plaas toe ry ons toe by hulle plot aan om na die baba te gaan kyk. Ek was toe maar so tien jaar en het skreeuende babatjies verpes. Maar ek moes saam af. En dit moet ek sê, Elna Erlank met haar ligblou oë, blosende wange en ligte hare het selfs my geloof oor babas skeefgetrek. En natuurlik gaan die grootmensgesprek toe op babavoeding oor. Dit blyk toe dat meneer Erlank op baba- en kindervoeding 'n geheel en al ander sienswyse nahou as die aanvaarde teorieë. Heeltemal anders en oorspronklik. Ek onthou dat rosyne een van die elemente was wat 'n groot rol in sy teorie gespeel het.

Ons is toe daar weg. En daar begin my ma toe my en my kleinboet Jan rosyne voer. Waar rosyne eers 'n toevallige weeldedis was, word rosyne toe 'n bitter brood-en-botter noodwendigheid. G'n vyekonfyt, g'n waatlemoenstukke nie. Vroeg en laat moes ons rosyne eet tot ons ril wanneer ons dit sien. Ons mage wou ook nie saamspeel nie en na 'n paar weke moes sy tot haar verdriet die eksperiment staak. Baie leemtes in ons struktuur het sy later teruggevoer na haar eie onvermoë om ons op rosyntjies te hou.

En dan was daar die teemakery. Een standerd ses-dogter was altyd belas met die verantwoordelikheid om vir die personeel tee te maak. My suster Nooientjie het vir haarself in die Volkskool onsterflikheid uitgebou met die geurige tee wat sy speeltye vir die personeel geskink het. Toe ek in standerd ses by meneer Erlank in die klas kom, is vanselfsprekend aanvaar dat ek die tee moet maak. Ek sal nooit vergeet dat, toe ons ná die pouse terug is in sy klas, hy my geroep het. Hy het gelag. Hy had so 'n eienaardige lag asof hy jou die helfte van die grap nie eens kan vertel nie en hy het sy linkerhand se vingers wyd oopgesprei wanneer hy iets beduie. Hy sê toe vir my: "Jy mag ander dinge kan doen, maar jy kan nie tee maak nie. Al word jy honderd jaar oud sal jy nog nie kan tee maak soos jou suster Helena nie."

En tot heden en vandag glo ek met 'n dodelike fatalisme dat ek nie kan tee maak nie. Nie met al die beste gereedskap in die wêreld nie.

So was hy. 'n Mens kan wees wie jy wil, maar as hy 'n ding sê, glo jy dit, al is dit tot jou eie diskrediet. Ek het hom nie as prinsipaal geken nie, maar as onderwyser. Hy het klasgegee met 'n sekere, net daardie klein tikkie, negering. Asof jy net nie heeltemal goed genoeg is nie, en dat jy net nog nie voldoen aan sy vooropgestelde idee omtrent jou nie. En eienaardig genoeg het jy jou dan wou breek om net daardie agterstand in te haal. Ek dink nie ek het ooit in my lewe weer so hard gewerk as in standerd ses nie.

'n Eienaardigheid was dat hy gereeld en heeltemal vanselfsprekend vir ons 'n paar keer in 'n week uit Afrikaanse boeke voorgelees het. Ons het 'n hele paar Afrikaanse boeke hoofstuksgewyse deurgelees. En hy het hulle dramaties en lewendig en met fyn aanvoeling vir ons gelees. Dit was niks ongewoons dat ons meisies op kritieke plekke aan die huil gaan en so die hele lesery in die wiele ry nie. Daardie kyk in sy oë wanneer hy so binne-in vir ons lag kry, sal ek nooit vergeet nie.

Hy het – en dit is geen oordrywing nie – elke familie in Kroonstad met hulle liggaamlike en geestelike trekke geken.

As 'n kind in sub A ingeskryf word, kyk hy net op en dan sal hy sê: "Jy is 'n Wessels. Jou pa is soveel en soveel jaar gelede deur standerd ses hier by my. Hy was ongelooflik goed in hoofrekene," of wat dit ook al was. En kom Wessels later in standerd ses, maak hy seker hy ken al standerd sewe se somme, net sodat Meneer hom raaksien vir wie hy is.

Insetsels

Ek het regtig as tiener gedink ek is toegerus om elke faset van die lewe te kan hanteer.

Ek het self my skoene na gebreklike Koekemoertjie gevat wanneer dit versool moet word en ek het hom aangespreek oor hulle sê hy drink so baie, alhoewel my oom Bouwer by die kerkraad glo toegegee het: "Los die man se drinkery uit. Wat het hy anders om hom deur alles te help? Hy het nie bene nie."

En ek was die eerste om as die dorp se toeter op 'n ongereelde manier blaas, my fiets te gryp en hoofstraat toe te jaag agter die brandweerwa aan, om te kyk waar die brand nou is. Brande was groot stories daardie tyd, waar moeders al gillende hul kinders, koffers en brandende beddegoed uitsleep en honde skop wat blaf. Ons brandweermanne, vorige jaar eerbaar ná standerd ses uit die skool, was in hulle swart pakke en blink koperhelms en kamaste soos groot generaals met pype en krane en kanne paraffien in lewensgevaar aan 't rangeer.

Toe ander nog met "nibs" en ink skryf, skryf ek al met 'n Conway Stewart-vulpen wat ek by my neef Klasie vir twee weke se spaargeld geruil het. En as ek lus het vir koek, suiker ek na hulle huis in Buitekantstraat en gaan eet koek.

Tant Lena het geglo aan koek, elke dag. Want daar is talle vergaderings in haar huis gehou, met ordentlike koek en tee opgefris en wat oorbly, eet Klasie en ek, behalwe dié wat ons vir my oom se sangkanaries deur die sifdraad druk.

Ons grawe ook wonderlike ballonnetjies uit die vuilgoedblik, was dit en blaas dit op en speel kennetjie daarmee. Meer as tien jaar daarna vind ons toe uit dié plesierige speelgoed is wat mense tans kondome noem. Dus was hulle destydse lewenstyl heel byderwets.

Ek het ook geleer dat die toetrede van grootmense, veral sommiges sogenaamd tot my eie beswil, selde iets goeds vir my inhou: van die denkbeeldige gevare wat hulle vir my voorhou, na die uitsnuffel van waarmee mens op daardie oomblik besig is, tot die belaglikmaking van enige goeie voornemens. Grootmense praat nie oor belangrike goed voor kinders nie. So kinders moet nie belangrike dinge voor grootmense sê of doen nie en veral nie voor kinders wat ouer as jy is nie.

As jy in jou suster se speelgoedkas gegrawe het en daar breek op onverklaarbare wyse een van die koppietjies wat tant Lena by jou suster se geboorte vir haar gegee het, sit dit versigtig terug, onder in. Teen die tyd dat sy dit agterkom, is jy lankal met jou perd weg om te gaan kyk of hulle regtig 'n dam by Bossiesspruit in die rivier bou.

As jy 'n dom kind in die klas sien afkyk op ander se werk, moenie klik by die juffrou nie. Hou net jou eie werk toe dat hy nie by jou kan afkyk nie.

Maar my filosofie het 'n ernstige knou gekry toe ek byvoorbeeld hier op veertien jaar een oggend my pajamabroek vol bloedvlekke kry. Ek kon onmoontlik maak asof dit vlooibyte is, en ná ek stilletjies my koors met die koorspen gemeet het om te sien of ek my nie doodbloei nie, het my suster dit klaar agtergekom en my selfvoldaan by ma en elke ousie in die kombuis verklik. Toe is daar op die allervaagste manier vir my vertel dat dit nou my lot gaan wees elke maand.

En my suster het agteraf bygelas: "En die oomblik wat jy ophou, kry jy 'n bybie."

Daarby het ek nog 'n ernstige terugslag gehad wat ek moes verwerk. Toe ek op 'n dag my nuwe boetie Johannes Gerhardus Delport Serfontein van vier jaar oud wou wegtrek waar hy in my laai "grawe", was hy gereed en hy ruk sy kop reg agteroor, teen my lip, my een voortand se kant af. Verbasend is niemand daaroor bekommerd nie, wel oor hy as gevolg daarvan 'n knop teen sy agterkop het. Op daardie stadium het my ouers vir my sekere onbetwisbare kentekens van seniliteit gewys: Weg is die gestrenge vader, ingetrek het die middeljarige ou gek wat oor sy laatkommertjie dweep. Weg is my ma se doeltreffende klap op 'n kind se boud; wanneer my klein boetie stout is, krimp sy op die tant Lena-styl hulpeloos inmekaar.

Dis nou waar die mantel gelukkig op my groot broer val. Hy kyk later in my mond. "My herder, jy is soos 'n venster met 'n uit ruit oor die klein stront." Hy het al 'n kiestand laat trek by ou dokter Frans van Reenen. Hy sal my soontoe vat, Maandagmiddag na skool: "Moenie bang wees nie. Hy is stokdoof, hy hoor nie as jy seerkry nie."

Sê nou hy trek die tand uit?

"Dan lyk jy maar vir die res van jou lewe soos 'n venster met 'n stukkende ruit. Oefen solank die skewe glimlag."

Ja, ons gaan toe. Hy doen self die papierwerk op my pa se rekening vir insae van oom Johnny du Randt, my pa se prokureur. My pa het eenvoudig nie aan rekenings geglo nie. Oom Johnny het dit behartig en nie soos baie ander prokureurs plase ingepalm nie.

Dokter Frans van Reenen skep 'n yslike goue stuk. Ek het gemeen daar sal 'n beskeie goue randjie om die stuk tand wees, maar nee, ek sit met 'n halwe stuk glimmende goud in my voortand. Sal die tand tog nie weer groei nie? dink ek hoopvol. Ek voel soos 'n hond met 'n halsband om. Ek weet nie waar om my kop in te steek nie. Ek is die enigste kind in die hele skool met 'n goue tand. Maak ek my mond oop om te lag, staan 'n kring kinders gefassineerd na my tand en kyk. Ek is permanent op die skewe glimlag. Ek kon dit nooit afleer nie. Selfs nou nog met allerhande tandheelkundige wonderapparate aan ou veteraan-malers, doen ek dit.

Toe ek later jare in Bloemfontein vir die eerste keer in die beroemde tandarts Jan Stegmann se stoel sit, kyk hy net so gefassineerd na die voortand. Wie het dit gedoen en waar? Ek sug. Frans van Reenen op Kroonstad ná my boetie van vier jaar my tand uitgestamp het. "Ek dag so," sê hy. "Dis net hý wat dit kon doen." Die boetie? "Ha!"

Hy roep sy assistente en gee 'n kwartier lange lesing vir dié oor hoe, maar hóé 'n meestervakman soos Frans van Reenen goue insetsels doen. Daarna het hy voor hy enige werk in my mond doen, die voortand met die piëteit van 'n apostel met 'n sagte rubbertjie skoon gevee.

Ja, maar dit alles ná ek jare in die skool diep sielkundige letsels opgedoen het oor die stuk goud in my tand. Een van die eerste dinge wat my op Willem verlief gemaak het, was sy perfekte stel tande wat hom daardie stralende, oop glimlag gegee het.

Paddavlei

Ná die Anglo-Boereoorlog onder die Milner-regering het Kroonstad stroomop van die Valschrivier groot uitbreidings beleef in 'n area wat onder die ou mense bekend was as Paddavlei.

Ek het eenkeer my pa en sy jonger broer Johan daaroor hoor praat: "Ek kan nie verstaan hoekom Lettie en ou Van

Niekerk nou daardie geweldige groot dubbelverdieping vir hulle laat bou het juis in Paddavlei se perdesiek-broeiplek waar somers die sandklip verweer en winters so koud soos yskaste is nie. As ek dink hoe ek kaalvoet soggens daarnatoe na die nuwe skool moes hardloop ..."

En my pa se begrypende: "Toemaar, dit het gemaak dat jy een van die beste atlete was wat Kroonstad ooit gehad het."

My pa het altyd 'n wonderlike mededoë met hierdie broer gehad, onder andere omdat hulle albei hulleself as professionele sandklip-implementeerders beskou het. Maar dit was nie al nie.

Een aand het my pa ons vertel dat my ouma hom aangestel het om na Johan, toe nog 'n baba, te kyk wanneer hulle smiddae rivier toe gaan om te gaan swem. Wat doen hulle toe? Wanneer hulle by die seekoeigat kom waar hulle swem, grawe hulle 'n gat in die sand, diep genoeg, en laat staan die baba solank daarin. Dan weet hulle hy kan nie wegraak nie.

"En as die gat op hom toeval?"

My pa het amper die draad van die storie verloor. Nooit so daaraan gedink nie! Wat wel gebeur het, was: Toe hulle eenkeer by die gat kom, is die gat leeg. Hulle het hierdie kant toe en daarnatoe gekyk. Daar kry hulle sy kruipspoortjies reg na die seekoeigat se diepste kant toe, en broer Fanie sê: "Kyk, daar dryf sy bloomertjie, kyk daar diep in."

"Ek swem toe dadelik in en gryp hom raak. Ons kon almal goed swem, maar ek was die vinnigste. Ek het geweet as hy versuip, word ek saam met hom begrawe. Hom aan sy voete opgelig, geskud, toe kom hy by."

En toe?

"Ons het geweet ons kan die ding nooit rugbaar maak nie. Ons het maar net stilletjies vir Johan twee kussingslopies in vet gekook, dit opgeblaas en dit onder sy oksels vasgebind. En toe swem hy saam met ons. Wanneer sy ken die water begin raak, weet mens jy moet hom net aan die toutjie optrek."

"Ja," sê my ma toe, "ek weet jy hét al daardie storie vertel;

dis waarom ek altyd kom bysit wanneer jy die kinders leer swem in die sementdam."

En my pa: "Wel, ou Boet, ek kan jou verseker Johan kon toe swem voor hy nog behoorlik kon loop."

Ja, maar die dubbelverdiepinghuis van my tant Lettie ... Sy het gesê sy wil die huis daar hê, Paddavlei of te nie. Wanneer sy by die venster uitkyk, wil sy reg op die Valschrivier kan afkyk. Ek kon dit verstaan, ek wou ook graag so uitkyk. Maar my oom Johan nie: "Is sy dan bang die rivier sal weghardloop as sy hom nie gedurig dophou nie?"

Hy sou dit nie gewaag het om vir haar te vra nie. Kinders het nie allerhande onsinnighede vir ouer susters soos sy gevra nie.

Baie keer wanneer ek en my niggie Tientie allerhande letterspeletjies sit en speel soos haat-vriendskap-liefde-trou, en jy kanselleer jouself uit met huis-paleis-pondok-varkhok, so halfnege saans, word dit donker voor die middeldeur en dan kom tant Lettie en oom Van Niekerk ingestap. Hulle huis was 'n blok van Ouma s'n af. Ons het nooit presies geweet wat die heersende stemming sal wees nie, dus skuif ons haastig ons goedjies na die onderste punt van die groot tafel en buig arbeidsaam oor ons boeke.

"Naand ta' Lettie, naand oom Van Niekerk."

Daar word plegtig na ons welstand verneem. Baie gou blaas die toeter veraf – ek het nooit kon agterkom van waar nie – en dan sê oom Meneer: "Hoorg daarg blaas die ou bul ..."

Ons kom dadelik op aandag en verkas kamer toe, want ons weet die gesprekke is nie vir agies verder van belang nie. Maar omdat kinders soos ons nie ons deure voor grootmense toemaak nie, hoor ons baie keer onbedoelde feite. Ek weet dat dit op 'n aand oor iets gegaan het waaroor tant Lettie maar taamlik moes riemspring voor my ouma.

Aanvanklik was almal ewe rustig en het dit gegaan oor iets wat ons allermins geïnteresseer het omdat ons in elk geval nie geweet het wat die iets is nie.

My ouma het gepraat: "Lettie, jy het seker gehoor van Diedie?"

"Wat nou weer, Maamie?" (Hulle het almal die "a" gerek wanneer hulle met my ouma praat.) "Is dit nog altyd ..."

"Ja. Diedie gaan sendingveld toe. Letjie, haar ma, het my self vertel."

"Om te?"

"Om siele te red, Lettie."

"Wie het gesê hulle wil gered wees?"

"Letjie sê die Here Jesus het aan Diedie verskyn. Hy het die opdrag gegee. Sy gaan Masjonaland toe."

"Diedie! Elke siel wat Diedie red, eet ek lewendig op."

"Jy verbaas my, Lettie. Jý het vir haar die boek gegee."

"Ek weet, maar as sy die boek behoorlik gelees het, sou sy geweet het daar staan niks van Masjonaland of enige barbaarse plek in Afrika nie."

"Ja, maar nou het die Here Jesus met haar gepraat daaroor. As sy nie die boek oor Chautauqua gelees het nie, sal sy nie verstaan wat die Here vir haar sê nie."

"Ek kan nie glo dat iemand soos jy so ydellik oor die sending kan praat nie. Ons familie was nog altyd vir die sending."

"Serfonteins? Meen Maamie die Serfonteins?"

"Nie spesifiek nie. Jou pa sou vir predikant gaan leer het as hy nie siek geword het nie. En in my familie is daar Manie Rousseau, jou neef, wat Lovedale Kollege op Grahamstad help stig het, en daar is jou ander neef Fanie op Kuruman. En daar is jy, amper getroud ..."

"Stop dit net daar, Maamie, stop dit nou dadelik ...!"

Tientie en ek is nou die ene ore, maar daar val 'n dodelike stilte.

My ouma verander die gesprek. "Harry ..." (Sy het oom Van Niekerk altyd Harry genoem, na sy geboortename Hendrik Cornelius.) "Terwyl ons nou van die goudstandaard afstap, sal die Jode ons toelaat om ons eie goud te verkoop? Glo jy dit?"

"Nee, ek glo dit nie, maar generaals Hertzog en Smuts glo dit, daarom het hulle saamgesmelt."

"Jy meen nou, al die boere wat met die Depressie uit hulle plase gekul is en nou in Johannesburg se myne aan tering sterf, sal goud by Smuts-hulle kry om dit self te verkoop? Jy is 'n wetenskaplike. Glo jy dit?"

Oom Meneer bulk sy groot lag en ons verloor belangstelling toe Ouma nog sukkel met: "Wys my net een keer waar in ons geskiedenis ons met 'n ander saamgesmelt en agterna iets ordentliks daaruit verkry het."

"Ek moet hulle glo!" lag hy. "Hulle was julle dapper generaals in die Boereoorlog."

My ouma antwoord ietwat kil: "Mens kan sien jy was nog nie hier in daardie oorlog nie. Ek wonder of een van die twee ooit 'n skoot geskiet het. Hulle was staatsprokureurs vir dié wat geveg het: De Wet en De la Rey. Lees, Harry, lees, en die antwoorde sal vir jou duidelik word hoekom, en wat nou aan die gang is. En moenie Jan Smuts se inval in Namakwaland vir my noem nie. Dit was teen kleurlingkorpse onder Engelse aanvoerders en daar was generaal Manie Maritz om die vegwerk te doen."

"En generaal Hertzog?"

"Bly stil van hom! Sy vrou is my groot vriendin, hy had dit bitter swaar met haar in die oorlog. Kind ook verloor. En saam met Kestell en Steyn, ja! Maar hy word mislei. Ons Bolanders verstaan nie dinge soos goud nie. Hulle kan mens enige ding wysmaak, die Hoggenheimers hier."

Van hierdie hele gesprek was vanuit die kamer vir my en Tientie net een sin bruikbaar: "Stop dit net daar, Maamie, stop dit nou dadelik." Ons het vir weke alle ander maats se argumente daarmee teengestaan, selfs ons ryperde se teuels daarmee beheer.

Dekades later, toe ek terugdink aan die gesprek, onthou ek van die vreemde "Chautauqua"-naam van die boek wat Tante vir hierdie niggie Diedie gegee het en waarom sy sendingveld toe is, waar sy toe ook oorlede is. Toe het ek onthou dat tant Lettie verloof was aan 'n predikant. Kort voor die troue is sy oorsee en in Brussel het sy 'n pragtige kantsluier gekoop, maar toe sy kort voor die troue terugkom, het hy die verlowing verbreek, min of meer ook omdat "die Here" aan hom verskyn het in die gedaante van 'n ander meisie.

Ons kon daardie dag ook nie verstaan wie Manie Maritz kon wees nie. Generaal, nogal. Tientie het gemeen dit moet Gerrit Maritz wees van wie mens by veldkornet juffrou Retief in die Voortrekkers gehoor het. En daardie vreemde woord kon die Zoeloes wees. Manie? Ag ja, dit is seker maar soos die Anchor-suurdeeg, maar ons was trots op Ouma. Dis nie elke dag dat iemand dit regkry om tant Lettie en oom Meneer op hulle plek te sit nie.

As grootmens het ek eers by my pa gehoor dat dit Manie Maritz was wat ná die oorlog van Amerika af teruggekom het en Appaloosas ingevoer het, dat sy broer naby Ventersburg nog daarmee boer en dat ek daar my stam-Appaloosas sou gaan kry. Spaanse perde en g'n Rooihuid-oorsprong nie, het hy my verseker.

En soos ek gesê het, oor menseverhoudings het ek geleer om die hele pad met hom te stry, maar nooit oor diere nie.

Koshuis

In my standerd agt-jaar kry my ouma onverwags 'n beroerte. Ek en Tientie moes inderhaas in Augustusmaand koshuis toe, want Ouma moes intensiewe versorging kry, deur onder andere sulke brutale ou verpleegsters wat my pynlik aristokratiese ouma eindeloos geïrriteer het. Daar het ek geleer dat tuisversorging en tuisbedreiging dinge in gemeen had.

Tussen my en Tientie het die ou gemeensaamheid nou geëindig en elkeen het na sy eie ingebore aard 'n staanplek moes soek. Tientie, met die vriendelike en opborrelende optimisme van haar pa, was onmiddellik ingeburger in die koshuis. Die gawe van vriende maak wat haar tot vandag kenmerk, het toe sy ontstaan gekry. Vir my was dit moeiliker. Teen standerd agt is vriendskappe reeds vasgelê en jy as nuweling bly tog maar apart. In stede daarvan om my heelhartig in die koshuislewe te werp, het ek sover ek kon remme aangeslaan. Dié by wie ek moes inskakel, was ou beproefde koshuisgangers waar, moenie 'n fout maak nie, vir oorlewing allerhande verfynde truuks noodsaaklik was. Dit was nie so dringend dat dit skawend was nie. Dit het my waarskynlik ook in staat gestel om die letsels van my jong jare met 'n soort siniese gemoedelikheid te kon hanteer.

Daar was lekker dinge; die kos byvoorbeeld was vir my vreeslik lekker. Veral onthou ek dat ons snye witbrood soggens in ons papborde sit, skelmpies melk en suiker daaroor gooi en dit eet in plaas van die pap. Die koshuismatrone kon 'n soort bredie met saggekookte vleis en macaroni bedryf, heeltemal onbekend vir my en onsmaaklik vir die ander.

In ons huis was nooit, maar nooit bredies op tafel nie. My pa eet net vleis as dit sigbaar deel van die skaap se anatomie is. Afval? Ja, want hy sien die pootjies en daardie blouvaal ding is die oog, die leb is daar en die tong. Afval ja, net soos my ma dit gaarmaak, nie by ander mense nie!

Tuis by ons het die *Meisies van Maasdorp, Girls' Golden Annuals* met meisiespeurder Valerie Drew en Flash, haar wolfhond, *Anne of Green Gables* en Harriet Beecher Stowe se *Hut van Outa Tom* en *Waar die Wilde Tiemie Groei* vir my sekere padgrense bepaal.

Meerderwaardig? Nee, hoegenaamd nie. Net anders. Vreemd, dwingend anders.

In die koshuis het ek vir die eerste keer kennis gemaak met 'n godsdiensroetine en so heelhartig daarin opgegaan dat ek min of meer ongemaklik tussen my deelgenote geword het. Kyk, in die laerskool in daardie tyd het skole 'n volledige godsdiensperiode gehad, gegrond deels op die Kinderbybel met Bybelversies en ander dinge soos die boeke van die Bybel, die konings, die geskiedenis, die Nuwe Testament en die Sankey-liedere (geestelike liedere uit die bundel van die Amerikaner, Ira Sankey, en gekomponeer vir sy konserte en herlewingsby-eenkomste in die laat negentiende eeu) en ons het dinge uit die kop geleer. Maar daar was geen sprake daarvan dat kinders in 'n besondere kerkinstansie ingedril is nie. Dit het gekom in die hoërskool gedurende die katkisasie in mens se matriekjaar waar geloofsbelydenisse in teksvorm geleer is, en dit het heeltemal vrywillig geskied. Baie kinders is nooit in hulle skooljare aangeneem nie, ander was Apostolies, hier en daar was kinders uit huise waar die wetenskap agnosties en natuurlik die politiek verheffend bo sulke sakies gewerk het.

In die koshuis was my tydgenote reeds geroetineer om elke aand ná ete vir twintig minute stilte te hou met oop Bybels voor hulle. Weliswaar het onder die Bybel 'n skryfblokkie gelê waarin die vrybriewe stilletjies geskryf word vir die volgende dag se aflewering by die seunskoshuis se eie netwerk.

Nou ja, toe verdiep ek my met ongelooflike ywer in die Bybel gedurende hierdie stiltetye. Ek verveel my kamermaats met onmoontlike, onantwoordbare twisvrae. Ek het nooit Sondagskool toe gegaan nie. Nie nodig nie, het gesinsoutoriteit besluit, en ook redelik onmoontlik vir 'n naweek-koshuisganger. Godsdiens was dus eintlik vir my nog in geen roetine nie; ek het dit soos 'n groot, nuwe wêreld beleef.

In matriek is ons almal in die katkisasieklas. Ons mentor was meneer Botes, groot ou steunpilaar in die plaaslike tegniese onderwys en kultuurlewe, hoofouderling van die Kroonstad-Noord gemeente waaronder die skoolkoshuis en ons eie plaas val.

Baie vinnig raak ek tuis, steek my hand op en peper hom met vrae wat ek opgespaar het. Meneer Botes het my seker vanweë sy en my pa se deelname aan die volksake geken, maar sekerlik nie konsilies nie. Ek sien vandag nog hoe ek hom in jeugdige arrogansie vaspen op die Vrye Wil teenoor die Godsbesluit en hy sy moeë oë opslaan, hoe hy tydsaam sy een groot vinger op sy aantekeninge druk om nie sy plek te verloor nie, sy ander hand opsteek en afwaarts beduie: "Sit maar, Juffrou, dit sal nog alles vir jou duidelik word."

Ek het my aanneming en voorstelling met 'n skrikwekkende gevoel van verantwoordelikheid deurgegaan, vasbeslote om iewers die regte antwoorde te kry, vol te hou op die paaie van onder andere die reisende sekretaresses van die CSV wat aan ons meisies jaarliks die gevare van losse sedes kom verduidelik het. Hulle was wel altyd middeljarig verby en die losse sedes bloot teoretiese, maar skrikaanjaende moontlikhede vir hulle; tog ook met die gelatenheid van die beroofde.

Toe ek op universiteit kom, was een van my probleme ook om iewers in 'n groep te kom waar ek vrae mag vra en antwoorde sal kry. Ek het gou besef dat die universiteit die allerlaaste plek is waar 'n eerstejaarstudent vrae kan vra en veral antwoorde kry. 'n Groep? Dis toe wat ek my Bybel op 'n aand oopslaan. Binne was 'n strokie papier waarop my ma sonder my wete in haar mooi, egalige skrif geskryf het: "Soek Hom terwyl Hy nog te vinde is, roep Hom aan terwyl Hy naby is." Ek was nie seker of sy dit vir my of vir my pa geskryf het nie. Ek het net besef: Daar is nie ompaaie na Christenskap nie, daar is nie verdienstes of groepe mense wat jou daar bring nie, daar is net direkte kontak, via die Bybel self, persoonlik met die deurpos van Christus aan jou hand, dis al en dis alles. Van toe af het ek en die Bybel my lewenspad bepaal. Soms naïef, soms deurdag, soms om die eenvoudige letterkundige skoonheid daarvan. Toe die Verklarende Bybel in 1957 bykom, het dit my nooit in die steek gelaat nie. Dit wil nie sê dat ek my verpligtinge daarteenoor altyd kon nakom so goed ek kan nie. Ek is nou byna klaar met die twaalfde keer wat ek die Bybel met verklarende aantekeninge deur is – die nuwe Testament 24 keer deur. Dit maak nie van my 'n Bybelkenner nie, of 'n beter Christen as ander nie. Ek verwag nie dat die Bybel my van teleurstellings spaar nie. Ek het nog nooit verwag dat Christus die natuur- en menslike wette om my onthalwe sal buig nie, en tog doen Hy dit.

Ek is diep bewus van die verkeerde besluite wat ek geneem het, die verantwoordelikhede wat ek ontduik het, die swakhede waarvoor ek geswig het. Soos Paulus sê, die goeie wat ek wil, dié doen ek nie, baie keer. En ek probeer my gedeelte van die verantwoordelikheid daarvoor dra. Ek weet net die somtotaal van wat ek is, sou ek nooit kon hanteer as ek nie aldeur bewus was van die Godsbesluit oor my welsyn wat kennelik daar was nie. Al verdien ek dit nie, dis daar, altyd.

Ek vra nie wonderwerke nie, maar dit het al so dikwels in my lewe gebeur. Waarom sal ek twyfel oor die Bybel se sin?

Geen aspirantskrywer sal nie in verwondering oor en oor kan lees nie van die jong seun Dawid, afstammeling van die vrou met die dowwe oë, Lea, en hoe hy die mooiste van alle psalms dig; Jonatan, Michal en veral Saul, die stomme verdwaalde. Dawid se laaste psalms, sy onoortreflike treursang oor Jonatan, die vreemde weë waarop sy sondes hom dryf, bly van die aangrypendste dele in die 1933-vertaling.

Mens dink aan Esra en Nehemia wat diegene by die riviere van Babilon op Gods belofte wil teruglei om die mure van Jerusalem en die Tempel van Salomo te herstel om iets van die oneindige genade terug te wen. Elke keer wanneer my eie lewe sy loop neem, lees ek die Bybel soos die eerste keer, kry ek nuwe aspekte van troos in menslike swakhede, vergewing en nuwe hoop.

Lees maar 2 Samuel 1:17–27, die onsterflike treursang van Dawid oor Jonatan. Lees maar 1 Kronieke 29 oor sy eie afsterwe.

Lees net eenkeer uit Sagaria 11: "Open jou deure, o Líbanon, sodat vuur jou sederbome verteer! Huil, o sipres, omdat die seder geval het, omdat die pragtige bome verwoes is!" Opvallend vir my was reg van die begin af die simboliese betekenis van bakenbome wat paaie, besluite, oorwinnings, grafte en moedverlorenheid onderstreep.

Lees maar die eeue oue geloofsbelydenis van die Boer van alle eeue in Habakuk 3:17: "Alhoewel die vyeboom nie sal bloei en aan die wingerdstokke geen vrug sal wees nie ..."

Daarom pla dit as vertalers vir die gedraenheid van die beeldspraak, die metriese sowel as stemming te min aanvoeling het en die vertaling maklik tot swak joernalistiek gestroop kan word. As die vertaling aanhoudend die poësie van die Bybel laat struikel, moet dit nie uiteindelik die geloof beskadig nie?

Dis altyd verbasend om te dink hoeveel tyd en aandag destyds se onderwyseresse gegee het aan die kind se taalvaardighede. Daar was ou beproefde resepte daarvoor. Ek het al gesê dat mens in standerd een via die klankmetode reeds kon lees. Nietemin is elke les in die *Lees met Lus*-boekie hardop deur die hele klas gelees, die moeilike woorde is dadelik bemeester en vir eksamen was dit eers een-een lees. Maar wat besonders was, is die stof wat gebruik is en hoeveel resitasies die hele klas met dreunstem moes opsê. Natuurlik was die ou digters van daardie tyd bevatlik, verstaanbaar emosioneel, maar veral vol ritme en rym. Met die gevolg dat iemand soos ek, met ouer broer en suster, nie net die resitasies van my eie klas geken het nie, maar dié van drie klasse voor my.

Onvergeetlik dan was Totius se "blomme, blomme duisendkleurig deur die lentelug gesus", wat die verhaaltjie is van die dogtertjie wat 'n blommetjie uit die tuin vir haar ma gaan pluk en daarvoor 'n klap op haar handjie en 'n skrobbering oor haar vernielsug kry. Sonder verdere duistere bespieëling vind ons die dogtertjie in haar kissie lê, met die spierwit handjies gevou en die moeder, wat vragte blomme sou wou gee om haar lewend te kry, al wenende daarnaas. Ek kon dit nooit in die klas opsê nie, want ek het geweet ek sal begin huil. Diep het ek myself ingeleef en in my verbeelding sekere lede van my huisgesin al wenend langs my eie doodskissie gesien. Gelukkig was my ma nie daardie tyd erg behep met tuinmakery nie, en toe sy eindelik vir 'n rotstuin vlam vat, het my pa oudergewoonte kom inmeng en vragte uitgetande sandklippe soos grafstene kom uitlê met die gevolg dat sy moes veg om hier en daar 'n rotsplant ingewerk te kry. Waar sy wat die Latynse name geleer het, geweet het dit moes wees.

Ek het vroeg reeds by my suster die Totius-gedig gehoor van "Daar het 'n doringboompie vlak by die pad gestaan, waar lange ossespanne met sware vragte gaan" en ek het diep beswaard gedink aan "maar daardie merk word groter en groei maar aldeur aan" en dit baie pertinent aangevoel as persoonlike leed sonder dat ek geweet het dit speel op saaie landsgeskiedenis af. Wonde?

Daar was wragtig nie rede vir regtige wonde nie. Ek kon met die honderd tree kaalpoot meestal eerste oor die lint gaan, ek kon hekel en brei en die Valschrivier by die diepste kuile deurswem, ek het my eie perd gehad en ek het al een of meer vrybriefies deur stomme ou kratertjies kon afwys. In die hoërskool was dit steeds so. Ek kon die smartlike "Wilgerboombogies" tot in my siel aanvoel, maar nou ja, toe was ek verlief op my Afrikaanse onderwyser. Was dit dekades later, kon hy dit uitgebuit het. Gelukkig het hy volstaan deur my "Het geluk hang als een druiventros" van Scharten-Antink te gee om te lees en sekere gevoelige passasies daarin onderstreep, en my só die wonderlike pad van Streuvels tot Kloos laat vind.

Nog ernstiger was my aanvoeling vir die gesproke woord se intonasies in die Duitse klas, waar die onvergeetlike Jip de Jager vir ons Schubert-liedere uit die kop laat leer het en op sy grammofoon vir ons voorgespeel het en *Immensee* van Storm die hele skool se vryerye na Duits laat oorslaan het.

Ek dink met groot mededoë daaraan terug. Die weerloosheid van die tiener het een van die sosiale probleme van ons tyd geword. Sake soos die ineenstorting van ouerlike en skooldissipline, ondeurdagte leerplanne, swak opgeleide en asosiale onderwysers, die groepsdruk, dwelmhandelaars se finansiële druk ... Noem maar op! Daardie tyd was daar ook probleme ongenoemd soos daar maar altyd sal wees. Maar 'n paar gegewens bly dieselfde. Ek het later self in Duits en Afrikaans klas gegee, ek het vyf kinders – mooi, sterk gebou, intelligent – deur matriek en postmatriekopleiding oorleef. Die vroeë puberteitsmens, dogter of seun, is die produk van ongekende fisieke en geestelike skoonheid. Hy of sy is nog omgewe van die beloftevolle waas van die appelskoonheid van die Paradys.

En die eerste met toegang tot die tiener op daardie stadium, as hy gevoelig is, is die vakonderwyser. Maar nie die swak opgeleide nie, en veral nie die een met die persoonlikheidsafwykings wat sy eie hel deur aanraking van die normale moet verdoesel nie. Mens praat van die ervare onderwysmens wat deur middel van sy persoonlikheid tot die klas moet deurdring.

Tussen hakies, dis waarom oudonderwysers en predikante sulke goeie politici word. Uit 'n klas van twintig sal daar een of meer wees wie se verstand en begrip van wat jy probeer doen, daardie onberekende vashaakplek aan jouself kry. Hy of sy mag nie fisiek die mooiste in die klas wees nie, hulle word dit vir jou en jy vir hulle. Dis 'n wonderlike verhouding, maar ook 'n baie gevaarlike een wanneer dit fisiek word, om uit los te breek. Vir albei, glo my. Goddank, matriek bring in meer as een opsig die einde van 'n lewensdekade. Maar nóg onderwyser nóg leerling vergeet van die skade of die mooi wasdom wat dit gebring het toe dit vir albei die nodigste was.

Diep het ek dit darem ook aangevoel, destyds toe die seun wat homself as my eerste soort offisiële kêrel beskou het, met sy pragtige tenoorstem voor die koshuisvenster vir my *Die Warnung* kom serenade het:

Du hast gesagt du willst nicht lieben,
willst dich um keinen Mann betrüben;
noch bist du jung, noch blüht der Mai,
bald ist die schönste Zeit vorbei.

Ek het dit kortstondig byna as 'n verpligting gevoel om eendag met hom te trou – eers jare later darem as hy minder puisies het. Om ten minste op een werklike wond te kan aanspraak maak, dalk.

Die eerste werklike wond was waarskynlik toe ek in standerd nege agterkom al worstel ek ure en ure lank, kan ek maar hoegenaamd nie aanvoeling kry vir die onderwysers se hoë standaarde vir Wiskunde en Skeinat nie. Dit gee my kwartaalpunte die moerse ruk wat my uit my selfgenoegsaamheid en klasplek neuk, al skryf ek hoeke mooi opstelle en al luister ek naweke na hoeveel Schubert-liedere of Lisztplate of lees ek Dostojefski en Victor Hugo. Ek het voor beperkings te staan gekom waarvoor ek hoegenaamd nie kon begroot nie. En was dit wonde wat maar aangroei en allengs groter word? Tog seker nie.

Nou ja, dit was niemand se maat vir koshuiskinders om aansluiting te vind as ek my eie grammofoon waarvoor ek maande gespaar het, saambring koshuis toe om die Fritz Kreisler- en Caruso-plate van oom Clifton wat entrepreneur Klasie skelm aan my verkoop het, te speel nie. Of die enkele "Celeste Aida"-aria wat ek by my niggie Rusha gehoor het. En by ou Goldsmith vir my pa se stukkende oorlosie geruil het.

My kamermaats, daarenteen, sien reikhalsend uit na 'n Fred Astaire of 'n Gracie Fields of enigiemand wat "Mexicalli Rose" kan sing. Hier en daar het 'n arme siel nog 'n borsspeldjie van Shirley Temple gedra en die seuns dié van Betty Boob, die eerste meisie met "boobs" destyds.

In die fliek was die voorprent natuurlik altyd, maar altyd vervelend oor "Popeye the sailor man: I eat all my spinach and fight to the finish, I'm Popeye the sailor man" wat opgekom het voor die honde en katte van Disney mekaar gelooi het.

Inderdaad, in 'n ou aantekeningboek van my waarin ek vanaf 1941–1943 sporadies dagboek gehou het, was dit duidelik dat ek al hoe meer tekortkomings opgespoor het wat my pootjie. Ek kom diep swaarmoedig voor. Ek het toe reeds *Die Aardse Vlam* van C.M. van den Heever, *Die Ryke Dwaas* van W.E.G. Louw en die eerste gedigte van N.P. van Wyk Louw volledig daarin afgeskryf en dit het nie veel gehelp om die gemoed te verlig nie.

Dit help nie veel nie om 'n sewentienjarige te wil opkikker met:

> Soos die vrede wat hang waar 'n dode gelê is
> soos gordyne wat duister in luidlose nag
> soos die stilte wat skryn as die wreedste gesê is,
> is die lewe-in-sterwe wat blind op ons wag ...

Al sou C.M. van den Heever homself kon opbeur met:

> O son, o lig, o veld se vertes
> wat helend oor my val,
> ek het verruim tot nuwe strewe
> ek tril weg in die wonderlewe
> die Lewe en die Al ...

Alles in ag genome, moes ek al in matriek die Groot Afrikaanse Roman van die Sestigers geskryf gehad het en vir Suid-Afrika by die Olimpiese Spele geswem het, of voorbladopskrifte gehaal het met 'n nuwe, verbeterde Bybelvertaling. Maar ou Mamotobatjie bly maar so in die bondel rondneuk, soos Willem van der Berg later sê, 'n "Reisiger na Nêrens".

G'n wonder ek het reikhalsend uitgesien na die "Regte Lewe" en die "Al" iewers anders nie.

'n Mens dink altyd die weenliedjies van die Depressie-Afrikaners, soos "Die dronkaard se weeskind" en "Een aand op die trein na Pretoria" het soos paddastoele in donker hoekies opgeskiet. Min mense besef dat dit sy oorsprong net sowel by die sentimentele Engelse ballades van oorsee van daardie tyd kon gekry het.

Daar was bekende sangers soos Maurice Gunsky, wat met die hartroerendheid van verlore liefde gesing het "When I'm gone I ask this favour, lay my head beneath a rose", en Arthur Tracy, "The street singer", se "Gypsy fiddles were playing but they play no more".

Laat die lewe, hoe en waar en wanneer, met die allerdiepste geloof, nogtans ons die onvervulde pad stap? Partykeer ja, met net 'n hond as metgesel.

Pa en Ma – en die yskas

Agter in die gesegde dagboekie het ek die woorde van my ma se lieflingsplaat volledig neergeskryf. Sy het altyd gedurende die week wanneer die groot kinders weg is en my pa byvoorbeeld by die kuilvoersnyery of beesbrandery besig is, rustig die grammofoon opgewen en haar paar spesiale plate op die stoep sit en luister.

Daar was die seunsopraan wat "Jerusalem" gesing het, daar was Schubert se "Ständchen", maar altyd weer was daar Maurice Gunsky se:

> They say all the world is a stage, life is only a drama of dreams
> It's at birth that we start, each one plays a part
> That fate chooses for us, it seems ...

I'm just a dreamer whose dreams go astray
They call me the fool in the play.
I'm waiting for ships that never come in
watching and waiting in vain.

It seems that life's stormy sea holds nothing for me,
But broken dreams and shattered scenes
With each day of sorrow, I love to pretend
One more tomorrow and waiting will end ...
I am waiting for ships that never come in
I wonder where they can be.

En dan sug sy en haal haar woordeboekie uit en sy begin blokkiesraaisels invul. Of anders roep sy die ou groot boelhond en hulle stap die veld in. Sy het my nooit saamgenooi nie. Ek het aanvaar dat sy diep ongelukkig is, en somber aanvegtings het my daarby ingetrek.

Maar saans, wanneer my pa asvaal van die stof inkom van die kuilvoersnyery af of van die sandklipkappery vir 'n reeks onpraktiese geboue op die werf, of hy ry weg met die Fordkar na Waarookal om die Afrikanervolk te red, kon ek ook by hom daardie skraapmerke aanvoel van die gewone, ontnugterde enkeling wat dikwels maar aan almal is.

Dit was nou die realiteit van oor die dam se ys loop en skielik tref jy dun ys wat onder jou bars en jy spartel halfverkluim rond. Dis maar eers baie jare later wat ek 'n besef gekry het van die onafwendbare ontwikkelingsgange van erotiese menseverhoudings.

En ek kon my ma se wysheid verstaan om 'n afsonderlike onderbou vir haarself te ontwikkel en te bly wag vir die dun ys om weer te heel, of die somer om te kom.

Ten slotte het my gene my op dieselfde pad gelei en kon ek my boeke skryf en my Wagner-plate luister wanneer Willem op ander weë vervulling soek. En dan saans saampraat oor die families wie se stambome hy ontrafel het, of die Afrikana-boeke wat hy raakgeloop het en ons kon onsself gesamentlik beklaag oor ons boerdery nie geld reent nie en ons verlustig in die wonderlike briljantheid van ons kinders.

En wanneer hy sê: "Ons sal vandag veertien mense vir ete wees," maak ek ete vir agtien, heeltemal outomaties, terwyl my gedagtes myle daarvandaan is.

Wanneer hy sê: "Ek het vir ons vir die vakansie plek bespreek in 'n huis by Umhlanga Rocks," pak ek in, soos my ma destyds, al is ek sewe maande swanger. En wanneer Fred le Roux, die redakteur van die *Sarie* (aanvanklik genoem *Sarie Marais* maar hier deurgaans *Sarie*), kom aandoen om my volgende vervolgverhaal te bespreek, ontvang Willem hom soos die egte Bolandse boer wat Fred in sy hart is.

Omdat ons spense altyd vol was van wat vir ons van waarde was, kon ons harte oor brakplekke spring; as ons niks anders kan doen nie, lag ons net saam.

Soos my ouers dan, toe ek hulle in hulle later jare op my ma se familieplaas saam in die sonkamer sien sit en luister na die kerkdiens oor die radio, hy aan die *Landbouweekblad* lees en sy aan 't boontjies afhaar.

Sy het stadigaan agteruitgegaan, ook van diabetes. Sy het haar soggens self ingespuit sonder om te toets ("ek sien dit aan die ligkring om die kersvlam, hoeveel ek moet spuit"). Sy het die gesteriliseerde water uitgespuit op 'n wit siklaampotplant wat drie somers aanmekaar geblom het daarvan. Toe het ek my vyfde kind verwag, 1963.

Toe ons moes besluit oor 'n grafsteen op die grafte wat my pa lank tevore reeds uit die sandklip gekap het, het hy vir my presies beduie hoe hare en syne moet lyk.

En hy sê vir my: "Doen jy die opskrif. Doen dit so mooi as wat jy kan. Sy was dit werd. Myne later, net my naam. Ek was haar nie werd nie."

Toe sê ek: "Jý mag so voel, Oupats, maar sý het nie so daaroor gevoel nie. Ek belowe jou, ek sal nie een van julle in verleentheid stel op julle grafte nie."

Snaaks genoeg, toe ek hom daardie dag so sien sit, sy blou oë wasig, met sy ou verweerde hande op die stoelleuning, kon ek nie help om terug te dink aan 'n sekere dag toe ons nog kinders was nie.

Dit was 'n Maandagmôre en ons het vroeg aangesit vir 'n haastige ontbyt. Dit kon 1936 gewees het. Dit was nie 'n gewone jaar nie. Die Nasionale Party was geskeur, my pa een van 'n klein klompie gesuiwerdes by doktor Malan; die Smelters, sogenaamd sonder om identiteit prys te gee, was verenig by generaal Smuts en die Sappe. Sappe was Afrikaners wat uit Boereoorlog-oorlewering vas by Smuts gestaan het, en die liberale Engelse wat in Smuts die geleentheid gesien het om die 1924-verkiesing tot niet te maak.

Elke siel in die klompie wat onder doktor Malan was, is getel: Kongresse was dodelike binne- én buitegevegte. My boetie Jan was toe maar 'n jaar, maar my ma het haar figuur terug, my tant Lettie sou kom instaan, en my ma moes saam kongres toe.

Van vroegdag af het ons haar in haar hakskoene oor die plankvloer hoor bedryf, en net so vroeg is my pa buite besig met sy laaste opdragte netjies in 'n *off-white* gabardienpak en sydas.

Ons kinders sit nog aan tafel, maar buite is 'n helse rusie onder die personeel aan die gang, nog nie behoorlik uitgevars vir die Maandag nie. My pa is arbiter tussen Zacharia Molefe, die melkman, en Andries Mareka, die skaapman. En die woede, die dreigemente oordonder elke ander geluid in die huis. Selfs ons aan tafel lei af Andries Mareka was weke weg op voorwinter met die skape. Teruggekom, kry hy sy vrou Alisa met 'n vreemde bybie aan die bors. Die verkreukelde ore en leepoë is onmiskenbaar Zacharia Molefe s'n. Andries se eie baba met 'n lelike hoes is gespeen. Gespeen soos 'n weggooilam.

Geen biologiese uitlegte van my pa vind inslag nie, dis oorlog tot die einde. Naderhand word dit stil. My pa kom in.

"Ons moet ry, dis laat, Boet."

En my ma vra: "En toe?"

"Alles opgelos: Om die een of ander duister verstandhouding. Zacharia laat net sy kop sak en sê: 'Askies, ou swaer,' op Afrikaans en dis verby."

"Net daardie woorde ná so 'n groot sonde? Gmf!" sê Ma.

"Wel, Andries het darem sy kierie by hom gehad, en jy weet hy kan 'n haas op vyftig tree daarmee doodgooi."

My ma sê: "Kinders, kry julle goed, ek kom nou."

Destyds was die tegnologiese deurbraak naas die broeimasjien op die platteland, die paraffienyskas. Ons het in 1936 ook een gekry – vir Boetie se bottel eintlik. Reken, om met 'n lampvlam ys te maak. Net baie kundige mans kon met die agtereenvolgende stappe vertrou word en my pa het moedig om boetie Jan se onthalwe daarmee gewerk. Plat op die maag, inloer, die hefboompie afdruk en versigtig die paraffientenk vorentoe uitskuif, die lampie doodblaas, die glasie afhaal sonder om jou hand te brand, dan die tenk vol paraffien pomp, die pit net soveel en nie meer nie afskraap, die lampie aansteek, die glasie op, die tenk terugskuif. Pasop, die hefboompie! Maak seker die vlam brand korrek, anders rook dit. Nie sommer rook nie, 'n bol giftige, chemiese roetrookwalms wat op hoor en sien reën.

En skielik kom Ma toe by die eetkamer ingestorm, briesend en van kop tot toon pikswart, die hare in roettoiings oor haar gesig en walms rook agter haar aan.

Ons weet toe almal dit gaan ure kos om alles en Ma terug na normaal te kry. Ons weet ook die groot ingenieur het kort voor ete onbekwaam met die tegnologie omgegaan.

Toe staan hy waardig op, slaan sy skoon wit arm om haar roetswart skouer, druk haar teen sy sydas en vee saggies die toiings uit haar gesig. Sê hy: "Askies tog, ou swaer." En ek sien tot vandag nog haar skewe kuiltjieglimlag van vergewing. So min woorde nodig vir soveel vergifnis by twee swartgesmeerde Nasionaliste vir mekaar.

Drie jaar ná haar is hy langs haar begrawe. Sy in die winter, hy in die somer. Sy in die winter, soos Willem, toe die ys finaal onder my gebreek het.

Oujaarsaand 1943

Oujaarsaand van 1943, my matriekjaar, sou my in later jare bybly.

Soos alle matrikulante kort voor die uitslae kom, was ek seker dat ek my drome vaarwel kon sê, want sekerlik het ek matriek gedruip. En wat nou? Watse toekoms?

Ja, ek was swartgallig toe ek saam met my ouers die aand op die dorp by die een of ander ligsinnige se Oujaarsaandviering langs die rivierwal op 'n veldstoeltjie sit by bitter moerkoffie en halfverbrande braaivleis. Om dit te vererger, het ek dringende opdragte gehad om my tienjarige boetie by my te hou, dat hy nie afdwaal nie. Hy was toe nog 'n kroniese sinkingslyer. Sulfamiddels sou eers ná die oorlog bekend raak. So dringend was nie 'n ydel versugting nie; dit het hom natuurlik net nog neerslagtiger gemaak as ek self. En ek was tot in my siel toe moeg vir dubbelsinnige oorlogpraatjies van volwassenes, oor die Tweede Wêreldoorlog en hoe dinge aan die draai was – vir Suid-Afrikaanse soldate wat saam met Engeland baklei, goed, vir ons wat teen die oorlog is, na die slegte kant.

So luister ek afwesig na die vervelige stem van een van die gaste, 'n afgetrede plaasskoolonderwyser, by my ouers bekend as oom Veldviool. Hy was boonop een van ons opsigters by die eksamen en by ekslaerskoolleerlinge bekend as "Ou Velddrol". En hy deklameer: "Ja, toe die Here vir die duiwel net wou wys wat Hy van hom dink, het hy Engelse en renosters gemaak, en vir hom present gegee. As 'n Ingelsman sy voet in 'n plek sit, word hy 'n renoster. Hy traai nie sy oë fokus op wat agter hom aangaan nie, en voor hom kyk hy teen sy snoet vas en trap hy alles plat. En hy is slu. Ja, die Ingelsman is slu! As hy nie anders kan nie, sal hy aasvoëlghwano vat om jou mee te besmeer."

Valse laggies en goedaardige opmerkings soos "Nee, oom Vel, daar is darem ook goeie Engelse," bring hom geensins van stryk nie.

"Tweehonderd jaar het ons lekker saamgeleef onder die ou Oos-Indiese Kompenie, maar toe Ta hier intrap, 1806, het jy Slagtersnek voor jy kan sê mes, en dis omroerdery van wit teen swart so ver hy gaan. As dit nie Xhosas of Matabeles is nie, is dit Zoeloes en as dit nie Zoeloes is nie, Basotho's. Lees maar julle geskiedenis op. Die spreekwoord sê 'n goeie einde is net die vastrapplek vir 'n beter begin, maar ek sê dit sal nie die eerste goeie einde wees wat vastrapplek gee vir 'n slegter begin nie. Eers stuur hy sy sendelinge in, sy kastige ontdekkingsreisigers om te kyk waar goud en diamante is en dan stuur hy die Boere in om die swartes uit te roei en dan annekseer hy alles, vee alles weg sodat net die goud en diamante oorbly. As jy protesteer, dan is jy 'n Boer en net 'n paar jaar op Cambridge, en jy kom terug en ons sit met jou, 'n aasvoëlgatkruiper, blind soos 'n mol, soos ons almal weet wie ..."

Teen dié tyd word stoeltjies haastig opgevou, die bottel brandewyn weggetoor en die Oujaarsaandparty is finaal met aasvoëlmis in sy moer.

Maar soos die Here wil, begin die kerkklokke oral beier, die Nuwejaar in, soos hulle sê. Ons hoor 'n Fordkar se deur klap en Dominee kom haastig aangestap met die Bybel in sy hand en almal sak eerbiedig terug. Hy's 'n gas en ons hoor hy is 'n Sap. Sou hy alles gehoor het?

Hy bid nie soos gewoonlik vir diegene wat in die Oujaar gesterf het, of dat ons in die Nuwejaar sal oorwin oor die aanslae van die duiwel nie. Hy begin lees uit Job 29, self met 'n stem wat goed dra:

"'En Job het verder sy spreuk aangehef en gesê: 'Ag, was ek maar soos in die vorige maande, soos in die dae toe God my bewaar het; toe sy lamp bo my hoof geskyn het, ek by sy lig die duisternis deurwandel het ... (Dalk tog nie? Die volwassenes knik van ja, net so!)

"'... soos ek was in my herfsdae toe die verborgenheid van God oor my tent was; toe die Almagtige nog by my was, my kinders rondom my; toe my voetstappe gewas is in dikmelk en die rots by my strome van olie uitgegiet het ...'

"Kom, Broeders en Susters, ons sing 'Ure dae maande jare, snel als skaduwee verby'."

Toe ek my kom kry, toe huil ek, en ek huil tot my ma aan my ruk. "Ons kind! Waar is Jan?"

En ek sê: "Dêmmit, hoe moet ek weet? Ek het nie eens 'n flits nie."

By die laaste woorde van die gesang is ons voltallig in die kar terug huis toe.

En my ma sê: "As hiervan nie 'n internering kom nie ..." en my pa: "Maar Boet, die ou Veldviool was dronk, ons weet tog almal ..."

"Ek praat nie van hom nie, ek praat van jóú. Sê dit vir Smuts se waarheidsridders. Daar het een langs jou gesit."

"Maar ék het niks gesê nie."

"Maar jy het sit en lekkerkry. En ons ander seun was 'n Ossewabrandwag."

"Ja," las my pa kastig ewe dapper by. "En ons het Stormjaers wat by ons wegkruip."

En my pa, ná hy 'n rukkie woordeloos sy aandag aan die skemerligte op die pad voor hom gewy het, vra my ma: "Ou Boet, as jy moet kies tussen 'n Duitse Olifant en 'n Engelse Renoster, watter een van die twee sal jy wil wees?"

Sonder om te aarsel, sê my ma: "Ek sal 'n mierkat wil wees. Olive Schreiner sê die Boere is onoorwinlik soos mierkatte, want hulle het in elke storm 'n gat om in weg te kruip."

En aangesien sy al is wat Schreiner se boeke gelees het, loop die gesprek in die sand.

Die twee groot kinders was handiger; hulle het aan 'n Oujaarsnag saam met hulle pa en ma ontsnap. Aldus was dit net my kleinboet, wat vaak-vaak elke keer my enkel raak skop, en ek wat agter in die motor sit. Die pad lyk oneindig. Die twee op die voorste sitplek sit en praat met mekaar. Ek wil nie hoor nie. Ek dink gramstorig: Julle dink julle is in die dikmelk, maar julle het drie en 'n halwe mislukkings vir kinders, wat Job ook al sê. Die eerste een het vier maande op universiteit gebly voor hy, om sy pa te irriteer, net so agter politiek aan gejaag het soos dié. My suster het 'n jaar gehou, nogal op Stellenbosch en met Huishoudkunde, haar stuitjie gebreek en gedruip en nou sit sy by die huis my ma en irriteer deur dié te verseker dat sy nooit iets van moderne Huishoudkunde sal verstaan nie. Dan is daar ek, wat nie 'n dag op universiteit gaan wees nie, seker om almal wys te maak hoe ek al een is wat eendag die kennis gaan hê om boeke te skryf. Die ander helfte hoef seker net standerd ses te maak om die algehele held van die familie te bly.

Hulle praat ...

En skielik loop 'n nare ding oor my maag, want meteens doem deur die voorruit drie paar oë by die eindkring van die motorlig, groen in die skynsel, soos hulle agtertoe na ons kyk. My pa, sonder om sy voet van die petrol af te vat, skakel die koplig af, jaag sekondes lank in die donkerte voor hy die ligte weer aanskakel. Dan is die oë weg en my boetie sê vaak hier langs my: "Het die springhase nou weggekom, hè, Pa?"

Hy is in standerd vyf, hy is sieklik en skynbaar is hy sonder vrees.

Baie jare later, veel dieper in dikmelk-herfs lees ek toe oor ons land se geskiedenis waar ek lelike bewyse kry van Veldviool se aanmerkings, en ek kon my verbaas dat hy en my pa nie daardie tyd regtig in die tronk beland het nie.

Die Engels-Russies-Amerikaanse Alliansie se oorwinnings was toentertyd nog glad nie 'n voldonge feit nie en beslis sou generaal J.C. Smuts, nog besig met die eindfondasie lê van die groot oorlog wat die groot vrede sou bring, dronkpraatjies sowel as lekkerkry gelees het vir wat dit was; veral sou hy weet wie bedoel is met "aasvoëlmis".

Willem het geglo mens stry nie met 'n predikant of 'n onderwyser nie. Hulle is te gewoond aan klas gee om te weet wat en hoe die grafieke van 'n ordentlike argument werk.

Maar 'n hele paar dinge van die geloofsbelydenis van die ou opstandeling bly my tog by. Kan 'n mens die ooreenkoms tussen datums van al die probleme van die 1806-Engelse met die genoemde stamme en dié van die Boere, amper in dieselfde tydvak, blote toeval noem? Sou die Groot Trek ooit gerealiseer het as Lord Charles Somerset nie die Oos-Kaapse boere, wat toe byna die Xhosa-grondprobleme opgelos het, in 1820 volgestop het met Britse Setlaars, van handelaars tot Presbiteriaanse Skotse predikante, heeltemal onbekend met plaaslike omstandighede nie?

En wat as die Britse Regering in 1842 nie die Republiek van Natalia geanneksseer het, en in 1848 nie die Oranjerivier-Soewereiniteit geproklameer het nie?

En as hulle handelaars nie soveel ou Napoleontiese gewere aan die stamme verkoop het, net om in 1880–81 met die geweer-oorlog in Basotholand hulle te verbied om dit te gebruik teen blanke Engelse setlaars en sendelinge nie?

En as die Kaapse Regering met minder arrogansie en meer moraliteit regeer het?

Tereg sê Olive Schreiner, bekende Engelse 19de-eeuse Suid-Afrikaanse skrywer (en 'n Londense sendelingsdogter) aan die einde van haar lewe: "Brittanje se absolute onmag om die vasberadenheidspsige van die Afrikanerboer van die pioniersjare te peil het gelei na reeks op reeks verkeerde rassisties-politieke besluite in ons land."

Sy praat van die Boer se verbintenis aan die grond in die

19de eeu, in teenstelling met dié van die Engelsman wat op finansiële winste gerig was: Dié van die Boer was 'n mistiese liefde wat onder die allergrootste provokasie, die allerellendigste omstandighede, net daarvoor oorleef het.

Desnieteenstaande het hierdie besettings in Suid-Afrika min roem vir die Engelse gebring en hulle moes keer op keer óf Boere omkoop met plase om hulle te help óf skandelike verliese ly soos by Viervoet en Platberg en Berea en by Isandlwana en Rorke's Drift en daarna in die eerste Vryheidsoorlog in 1881.

Dit is ook so dat Brittanje te ooglopend gulsig was met die grondstowwe van 'n land om reg te laat geskied aan die veelgeroemde sogenaamde Britse kulturele opgradering van agtergeblewe volkere.

Olive Schreiner gee haar redes waarom die Engelse en Afrikaners mekaar nie kon vind nie: Die Boere-pionierselement was saamgestel uit vakmanne wat met Jan van Riebeeck in 1652 hierheen gekom het om sekere opdragte uit te voer en as hulle nie daarvan hou nie, kon hulle die land verlaat met die eerste die beste skip. Maar daarby het in 1688 die Franse vlugtelinge gekom, mense vir wie die dood in hulle vaderland gewag het vanweë hulle geloofskeuse.

Schreiner sê in *About South Africa*: "En hierdie twee teenstrydige elemente het oorgeërf gebly tot in elke velskoendraende boer. As hy bou, bou hy vakkundig; as dit nie moontlik blyk nie, baklei hy nie, hy trek weg. Terselfdertyd het hy so ver as hy gebly het, 'n mistiese geloofsliefde, liefde vir dit wat hy besit, wat niks met finansiële wins of verlies te doen het nie. Trouens, onder die mees haglike omstandighede triomfeer sy liefde vir die grond."

Maar hy baklei nie hiervoor nie, hy vlug weg elders heen waar hy wel weer onder beter omstandighede kan bou.

So vind mens dan waar daar Boere is, trekke: Voortrekke, Gazaland-trekke, Patagonië-trekke, Australiese trekke?

Ja, dit was moeilike tye vir alle ouers en jongmense in ons

land, saam grootgeword en skynbaar altyd verdeel oor alles wat saak maak.

Ons in die skole was net so verdeeld en speeltye het ons warm redenasies gehad oor of jy moet opstaan in die bioskoop wanneer "God Save the King" gespeel word (want dit is gespeel aan die einde van elke rolprent, terwyl 'n gekleurde lewensgrootte doek-afbeelding van die koning vertoon is. Almal was veronderstel om te staan soos mens by 'n kerkdiens vir die laaste seën van die predikant bly staan.) Ook of jy 'n kind wie se broer aangesluit het – genoem 'n "rooilissie" – as vriendin sal behou of nie. My familie se sentiment was by die Duitsers, van wie ons onregstreeks die versekering verkry het dat hulle aan die einde van die oorlog sal sorg dat Suid-Afrika sy eertydse republiekstatus terugkry. Natuurlik was daar die propaganda vir ons kinders om die Duitse jeugprogramme te volg van uitkamp, bloed-ede, krygsoefeninge, samesang van volksliedere en die volkspele op die patroon van die Europese volksdanse. Kort voor die oorlog had ons land ook besoek gehad van Niels Bukh, 'n Deen wat 'n heel nuwe benadering tot liggaamsoefening in ons skole teweeggebring het met groepoefeninge, vlae en ritmiese bewegings en musiek wat ons in staat gestel het om kleurryke saamtrekke te hou.

So kom en gaan matriek en soos seker elke matriekleerling het ek naarstiglik uitgesien na die wonderlik blye tydperk wat ek geglo het ver van jou huis op universiteit vir mens wag. Die laaste wrywingsgesprek tussen my en my pa het ná matriek gevolg toe hy met groot idealisme vir my sê hy het vir my plek bespreek op Rhodes Universiteit.

"Hoekom?" So vra ek, net so onverskillig soos Bul.

En hy sê: "Want ek wil hê jy moet eendag net so goed en nog beter Engels kan praat as 'n Engelsman."

Toe sê ek taai: "Maar ek wil nie net so goed soos 'n Engelsman leer Engels praat nie. Daar is baie ander dinge wat ek wil doen. En ek wil dit aan die Universiteit van Pretoria doen. Sien jy kans, Oupats, om daarvoor te betaal? So nie, sal ek my spaargeld gebruik."

En ek dink dit het vir goed ons twee, maar ook die res van die gesin se verhouding gestabiliseer. Ons kon nog heerlik saam perdry. Op my een en twintigste verjaarsdag het hy vir my 'n Remington-tikmasjien laat aflewer waarop ek getik het tot die loodletters jare later omtrent onleesbaar was. Een van my grootste plesiere was nog altyd om by hom te gaan sit wanneer hy jukskeie met doringhout maak of sandklip met 'n hamer en tandjiesbeitel bewerk. En sy houding teenoor my ma was een van goedige aanhanklikheid, soos sonskyn ná 'n goeie reënbui. En tog, het dit die een of ander letsel by my gelaat in my verhouding met die teenoorgestelde geslag? Dat ek dalk altyd die perfekte verwag het en so skraal met die menslike swakhede kon simpatiseer? Ek weet nie. Dis maklik om mens se foute op ander se rekening te sit.

Eers in later jare, toe ek die kompleksiteit van huweliksgeluk besef, hoeveel daarvan erotiek is en hoeveel verantwoordelikheid, hoeveel balanseerwerk, wat die gewig is van oorgeërfde gebeure en geheue wat soos modder in enige roering na bo kom, kon ek wonder.

Vandag weet ek dat sulke modderroersels die kinders wat betrokke is, se opvatting oor mensverhoudings kan skeeftrek. Maar nou ja, daar is talle ander redes waarom kinders met skewe mensverhoudings grootword. Dit kan selfs kom as gevolg van 'n onrealistiese terughunkering na 'n skynbaar vlekkelose gesinsverhouding as kind.

Ek weet net: Ná ek matriek klaar geskryf het en op pad was Tukkies toe, het ek, vir my ma natuurlik, gesê ek kom nooit weer terug huis toe voor sekere ou kakke van anties nie hulle ry kry nie. Sê dit vir Pa. Sê vir hom ek sluit eerder by die weermag aan, dan kan julle aanneuk soos julle wil hier. Natuurlik was ek te veel van 'n lafaard om dit self vir hom te sê. Wat 'n onhebbelike, arrogante klein merrie was ek self destyds om ander se lewensloop na my ongetoetste idees te wil herlei, net omdat hulle my ouers is.

Teen die einde van daardie kwartaal was niemand haastiger om terug by die huis te wees as ek nie. En 'n sekere ou antie het maar nog nou en dan gekom, maar daar was nou iets potsierliks daarby, soos die ander veraf familie wat deurentyd tydig en ontydig wanneer die wêreld hulle vang, by Erfdeel aanland.

'n Finale opstandsaktiwiteit van daardie jare was nietemin dat ek malverlief geraak het op my beste maat se broer, toe 'n rooilissiesoldaat bo in Afrika. Ek het van die waardevolle briewe wat hy vir my uit die Noorde geskryf het, niks verstaan nie, en só het dié saam met matriek eindelik ook in die sand vervloei. Ná jare lees ek dit. Ek is een van die mense wat elke brief bêre wat aan my gerig is, sy dit van 'n uitgewer wat my manuskrip afwys, of sy dit van 'n arme boerseun wat, die Here weet, dit daar bo in die sand uitsweet, later aan die voetpunt van Italië sonder om te weet vir wie hy veg en tot wanneer. Natuurlik het hy van my briewe ook niks verstaan nie en waarskynlik meer praktiese gebruik daarvan gemaak. Maar dit het my identiteitsoeke teen my ongevoelige ouers meer tot fermheid gehelp as my katkisasie.

Caruso-plate en die eerstespan-rugbykaptein met die mooi stem was op daardie stadium reeds van my ergste bekeringspligte onthef. Ek meen, in my dagboek vertel ek myself van my vernederende ondervinding met hom saans wanneer ons ná aandete vir 'n halfuur na ons kêrels deur die agterste koshuisheining glip; dat dit tog jammer is dat hy self niks verstaan van wat hy sing nie. Al wat vir hom van betekenis is, is om te wonder wanneer en of ek 'n meisie is wat 'n suspenderbelt dra en of ek rekke in my lang kouse dra. Ek sluit hom af met gevleuelde woorde: "Nee, wat! So iemand sal mens nooit kan oortuig dat daar hoër dinge in die lewe is nie!"

Universiteit

Wat doen ek met my spaargeld toe ek op Tukkies is? Ek skat dit was ongeveer honderd pond. Maggie Laubser hou vir die eerste keer 'n uitstalling van haar werke by Schweikerdt. Ek gaan soontoe en soos 'n bom tref 'n sekere skildery my. Ek voel die koue koors op my uitslaan. Sy sit toe daar, teen daardie tyd reeds 'n groot naam in die skilderkuns. En ek vra of iemand soos ek ook van die skilderye kan koop.

En sy sê: "Maar natuurlik, my liewe kind. Ek het reeds 'n paar houtskoolwerkies saamgebring vir studente. Kom wys vir Tannie waarin het jy sin."

Ek sê: "Ek wil daardie een hê," en ek wys na *Indiese meisie met 'n blou sari*. Dit was toe reeds een van 'n reeks van Maleierstudies van haar. Ek kry nou nog daardie ruk aan my hart wanneer ek terugdink aan my eerste indrukke van iets so mooi dat dit my asem wegslaan.

Ek sien sy raak 'n bietjie senuweeagtig en ek sê driftig: "Ek het die geld in my spaarboekie." Foei, ek sien sy word week by die aanhoor van soveel naïwiteit. "Nou maar as dit vir jou regtig mooi is ... Ek sê jou wat, jy gaan terug, en jy gaan dink weer mooi, en jy hoor eers of jou pappie en jou mammie ook daarvan hou."

Ek haal my beste argument uit: "Nee, ek wil dit nóú hê. Netnou koop iemand anders dit. Ek sal gou poskantoor toe gaan en die geld gaan haal. Dan vat ek dit sommer saam."

"Nee dit kan nie. Dit is my beste skildery hier, dit mag nie weggaan voor die uitstalling verby is nie. Moenie nou die geld gaan haal nie. Ek sal solank 'n plakkertjie daarop sit wat beteken dis verkoop. Die dag wanneer die uitstalling verby is, bring jy jou mammie en jou pappie, en ons doen die hele transaksie." Goeie, ordentlike, eerlike mens soos ek haar by die paar geleenthede wat ek haar as volwassene raakgeloop het, leer ken het.

Maar toe weet ek reeds waar is Schweickerdt se kantoor, en vanweë vorige onderhandelings gaan hy persoonlik die plakkertjie opplak en aan die einde van daardie kwartaal gaan ek huis toe met die kosbaarheid agter in die motorkar.

By die huis is ek byna te bang om die houtomhulsel af te haal, veral toe my pa aanbied om my te help. Hy was net nie met hamers en spykers handig nie. Uiteindelik hang ek dit met diepe piëteit bokant my bed. En hy kyk verbysterd daarna. Ek is klaar opgeruk en in een helder oomblik is dit nie eens vir hom nodig om dit te sê nie: "Wel, ek weet nie, as dit dan 'n meidjie moes wees, dink ek enige een van Hamerkop se kleinkinders sou beter gelyk het. Nog die beste ... 'n Voortrekkerkappie en 'n mooi jong Afrikanerdogter." En ek weet beslis, die een of ander ewewig op Erfdeel is herstel, sy dit ten koste van my eie ewewig.

Wat sou hy gesê het van die driehonderd en veertig duisend rand waarvoor ek dit ná jare verkoop het? Waarskynlik dat die Afrikanerdom gesneuwel het lank voor daar 'n "struggle" was.

Beatrice Thinion ... Ek sien haar vandag nog op die bed sit, en die afgryse waarmee sy na my en my skamele koffertjie kyk.

Sy staan styf op. "My naam is Beatrice Thinion. Wie is jy?"

"Dot Serfontein. Ek kom van Kroonstad af."

"Ek dag so. Ek sal onmiddellik mevrou Du Toit gaan sien. Ek is nie van plan om in 'n varkhok van 'n kamertjie met enige iemand te bly nie. Ek is 'n mediese student, ek is geregtig op my privaatheid."

Ek besef toe vir die eerste keer dat die tante met haar blou gepermde hare met haar poedelhond wat ek in die verbygaan sien sit het, mevrou Du Toit is, en dat sy iets te sê het oor baie dinge.

En later het my kamermaat uit die hoogte gevra of ons in Kroonstad ook die voorgeskrewe boek gehad het wat haar oupa geskryf het. Soos sy gedink het: Ons het nie.

Vier jaar later was mevrou Du Toit en die Sjinese poedel met die uitpeulogies steeds met ons, en ek in die moderne nuwe afdeling van Damestehuis moet die wel en die wee van geheel die dingesse as primaria met haar bespreek. Beatrice Thinion was toe reeds as dagstudent weg uit die koshuis na waar, glo ek, meer studente geweet het dat haar oupa 'n voorgeskrewe boek geskryf het. Sy het later, soos ou Neels Uys, Willem se ou skaap-ekspert, gesê het, 'n "beroemde kopspesialis" geword.

Ja, die insoutery sal maar basies dieselfde bly, afhangende van die seniors wat dit bedryf. Dit was in die jare voor insoutery verbied was, en die seremonie tot 'n menseregteskending afgedaal of opgegradeer is. Ek kan nou nie help nie, maar ek het dit verskriklik geniet. Ek het die stories vantevore by Toekel en Tiekie en Nooientjie gehoor en min of meer geweet wat gaan gebeur.

Maar wat my eindeloos geamuseer het, was die manier waarop verskillende eerstejaars gereageer het. Ons kom van die kleiner wêreld, ons was seniors, ons was hokkiekapteine, ons het onderskeidings behaal, en hier word jy verneder tot 'n wurm en pasop as jy tekens van opstand wys, as jy lag.

En dan was daar die ontgroeningskonsert waarop dese en gene hulle talente kon wys. Wat mens sou opval, as mens daarvan geweet het, was dat die deelnemers deurgaans Pretoriadogters was, met ouers hoog in die Afrikaner se nuwe kultuur- en sakewêreld. Toe kom nader die doopkomitee my op 'n dag. Kyk, die program vra dat die aankondiger-eerstejaar die een of ander snaakse manewales sal uithaal. Hulle het besluit dit sal 'n eerstejaar wees wat soos 'n bobbejaan aangetrek, springspring op die verhoog kom. Sal ek nou omgee om daardie bobbejaan te wees? Nie 'n opdrag nie, nee, 'n baie verbasend beleefde versoek!

Ek sê toe, ja, as hulle die klere sal gee. Doodreg. Jy gee nie om nie? Ek maak toe 'n onverskillige Griekse gebaar.

Ek is toe die bobbejaan en ek moet voor 'n grote gehoor optree. Ek wil mos graag op hierdie universiteit wees. Ek is selfs bereid om daarvoor te kruip. Later loop ek daarvoor – wegloop as ek so voel.

Ek kan vandag nog daardie vyf ongelowige gesigte om my onthou. So is ek dan die aankondiger-bobbejaan met swart kouse, swart bloemer en 'n swart swemkeps. Daar is nie sprake van 'n regte verhoog in die eetsaal nie en ná elke afkondiging moet ek afspring en voor die voete van die eerste ry sittendes wag. Ek is toe 'n reusesukses. Twee dinge het ek nie geweet voor later nie. Ek was nie die eerste keuse nie. Die doopkomitee wat 'n kandidaat moes aanwys, is byna uit die koshuis geskors oor hulle eerstejaars van baie belangrike ouers wou dwing om die rol te speel. Vandaar die hoflikheid van hulle versoek aan my. En die ou oom voor wie se voete ek twaalf keer moes gaan hurk tussen afkondigings was niks minder as die rektor nie.

Nog 'n onbedoelde iets het met my gebeur toe ek in die ry staan om my te laat registreer. Voor my staan toe 'n arme seun, heel eenvoudig aangetrek. Ek tik hom op die skouer. "Ou, ek verstaan nie mooi hierdie vakke nie. Het jy klaar geregistreer?" Ja, sê hy toe, hy het. "Hoeveel vakke? Ek hoor mens mag nie vir meer as vyf inskryf nie. Het jy al jou vyf?" Hy sê: "Ek het agt. Mense wat genoeg pitte in hulle kop het, kan vir agt inskryf." Nogal spitsvondig, die outjie!

Ek skryf toe vir sewe in. Afrikaans natuurlik, want hier gaan ek die afronding kry as ek die Frederik van Eeden van die Afrikaanse letterkunde wil word. En ek sien dis dan verpligtend om Afrikaans-Nederlandse Kuns en Kultuur by te neem. Reg so, Engels natuurlik. Dis nie nodig om jou op vreemde oewers te breek om net so goed soos 'n Engelsman Engels te kan skryf as jy vier jaar lank in ons ou Engelse onderwyser Jim "Fuilbaard" se klas gesit het nie. Jou werklik, hier staan Sesotho. Mooi, ek moet dit hê, al staan daar dat jy dan Volkekunde moet byneem.

'n Nuwe wêreld het in my verbeelding voor my oopgegaan, vol ongelooflike verskeidenheid waarin enigiets moontlik is. Daar was meteens soveel keuses. Met my sewe vakke, het ek gemeen, is daar niks in die wye wêreld waarmee ek nie op hoogte gaan kom nie: Oor romantiek, moraliteit, kreatiwiteit, van alles en nog wat het ek gemeen om hier die finale antwoorde te bekom. Eers ná ek daar weg is, het ek agtergekom dat dinge in my lewe basies dieselfde gebly het. My vermoëns het nie toegeneem nie, my prestasies op die talle fronte waar ek gewerk het, het gemiddeld gebly, my menseverhoudings niks om oor opgewonde te raak nie.

Maar ek dink met die uitsondering van 'n klomp blink sterre, was ander eerstejaars maar net so ontgogel oor net so baie dinge. My grootste teleurstelling was ongelukkig die vak Afrikaans. Ek het die wêreld daarvan verwag. Per slot van rekening was ek ver verby voorgeskrewe boeke, ver verby ortografieë, Van Wyk Louw se eerste werke, die romantiese digters soos Shelley en Keats se werke, die Duitse musiek en digwerk van Heine ...

Wel, die dosente was vermaarde vakkundiges met vele doktorsgrade, maar hulle kon hulle fisieke voorkoms nie retrogeer na eerstejaarsmentaliteit nie: Hulle was oud. Een groot indoena het 'n soort hoepel oor sy kaal kop gehad en 'n regop lugdraad wat, as die tegnologie nie so verander het nie, ek vandag ook sou moes dra. Hy het die hoogste gesag in die Afrikaanse letterkunde, die toneelwerk van Fagan, die digwerk van die Twintigers en die romanwerk van Van Bruggen as genoeg geag om eerstejaars van hulle eiewaan te genees. En omdat hy doof was, was tot sy geluk geen kommunikasie met hom moontlik nie.

Toe ons in ons tweede jaar eindelik met Van Wyk Louw te doen kry, kon hy ons heel geesdriftig daarop wys dat Van Wyk Louw so dikwels die woordjie "wit" in sy gedigte gebruik en ons moes elke keer "wit" onderstreep, want dit is 'n nuwe benadering tot skryf. Saam met ons in die klas was 'n groot kêrel van Standerton af, met die naam van Bart Smit. Maar hy het homself Bartho Smit genoem. Bartho het 'n soort senuwee-instorting beleef oor Afrikaans. Hy was duidelik nog baie, baie verder op die pad as ek. Einde van die storie is, hier in die middel van die tweede jaar neem Bartho van ons almal in Kollege-tehuis se kafee afskeid, hy gaan sy studie verder op Wits klaarmaak. Hier gaan hy nie verder in seniliteit deel hê nie. Hy was ontroer toe hy Susan de Wet – wat saam van Standerton af gekom het – groet. Ons het almal geweet hy is verlief op Susan, het al etlike gedigte oor haar geskryf, maar die hoër, kouer paaie het geroep. Ja, Bartho het sy roeping vervul. Hy het 'n digter, 'n toneelskrywer geword en is te vroeg dood. En Susan word die vrou van Connie Mulder.

Net so gefrustreerd was Alewyn Lee, 'n skraletjie wat op daardie stadium homself Italiaans geleer het en toe al Dante se *Inferno* in Afrikaans vertaal het. Hy het jare lank radiodramas uit Italiaans, Duits en Frans vertaal.

Persoonlik was die dosent wat my die meeste verskrik het, die professor wat fonetiek en Middel-Nederlands gegee het. Groot, met yslike tande en 'n beweeglike mond waarmee hy fonetiek tot die uiterste fisieke konsekwensies kon voordra. Onder die studente het die storie geloop dat hy sy tande laat trek het oor dit hom nie behoorlik kon laat artikuleer nie, en spesiaal tande uit Rusland laat kom het daarvoor. Wel hy was sekerlik 'n vakman – daar het baie publikasies van hom verskyn – maar hy was ongelooflik onsimpatiek teenoor eerstejaars. Ek en Susan de Wet het die twyfelagtige eer gehad dat hy ons uit sy klas gejaag het oor ons nie opgelet het nie. Ons moes soos standerdsessies hom ná klas om verskoning gaan vra.

Die Nederlands-gedeelte se professor was baie goed, want hy het sy Vondel, sy Perk en Kloos geken en die meeste van ons nie. Hy het 'n eienaardige soort sigaret gerook wat sy vingers gevlek het en waarvan die reuk ons almal half bedwelm het. Die storie oor hom was dat hy aan slapeloosheid ly en ons het almal gewens ons kon hom help.

Maar vergeet nie die besoek nie van Roland Holst, die Nederlandse digter wat sy verse vir ons voorgedra het – dit het ons by baie brak kolle verby gekry.

Duits was vir my ná Jip de Jager 'n teleurstelling. Ek dink in die klas was ons drie wat behoorlik Duits kon verstaan, maar nie een het die kans daartoe gekry nie. Ons prof met dubbele doktorsgrade was feitlik 'n stigterslid van die Wysbegeerte-departement. Sy grys poenskop met 'n gebreide keps op, het per fiets elke oggend opgedaag en kom Duits gee. Dit het hom vaak geskeel of Duits gepraat kan word. Hy het ons die finale twee lewensvatbare sisteme ingedreun: Jy is 'n organisme? Dan is jy roepingsbewus, dan ken jy die verskil tussen goed en kwaad en jy doen en oorwin met die goeie. Natuurlik sterf jy, maar jy erf die onsterflikheid. Doen jy dit nie, is jy 'n meganis. Dit beteken jy word deur ander gemanipuleer, jy het geen besef van roeping nie, jy besit nie die kennis van goed en kwaad nie. Jy leef soos 'n dier en jy sterf soos 'n dier. Of jy nou Duits ken of nie.

Nou moet 'n mens onthou dat ons voorgeskrewe werk Schiller, Goethe en Grillparzer ingesluit het. Hulle is as gelees beskou. Jy moet net êrens hoor wie die held van die stuk is. Hy of sy is die organisme? Die antagonis is die meganis. As hy jou vra, sê jy net dit. Ek glo ek is al een wat ooit die boeke gelees het. Ek het nie om daardie rede meer punte gekry as die ander nie. Selfs nie eers Klingenberg, 'n gebore Duitser uit Natal, kon die prof beïndruk nie.

Dan was daar die geliefde oubaas wat elke oggend met sy worshondjie aangedrentel gekom het en nie in die klas ingekom het voor vyf minute oortyd nie. Hy moes die Middel-Duits doen en was eintlik 'n spesialis op die gebied van voetbal.

Nou ja, dit kan tog regtig nie my pa se aweregse aanprysings wees nie, maar die Engelse dosente was vakmense, en dis vanselfsprekend: hulle het eeue se keuses. Miss Christie onthou ek vandag nog. Sy het met 'n ouderwetse toga aan klas gegee en ek onthou nog vandag hoe sy Tennyson se gedigte en *Rubaiyat* van Omar Khayyam voorgedra het. En dan kry sy 'n eerstejaarsklas vol plattelandse Afrikaanse kinders, van kleintyd af al geïndoktrineer teen haar as Engelsman. En sit ons soos babers in 'n net. Nee wat, Grahamstad kan gaan slaap. So kan een mens op die regte tyd van 'n halfgeleerde vul 'n gedresseerde Arabier maak.

Ja, sekerlik het hulle nie aan die vooropgestelde "Groot Lewe" van 'n eerstejaar voldoen nie. Tog het hulle met keps en worshond en onversorgde naels vir my die brug gespan na Herman Hesse en Stefan Zweig en Thomas Mann, na die na-oorlogse Surminsky, na Baudelaire en Holst, Mario Vargas Llosa en Boris Pasternak, en die diepte-sielkundige obsessie van 'n geslag tevore.

Een van die hoogtepunte van my akademiese lewe was die dag toe ek instap in 'n groot, gedekte, uitgesmeerde rondawel, om Noord-Sotho en Volkekunde te neem. Ek dink nie enigiemand wat bevoorreg was om by Chris Prinsloo klas te loop, sal hom ooit vergeet nie. Vriendelik, nederig; 'n vakman wat tot die innerlike van elke jong student kon deurdring.

Ek leer toe in sy klas vir die eerste keer hoe werk die infrastruktuur op ons plaas. Dis nooit verduidelik nie, omdat dit so vanselfsprekend aanvaar is.

Eers toe verstaan ek hoekom Sofenya Lekota, wat my pa die sandklipkultuur geleer het, op 'n hoek van my pa se ander plaas gewoon het, en net op die werf gekom het wanneer daar klipwerk was. Hy het nooit by die statte gaan slaap nie, maar in die skuur op sy eie. Want hy was 'n rasegte Mosotho, getroud met 'n kapteinsdogter. (Sy vrou is later oorlede en hy is getroud met 'n jonger vrou, by wie hy 'n seun gehad het. Hulle het die baba vir my pa kom wys. Wie sou toe kon dink dat hy eendag so 'n bekende politikus sou word – Mosiuoa Lekota.)

Toe weet ek hoekom die ou grysaard by name Jakkals op 'n ander hoek van die plaas gewoon het. Hy het net werf toe gekom wanneer my ouma Serfontein op die plaas kuier. Hy het haar "Madipô" genoem, en hulle het beurtelings gesug oor die vroeë afsterwe van "Dipô" (die bul). Hy het my pa net "Ou" genoem. Hy was 'n Tswana, en my oupa-hulle het hom hier kom kry. En my kleurryke ousie Dorkas het al haar moeilikhede beleef omdat sy nie die inisiasieskool met sy *bolotša* (besnydenis) wou deurloop nie.

Dit het by my as kind 'n skrikwekkende vrees verby verstaan vir die inisiasieskool gekweek. Seker daarom dat my tant Lettie my kastig as voorbeeld genoem het wanneer die ouer dogters Tiekie, Toekels en Nooientjie glo stilletjies die nuwerwetse penties dra. "Kyk, Dottie sal eendag baie kêrels kry. Sy dra nog ordentlike bloomers. Die seuns weet sy is 'n goeie meisie." *Goodness me*, wat 'n logika!

Voor ek kon leer penties dra, het stertrieme ingeskop, so ek kon nooit *hot stuff* word met kêrels nie. En voor ek behoorlik kon leer tik, het rekenaars ingeskop.

Universiteit 2: Baviaanspoort

Ek wil flou word as ek dink aan die ongeërgdheid waarmee ek my vakkedrag op Tukkies oorgeneem het en darem met drie tale as hoofvakke my graad kon kry en H.O.D. daarna. Daarby het ek in my derde jaar nog privaat klasse in tekenkuns geneem en tikklasse, omdat my pa mos vir my vir my een en twintigste verjaarsdag 'n tikmasjien present gegee het.

Hoe ook al, dit was destyds gebruik dat daar 'n eerstejaarmeisie en -man as lede van die Studenteraad gekies word. Onder goedige spot van seniors oor my kruiptog wat nou na loop opgradeer word, en heelwat mislike aanmerkings van ander eerstejaars wat ten regte seker baie meer verstand as ek gehad het, word ek gekies – en die seun met die baie pitte wat voor my in die tou gestaan het. Hy blyk toe Gerrit Viljoen te wees. Later het hy 'n briljante loopbaan gehad as rektor van RAU en Minister van Onderwys – een van die nederigste maar mees logiese mense wat ek ooit geken het. Ons het as eerstejaars allerhande vrolikheid in die groot Raad beleef; ook in my vierde jaar as primaria van Damestehuis en gedurende allerhande joernalistieke bedrywighede. En dan was daar die grote volksaak, die stigting van die ASB, wat ons in aller fleur saam met die groot menere soos Punt Janson, Piet Stofberg, Kobus Potgieter, Willie Maree, Willie Lubbe en Leonora van den Heever beleef het, met Bun Booyens in Stellenbosch, Van Velden by UKOVS en ander.

Ons was 'n heerlike klomp van die Transvaalse platteland en die Vrystaat wat die stad se wondere ontdek het. Elke windstreek het ook 'n paar seuns uit die vorige jaar se matriekklas gelewer. Hulle was net so vreemd soos ons en blink gefoeter deur die ontgroening en het verdwaas by ons aangesluit. Dus kon ons darem altyd 'n maat kry vir enige funksies wat eerstejaars verplig was om by te woon. En só het ons waarlike lewensvriende geword.

Ek glo nie een van ons klompie eerstejaars wat van die Vrystaatse of Transvaalse platteland af gekom het, het besef dat ons eintlik half oortree in dié nukleus van 'n nuwe Afrikanerelite nie.

Dit was wel eienaardig: die groot getalle kinders wat – te oordeel na die spesiale behandeling wat hulle van akademici gekry het en die onmiddellike kliekvorming tussen hulle – afkomstig was van iewers spesiaal. Nou moet ek sê ons was darem ook oormatig diep beïndruk met die grote stad, al het ons op baie klein puntjies klei getrap, sonder om dit ooit te besef. In die koshuis was ons eerstejaarplebs noodwendig gou op mekaar aangewys vir 'n hele reeks dinge. Slawe vir die seniors, telefoondienste, vlug vir nare ou menere wat jag maak op arme eerstejaarmeisietjies, die hoe en waar van busse en treine en biblioteek, was en stryk van klere, die kos – wat toe as gevolg van die oorlog alles in Voortrekkerkommetjies aan ons opgedien is. Hulle het seker gedurende die Ossewatrek van 1938 hopeloos te veel skottelgoed met volksinprenting laat maak. Ons kon maar net een keer in 'n week saans uitgaan tot agtuur, ons moes in rye inval soos kloostermeisies wanneer ons op besoek geneem is na manskoshuise om te wys wat die jaar se oes is.

Ek onthou Lily (Vere) Potgieter van Bethlehem, Louw Marais, Moraal van Rensburg, Bert Ferreira en Lina Viljoen met etlike vrinne soos Jannie Malan en Dirk Viljoen van Heidelberg, meestal tokkelokke wat vir ons op sosiale gebied natuurlik min beteken het; Susan de Wet van Standerton, ek en Kobus de Swardt (wat 'n volkspele-eksponent was en dadelik so diep in die akademie was dat ons hom nooit te siene gekry het nie).

Ons het ons gebruiksartikels onder mekaar uitgeruil en kon elke sokkie en eerstejaarsdans behoorlik vergesel bywoon. Die mans het op hulle beurt 'n vriend of wat raakgeloop wat ons kon gebruik. Ons in ons matriekafskeidrokke en hulle in hulle voorstelpakke kon 'n indrukwekkende eenheid daarstel. Nie een van ons kon op daardie tydstip behoorlik dans nie. Een, twee, drie, hop, een, twee, drie, rondomtalie, hop, een, twee, drie. Dit was Bert Ferreira se styl en hy was nie oormatig by my vriendinne in aanvraag nie, maar nou ja, dalk het ek vermoed dat hy eendag 'n bekende joernalis sou wees – wat nog tot onlangs finansiële peilings vir dese en gene gedoen het – en ons het lekker saam gedans.

Moraal van Rensburg was kort en met 'n dik bril. 'n Paar

jaar later sou goud op hulle plaas by Odendaalsrus ontdek word, maar toe was dit te laat.

Louw Marais het bietjie verlief geraak op Susan de Wet, maar dié het nie dieselfde gevoel nie.

In die oë van die res het ek nogal oor iets spesiaals beskik. Otto Schroeder, die kunsskilder, was gedurende die oorlog vir maande by ons op die plaas, want hy was onder die dekmantel van sy skilderkuns 'n Stormjaer van die Duitsers. Hy en my broer Danie het byvoorbeeld toe niemand meer as dertig myl van hulle omtrek sonder spesiale pas en petrol kon beweeg nie, Suidwes toe gery om vir doktor Vetter te gaan help om 'n geheime sender te bou. (Die sender is nooit opgespoor nie, want met die hulp van Daan Erasmus van Senekal, die waterwyser, is dit op 'n vissersboot gemonteer wat tussen die Kaap en Walvisbaai gevaar het.) Maar wie wel daarna gevang is, was Otto Schroeder toe hy deur die Limpopo wou swem ná 'n geheime opdrag. Hy was toe op Baviaanspoort in die interneringskamp. En hy het dan immer vir my ma briewe laat uitsmokkel, en sy het dan vir hom 'n stukkie klere laat afstuur. Hy het hierdie onleesbare Duitse handskrif gehad en ek was al wat dit kon ontsyfer. Dit het nogal my Duitse punte op skool gehelp. Maar in 1944, in my eerste jaar, was die oorlog steeds nie oor nie en die briefskrywery het na 'n persoonlike vlak gestyg. Stomme ou, hy was natuurlik desperaat, alleen.

In Pretoria kry ek toe op 'n dag besoek van Schweikerdt via die Maggie Laubser-transaksie. Otto Schroeder het hom gesmeek om te reël dat ek hom by Baviaanspoort kom besoek. Nee, maar wonderlik. (Sê niks huis toe hieroor nie.)

Die datum word gereël: die middag drieuur. Ek was in my lewe nog nooit daar nie, maar ek reël grootliks. Lina en ek oorreed Kobus de Swardt om saam te gaan. Ons leen drie fietse, klim daarmee op die trein, klim by Baviaanspoort-stasie af en laat die fietse op die stasie. Die plan is om reg deur die kloof te stap waar ons reken die kamp sal wees. Voor ek by die kamp aanmeld, gaan ons eers vleisbraai.

Ons is al 'n ent die kloof in toe ons agterkom ons het nie vuurhoutjies om 'n vuur aan te steek nie. 'n Swart man op sy fiets verkoop 'n dosie met etlike ongebruikte en nog etlike gebrandes aan ons. Kobus het nogal sy kamera ook saamgebring, want ek sal probeer om 'n foto van Otto te neem. Ons kry later 'n vuur aan die brand. Ons het nie 'n rooster nie, ons braai maar iets oneetbaars in die as, verspeel ons tyd en toe ons ons kom kry, is dit hoog tyd om by die kamp aan te meld. Ek moet my vetterige hande en gesig met sand skoonmaak, want kyk, ek moet darem respektabel wees. Ons stryk aan so vinnig as wat ons kan. Die kloof word al nouer en nouer bo ons. Eindelik loop die stroom vas teen 'n rotsrif aan albei kante. Toe wonder ons hoekom het ons nie met die pad langs geloop nie, daar sou iemand ons waarskynlik opgelaai het. Kobus kan nie swem nie, Lina ook nie waffers nie, die waters maal en kolk 'n afgrond oor. Ons sit! Kobus sê hy gaan probeer uitklim reg oor die rotsrif tot bo. Ons bly met oop monde onder staan terwyl hy soos 'n professionele bergklimmer klouter. Ja-nee, hy is eindelik bo. Maar 'n stuk grond breek af en nou ja, nou is dit net te skuins om van onder af op te kom. Teen dié tyd is ek radeloos. Dis wragtig die eerste keer in my lewe dat gewone slote my blokkeer. Die tyd het ons feitlik ingehaal. Ek begin klim. Ek kom tot waar die grond afgebreek het. Kobus gaan lê op sy maag, strek sy hand uit. Dis nog te kort. Lina met die kamera en die mandjie staan nog onder. Sy skree: "Ek wag vir julle hier, ek gaan nie klim nie." "Klim!" skreeu ek. "Los die mandjie, klim." Selfs al kon ek op die een of ander manier bo kom, Lina se linkerarm is ná 'n breuk nog nie heeltemal reguit nie. Haar oë is soos wawiele, maar sy klim. Van waar ek staan, gaan lê ek ook op my maag en hou my hand uit, trek haar tot by my.

Ons staan en bewe.

"Moenie ondertoe kyk nie!" skree Kobus.

Ek hou my hande bak, sy trap op my hande en in 'n wolk van stof gryp sy Kobus se hand. Sy is bo!

Nou is daar niemand om my op te trek nie. Kobus trek sy belt uit. Ek sien vandag nog die handjie bewerig met die beltjie oor die rant van die rots kom. Ek het net my oë toegeknyp en die belt vasgegryp. Ek kon net sy neus bo die klipbank sien uitsteek. Nou kyk, ek het hoogtevrees, selfs in my slaap partykeer. Die feit dat ek daardie beltjie kon vasgryp en oor die rant gesleep gekom het, was sekerlik net aan Kobus de Swardt te danke – ons wetenskapster van die vorige jaar, wat as lid van die wetenskap-vereniginkie van idealistiese ou "Wên" van Reenen, onbevrees ons klas toegespreek het en vir Wên die duiselingwekkende versekering gegee het dat die atoom waarvan hy ons nou leer, wel eendag gesplits sou word. Netso! As iemand wat in sy matriekjaar al hierdie visioen kon beleef, kon mens werklik nie aan sy vermoë glo om 'n meisiekind met sy belt oor 'n rivierwal te trek nie. Met die mag van die geloof dat hy 'n Duitse spioen is, vang ek dit, en hy trek my wragtig op.

Dis toe 'n myl verder kamp toe, maar ons haal dit. Ek kan ingaan, hulle bly buite. Ag, dit was, vir my altans, 'n liederlike teleurstelling. Vuil hare, vol rook, 'n driedubbele gaasdraad met twee wagte met gevelde wapens binne-in, ek kon nie veel van 'n "optrede", soos oom Tjaart sou sê, gee nie. Maar nou ja, as mens twee jaar nooit 'n vrou gesien het nie, kan die werklikheid nie sommer dadelik inskop nie. Ná die halfuur is ek terug. Intussen het my twee maats dierbare vrinne geword met een van die ou wagte. (Dis bekend dat generaal Smuts, waar 'n troep nou regtig onder uit die vate van die weermag geskraap kom, hulle brûe laat oppas het met gewere wat nie regtig kan skiet nie.)

Hierdie ou meneer organiseer toe vir ons 'n lorrie en binne tien minute is ons terug op Baviaanspoort-stasie en laai hy ons fietse in die bagasiewa.

Raai, en dié meneer kry toe my adres by die kamp en op 'n dag kom daar 'n brief by die koshuis aan vir "mejuffrou Dotie Sterfentyn" waarin hy vra of ek tog nie met hom sal "skorrendeer" nie, die eensaamheid vang hom so daar. Ek glo dit het hom gevang. So eensaam soos ek nou se dae partykeer voel, sou ek hom dalk geantwoord het.

Wat toe wel gebeur, is dat Schweickerdt ná 'n paar weke met my kontak maak en vra om winkel toe te kom. In die grootste geheimhouding is ek opgeneem na die solderkamer. Geraam op die esel staan 'n wonderlike, sielvolle, verlangende selfportret van Otto wat hy vir my laat uitsmokkel het. Daarby is 'n geslaande silwerarmband vir my. Ek sou sê dat dit my eerste aanraking was met volwasse erotiek. Ek was oorstelp.

Ek sou gewillig wees om myself te laat interneer daarvoor. Schweikerdt kon self in die interneringskamp beland as iets hiervan op die lappe kom, dus mag nóg die portret nóg die armband uit die solderkamer gaan, tot tyd en wyl.

Hemel, tot tyd en wyl wanneer? Ek kon dit nie glo nie. Die eerste keer wat die perfekte romanse soos ek dit gesien het, na my kant kom! Die punt is, ek het vanaf die eerste keer wat ek verlief geraak het, so om en by standerd ses, tot heden vandag 'n soort eie liefdesritueel ontwikkel. Eerstens is daar die oor en weer skryf van sielvolle liefdesbriewe en net skramse oogkontak. Daarby kom 'n uitruil van sakdoeke en kiekies en daar is die een of ander lied wat vir mekaar spreek van dit wat nie gesê nie, maar veronderstel word. Onnodig om te sê dat ek so onwrikbaar op dié formule gestaan het dat my skoolromanses redelik kortstondig was. Skoolseuns was natuurlik nog nie daarop ingestel om liefdesbriewe in die trant van Hettie Smit te hanteer nie. Kiekies, sakdoeke, ja, maar net oogkontak.

Dus, ek het innig saamgevoel met "There's a little brown gate at whose trellis I wait, till two eyes of blue come smiling through at me," en saam met Norma Shearer en Lesley Howard die eerste liefdesmart beleef. Daar was die reeds genoemde eerstespankaptein wat onder ons koshuisvenster vir my in sy pragtige tenoorstem in Duits sing, met soveel gevoel dat ek waarlik gevoel het ek moet eendag met hom trou om hom te help. Tot ek uitgevind het dat hy naweke wanneer ek plaas toe gaan, sy kennis verbreed van wat onder onderklere aangaan by 'n ander meisie met 'n swakker skryfstyl, maar met 'n realistieser insig in die manlike psige.

Daar was baie later die heel fyne mens wat my kon troef met briewe skryf, maar ongelukkig nie kon swem nie en 'n jaar jonger as ek was. Ja, toe ek jare later die tweede keer 'n ou tref wat pakke briewe vir my skryf sonder dat hy traak of dit goed is of nie en ook nie kon swem nie en ook jonger as ek was, het ek nie weer dieselfde foute gemaak nie; ek het met hom getrou.

Maar as eerstejaar op universiteit was ek skandelik onvolwasse. Ek het Schweikerdt so gesoebat dat ons die skildery in 'n trok op 'n Maandagoggend moet opsmokkel koshuis toe. Daar het dit as "my oudste broer" gehang en die silwerarmband was kwansuis 'n verjaarsdaggeskenk van my pa af, tot ek die eerste vakansie daarna albei kon huis toe neem.

Nou ja, niemand kan my kwalik neem dat Baviaanskloof vir my die hoogtepunt van romanse beteken het nie. Wat was ek verontwaardig toe ek 'n dringende brief van my ma ontvang. Kyk, Otto Schroeder het vir hulle geskryf en soos sy van sy skrif aflei, het hy 'n ogie op my gekry. Sy het dadelik vir hom teruggeskryf dat die dogter met ernstige studie besig is en ten ene male nie "lastig geval" moet word nie. Og, ek was die josie in! Ek het nog daarna 'n brief van Otto gekry waarin hy sê niemand weet wat hy voel nie, maar hy verstaan dat alles nou ongunstig werk. Hy vra ek moet probeer om die grammofoonplaat van Elisabeth Schwarzkopf in die hande te kry waarop sy "Gretchen am Spinnrade" sing. Ek sal weet wat hy bedoel.

Voor die bedoeling duidelik geword het, was die oorlog verby, en saam met die ander gevangenes is hy vrygelaat en hy kon sy loopbaan as kunstenaar in Suidwes en Stellenbosch in glans voortbou. Toe hy as professor ons jare later saam met sy vrou besoek, wou sy vreeslik graag die skildery by my koop, maar ek is toe reeds "volwasse": "Jy het dan die ware artikel, los vir my die oorlogsherinneringe!" Sien! En magtig, die skildery is een van die beste wat Schroeder ooit geskilder het en die armband die mooiste wat ek ooit van iemand gekry het. Perfek op my voorwaardes. Dit sou wees afgesien van my tant Lettie se sluier van Brusselse kant. So onmoontlik fyn, so vol van haar eie heimwee.

Lewenslange vriendskap

Dit was die jare wat die vriendskap van my en my lewensvriendin Lina vasgelê het, die lewensvreugdevolle mens, uit Heidelberg, die ultra-elite plek van die reeds gevestigde Afrikaner-identiteit. Kan ek dit glo dat haar laaste van soveel briewe my twee jaar gelede, net voor haar dood bereik het? Ek hoor haar lag vir my, die ou remskoen wat ek toe was – nog altyd?

Hierdie briewe sê iets van toe ons nog jonk, ag hoe jonk was:

Maat 1.   Strydomstraat 22 — 45

Hullo Dorothea,
 Ek ly nou aan daardie insomnia wat julle senuweeagtige ouens tydens eksamens kry. Ek kan sweer ek het gedruip, maar almal voel te sleg om my te sê.
En ek weet nou virseker dat ek nooit onderwys moes gekies het nie. Ek gaan mos nie soos my Pa en Ma onderwys in 'n kruiwa stoot "on a road that winds uphill all the way, Yea to th very end nie. Nou skryf ek maar vir jou daar waar jy in jou plaaskamerjie met jou opwen grammefoon en jou Caruso plate lê en biltong kou, want as daar soiets soos telepatie is, lê jy ook nou wakker.
Wat het julle met Dingaansfees gedoen. Ek het niks gedoen nie. Propperlie niks My Ma sê dis omdat ons Afrikaners so afvallig word van die ou weë wat die boys in die lokasies so baie misdade pleeg. Ek voel of ek persoonlik meewerk in elke misdaad en aanranding. My Pa het darem vir Mat en   wessel gestoomrolier om te gaan, en daar gaan ou Dominee homself so te buite, hy preek vir twee en 'n halfuur aanmekaar oor versoening. En moenie dink dit het iets met skoenversoling te doen nie. My ma kan nou nog nie oor die skok kom nie. Mens praat van versoening met oorheersers soos die Engelse en nie met arme platgeslaande Afrikaners nie.
Hier kuier 'n oom van ons. Sy naam is Oom Booi(ag hoe naar). Hy is vreeslik dooierig maar soos my Ma sê, 'n liewe mens. Hy eet net so verskriklik stadig, . Jy kan maar hoes of skuif, niks ter wêreld jaag hom aan nie.Ons bring dus nou 'n aansienlike tyd van die vakansie deur aan die etenstafel. Onthou my om jou te wys hoe kou en sug mens gelyk, sonder om te sluk.
Ek het eerlikwaar die mooiste man ontmoet waarop my twee oë nog gerus het. Hy ly onder die naam van Campbell Kriel en hy sprak g'n sprook nie. Hy is net ornamenteel dàár. Hy is Karel se neef en is die eienaar van 'n lieflike two seater. Ons gaap hom almal van bewondering aan- hy en die twoseater.
Ons het Saterdag aand so by maanlig met hom en die two seater gaan swem en gistraand weer so waterlemoen-fees gehou dat ek my moes kom bad toe ons terugkom. Dis nou hy en ek en Marna en Karel.
Ek het hier afgekom op so 'n dik groen boek in my Ma se rak: "Woman, her charm and Power," . Jissie jong, hulle meen 'n vrou is waarlik en reggetigwaar charming en powerful. Onthou, daar is hoofstukke oor Woman as Betrothed, Woman as wife, Woman as mother ensovoorts. Maar ek het veral Woman as daughter and sister, dangers Woman should be aware of en Lone Woman opgevat.
"n Paar mense gaan defnitief die effek volgende jaar op hierdie Woman sien. Aangesien ek nou so leergierig voel, is ek in 'n vreeslike sielestryd of ek nie ook maar What every young Boy ought to know ook te lees nie. My beter Helfte sê nee wat, kom nou, en my slegter Helfte sê ook nee wat, jy weet dit tog alles, maar altwee saam sê mens kan nooit weet nie:kennis is mag.

Ek skryf gans te baie vir jou. en ook gans en al te veel nonsens. Jy kan seker sien die menige ledige ure wat ek het. Maar jy maak my altyd so

163

jollie lus om vir jou te skryf. Absence makes the heart grow fonder. Mens sal nou nooit sê jy is een en dieselfde mens wat my Sondae saamsleep kerk toe oor ons Maandag toets stryf nie, en bedags ure op die klub se stoep laat sit net om te kyk of daardie ou senior Yellowstone beer nie verbygalop kom nie. Of die mens wat my lieflike romanse met Benade gekrok het oor jy gesê het, jammer net van die groenigheid aan sy tande . Ek is ook nie die soort van ou wat jou ooit met 'n appel op jou oog aangerand het dat jou oog vir drie dae blou was nie. Nooit ooit nie. Miskien.
Ek sal nooit weer die lig laat aanstaan as jy wil slaap nie en ek sal nooit weer die Inkspots se It is a lovely way to spend an evening neurie as jy wil werk nie.
En ek sal alles vergeet van daardie godvergete dag in ons eerste jaar toe die Marensky Biblioteek se toilet se slot gebreek het met my binne in . Toe ek 'n briefie van verdiepings hoog deur die venstertjie vir jou laat affladder het, wie roep jy? Wraggies niemand minder as Peters, die bib assistent met sy viooltjie blou oë en koringgeel hare waarop al ons eerstejaars verlief was nie-om my te kom uithelp. En jy nie wou verstaan hoekom ek 'n dag lank nie met jou wou praat nie. Nou maar hy was al een wat 'n skroewedraaier in die hande sou kon kry, seg jy toe. en jy vra my of ek dink jy moes eerder die rektor gaan roep het. Sies man, ek behoort my pen in gal te doop, nou nog.
18 Desember: O ja, vanoggend half vyf is daar 'n geweldige geklop aan ons deur. Ek skrik my natuurlik bedinges, maar toe my Pa eindelik uitgewaad kom in sy pajamas, is dit niks minder as Sonia en familie nie. , op pad Hartenbos toe.
My Pa en haar Pa was toe dadelik en oombliklik vir ewig boesemvriende. Toe ek my Pa agterna vra of die Oom ook 'n ware Afrikaner is, sê hy nee ek hou so van hom want dit roer my nòg so, dat Hy My so graag wil sien dat hy nie omgee watter tyd van die nag Hy hier aankom nie. Snooty, nê.
Wat hulle nie weet nie is dat Sonia spesiaal hier wou omkom, kammakastig oor sy wou hoor of die uitslae al uit is, maar eintlik om my nuwe kostjum te kom leen. Jy weet mos, die een met die oop gat oor die maag. Daardie Corrie ou wat so kultuurhistories is, gaan glo ook Hartenbos toe met 'n jukskeispan of iets. , Sonia sê sy wil hom nou tot by 'n punt bring. Ek het maar slegte moed vir haar. Jy weet hoe skraal is sy. Die ding gaan dalk soos 'n Mamma kêngeroe se sak oopgaap. Maar Sonia sê net So What! Sy het haar volkspele opgejêk met jou hier , jou daar jou doringblaar, jou vaalhoed se baas, met so 'n ligte jitterbuggie daarby en met 'n oop swem jurk- soos my ouma sal sê,- gaan hy nie Krismis haal nie.
Sy wou my eers nie glo toe ek sê sy het al haar vakke gekry nie.

Liewe Mens,   Kempton Park, Feb 1950.

Jy onthou seker hoe ek altyd gesê het ek gaan met niks anders as 'n ryk goed belese boer trou nie en sewe seuntjies hê ?
Die dosyne van onmogentlik stoute seuntjîs waarvoor ek reeds skoolgehou het, het my getal afgebring na een of uiters twee seuntjies. En nou moet ek jou meedeel dat my ryk boer ook stilweg langs my gesneuwel het. Ek trou in Julie met my arm onderwyser, die een wat ek in die begin gedink het ek wil nie present hê nie.Veral oor hy hom altyd wou vrek lag as ek iets ernstigs sê en oor hy 'n teruggekeerde soldaat is.
My Ma is die ene bedrywigheid daar op Heidelberg vir die aanstaande troue. Die feit dat hierdie Paul 'n Sap is en half Engels' is onder die familiefloerse toegevou en hopelik in die binnekamer verwerk. By hom dalk ook, want helaas, hy is self Moeder se enigste seuntjie. Maar nou is ekself enigste dogtertjie nou dat ek daaroor dink.
My ouers hou van hom. Hy kan pap wiele regmaak, hy kan tenks toesoldeer, en hy lees James Joyce.
Gelukkig. Nou! Jy sal 'n troukaartjie kry maar onthou, daar is nog vyf maande voor. En hierdie vriendin van jou staan daar op dat sy haar rein in die huwelik gaan bevestig.
Van al ons blithe spirit ideale en ons stil broers daar gaan 'n man verby, is hierdie nog een van die enigstes wat aan my vlagpaal wapper. Jy weet self deur watter skades en skandes ek gegaan het, maar dêmmit man, ek is 'n goeie meisie en ek wil dit bly tot die veil oor my lemoenbloeisels afgegooi is. Gelukkig voel my bruidegom net so. Oor my altans. Hy sê arm studieskuld onderwysers kan nie bekostig om meisies op pale te sit nie, dan steek die prinsipaal hom in die pad en sit hom op 'n swartlys en wat dies meer En as sy naam uit die familie Bybel doodgetrek is, wie gaan die ou boekrakke en die stukkende yskas in die agterplaas en die lee kênfroetbottels erf.?. So alles gaan baie edelmoedig hier, Ons bly aan ons ideale getrou, ons ry bicycle , gaan fliek en korrigeer vraestelle om ons af te koel. Maar ek kan jou sê die helfte is ons nooit vertel insake hierdie ou brullende leeu , die Satang, sy wellluste nie.
Daar is nou vir ons twee alternatiewe. Een is ons gaan nou maar verval in sonde en hoop ons tref nie 'n ongehuude babetjie langs die pad nie. Jy ken mos Fanny Eden se hartroerende verhale oor arme meisies wat met hullê babetjies in verslete tjalies buite in die sneeu uitgegooi word. En ek trou iewers in 'n stil hoekie in my niggie Anna se afgedrae maternity klere.

Alternatief twee: Ons trou volgende week voor 'n magistraat en hertrou in Julie van voor af in stralende wit met 'n asemrowende wittebrood daarna. Kom hierie babetjie dan, hou ons maa gooi ons al die gesaghebbende toe met ons trou sertifikaat, en hou maar net 'n dans.
Enige raad van jou kant af, hoe amateuragtig dit ookal moet wees, sal verwelkom word. Stuur dit per telegram, VERDER HOU JY JOU MOND.

H.O.D. en Sentraal Hoër

Op my lewensvrae het ek nie baie antwoorde op Tuks gekry nie, maar nou was die antwoorde op die vrae wat ek nie gevra het nie, so interessant dat ek skoon van my eie vrae vergeet het.

My H.O.D.-jaar op universiteit was die jaar wat my die beste toegerus het vir die res van my lewe, op 'n verskeidenheid bedoelde en onbedoelde maniere.

Ons het iets soos een-en-twintig vakke gehad en as jy een druip, is jy gedreig, kry jy nie jou diploma nie, sal jy nooit in aanmerking kom vir verhogings nie (dis te sê as jy ooit 'n pos iewers kry) en sal jy waarskynlik nooit iets meer wees as 'n obskure klerkie iewers nie. Selfs die rektor het in sy openingsrede op 'n keer gesê as jy 'n Baccalaureusgraad het, is jy nog niks meer as 'n opgevoede gentleman nie. Jy is 'n amateur en sal dit bly vir die res van jou lewe, op alle gebiede, tensy jy verder studeer. Dus het ek met groot energie op twintig maniere probeer wegspring en ja, jare later sou ek saamstem oor ten minste die verskeidenheid van maniere waarop mens dan net met 'n B.A. en 'n H.O.D.-diploma probleme kan hanteer of nie.

Ek het by die destyds beroemde stemkundige Stephanie Faure geleer om my stem te gooi dat Piet wat agter in die klas sit en slaap, jou kan hoor (sê die taal-indoena), en fonetiek is by ons ingedril sodat Piet kan weet wat hy hoor.

Ons het atletiek-afrigting by die destyds bekende Claude Smith gekry. Dis nou toe ek vind ná vier jaar van niksdoen kan ek nog steeds 'n hond uit 'n bos hardloop, mits ek die korrekte metodes leer. Ek kon later vyf kinders leer swem, die korrekte tennis-slaanhoue demonstreer en ken vandag nog al die maniere waarop atlete die stok by aflosrenne verkeerd aangee. (Dis te sê as iemand my vra. Dit gebeur selde.)

Ons het geleer om boeke te bind en oues te herstel, iets waarmee ek morsjorse in eie geledere se wanpraktyke oor jare heen kon bekamp.

Afgesien van die nodige metodiekvakke Afrikaans, Engels en Duits – wat ek terloops volgens inspekteurs later nooit behoorlik leer hanteer het nie – was daar onder andere Opvoedkundige Sielkunde. My grondslag was tot in daardie stadium vasgelê deur my oom Jannie wat van die standpunt uitgegaan het dat elke mens 'n gebore sielkundige is met 'n roeping om ander deurentyd te wys op hulle eie aangebore gebreke. Nou leer ek hoe ek moet maak as Piet agter in die klas bly sit en slaap: Hy het waarskynlik nie behoorlik geëet die môre nie en as hy nie huiswerk gedoen het nie, het hy waarskynlik nie tuis 'n tafel om by te werk nie. Ja, ek met my eie ervaringsagtergrond kon uitblink in die strekkings hiervan.

Maar dit is eers in hierdie jaar dat ek finaal kon klaarspeel met die onbeantwoorde vrae van die godsdiens.

Ons is feitlik gedwing om op te skud hiermee, want op 'n sekere dag het die koshuismoeder aangekondig dat die onheilige teosofiese geloof dat met die dooies gekommunikeer kan word, glo sy kop in Pretoria uitgesteek het. Sy het ons ten ene male verbied om iets daarmee te doen te hê en Indiese sloffies te dra, met die gevolg dat ons myle geloop het juis om Indiese sloffies te koop en ek, Lina en Alida Gerritsen een Sondagaand in 'n obskure solderkamer 'n teosofiese séance van ene broeder Loods bygewoon het.

Ons het heel agter gesit, taamlik verveeld tot broeder Loods sê: "Daardie dametjie met die rooi hoed op daar agter," (dit was ek) "jy het kort gelede 'n broertjie aan die dood afgegee.

Hy staan regs agter jou met sy handjie op jou skouer. Hy wil met jou praat."

Toe was dit net nie meer 'n grap nie.

Ek maak net 'n verskrikte gebaar en ons gly agter by die deur uit. Inderhaas bel ek my ma van 'n tiekieboks af. Nee, alles wel, ek weet mos vandat Jan die nuwe sulfa drink, gaan dit eersteklas.

Jare later het dit wel gebeur dat albei my ouers en my man 'n ruk ná hulle oorlede is, in vervlietende sekondes beeldklaar na my staan en kyk het, toe ek opkyk waar ek stilweg met iets besig was. Ja, later het ek gehoor van auras en ektoplasma, maar vir my was dit 'n oortuigende bewys van lewe ná die dood.

Ek en my vriendinne het die séance-episode met grappies afgemaak, maar ek het daarna elke kerkdiens van die stamkerk angstig bygewoon – net om seker te maak.

Ons het toe gelukkig die uitsonderlike geleentheid gehad om Opvoedkundige Wysbegeerte te hê by professor Rautenbach wat later die rektor geword het. Hy was klein. Ek sien hom vandag nog op die tafel voor ons sit met sy voetjies wat nie die grond raak nie, 'n outydse brilletjie op, terwyl hy met onwêreldse kalmte en rustigheid sonder enige nota vir ons die twisvrae van eeue in perspektief stel. Die strominge van filosofiese denke, die hantering daarvan deur teenstanders, die erfsondes en die wilsondes, die Naturalisme, al die dinge waarmee die gewone sterweling worstel, pak hy soos 'n blokkiesraaisel voor mens uit.

Ek onthou gedurende daardie jaar het sy hele biblioteek wat in 'n rondawel gehuisves was, afgebrand, en ons hele klas was byna in trane daaroor.

Toe sê hy, darem ook nie onaangeraak deur soveel simpatie nie, vir ons: "Die ramp is nie dat dit afgebrand het nie, want ek weet nog wat in elke boek staan [en ons het dit geglo]. Die ramp sal wees as ek nie meer kan onthou wat in elkeen staan nie." Ek dink so baie daaroor vandag, wanneer ek so gefrustreer is omdat ek fokkol van iets kan onthou.

Ons klas, sê ek, maar dit was nie almal nie. Ek onthou die klasgenoot van ons wat op 'n keer snedig gesê het: "Ja, maar hy sal baie wonderliker wees, ou Rautenbach, as hy onthou om sy naels elke dag skoon te maak."

Ek glo sy het 'n uitstekende onderwyseres geword. Van my, ná ek 'n jaar lank by Sentraal Hoër op Bloemfontein skoolgehou het en bedank het om redaktrise by *Die Volksblad* te word, het die skoolhoof gesê: "Juffrou Serfontein verlaat ons nou. Sy was 'n vrot onderwyseres. As sy langer op Sentraal Hoër gebly het, sou ek 'n goeie een van haar gemaak het. Ons hoop almal sy doen beter waar sy heen gaan." Dit was by die skoolafsluiting voor die hele personeel en die leerlinge.

Terug in die klaskamer, so groot soos 'n wurm voelende, maar darem met 'n jong lyf afgetrim deur baie lewenstorme, is ek deur ontluikende seunsoë aan ander standaarde gemeet. Briljant, onthou ek die klaskaptein se woorde: "Toemaar, Juffrou, moenie sleg voel oor wat ou meneer Bitterbek daar gesê het nie. Ons weet hoe 'n goeie juffrou Juffrou was. Hy is maar altyd so iesegrimmig. My pa sê hy het suikersiekte, Juffrou weet dan word mens so." Definitief het dit my getroos, want sy pa was 'n baie bekende mediese dokter.

As ek van die onderwys nie veel wys geword het daardie eerste jaar nie, was daar gelukkig darem ook ander terreine.

Ja, ná my vierde jaar registreer ek in die Vrystaat, doen aansoek by vele skole, kry nêrens 'n pos nie, tot Sentraal in Bloemfontein se vermaarde juffrou Rita van der Walt, groot liggaamsoefening-foendi, by Normaal aangestel word en ek per telegram gevra word of ek kans sien. Natuurlik sien ek kans. Ek het immers my diploma.

Ek het Bloemfontein glad nie geken nie. My ouers het my vertel dat die twee oudste skole in die stad Grey Kollege en Eunice was, van voor die Anglo-Boereoorlog. Oranje het daarna gekom.

Die skool waarheen ek gaan, is die eerste gemengde skool: seuns en meisies. Dit het hoofsaaklik danksy die toetrede van die Gereformeerdes tot stand gekom, eintlik om die armblankes onder die Afrikaners te huisves. Dus, daar kan nie op die keper gewerk word met aparte skole vir aparte geslagte nie. Die skool was geleë suidwes langs Naval Hill, hier en daar nog bewoon deur ou stam-Afrikaners in herehuise met groot erwe. Maar die skool se voedingsbron was die arm gedeelte langs die spoorlyn, waar die krothuisies is. My ouers was beïndruk dat ek by so 'n volkseie onderneming aanvaar is.

Maar waar om te bly? Koshuis? Nee, darem nie weer nie.

Per toeval vertel 'n niggie van my wat op Oranje gematrikuleer het dat haar beste vriendin se ma, 'n weduwee, 'n losieshuis het en nou ja, daar sal vir my plek wees. Alles in orde!

Toe ons die dag met my koffer ná taamlik baie soek voor die losieshuis in "Orange"-straat stilhou, sien ons dis diep in die armste gedeelte. My pa was soos gewoonlik optimisties: "Dit sal so wees. Die vrou se man was 'n sendeling, hoor ek. Wys jou net, ellendige vergoeding, geen voorsiening vir 'n weduwee nie. Jy moet tien pond by jou losiesgeld sit, elke maand." (My salaris was toe £24 per maand).

My ma sit asvaal. "Ek het jou gesê, Kootjie, ons moet vir ou Black-hulle vra of hulle haar nie voorlopig kan invat tot iets anders oopval nie." En my pa: "Ou Black-hulle woon drie myl van die skool af, en hulle kinders is waarskynlik nie op Sentraal nie, waaroor ek my nogal sal verbaas. Dot sal regkom."

Dot het self ook so gedink! Ek was op hoogte van verarmde Afrikaners, ek was in hulle huise. Ek weet hoe dit ruik, hoe hulle dink. Punt is, ek het nog nooit in so 'n huis gewoon nie. En hierdie inwoners was ook nie Depressie-Afrikaners nie.

Die tannie was 'n gebore Malan, die grootmeneer onder Afrikaanse stamvanne, getroud in die ernstige maar mees riskante afdeling van die stamkerk. Sy het waarskynlik toe sy ná haar man se dood met haar vyf kinders haweloos gelaat is, gedink sal sy enige plek regkom, en vreesloos in Bloemfontein se skamelste buurt ingetrek.

Ons was vier mense wat daar geloseer het: ek en 'n leerling-haarkapstertjie in een kamer, 'n Venter-meneer, sy vrou en knieserige bybietjie in die ander kamer en 'n stoker (en sy vriende) in die stoepkamer. Ek weet tot vandag nog nie waar die tannie haarself en haar drie jongste kinders, pragtige blondekoppe wat in later jare meer as reg geloop het in die groot lewe – Gideon, Ben-Piet en Magriet – gehuisves het nie.

Die eerste probleem het gekom gedurende die sinodesitting. Predikante is selde soos oorlede Paulus, tentmakers, en dit is dan beskou as 'n groot guns wat aan die tante gedoen word as een of meer predikante vir die duur by haar kom tuisraak.

Sonder enige kennisgewing kom mens dan die middag wanneer die skool uitkom, in die huis en vind mens se bed en jou *wardrobe* met 'n soetkys van jou klere staan in die gang. Ek en Haarkapjuffrou se beddens staan kop aan kop daar. Uit die sitkamertjie kom dan gesellige staaltjie-vertellings uit die ou dae met koffie en koekies, want die ete is reeds verby. Mens mag iets uit die kombuis te beredder kry.

Maar daar was darem die vooruitsig van 'n sinode-einde. Moeiliker om terug op standaard te kry, was 'n sekere plaaslike dominee wat sy huisbesoek besonder ernstig opgeneem het. Meer as nodig val hy dan saans ná donker in, geniet van die beste wat die aandete bied, en gaan ons voor in huisgodsdiens. Hy het besonder baie gekonsentreer op die ou Satang en sy trawante wat die kuise vrou in die gemeenskap kasty. Samesang en die individuele gebed laat ons almal dronk van die vaak agter.

Op sulke aande, weet ek, het meneer Venter sy vrou belet om uit hulle slaapkamer te kom en ons moes vir haar kos deur die venster aangee. Hulle was Doppers, natuurlik, maar ek het hom by die stoker hoor brom: "Ek ken sy soort." Ons loseerders was almal verlig toe 'n beroep vanuit groener weivelde aangeneem is.

Een aand sit ek toe allenig in my kamertjie en antwoordstelle van my standerd sewe-klas nasien, dié wat maar min te ete had en nog slegter met tafels toebedeel was, sodat my korreksies omtrent soos hiërogliewe in rooi eindig. En ek wonder of hulle beter sou gevaar het as hulle 'n pa gehad het wat glo hulle moet beter Engels ken as 'n Engelsman.

In die verte hoor ek vrolike musiek. Daar is 'n beleefde klop aan my deur en daar staan Koos, ons inwonende stoker.

"Aggenee, Juffrou, jou oë sal dit nooit hou nie. Kom, ons het komplimentêre kaartjies vir die sirkus. Jy hoor mos. Leeue en tiere en klaune op perde, 'n hele aardigheid. Ag toe, Juffrou?"

Ek smyt toe die rooi potlood neer en ek gaan.

Daar is die groot tent. Ons sit hoog op die hanebalke en die helfte van Sentraal Hoër se voedingsbron is daar en die kinders in my klas waai jubelend vir my.

Dis 'n helse rumoerige interrassige okkasie en op 'n kol kom die hanswors die trappe opgehop en "kwaa!" soen hy my op my wang – rooi ronde kol – en die stokers moet aan die balke vasklou om nie af te val van die lag nie. Die *clown* was glo 'n geskorste oudskolier van ons skool. So ook die jong poliesman wat hom daar kom afruk het vir ontoelaatbare gedrag. Dis hý wat toe ons uitkom vir my kom sê hy weet waar ek bly en hy sal altyd wanneer hy op daardie *beat* werk, sy ogie gooi, want 'n stoker is soos 'n sprinkaan. Jy dink hy is nog 'n voetpadpadda dan is hy klaar 'n *menace* met hake aan sy kuite.

Daar was iets in die naïewe maar ongebonde aard van daardie aand, 'n soort trotse van sigself wees, wat my bygebly het.

Toe ek my eerste lang vervolgverhaal vir die *Sarie* skryf, was dit nie vir my vreemd dat ek met ietwat van 'n verlange, 'n eerbied oor spoorwegmense skryf nie. En eindelik word dit so saam met die skoolhouery van daardie jaar 'n trilogie.

Sentraal Hoër was vir jong, ongetroude onderwyseresse soos agterjaar se sneeu. Die onderwysers was deur die bank ou hardebaard-ooms. As hulle nie hulle spore as vraestel-opstellers verdien het nie, was hulle ten minste Ridders van die Mielieblaarklub, die eerste Afrikaanse pseudo-politieke radioprogram wat saam met Jan Schutte se Soetmelksvlei ons Afrikaners laat glo het ons word baas in die land, maar natuurlik niks vir jonge samesyn beteken het nie.

Ek moes Engels vir twee standerd sewe-klasse gee, en liggaamsoefening vir die meisies, netbal en swem. O ja, en tik vir die standerd nege-meisies. Op die oog af het die skoolhoof vir hom 'n puik personeellid uitgesoek. In alles was ek mos wetgeleerd, en volkskinders was 'n spesialiteit. Ek het Engels geken, ek kon voortreflik swem, ek kon op 'n oefenbalk loop en die handstaan doen, ek het eenkeer privaat vir Tromp van Diggelen geskryf, en ek had 'n privaat tikkwalifikasie.

Probleem is, ek het nie geweet daar bestaan so iets soos 'n leerplan vir 'n betrokke vak nie. En dat daar massas gevreesde syferwerk en punteskemas in minuskule blokkies ingevul moet word.

Smiddae jaag ek per fiets die byna drie myl op na die Normaalkollege waar my voorganger Rita van der Walt toe dosent is om 'n bruikbare les uit die dikke boek van die Onderwysdepartement, *Liggaamlike Opvoeding vir die Hoërskoolleerling*, saam te stel. Sal ek toe uitvind daar is inspekteurs wat mens se klasse gereeld, maar baie gereeld besoek om evaluasies oor mens op te stel. Jaag ek terug, darem 'n entjie afdraand, na die Venters se huis om vir die hoogs ervare juffrou Toerien hulp te vra om kritlesse in Engels te kan aanbied.

En ek, worstelend met my atlete in die swembad waar pappa Dyson se wetenskaplike bewegings niks help nie en die stopoorlosie alles is, besef nie die pawiljoentjie sit vol matriekseuns wat my evalueer (in my baaikostuum) nie.

Sentraal 2

My vakhoof daardie tyd was die luiste man wat ek toe ooit in my hele lewe teëgekom het. Groot, swaar, middeljarig, met verlepte oë, maar 'n dodelike deskundige om elke stukkie apparaat wat stukkend raak vanuit sy leunstoel op die rekening van hierdie nuwe juffrou te sit. Op warm dae laat hy alle klasse aan my oor terwyl hy langs 'n waaier in 'n kantoortjie iewers met *The Friend*-koerant sit en ure met 'n foon deurbring.

Die laagtepunt van my onderwysjaar was toe hierdie meneer my twee weke voor die tyd beveel om die jaarlikse interskoleswemgala in die stadswembad te "organiseer" aangesien hy noodsaaklik moet weggaan na 'n belangrike onderwyskonferensie op Stellenbosch. Ylings skraap ek al wat ek kan en al wat ek ken om raad. Ek vind toe uit Sentraal Hoër is vir die eerste keer, so word ek gesê, die gasheerskool en ons is verantwoordelik vir die eerste item op die program, min of meer soos 'n hedendaagse opening van 'n Olimpiese Spele.

Nou ja, my swemsters oefen hulle blou om nie af te steek by nasionale presteerders soos die Johnsons en die Strydoms nie.

Maar nou die seremonie: Ek besluit toe ons gaan die ligte uitdoof, ons gaan 'n sierswemnommer op die maat van musiek uitvoer met kerse. Ek het eenkeer so iets gesien in 'n fliek van Esther Williams, die swemmende aktrise wat die wêreld verower het. My meisiekinders doen hulle uiterste bes om in sirkels en sterre boontoe en ondertoe te swem, met een hand, en 'n kers in die ander hand.

Ek is houtgerus en vreeslik trots op myself.

Breek die dag toe aan: Ek is kniediep in sitplekke- en programme-organiseer, ek kom eers vieruur die middag agter die wind het opgekom en sal die kerse doodwaai. Ek jaag ylings af na Fichardts met my fiets, koop my hele salaris op aan flitsligte.

Die klankversterker wat die *Double Eagle*-marslied moet uitbeier, loop net op een battery, en sug dit net uit. Ons ry met iemand se trok 'n ander versterker soontoe wat niks help nie.

Die swembad se banke sit gepak van dese en gene belangrike onderwyssiele. Ons begin. Die meisiekinders rek net hulle oë en hulle plons in en ek hoor hoe hulle vir mekaar die tyd mondelings probeer deurgee. Die flitse gaan aan, ons kry die sirkel gemaak, maar ons kan hom nie weer ongemaak kry vir die ster nie, want een flits het uit een van die swemsters se hande gegly en hy glim dapper van die swembad se bodem af en die hele ritme is na sy maai.

Hulle swem vervaard, hulle verdrink byna soos hulle probeer om die linkerhande met die flitse uit die water te hou, en weet nie of hulle maar weer die sirkel moet doen of die ster of die rugslag nie. Die rugslagpatroon is met net een hand heeltemal onmoontlik en die wind het opgekom en dit kletter so deur die luidsprekers, niemand kan iets hoor nie.

Atleties spring ons skoolhoof van die balk af, stop die musiek, klap sy hande uitnodigend vir 'n applous, wat al die insittendes toe darem verstaan, en kondig item nommer twee aan.

In die aantrekkamertjie sit my span soos natgereënde kuikens om 'n ou hen. Die vreeslikste was dat die skoolhoof die volgende dag net die meisie wat die duiknommer gewen het, gelukgewens het en geen woord verder oor die gala gesê het nie.

Maar die daaropvolgende dag was die inspekteur onverklaarbaar daar – die gryse, eerbiedwaardige meneer Steytler – en natuurlik het ek toe nie 'n kritles voorberei nie en toe ek iets op die bord wil verduidelik, spel ek net so onverklaarbaar 'n Engelse woord uit *White Fang* verkeerd.

Dit was die slim klas en ek onthou nog hoe met die allergrootste teenwoordigheid van gees, weer eens die seun van die stam-Afrikanerdokter wat 'n entjie agter die inspekteur sit, sy kladskrif vir my omhoog hou met die regte spelling in dik swart letters daarop.

Ek sit toe my beste glimlag voor en sê ek gee 'n halfkroon vir iemand wat 'n verkeerde woord op die bord kan raaksien. En raai, die ware here wat hulle was, sit hulle doodstil en doodsbleek. Ek sê toe: "Jammer outjies, julle het vandag geld verloor. Kyk na 'additional'; een 'd' te min en een 'a' te veel." Toe lag hulle verlig. Wragtig was daardie kinders jammer vir my; en nie oor ek nie presteer het nie.

Ek het nooit die inspekteursrapport gesien nie, maar ek kon my voorstel wat dit was. Mens kon later wonder of die inspekteur en die skoolhoof nie ooreengekom het om my na enige ander oord, selfs na 'n ou koerantjie, te stuur nie.

Dit was 1948. Die Nasionale Party wen die verkiesing teen alle verwagtings in.

Ja, die verkiesingsuitslag van 1948 was een van die ongelooflikste dinge denkbaar en sou in 'n huidige Afrika-opset die voorspel tot 'n bloedige burgeroorlog wees. Hoe kan dit moontlik wees dat 'n klomp Afrikaners, versprei in aparte partye en verenigings, wat mekaar op vergaderings met stoele wou gooi, eensklaps net op een dag presies tot dieselfde oortuiging kom? Ek het my pa dit vantevore al gevra. Hy het toe 'n rukkie sit en dink voor hy sê: "Mense is soos skape; op die een of ander tyd in dieselfde hoek gedryf, sal alle intelligente mense by die enigste hek probeer ontsnap."

Die dag met die uitslae het ons onderwysers tot ná middernag op reisdekens voor die Volksblad-gebou gesit om die uitslae te hoor wat in die begin maar skrapse oorwinnings uitgemaak het. Maar dit was in die vroeë oggendure wat ons byna mal geword het toe die uitslag kom dat generaal Smuts op Standerton verslaan is. Hy moes as wêreldstaatsman die futiliteit ervaar van 'n persoonlikheid wat magteloos voor interne probleme staan. Vandag klink dit natuurlik vir Afrikaners bekend.

(Dis na aanleiding van hierdie verkiesing wat 'n Engelse joernalis daardie tyd in 'n berig Afrikaners genoem het: 'n brousel "with a touch of the tar brush – that have only recently pulled themselves by their shoelaces up to ordinary refinement. They should not be tolerated in any civilized society.")

'n Ruk daarna is ek een naweek weer by die huis, en ek kry my pa se jare lange vriend, doktor Albertus Geyer daar. Blykbaar was hy inderhaas besig om sy sake af te rond aangesien hy, wat toe hoofbestuurder van die Nasionale Pers was, aangestel is as ambassadeur in Londen. Hy sou per trein terug Bloemfontein toe en ek ook.

Hy nooi my na sy kompartement en bestel vir ons koffie. Hy was 'n baie korrekte mens met die wêreld se mensekennis. In die trein vra hy toe of ek al ooit iets anders as die onderwys oorweeg het.

Ek sou hom die wêreld se inligting kon gee, maar al wat ek toe sê, is: "Ja, oom Geyer, maar dit is maar net drome."

En hy vra: "Sluit dit die joernalistiek in?"

Uitasem antwoord ek: "Ja, ja ..."

En hy sê: "Begin volgende Januarie by *Die Volksblad* as vroueredaktrise."

"Maar ..."

"Die redakteur sal volgende maand jou skoolhoof gaan sien om dit af te handel."

En net so begin die Eintlike Lewe en die Al – sonder dat ek my koffie uitmors.

Maar ek sit toe die koppie terug. "Oom Geyer, dit sou die vervulling van ... nou ja, maar daar is iets ...

"Kan ek so 'n pos aanvaar as my pa ... sal dit hom nie

vreeslik seermaak nie? Oom weet seker hy is teen hierdie hereniging ..."

"Ek weet." Hy het 'n lang ruk net by die venster uitgekyk voor hy sê: "Die feit dat jy dit sê ... jy bewys dat ek jou die volgende kan vertel en dat jy dit vir jouself kan hou." (Ná die oorlye van al die betrokkenes van daardie tyd, al is dit net vir my persoonlik van waarde, noem ek dit nou.)

"Toe generaal Hertzog in 1934 na generaal Smuts se party oorgestap het, was generaal Hertzog se party in die meerderheid. Dit was nie nodig om oor te stap nie, en toe dit blyk dat 'n gedeelte van sy party weier om hom hierheen te volg, het hy hulle as verraaiers beskou. Die klompie mense wat onder doktor Malan uitgestap het, kon hy nie vergewe nie.

"Die Malaniete van '33 het uitgestap toe generaal Hertzog met die ou Suid-Afrikaanse Party verenig. Jy sal weet, Strijdom, Blackie Swart, N.J. van der Merwe, hulle het uitgestap met net die klere waarin hulle gestaan het. Die Verenigde Party het beslag gelê nie net op die ou generaal se denke deur hom as Eerste Minister te behou nie; hulle het ook beslag gelê op die fondse van die Nasionale Party wat oor die maer Depressiejare byeengebring is en wat in '25 die oorwinning verseker het.

"In 1939, toe generaal Smuts met 'n geringe meerderheid stemme besluit om vir Engeland sy oorlog te gaan help veg en nie neutraal wou bly nie, was dit Hertzog wat uitgestap het. Die negatiewe hierin was dat hy steeds nie wou terugkom na sy eertydse Nasionale Party nie. Daar was nou twee faksies wat hy nie kon vergewe nie.

"Kan 'n mens hom kwalik neem, die man wat pal vanaf die Anglo-Boereoorlog, deur die Rebellie, deur die stakings in 1922, die Afrikaner gelei het – of hulle wen of verloor? Ou Helpmekaar-fondse wat hy so sorgvuldig en selfloos hanteer het ... En die ou Nasionale Party se fondse wat nou vir die Engelse oorsee gaan help? As hy vandag nog geleef het, sou hy soos jou pa dalk ook nie gaan stem het nie.

"Maar die nag van die generaals is nou verby. Ek wil jou graag by *Die Volksblad* hê. Jou pa is my vriend van jare, maar ek kan hom nie beskerm nie. Kan jy hom nie oorreed om die Senatorskap wat ons hom aangebied het, te aanvaar nie?"

"Nee oom Geyer, jy ken my pa. Hy het klaar besluit."

"Maar vir mense soos jou pa en ons by die Nasionale Pers was hierdie hereniging 'n swak besluit. Mense soos Eric Louw het geredeneer jy nooi nie jou buurman by die voordeur in as hy by die agterdeur kom klop nie.

"Nou ja, my kind, ek hoop jy sien jou pa en ons ouens as dié wat die lang pad saam met generaal Hertzog geloop het en maar net sy trots probeer beskerm het. Nou, ons het gewen, maar ons het tien jaar se geestelike voorbereiding daarvoor gedoen. Ons beheer die hekgelde van nou af."

Ek sal eerlik sê dat hierdie gesprek by my verbygegaan het, maar Albertus Geyer was 'n persoonlikheid. Daarom kon ek daardie dag voel: As oom Geyer my pa verstaan, dink ek, dan gaan ek doen soos hy vra.

En ek het nou besef dat 'n nuwe bedeling aangebreek het. Dit het onder andere 'n grondverskuiwing in my verhouding met my ouers teweeggebring: Ek was nie meer van hulle beskerming afhanklik vir oorlewing nie. Ek verdien my eie brood, en ek het my eie denke oor sake. En dis húlle wat ek moet beskerm teen die aanslae van my eie tyd.

Die eintlike loopbaan

Ons was hoofsaaklik drie juffrouens op Sentraal Hoër: ek, juffrou Toerien uit die vermaarde onderwysgesin, wat toe al haar haartjies met kleur moes aanhelp om haar balans te hou en Rika Joubert van Senekal, die Huishoudkunde-juffrou, nog dieper as ek in die twintig, wat sê sy bly daar "tot tyd en wyl". Die tyd en wyl sou wees wanneer haar pa, Senekal se prokureur, sy kop laat lees, want sy beste vriend – 'n man van in die vyftig – het met hom ooreengekom dat hy sy dogter Rika vir hom as vrou sal gee as sy op dertig nog niemand het nie. "Met 'n asem aan hom, die vent, jy kan nie glo nie!" het sy bygevoeg.

Klein, fyn, met pers oë was sy.

Ons het goeie vriende geword, maar op die einders was daar op daardie tydstip vir ons twee ewe min.

Toe ek op 'n dag by haar aankom, my lyf opgeswel van muskietbyte snags, bring ek vir haar in 'n vuurhoutjiedosie die een insek wat ek gevang het. "Jy besef hy is nie 'n muskiet nie, nè? Hy is 'n weeluis," sê sy formeel.

Ja, daar was weeluise. Die tannie het my verseker daar is. Ongelukkig is haar handspuit met Flint stukkend, maar sy sal dit laat regmaak. Dis nou maar die weeluise se manier, as hulle begin koudkry bo in die sielieng dan kom hulle af vir die winter.

Toe sê Rika vir my: "Onthou net, elke kind in jou klas ken ook weeluise. Wil jy hê hulle moet dit vir jou kom afvang wanneer die goed bo by jou nek uitkruip? My kamermaat se kennismaand is verlede week verby. Wil jy nie by my kom intrek nie?

"Ons sal jou skoon kry. Ons kook jou klere uit. En jy swem mos elke dag in die swembad; sorg net dat jy duik ook."

En toe leer ek eers behoorlik wat aangaan. Dat daar mense is soos die ordentlike, fantastiese, sprankelende tannie Kok, gebore Mentz, met oom Kok manhaftig soos 'n slaapwandelaar aan die verbystruikel ná sy beroerte. Hy het sy seuns nie familiename gegee nie: Benedictus was toe bekend as Afrikaanse meester en in musiekkringe, later rektor van UKOVS; en OVS het gestaan vir Ordino, Victor, S. Sy dogter was Nonna, die ikoon van Bethlehem.

En hulle woon in Yorkweg in 'n ou herehuis digby die skool, en ons eet by die reusagtige ou familietafel met sy luukse groen fluweelkleed.

Ons is ses mense wat daar loseer: 'n getroude paar in die een kamer, ons twee dames in die tweede, en twee jongmans in die ander kamer oorkant. En ja, hier begin toe vir my die Groot Lewe.

Soos ek reeds gesê het, Rika en ek het nie vooruitsigte vir huweliksgeluk op Sentraal Hoër voorsien nie. Rika sou natuurlik op dertig as 't ware geld in die bank hê. Daarom kon sy rustig soos iemand by viswaters haar lyn uitskiet en op haar veldstoeltjie wag vir 'n byt.

Ek het my maar in die stilligheid probeer voorberei op lang, eensame stiltes.

Die enkele moontlikhede het ek op universiteit al uit my gedagte gesit. Een was 'n jaar jonger as ek, die ander het sy pa in matriek verloor en sou nog jare moes worstel om sy lenings afbetaal te kry en hy was twee jaar jonger as ek. Ek het besef ek het 'n soort Mamma-*image* by mans.

Daarby het ek nog 'n verdere blok aan die been gehad. Reeds in my matriekjaar sou enige goeie vriendin vir my sê: "Wag, sit bietjie stil, ek sien 'n wit haar op jou kop." Dan trek hulle dit uit en hou dit vir my as bewys, soos my pa destyds met die dorings. Op universiteit moes ek al keer, want grys hare het soos onvervulde beloftes te veel geword om uit te trek. Ek was op twee en twintig op pad na sout en peper. Ek was sienderoë aan 't verouder, en onderwys sou sonder oë die finale nekslag gebring het.

Nou, die twee jongmanne wat regoor ons stoepkamer loseer het, was ene Willem Weilbach – nie familie van die Heilbronners nie – en ene Willem Krog. Hy het ook van Senekal af gekom en het enkele male saam met Rika naweke Senekal toe gery. Sy had 'n motorkar.

So sien ek Krog op 'n dag in sy kortbroek en *vest* op die grasperk, besig om sy maat se skoene vir hom skoon te maak. Ek sê nog vir Rika: "Hene, maar kyk so 'n liggaamsbou! Wat dink jy, hoe oud is hy?"

Rika sê: "Wel, hy het my eenkeer vertel sy oupa het belowe as hy een en twintig word en nog nooit sy mond aan brandewyn gesit het nie, gee hy hom vyftig pond. Hy loop nog elke oggend na die aktekantoor waar hy werk, so as hy nog nie eers 'n fiets kan bekostig nie, is hy seker nog nie een en twintig nie."

En ek is twee en twintig, op pad na drie en twintig en na grysheid.

En sy sê by: "Hy was net een jaar op universiteit, toe raak die geld wat hy geleen het op."

"Maar sy pa ...?"

"Dood glo, toe hy ses maande oud was. Sy ma is weer getroud."

Nou dubbele Ma-*image*! Natuurlik sou die enigste aansienlike ou wat ek in 'n jaar sien, so van die behangsels wees dat iemand soos ek met nog meer behangsels niks met hom kan uitrig nie. Dus kan mens eintlik vertroulik met hom omgaan, hy sal nie droom daar is bybedoelings nie.

Een oggend sit ons almal aan die ontbyttafel. Daar was 'n bord perskes en later sit ons almal gefassineer en kyk hoe hierdie Senekaller 'n perske afskil so dik soos mens 'n pampoen afskil.

Toe sê oom Kok: "Krog, wil jy daardie perske eet?"
Krog lig een wenkbrou. "Ja, Oom," sê hy styf.
En oom Kok sê: "Rika, jy is 'n huishoudkundige. Skil vir Krog daardie perske af. Netnou bekletter hy die hele tafeldoek."
Ons het gehoor oom Kok is 'n Sap, dus praat ons niks politiek aan tafel nie, maar ek is die enigste een wat gaan stem. Daardie aand gaan al ons Sentraal Hoër-mense na *Volksblad* se kantoor in die stad om die verkiesingsuitslae te hoor wanneer hulle dit van die eerste verdieping af vir ons uitsaai.

Ek sien met 'n halwe oog Krog is ook daar saam met ander mans, en ek sien hy skryf die stemgetalle af, en ek dink: Mooi so, ou seun, jy sal dit nog ver bring.

Intussen het Rika ook 'n tydelike asem opgedoen: Theo, 'n laerskoolonderwyser. 'n Groot naam in die Voortrekkers, en 'n man wat so daarvan hou om haar te kielie dat sy dan soos 'n verkeerdeveer-hoendertjie ril van ergernis.

In elk geval besluit ons twee saam met Theo en Krog om iewers by Maselspoort rond te gaan braaivleis hou. Al weer ek met die pieknieksindroom. Theo sorg vir alle benodigdhede, Rika het die kar. Dit was 'n Sondag: Krog koop die koerant.

Aangekom by 'n mooi, lommerryke spruit met doringbome nie ver van die hoofpad nie – ek onthou vandag nog waar dit was – pak ons af en terstond is daar 'n helse argument tussen Rika en Theo. Blyk hy het gemeen ons sal in Brandfort die piekniek hou en Rika sal die vleis braai. Rika is woedend en sê sy braai nie vleis vir enigiemand nie; sy het gister haar hare laat perm. Sy klim in haar kar, Theo spring haastig in.

Rika slaan in rat en Theo skree nog: "Ek sal julle vyfuur kom oplaai, bêre vir my 'n stukkie!" en weg is Rika, die Opeltjie en Theo. En ek, Krog en die piekniek bly staan by een van die mooiste kuile van die Maselspoortspruit.

Krog sê kom ons trek lootjies wie braai die vleis en ek sê, mens, ek sal die vleis braai, dis mos nou nie 'n lewenslange vonnis nie. Ha! Ha!

Miskien kon hy geprotesteer het, miskien kon hy aangebied het om ten minste die vuur aan die brand te kry.

Hy het sy sakdoek uitgehaal, 'n miershoop afgestof, daarop gaan sit en sy Sondagkoerant oopgeslaan. Ek het die vleis gebraai, ek het die skottelgoedjies daarna in die kuil afgespoel, ek het vir myself 'n miershoop uitgesoek en die koerant se bladsye waarmee hy klaar was, self gelees.

Doodstil tot ek skuins lê, en ek raak aan die slaap. Toe hy aan my arm vat, is dit vyfuur.

Ons hoor die toeter. Ons pak haastig op. Aangesien hulle op Brandfort in die hotel gaan eet het, is die gemoedere voor in die motor van die allerbeste. Ek en Krog sit rooi verbrand en doodstil agter. Toe ons die eerste Bloemfonteinrant ingaan, voel ek 'n groot, rustige hand oor my eie hand sluit. Hy trek my hand tot op sy knie. En siedaar, iets was aan die gebeur – vanself.

Kort voor die einde van die jaar kry ek my *Volksblad*-aanstelling. Op 1 Januarie is ek terug in Bloemfontein, ek loseer nog by die Koks, maar ek het nou my fiets saamgebring, want *Volksblad* is bitter ver van Yorkweg.

Rika is nog nie terug van vakansie af nie en ek en Krog kan nou en dan 'n paar woordjies vir mekaar sê soos dat hy gesê het hy dink ek behoort my eie fietspomp te hê om te gebruik sodat ek nie elke keer die *boy* langsaan hoef te vra om my fiets te pomp nie.

Ek dag toe ek maak 'n grap en ek sê: "Sal jy dan elke keer vir my die wiel oppomp?" En hy sê: "Nee, onthou net, jy is nie meer 'n skooljuffrou nie, ek kan jou cheek as ek wil."

Maar in alle erns kom hy 'n paar dae later en hy sê: "Juffrou, het jy geweet Emily Hobhouse en jy verjaar in dieselfde maand?"

En ek sê: "Hoe weet jy dit?" En hy sê: "Dis bekend. Sy verjaar op 9 April. Ek het 'n boek oor haar."

En hy wys my 'n tydskrif. "Ken jy die Amerikaanse *Time*-tydskrif? Ek dink mens kan goeie artikels hieruit kry."

Inderdaad, my eerste artikel as vroueredaktrise is toe "Die

klein hand van 'n vrou" oor Hobhouse. Daarna Anna Pauker en daarna Eva Peron, almal uit sy *Time Magazines* en ek dink by myself: Wat 'n skade dat hy nog belese ook is en mens kan niks met hom maak nie.

Ek het daardie tyd 'n klein radio'tjie gehad wat mens aan jou lig konnekteer en ons kon toe vroegaand op die stoep sit en luister wanneer Dana Niehaus krieketkommentaar uitsaai.

En hy was goed, Dana! Ek weet niks van krieket af nie. Later het ek uitgevind Krog het ook maar nie te veel geweet nie, maar hy het darem vir UKOVS onder-negentien voetbal (ongelukkig kort tevore) gespeel. Dis vir my vreemd, maar ek kan heerlik volwasse, byna soos met my broers gesels, en hy antwoord korrek, 'n bietjie neerhalend, op elke punt.

Een agtermiddag roep Anna Neser, ons sekretaresse wat feitlik *Die Volksblad* volledig rangeer, my. "Serfontein, het jy 'n broer?"

Ek sê toe: "Ja, twee."

Sy sê: "Wel, een van hulle wag vir jou hier onder by die voordeur. As dit slegte nuus is, sal ek ou Skakel 'square' dat hy jou afgee om huis toe te gaan."

Slegte nuus kon dit inderdaad wees, met die beelde van populierbome en bloekombome nog nie heeltemal uit my onderbewussyn nie.

Dit is toe Krog, en ek sug van verligting. Nee, hy stap toe hier verby en hy dog ... Vir die eerste keer sien ek hom effe onkant en ek kry 'n blitsgedagte dat dit tog maar slegte nuus is waarvan hy op die een of ander manier die boodskapper is.

"Ja, jy sien ... jy weet die Engelse speel hier. In Bloemfontein."

"Ja, ek hoor by die werk so."

"Nou ja, ek het kaartjies. Sal jy saam met my môremiddag gaan kyk hoe speel hulle?"

Praat nou van onkant! Maar net versigtig wees vir verkeerde gevolgtrekkings, en ek sê: "Ek sal vreeslik graag, op voorwaarde ek betaal my eie kaartjie."

En hy trek hom regop en hy kyk my aan of ek gek is. "As jy jou eie kaartjie wil betaal, dan aanvaar ek jy wil nie saam met my gaan nie. Jammer ek het jou lastig geval." En woeps draai hy om om weg te loop. Ek is net betyds om hom aan sy baadjie te gryp, maar ek weet eerlik toe nie wat om te sê nie. Hy blykbaar ook nie. Toe bars ons albei uit van die lag: ons eerste grap saam. En hy is Willem en ek is Dot.

Al weet ek ek kan hom nooit vra om vir my 'n perske te skil of 'n gloeilampie te vervang nie.

Maar die saak van die broer is nou nog vir my onverklaarbaar. Male sonder tal daardie tyd wanneer ons iewers voorgestel word, is gesê: "O, Dot, is dit jou boetie?" of vir hom: "Dis seker jou sussie? Mens kan sien. Julle lyk vreeslik baie na mekaar."

Ná daardie krieket-grondverskuiwing het hy altyd smiddae vir my in die straat gewag en afgesien van een of twee van sy eie vriende het niemand geweet hy is nie my broer nie.

Dis seker daarom dat my kinders se gedragspatrone nooit vir my vreemd was nie; ek het altyd die versnyding herken, soos in wyn.

Die eerste boek wat ons saamgelees het, was Eric Rosenthal se *African Switzerland*, die eerste grammofoonplaat wat ons saam op my grammofoontjie met garingboomnaalde gespeel het en wat vir ons 'n soort temalied geword het, was "Wand'ring minstrel I, a thing of shreds and patches" uit *The Micado*.

Die einde van die helfte van daardie jaar het sy oom Ollie, toe hoofbestuurder van die Afrikaanse Pers, blykbaar besef mens laat nie 'n weeskind sy lening aan jou terugbetaal nie. Hy het hom toe aangestel as advertensiebestuurder van die destydse *Noordelike Stem* – wat toe pas besit van die Afrikaanse Pers geword het – op Kroonstad.

Ek het self 'n lening by my pa aangegaan vir 'n klein Morriskarretjie waarmee ek toe tydig en ontydig afsuiker Kroonstad toe, net om Maandag ylings die Saterdag se werk wat ek gemis het op datum te bring.

Maandagmiddae wanneer ons mekaar bel, is albei so vaak ons kan net goeie goeters uitmurmel. En waar gaan loseer hy? By my tant Lena. Ek kon nie glo dat hierdie groot, sterk, mooi vent my toegedeel word nie.

Maar die een of ander tyd, 'n entjie verder in ons verhouding, begin my gewete my toe geweldig pla. Verwoes ek nie vir eie gewin iemand vir wie ek soveel omgee, se lewe nie?

En ek trap hom op 'n aand op die hangbrug van die rivier vas en ek vra en sê en weet ook nie hoe nie. Dat hy moet besef as hy sy eie koers wil inslaan, ek sal verstaan ... ek sal hom nooit verkwalik nie, lieg ek, en hy luister en hy praat nie, en ek verduidelik, van ek is seker 'n jonger meisie ... 'n mooier een ... die lewe lê nog voor hom oop.

En eindelik stop hy my: "Wag nou, moenie verskonings maak nie. Jy sien nie meer kans nie, ek sal jou ook nie verkwalik nie, maar ek wil die waarheid weet."

"Maar Willem, ek praat die waarheid. Ek is twee jaar en agt maande ouer as jy. Kyk my hare, man, ek is grys, jou ma sal die stuipe kry."

En skielik is hy woedend soos ek hom eerlik eintlik nooit daarna ooit vir my sien word het nie. Hy het ou dingetjies altyd kamma filosofies afgemaak, soos: "Dis van Dot, sy doen en sê net wat sy wil, maar ek hou haar by my soos 'n bobbejaan aan 'n paal. Ek sorg net altyd dat ek nie die riem te kort of te lank maak nie."

Maar daardie dag staan hy daar, woedend en tot in sy siel gekrenk.

"Jy het goed geweet om die een beskuldiging in te bring waarvoor ek nie verantwoordelik is nie en waaraan ek niks kan doen nie.

"So enige stuk ding sal vir jou reg wees, as hy net oud genoeg is. En jy verwag ek moet enige stuk mis van 'n meisie vat, solank sy net jonk is. Nou as jy só wil redeneer, gaan jou gang. Moenie verwag ek moet ook só redeneer nie."

En toe hy so wegruk dat die hangbrug eintlik skommel, weet

ek: Ou matie, dis nou tyd vir daardie gryp, blitsig. Ek gryp hom vas, soos mens 'n wilde kalf neertrek vir die brand.
"Ek belowe jou vir ewig en altyd ek sal nooit weer so iets sê nie."

Die Volksblad

Toe ek aan die begin van 1949 aangestel is by *Die Volksblad*, was dit sogenaamd as vroueredaktrise, maar eintlik as vakleerling en stuurjong wat 'n magdom dingetjies moes doen. Ek het daar aangekom met as enigste aanbeveling dat ek vir 'n jaar Engels-, tik- en liggaamsoefeningjuffrou by Sentraal Hoërskool was, en ook nie eens 'n goeie een nie, soos meneer Izak Malan, die skoolhoof, my by verskeie geleenthede laat verstaan het.

Toe ek 'n jaar later by *Die Volksblad* weggaan, was ek 'n bedrewe joernalis wat presies weet watter storie om uit te laat en watter nie, 'n vryskutstreeksverhaalskrywer wat daarná meer as sestig kortverhale, ses vervolgverhale, drie streeksboeke, sketse, familieboeke en verhalende boeke gepubliseer kon kry en een letterkundige prys se geld omsit in 'n Jentschskildery – alles met 'n man en vyf kinders om die tafel en hanslammers by die agterdeur. Inderdaad leer mens gou, deeglik en selfs meedoënloos by die pers aanpas.

Nou moet ek sê dat hoe onbelangrik ek toe ook al was, die landsgebeure om my toe nog in 'n magtige omwenteling gedraai het waardeur joernaliste meegesleur is.

Goed, goud is in 1948 in die Vrystaat ontdek, wat voorheen onbekende plattelanders in kitsmiljoenêrs omskep het, stofgetrapte mielielande in myndorpe en windpompe in goudmynskagte. Alles was nuus, drama of lasteraksies. Nasionale Pers het hom gedurende die oorlogsjare visioenêr voorberei en die susterskerke het hulle voortbestaan te danke aan die bittereinders van die Anglo-Boereoorlog. Hulle het geweet waar hulle staan.

Terwyl die plaaslike Engelse pers hulle verlekker het in die Tweede Wêreldoorlog-oorwinnings van die Geallieerdes, en die powere, verdeelde Afrikaanse opwelling van nasietrots met meewarige glimlagte beskou het, het die Eerste Minister op die wêreldverhoë sy holistiese teorieë verkondig dat die gedeelte alleen vervulling beskore is in die geheel (die Statebond). Hulle het nie opgemerk dat die Nasionale Party deur middel van sy pers, die kerk en kultuur die infrastrukture insypel nie. Ongelooflik hoeveel Afrikaanse boeke geskryf is oor beleidsrigtings vir die toekoms. Die Bybel en Psalm- en Gesangboek is vertaal. Volkspele, Voortrekkers, die FAK-Volksangbundel kry beslag. Afrikaners het al hoe meer hul plek in die ekonomie ingeneem, besighede van Sonop tot 'n Afrikaanse begrafnisonderneming is begin, asook Anton Rupert en Dirk Hertzog se sigaretfabriek. Klein normaalkolleges en 'n Afrikaanse mediese fakulteit is sonder subsidie begin, Sasol se olieraffinadery is deur Etienne Rousseau gedryf. L.I. Coertze het die afskaffing van die appèl na die Engelse Geheime Raad – wat uiteindelik in 1950 sou realiseer – bepleit, en die Romeins-Hollandse reg is deur advokate tot in sy wese bestudeer. 'n Afsonderlike Afrikaanse nuusdiens is op inisiatief van die volkspelemens, doktor S.H. Pellissier, by die SAUK ingestel. Jim Fouché begin met 'n werkbare hulpskema vir boere en in 1934 stig J.J. Bosman Volkskas, wat later een van die grootste banke in die land sou word, gevolg deur Uniewinkels in 1936. Doktor E.G. Jansen, latere Minister van Naturellesake en goewerneur-generaal, was die eerste redakteur van 'n Engelse Nasionale Party-spreekbuis in Natal, die *New Era* (1943–1947).

Die eerste werklik wetenskaplik nagevorste Suid-Afrikaanse geskiedenis is opgeteken deur mense soos H.B. Thom, J.H. Breytenbach, G.D. Scholtz en andere. Prikkelende beleid- en kultuuraspekte word behandel in geskrifte deur doktor D.F. Malan, J.J. Hayward, J.G. Strijdom, H.F. Verwoerd en J.D. Kestell. Die groei van die nasionale gedagte kry ook beslag in die boeke oor die dokumentasie van president Steyn.

Intussen reis Wiskunde-professor Gawie Cillié met sy kore wat onder andere Stephen Eyssen se Bybelkantate en S. le Roux Marais se "Heimwee" sing. En Hendrik Susan en sy orkes speel outydse Boeremusiek tot selfs in die Afrikaanse prente van Pierre de Wet met Al Debbo en Frederik Burgers, later opgevolg deur Jamie Uys se treffers.

Afrikaanse welsynwerkers word opgelei; skole, weeshuise en kleuterskole word gebou, sonder subsidie en met kollektebussies en pannekoekbak, en dominees open selfs Nasionale Party-kongresse met Skriflesing en gebed.

Selfs toe die Verenigde Party die koningsgesin in 1947 op 'n landsreis uitnooi, help dié niks vir die verkiesingsuitslae nie.

En as eerste gebaar toe die Nasionale Party oorneem, word onder andere Robey Leibbrandt (wat die halfeindronde in boks op die Olimpiese spele bereik het) en die skrywer H.S. van Blerk uit die interneringskampe vrygelaat.

Vir my as onervare joernalis het dit ure se navorsing gekos om die geskiedenisse en ampte en kiesafdelings van die nuwe kabinet op datum te kry. Van die twaalf kabinetslede was daar drie doktore, naamlik A.J. Stals (Medisyne en Regte), E.G. Jansen en T.E. Dönges (Regte) en sewe advokate: Stals, Dönges, J.G. Strijdom, C.R. Swart, S.P. le Roux, E.H. Louw en F.C. Erasmus.

"Dié kabinet," sê M.E.R., "was die eerste in ons hele geskiedenis waarvan al die lede tweetalig was!"

Maar afgesien hiervan is dit interessant om te weet hoeveel van die ander ampsdraers joernaliste was wat aan die een of ander Afrikaanse koerant werk gelewer het. Ek kon die volgende naslaan: J.G. Strijdom, H.F. Verwoerd – *Die Transvaler*; N.J. van der Merwe, Trudie Kestell, A.J.R. van Rhyn – *Die Volksblad*; A.J. Werth – redakteur van *Die Volksblad* 1922– 1925, later administrateur van Suidwes-Afrika; T.E. Dönges – *Die Burger*; J.A. du Plessis – *Kerkblad* van die Gereformeerde Kerk; P.J. Schoeman – *Die Burger*; Albertus Geyer – hoofredakteur van *Die Burger*; E.G. Jansen – *New Era*.

Die redaksies van die Nasionale Pers is gestroop om bekwame mense vir die talle nuwe administratiewe poste te lewer, want reeds is elke nuwe aanstelling deur die plaaslike Engelse pers afgeskiet.

Nuwe joernalistieke proefnemings moes onderneem word. Al die dinge waarvan ons voorheen maar vaagweg bewus was, word nou belangrike boustene vir die Herenigde Nasionale Party-regering. En ek tussenin, lyk al kleiner en my foute al hoe groter en my permanensie daar al hoe onsekerder terwyl mededinging ernstiger word.

Nog 'n doring in die vlees van die Engelse pers was die welslae wat die Afrikaanse pers in Johannesburg behaal het met *Keur* en *Fyn Goud*, waarin vir die eerste keer romantiese fotoverhale geplaas is, asook baie grusame moordstories. Ek onthou die verwagtende meisie se lyk op die treinspoor en die Bubbles Schroeder-moordsaak. Mens kon maar jou neus optrek soos jy wil, die sirkulasie was asemrowend.

Daar is gesê dat ons vyf wat in 1949 by *Die Volksblad* begin het, met die hand uitgesoek is. Hoe? Wiets Beukes, later redakteur van *Die Burger*, reeds met Honneurs in Afrikaans, was 'n briljante studenteleier op UKOVS, Heinie Otto was familie van die bekende Hennie Otto van Bybelvertaling-faam wat toe hoofbestuurder van die pers was, Awie de Swardt se familie was in die handelswese bekend en hy het reeds joernalistieke ervaring gehad, Piet Wessels was die kaptein van UKOVS se eerste rugbyspan. Ek moet ruiterlik erken dat my B.A. met hoofvakke Engels, Afrikaans, Duits en Sotho my weinig roem gebring het.

Albertus Geyer, sedert 1945 hoofredakteur van Nasionale Pers-publikasies, het sy loopbaan as onderwyser op Kroonstad begin, en as gevolg van my pa se bemiddeling is sy latere oorsese studie deur my stiefoupa, Hennie Geldenhuys, gefinansier. Later het sulke aanstellings die term "baantjies vir boeties" gekry. Al wat ek weet, is dat ons gewerk het dat die honde huil. Ek is in Carin Burger se plek aangestel – sy moes die *Sarie Marais* in Kaapstad vestig.

Oral in die Nasionale Pers is oorgewillige steunpilare uitgehaal om die nuwe politieke bedeling se infrastruktuur te stut. So het hulle in 1948 vir doktor A.J.R. van Rhyn verloor toe hy klim van volksraadslid tot administrateur, Minister van Ekonomiese Sake en Mynwese tot Hoë Kommissaris, en so ook Otto du Plessis aan Buitelandse Sake. By *Die Volksblad* kom twee onbekende Kaapse menere hulle tande slyp: Hubert Coetzee en Hugo Dreyer. Willie Grobler, die een senior joernalis, word saakgelastigde iewers in die Amerikas, en daar moet 'n klompie groen hout op die onderste banke kom. Gert Terblanche, 'n senior, is daarna politiek toe, Hennie le Roux was by plattelandse nuus en Bart Zaaiman, die kalme, word hoofsub en later redakteur.

Ons mentor is die ou ervare Skakel Kriek, later redakteur van die *Landbouweekblad*. Hy ken elke liewe ampsdraer van die Party met al sy verraaiers en skandemakers en hy gaan elke teks met 'n fynkam deur op soek na laster of slaggatwoorde. By die setter, oom Piet Smit, moet ons nederig wees, want as jy hom die harnas injaag, haal hy sommer 'n laaste paragraaf uit sodat alles in 'n kolom pas. En wanneer mens by die trap afgaan, moet jy maak of jy nie biltong ruik wanneer jy by Giep Joubert se kantoor verbygaan nie. Hy was die oorspronklike opsteller van "Stop van Myne", oor die hele Vrystaat bekend as oom Renier, en deurentyd het aangedane briefies en pakkies met rosyne of biltong of gebreide wolsokkies van die volk se verering getuig. Hy het nie graag gedeel nie, dié oom.

Ek en Nooientjie.

Vyf Susannas: Toekel, Nannie (Ouma se jongste dogter) met klein Sonia, ouma Sannie en ek.

By die Bybelfees van 1933: Die sewe meisietjies met hul wit rokkies en palmtakke wat die Bybel seremonieel in die Moederkerk aan dr. D.F. Malherbe oorhandig het. Ek sit links voor.

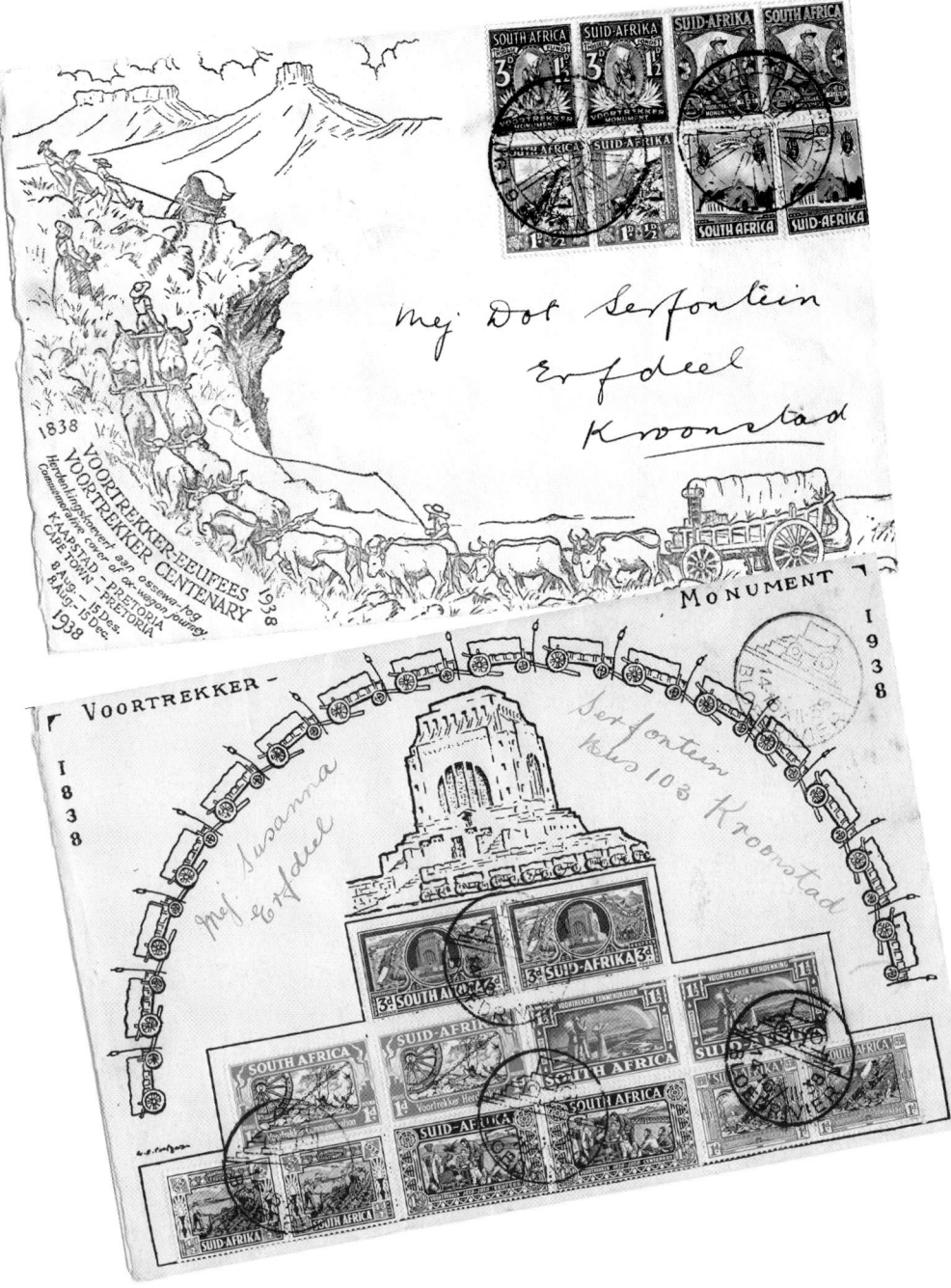

In Desember 1938 woon ons die hoeksteenlegging van die Voortrekkermonument by. 'n Mens kon briewe vir jouself skryf en dit laat stempel om dié gebeurtenis te gedenk.

Ek op my perd Kweper. Ek het hom met 'n baie sagte stang gery en baie met hom gesels wanneer ons in die veld was. Niemand sou my kon oortuig dat hy nie saamgesels het nie. Hy is aan perdesiekte dood gedurende my eerste jaar op Tukkies. My pa het hom op my versoek soos 'n mens begrawe, om my te troos.

Tientie, my niggie en lewensvriendin, op haar perd Venus.

Anna Joubert (later Geyer), Albertus Geyer en tant Lettie in 1922.

Toekel (Sanna), oom Meneer (H.C. van Niekerk), sy vrou Aletta (tant Lettie wat die fantasie in my ontsteek het) en Tiekie (klein Maynie).

Ek en Winnie Schumann (later Rousseau) wat my by *Die Volksblad* as vroueredaktrise opgevolg het.

Willem van der Vyver Krog, my man se pa.

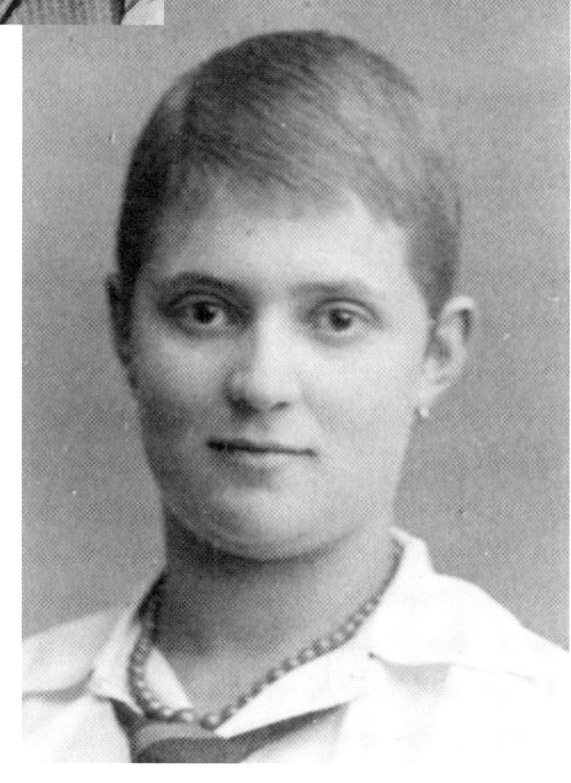

My man se ma. Die Oos-Vrystaters het geglo aan familiename. Sy het geheet Jeanette Helena Martha Du Plessis Bekker.

Skakel Kriek was nougeset daarop gesteld dat ons:

a) die aftakelende effek van brandewyn op joernaliste besef;

b) besef dat elke woord wat die voorsitter van die Oranje-Vrouevereniging (OVV) – daardie tyd die eerbiedwaardige mevrou Verster – in haar openingsrede sê, in dubbelkolom vir die voorblad reggemaak moet word;

c) weet dat die vaalste, eenvoudig gekleedste middeljarige onderwyser nog altyd aan die roer van die Broederbond mag staan en as sodanig moet sy woorde ook op die voorblad kom;

d) nooit, maar nooit sonder kouse by 'n volksfunksie moet opdaag nie;

e) nooit gedurende 'n onderhoud mag kougom kou soos 'n straatkonyn nie.

Dit was 'n nagmerrie om die Vrystaat se verteenwoordigers en hulle vrouens gedurende die jaarlikse Nasionale Party-kongresse tussen hulle hoede en handdrukke en briewetasse uitgeken te kry.

Die vroueredaksie moes daardie tyd ook onder andere elke liewe troue bywoon wat elke week in alle NG kerke in Bloemfontein gehou is, en daarvan volledig verslag doen, vanaf die dominee en orrelis, die ouers van beide kante se afkoms en status, die tabberds wat die vrouens aangehad het, die strooimeisies en hulle rokke, die bruid s'n natuurlik volledig, van die stof waaruit dit bestaan, die patroon waarop dit gesny is, die sluier en haar ruikers, tot by die skouerruikers uit; altyd bekoorlik, feestelik, statig. Juis vanweë die ordentlike blootstelling het baie plattelanders in Bloemfontein kom trou.

Gelukkig is alle onthale van belang destyds in die Afrikanerkoffiehuis gehou, dus kon mens Maandagoggend vroeg by die eienaar van die koffiehuis – self 'n erkende Vrystaatkenner – sommige besonderhede afrits.

Van hierdie vrag is Sondag in aller yl foto's ontwikkel of by Danie Brink, die afnemer, gekry, Maandagoggend vroeg na Zola Budd se oupa, die blokmaker, skuins oorkant die straat geneem, die blokke in die Saterdagblad van die volgende week ingewerk en die matryse afgestuur na die *Sarie* vir Carin.

Dit was nie kinderspeletjies nie om soos ek elke naweek te moes afjaag Kroonstad toe, deurlugtige vrywerk by my kêrel Willem – toe advertensiebestuurder by die *Kroonstad Times* – te doen en vaak-vaak terug te wees op Maandagoggend, net om deur Skakel Kriek die leviete voorgelees te word oor die een of ander iets of iemand vir wie ek nie na behore verdienste beding het nie.

Maandagmiddae kon jy my aan die een kant van die binne-afskorting op my sitvlak kry met my bene uitgestrek voor my en Heinie Otto of Awie de Swardt aan die ander kant, almal min of meer aan die slaap tot Piet Wessels van die ander-kantste afskorting met sy vuis teen die muur stamp wanneer hy onraad sien aankom.

Ek onthou van die artikels vir my Dinsdagblad was van – soos reeds gesê – Anna Pauker, die eerste vroulike magspersoon in kommunistiese Rusland, Evita Peron wat toe aan 't sterf was aan kanker, en Emily Hobhouse. Daarna kon ek 'n reeks doen oor die eerste skryfsters van Suid-Afrikaanse kookboeke, te wete mevrou Dijkman, S. van H. Tulleken, Hildegonda Duckitt en andere met foto's wat ek wie weet waar opgediep het, reekse wat later deur ander skrywers oorgeneem is.

Ek onthou ook hoe ek intussen stilletjies saamgewerk het met Boet Hyman en Tos Boshoff van die Afrikaanse Pers, van die beste joernaliste wat ek ooit ontmoet het, natuurlik deur middel van Willem Krog se verbintenis met die *Kroonstad Times* wat toe deur die Afrikaanse Pers oorgeneem is. Ek het geleer hoe leef jy saam met jou stof, nie langsaan of bo-aan of onderaan nie, maar saam. Iets van "die lelies van die veld".

En soos ons Liewe Heer dit self gestel het: die pad na die

Hemelse Koninkryk, aanvaarding en roem is steil, sy dit in staatsmanskap of letterkunde, en min is dié wat dit vind. Die eise aan gene, toewyding en onthouding, eindelike eensaamheid, is hoog. Vir die letterkunde is die bevrediging selde meer as kortstondig. Veral as roem jou vervreem van die betowering van die verskeidenheid van die lewe self, dan verloor jy iets wonderliks. Ek het geglo dat joernalistiek vir my so 'n pad moet loop, soos Willem dit so pragtig gestel het: "Ek is 'n vriend van die bruidegom. Ek is tevrede."

Maar so was ek dan 'n naby getuie van die felheid van die skokkende woorde-oorlog wat uitgebreek het toe die Nasionale Party-regering sy idealistiese planne vir Suid-Afrika wou implementeer. Toe dit deur die liberale vyande – deur spotprenttekenaar D.C. Boonzaier as Hoggenheimer geteken – "apartheid" genoem is, was die duiwel los en die pad al hoe smaller en steiler.

My salaris is ná die eerste maand opgeskuif na dertig pond 'n maand, die ekstra geld synde 'n kleretoelaag, want ek het te veel kere by OVV-funksies dieselfde klere gedra om 'n bate vir my beroep te wees.

En pasop 'n bietjie as een van die voorvroue van Bloemfontein se verjaarsdagparty nie in dubbelkolom met foto gerapporteer is nie, of jy te veel sê van die sportuitslae van Eunice se meisieshokkie, of generaal Smuts se vrou se broer se kunsuitstalling oorwaardeer.

Ek sal nooit dankbaar genoeg wees vir die tyd wat ek daar gewerk het nie. Om net in te duik en te skryf. Om te weet dat een goeie woord die werk van tien doen.

Ek het geleer dat maanlig en sielesmart vir straatkatte bedoel is en nie vir die verteller van 'n insident nie. Dat jou persoon net dit werd is wat die leser uit die gegewe self kan aflei. As mens jouself telkens tussen die woorde en die leser inskuif, breek jy dit wat jy wou sê af.

Dit het my later in staat gestel om op 'n stil plaas met 'n kind aan my voorskoot en een in my buik en drie in die vooruitsig, met 'n man wat die vriend van vele bruidegomme was en 'n boerdery wat die voorloper was van alle huidige verlore boere-ideale, voor my tikmasjien te sit soos enige klerk en op bevel my stories en sketse en kontreivertellings op te stel. Ek kon by geleenthede my eie foto's neem sonder dat my huishouding onder die vrieslyn sak of my man se sokkies of hart vol gate raak.

So trou ons toe op 10 Maart 1951 in die NG kerk Kroonstad-Noord: 'n klein trouetjie met 'n nog kleiner onthaaltjie in Middenspruit se sitkamer – sy naaste familie en myne. My trourok was nie van deursigtige sygaas nie, maar van swaar guipure – nie knielengte soos ek wou nie, maar op my voete met yslike sy-kaparrings van skoene. My ruiker was nie van frangipani soos ek bestel het nie, maar van angeliere, maar ek hét soos 'n koningin gevoel in my sluier van Brusselse kant. Ons troukar was 'n tweedehandse Chev, ons het 'n halfdag oor stofgetrapte paaie gekarwei na Glen Gariff, waar nie 'n swemplek was nie en die huweliksnag in 'n Walpurgisnag ontaard omdat my bruidegom so 'n tandpyn ontwikkel het dat ons die volgende oggend ylings na Oos-Londen moes jaag om dit te laat trek.

Die volgende week is ons terug, hy om die laaste take af te handel voor hy begin boer – ek met 'n vervolgverhaal aan 't fantaseer.

Dit was pragtig, nes al die ander *Volksblad*-troues, en ek was jammer dat ek volgens tradisie nie my eie troueverslag vir die blad kon skryf nie.

Vryskut

Teen die einde van 1949 is ek moeg gewerk. My enigste troos is dat Willem nog moëer as ek is en by my kom pleit: "Kleintjie, kom ons trou en kry dit net agter die rug."

Ek bedank dankbaar, maar besluit om eers 'n volle jaar by my ouers op Erfdeel op die plaas te gaan vryskutwerk doen voor ek aandag aan hierdie soort kompliment kan gee. Vryskut sien ek toe as iets soortgelyk aan 'n lang Durbanse seevakansie waarvan mens bruin ge-*tan* terugkom, fiks genoeg vir enigiets. Ons was waarskynlik die laaste van 'n geslag jongmense wat onwrikbaar geglo het aan die ouerlike vloek as mens nie maagdelikheid afgesweer het voor 'n preekstoel met baie strooimeisies, stooijonkers en hofknapies nie. Agterna feestelik toegesing deur die enigste paar liedere wat onprofessionele orreliste en sangers kan behartig. En niks is afgehandel voor die kiekie waar die sorgsame moeder se troukoek deur die egpaar gesny word nie. O, ek was sat daarvoor! Minstens wou ek die rustige maar moeë Willem genoeg kans gee om weg of reg te kom.

Hy was inderdaad moeg, want nes ek met die hand gekies is om by die Nasionale Pers te werk, so is hy met die hand deur sy Oos-Vrystaatse familie uitgesoek om as advertensiebestuurder by die *Kroonstad Times* te gaan werk. Hulle het pas tevore die koerant gekoop. Niemand het vir hom gesê die streek strek nou van Koppies tot Virginia se sementfabriek en deur die hele Goudveld tot by die Vaalrivier nie en dat aangesien sy oom Ollie die hoofbestuurder is, Willem sy stuurjonge na Johannesburg gaan wees asook vertaler vir sy neef Hennie wat die koerant se verspreiding behartig het. Boonop moes hy toesighouer wees oor oom Ollie se resiesperde by Coalbrook. Omdat hy inwoon by my ma se enigste suster, die nieamptelike welsynkantoor van die hele Kroonstad, moet hy haar smiddae kannetjies kos help inskep vir behoeftige gesinne voor hy in die lang tou moet gaan inval by die telefoonhokkie om 'n konneksie deur te kry na my.

Ja, bedank soos ek sou hy graag eendag wou, sodra hy genoeg geld het om my verloofring afbetaal te kry. Ek bedank toe, maar twee tradisionele versperrings kon ons nie omseil nie.

Willem kom een naweek asvaal by my aan. Hy was by sy familie op Senekal.

"Jong, my ma het so geneul, toe vertel ek haar van ons. Ek hoop nie jy gee om nie."

Ek voorsien 'n yslike probleem: Hy is die enigste seun en sy meisie is twee jaar ouer as hy.

"Wat sê sy?" vra ek.

"Sy sê toe 'n meisie wat nie met haar kamerjas uit die slaapkamer kom voor sy haar eie bed opgemaak het nie, soos jy, sal sy goed mee regkom. Maar sy wil weet wat sê jou ouers hiervan. Toe ek sê ek het hulle nog nie gevra nie, sê sy 'n ordentlike jongman gaan vra ouers as hy 'n ordentlike meisie wil trou."

Hy begin woes verduidelik: "Man, ek kom al amper drie jaar hier by julle. Ek is feitlik familie. Jou pa sou my mos lankal van die plaas af weggeja het as hy ons verhouding nie goedgekeur het nie. Dis onnodig om ouers te vra."

En ek sê toe: "Ja, veral aangesien jy nie voor die troue gaan weet of ek 'n ordentlike meisie is of nie."

Hy word gaandeweg deur die twee dae al bleker; eet feitlik niks.

My ma vermoed waarskynlik wat gaande is: Sy het my al gedreig sy sal vir my ook 'n troukoek bak as ek sal onderneem dat dit net 'n appelkooskonfytonderlaag met amandelpasta oor hoef te kry en nie soos Dorkas s'n vanmelewe my naam in versiersuikerletters moet ophê nie, want sy bewe te veel.

Die Sondagoggend sou Willem vroeg ry. Ons kom tot voor my Pa-hulle se slaapkamerdeur en ek maak die deur oop. Hulle lê nog albei in die bed.

Willem begin stotter: "Kan ek ... sal Oom ... ek meen nou, Tannie ... wat Dot aanbetref ..."

My pa rys teen die tussing op en sê waardig: "Is dit 'n voorskrif daar by julle in Senekal dat toestemming gevra word terwyl en as die meisie se ouers in die bed lê sonder skoene aan?"

My ma stamp aan hom. "Kootjie, trek aan jou skoene."

Hy laat gly sy voete van die bed af, trek sy "boetse" aan en ryg die riempies tydsaam in.

En kyk Willem daarna met niksseggende voorsittersoë aan.

"Ek het niks teen jou as persoon nie, Willem. Trou met haar as jy wil, maar die gek in die saak is sý wat wil trou noudat sy 'n blink skrywerstoekoms voor haar het."

Toe draai ek om en ek stap uit terwyl Willem ewe rustig sy hand uitsteek, my pa se slap hand druk.

"Dis vir my 'n eer, Oom, ek sal haar oppas."

Ek is so kwaad ek bewe. Ek stap kar toe en sweer innerlik: Ek sit my voete nie weer op hierdie plek nie. Hy't niks verander nie.

Sê Willem toe: "Ek het nooit 'n pa gehad nie, Dot. Ek sou wat wou gee ... nie oor wat hy sê nie, maar oor wat hy is."

Ek kom tot bedaring. Oor Willem, wat my pa soveel beter verstaan as ek. Hy sal sy dogters eendag net so dwarsweg met hartskote beskerm, al lê ek langs hom in die dubbelbed. Juis – veral – omdat hy die skryning in homself vir my gewys het, sal ek by hom bly.

En ek werk soos 'n slaaf tot laatnag om te bewys dat vryskut en trou maar glad en geheel nie beteken jou toekoms is dan minder blink nie, terwyl Willem met lang gape by my waak.

Voor ek by *Die Volksblad* weg is, het daar nog 'n versperring vir my gewag. Ek moes my bedankingsdatum uitstel aangesien daar reëlings getref moes word om iemand in my plek aan te stel. Vir ses weke moes ek so iemand oplei. Aldus kom Winnie Schumann, jonk en vervul met dieselfde drome as ek, Januariemaand daar aan. Sy was nog meer as ek met die hand uitgesoek, 'n telg uit die toe reeds bekende wiskundige familie. Met briljante matriekuitslae, pas gegradueer, en in haar vakansietye het sy by *Die Burger* vakansiewerkies verrig. Ons het dadelik vriende geword en dit was nie vir my moeilik om vir haar al Bloemfontein se slaggate uit te wys nie. Dit was 'n wonderlike, ongewone basis vir 'n lewenslange vriendskap tussen my en Winnie.

Toe sy die jaar daarna af is Kaap toe, kon sy by ons op die plaas perdry sonder om te val. Terug in die Kaap het haar aanstelling by *Die Huisgenoot* haar gou-gou genees van plattelandse gedragsafwykings.

'n Jaar of wat later het sy saam met 'n jongman by ons kom kuier, op pad na sy familie op Sasolburg, en toe kon ek haar waardevolle wenke gee oor hoe om nié ouers te vra nie. Hy was Leon Rousseau, die jonger broer van Etienne Rousseau van Sasol-faam.

Ons vriendskap het voortgeduur tot Leon en Koos Human hulle eie uitgewery begin het. Deur die jare – wat kritici ook al van my skryfwerk gedink het – het hulle en Fred le Roux vir my publisiteit kon waarborg.

My en Willem se probleme het verdwerg toe ons op 'n dag saam in die omgewing van die nuwe Goudvelde rondstap om te probeer besluit waar ons 'n blyplek gaan kry om in te oorleef. Dis vandag onmoontlik om mens die destydse byna prehistoriese landskap voor te stel: Nuwe skagte wat soos satanslere opslinger soos na hel, synde bo of onder, die molshope deur frenetiese gediertes uitgestort, damme giftige water, die nuwe rye huisies soos popgoed wat daar vergeet is, mierneste van derduisende mense wat soos dik sous oor die Wes-Vrystaatse vlakteland borrel.

Ek dink toe terug aan my dosent van destyds, Chris Prinsloo, met sy idealistiese visioene van 'n groot reënboognasie teen 'n helder lig van eie tale; agt beskawingsgefundeerde infrastrukture in hartlande.

Jare later het ek oorgeborrel van geesdrif toe ons land 'n republiek word. Ek is dadelik na my ouers toe om oor dié nuus te praat. My pa het weinig hierop gereageer, maar my ma het reg op die man af geantwoord: "'n Republiek, sê jy. Om wat mee te maak? Ons kan drie republieke uitroep, maar solank as daar goud en diamante in ons land is, sal ons lakeie bly van die hebsugtiges van buite." My antwoord daarop het ek gelukkig vergeet vanweë die kinderagtigheid daarvan.

Die vorige jaar het die Britse eerste minister, Harold Macmillan, op sy reis deur Afrika ongevraag op 'n manier besluit om hierdie lot Boere op hulle plek te kom sit. Om ons in ons parlement te kom vertel dat 1948 se oorwinning eintlik van korte duur is, te dreig dat winde van verandering wat oor Afrika waai, sal toesien dat die swart man sy regmatige plek as regeerder oor Afrika inneem.

Nou, die man is goed en gasvry soos gewoonlik hier onthaal, soos ons oues nou maar altyd aan oorsese besoekers doen. Wat antwoord mens so iemand? Swyg jy tot Sy Edele weer Engeland toe verkas?

Dis toe dat ons vaal Hollander-Eerste Minister opstaan en die premier hoflik en glimlaggend antwoord. Onvoorbereid, binne sekondes het hy sy stelling gemaak: "Ons matig ons dit nooit aan om die toepassing van ander beleidsrigtings in die gebiede waarvoor u verantwoordelik is, te kritiseer nie, maar wanneer ons by 'n geleentheid soos die huidige, waar ons heeltemal openhartig is, krities daarna kyk, sien ons, anders as u, dat daardie beleidsrigtings groot gevare kan inhou."

Hendrik Verwoerd, die ysterman wat deur wanbegrippe en

hebsug myns insiens nooit sy regte plek in die Afrika-opset gegun is nie. So gevaarlik was hy kwansuis dat hy tot elke prys uit die weg geruim moes word, en sy naam het 'n vloekwoord geword wat alle sondes van alle vorige en toekomstige Afrikaners beliggaam het.

Vandag weet min mense hoe hy sy plan moes deurworstel vir watervoorsiening uit 'n dam in die Oranje en vir kanale na swart hartlande. Die Verwoerddam heet nou Gariepdam.

In ses jaar was daar twee aanvalle op hom. Maar niemand kon ooit in Afrika sy woorde ongedaan maak nie.

Op 6 September 1966 was die aanval suksesvol. Die nuwe bode was glo 'n kranksinnige wat nie verhoor kon word nie. Ek het my gevoelens tydens doktor Verwoerd se dood in 'n ander boek van my verwoord.

Sy dood was wêreldwye nuus, veral die foto van hom op die draagbaar toe hy uitgeneem is na die ambulans. Ek het ook die begrafnis in Pretoria bygewoon. Ek het geweet dat Rykie van Reenen dit namens *Die Burger* se Dirk Viljee sou dek saam met die reeds bekende nuusfotograaf, Louw Pretorius. Vir my was haar opsomming daarvan in "Op die Randakker" vreemd negatief: so asof dit 'n blote gesinstragedie is, met die agterblywende eggenote se seer die hoofsaak.

Rykie was 'n baie bekende joernalis. Sy het baiekeer van Johannesburg af by ons aangekom om Willem se Afrikanabiblioteek te raadpleeg. Haar stories vir *Beeld* en *Rapport* oor NG predikante en struggle-helde was goeie joernalistiek. Sy het baie kontak met ons gehad, maar nou nie wat mens sou noem innig nie. Ek en sy het vasgesit toe sy as beoordeelaar teen M.E.R. gestem het tydens laasgenoemde se eerste benoeming vir die Hertzogprys, omdat sy glo "te naby aan haar gevoel het". Sy het my dit erg verkwalik. Ons is maar almal mense van vlees en bloed.

Jare later ontmoet ek toe in die Oos-Vrystaat die man wat daardie tyd saam met Rykie die Verwoerd-begrafnis gefotografeer het en van wie niemand later iets verneem het nie:

Louw Pretorius. Hy het met my gepraat daaroor en hoe daardie insident sy persoonlike lewe aan skerwe gesny het en hy geen beskerming ontvang het van die mense wat hom gestuur het nie.

Hy het meer as negentig begrafnisfoto's geneem en dit deur die nag ontwikkel. *Die Burger* was die eerste om dit te publiseer. Daarby was een van 'n man op 'n draagbaar. Net sy voete steek onder die kombers uit. Hy het die foto geneem voor dit algemeen bekend was dat dit ons Eerste Minister was.

Hy is fabelagtige somme aangebied vir spesifiek daardie foto, maar kort daarna het mans in gewone drag by sy woonstel opgedaag en al sy foto's, die negatiewe en die kameras gekonfiskeer. Dit was dan nou kwansuis weens antikommunistiese wetgewing dat enigiemand wat enigiets van Louw Pretorius aanvaar en versprei, vervolg sou word.

Louw het vertel dat hulle letterlik op straat gesit het, want die woonsteleienaar het hulle vriendelik versoek om ander blyplek te soek. Hulle het in Loopstraat in 'n tweemanwoonstelletjie ingetrek en hy het dadelik klei-artikels begin maak wat hy in 'n gewone oond gebak het. Sy vrou Elise het haarself leer weef. Toe Winnie Rousseau begin met die reeks *Fyn Kookkuns* het Louw die bygaande illustrasies naamloos gedoen. Later is hierdie reeks so uitgebrei dat meer as 36 kookboeke verskyn het en in almal is sy illustrasies naamloos gebruik.

Maar immer moes die gesin elders heen, wanneer eertydse vriende om redes van hulle eie op hulle spoor gekom het. Ná 'n rusperiode in die Oos-Vrystaat het hulle Pretoria toe getrek waar Louw onder andere klasse in pottebakkery gegee het en skoolopsigter was. Eindelik het Louw se jare lange vriend, Skakel Kriek, hom teruggewen vir *Landbouweekblad* waar hy, soos hy gesê het, in rus en vrede so goed as wat hy kan, boerderysake deur die driwwe kon help. Vandag is sy natuurtonele van die Oos-Vrystaat sowel as sy uitsonderlike pottebakkerswerk gesogte versamelstukke.

Die missie

My werk by *Die Volksblad* en die *Sarie* het my vir baie jare in noue kontak gehou met my medevrouejoernaliste soos Audrey Blignaut, Alba Bouwer, Winnie Schumann, Anna Böeseken en Rykie van Reenen.

Kort ná my troue in 1951 het Alba, toe reeds getroud met my vorige baas, Hubert Coetzee (toe redakteur van *Die Burger*), vir my geskryf. Sy sluit 'n briefie in, geskryf in 'n reeds bewerige skriffie, van M.E.R., die gevierde Afrikaanse joernalis en skryfster, wat my gelukwens met my skryfwerk en sê sy hoop dat sy my eendag op Swellendam sal kan ontmoet.

Al wat ek kon doen, was om innige dank oor te dra, maar ek het baie goed geweet dat ek nou in die binneste kring van die Afrikaanse feministiese volkskultuur aanvaar is. Soos die Broederbond broodnodig was vir die oorlewing van die Afrikaner se identiteit, so was die vrouefederasies in die veertigerjare 'n soort vroulike Broederbond. Name soos dominee Daniël Kestell met sy Chautauqua-verbintenis en Miem Rothmann, skryfster-joernalis, was betrokke.

Ek besit vandag nog dié eerste briefie van M.E.R., gebêre saam met my graad- en my trousertifikaat. Jare later – Antjie was toe reeds op universiteit – het Willem dringend met ons Swellendam toe gery waar ek die nooit vergete paar uur met Miem Rothmann en haar dogter Anna kon deurbring. Hulle woon toe steeds in haar eenvoudige huisie, met koerantknipselpatrone om die rande van haar rakke. Sy het my woordeloos haar eerste ou Nederlandse Bybel gewys, omtrent 'n derde met haar vingers bymekaar gevat en gesê: "Hierdie een derde is die Bybel wat oorgebly het ná alle eeue se beterweters die kastige irrelevansies daar uitgehaal het, en dit word aangebied as die hele Bybel. Dit sal aanhou tot daar niks van oor is nie."

Sy was in die negentig toe. Sy kon toe vir die eerste keer die Hertzogprys kry. Haar kommentaar? "Ek hoor so."

Daar het ek iets belewe van, byna wil ek sê, 'n geheime missie.

Maar soos met alle missies het dit ná die sestigerjare irrelevant geword en toe mense soos Alba, Audrey en ek as ou, heilige koeie weggekeer is van ons grootste publikasie-*venue*, die *Sarie*, het mens dit aanvaar as die einde van 'n wonderlike kulturele dienstyd.

Die erwery

Op 'n dag is al vier ons kinders op Erfdeel: Danie en Sannie met hulle twee kinders, Nooientjie en haar man, Abraham Theron, van Winburg, ek en Willem en Johannes Gerhardus Delport Serfontein, laasgenoemde pas uit matriek. Dis toe wat my pa weer 'n skokkende wilsbesluit op ons neersit: "Kyk, ek het nou besluit, julle kinders moet nou die erfgrond kry wat julle toekom." Ons is nog besig met die koffie ná ete en luister nie dadelik nie. Ons is per slot van rekening nou almal mooi groot.

Hy vervolg: "Ek het die gronde laat opmeet en sny. Sodat elke kind min of meer dieselfde kry. Jy, Ouman [hy het my broer Danie baie keer so genoem], jy is die oudste, jy kry Erfdeel; Nooi, jy is die oudste dogter, jy kry Kommandantspan; Dot, jy en Jan sal Middenspruit deel." Ons is nog nie almal by nie, maar broer Ouman vra, soos gewoonlik, die verkeerde vraag: "Wanneer?"

"So gou as moontlik." Ek glo regtig nie my pa het gedink wat hy sê nie; dit was net die gewone standaardgesprek tussen hulle.

Maar my broer skuif sy stoel agteruit. "San, kry die kinders, ek sien julle weer."

Nou sit die res van ons; nie een is op die plek waar my pa veronderstel hy moet wees nie. My boetie Jan is besig om hom bymekaar te trek om universiteit toe te gaan: Regte, wat nie een van die Serfonteins nog ooit deurgekom het nie. Danie en Sannie is op my ma se stuk grond op Hennenman, en hulle moet Erfdeel toe kom. Nooientjie-hulle is op Abraham se erfplaas naby Winburg, en hulle moet Kommandantspan toe kom. Maar was dit so onbesonne? Daar is tog ter sprake 'n feodale waarheid om die eie te ommuur teen aanslae wat goed en bloed bedreig.

My ma staan asof sy gevries is. "En waar gaan ek en jy heen?" vra sy met stywe lippe.

"O, ek gaan vir ons die ou huis regmaak op Middenspruit."

My ma: "Maar ek wil nie op Middenspruit gaan bly nie."

"Maar jy het dan daar grootgeword."

"Juis."

En ek, wat blykbaar mettertyd die meeste ervaring opgetel het: "Baie dankie, Oupats, dis 'n wonderlike gedagte, maar Willem het werk gekry op Allanridge, en ek gaan op Odendaalsrus skoolhou. Daar's reeds vir ons 'n mynhuis bespreek."

Daarna gaan ons almal buitetoe, en afgesien van my wat myself losgekoop het, staan almal daar asof die weerlig hulle getref het.

My weerlig tref my eers buite toe Willem daar staan. Daar is die lig van 'n heldersiende in sy oë: "Hemel, Dot, gaan boer! Wat 'n wonderlike kans, wat 'n wonderlike geleentheid, wat 'n wonderlike onselfsugtige man is jou pa. Ek gaan net môre bedank."

"Ons praat van net 'n sesvertrek-sakplafonhuisie ..."

"Ek gee nie om nie, al bly ons in 'n tent."

Hemel onse, op watter manier gaan die lewe homself nog herhaal! "Ek wil nie soontoe gaan nie!"

"Jy het nog net nie sover gedink nie."

Dus sou ons toe op Middenspruit gaan boer, danksy die soveelste Delport wat juis te ver gedink het en niks daaraan kon doen nie.

Daardie volgende oggend douvoordag hou 'n groot lorrie voor Erfdeel se deur stil met 'n wavrag werkers. Hulle kom trek vir die oubaas. Verdwaas help ons hier en daar, gryp kaste en tafels, buite raap my pa sy jukke en skeie bymekaar. "Want baas Danie het gesê die oubaas is haastig. Baas Danie moet nog sy eie goed op Kommandantspan gaan haal, hy moet hierdie vrag by Middenspruit gaan aflaai, dan moet hy miss Nooientjie se goed by Winburg gaan haal en na Kommandantspan toe bring. En baas Danie wil dit alles voor sononder klaar hê."

My ma grawe woordeloos nog 'n paar van haar rotstuinplantjies uit om saam te neem en ek haal my akkerhoutbed uitmekaar. En daar is nog my stinkhoutlessenaartjie uit Knysna wat my pa my gegee het toe ek in standerd ses eerste in die distrik gekom het (toe dit uiteindelik vir hom duidelik geword het – met sy swak realiteitsinstink natuurlik tot uiterstes gedryf – dat ek dit nog ver sal bring). Die tikmasjien van my een en twintigste verjaarsdag is onder my een arm en my kartondoos met my trourok onder die ander arm.

Voor die son ondergaan, staan my ma ontredder in die bouvallige ou huis op Middenspruit, met Jan in 'n stoorkamer by die gansneste in die ringmuur. Nooientjie is in Kommandantspan se garage, Sannie laat die bloekomboomwortels wat onder Erfdeel se huis ingroei, afsaag en Willem se neef kom pad vra om vir ons te kom water wys by die platdakhuisie.

Vier geslagte binne 'n dag op hulle erfplase.

En wie is die duiwel in? My pa brom: "Jy kan geen redelike organisasie met 'n mens soos hý (menende sy oudste seun) op dreef kry sonder 'n halsoorkop spulletjie nie." (Gelukkig was 'n laaste groot wilsbesluit vir my pa beskore, toe hy later jare besluit hy wil nie in die familiekerkhof op Erfdeel begrawe wees nie, maar juis op Middenspruit waar al die Delports begrawe lê, en die grafte met 'n keil en hamer uit die sandklip gekap moes word.)

En ek en Willem bly vyftig jaar op Middenspruit, want my pa het gesê hy maak staat op ons om my ma op Middenspruit te ondersteun.

Ja, soos my ma gesê het, die ewige erwery wat soveel verhoudings beduiwel. As ons land maar nooit die voorbeeld daarvan geken het nie.

My jongste boetie, Johannes Gerhardus Delport Serfontein, was al wat destyds met 'n skewe glimlag gesit het en gereken het dis alles net 'n goeie grap wat nooit sal gebeur nie. Hy moes hoor: "Jy, Jan, jy kan die universiteit vir hierdie jaar afstel. Oom Geyer [tot op daardie stadium ons afgesant in Londen] is teruggeroep, een van die sekerste tekens dat ou Doktor [dis nou doktor Malan] óf sal óf moet uittree. Geyerhulle wil deur Afrika afry hiernatoe. Ek het vir hom gesê ek sal jou vir hom gee as motorbestuurder, en 'n behoorlike kar. Jy kan volgende week hier wegspring, dan kry jy hulle daar by Dakar of iewers en kom met hom en tant Anna tot hier."

"Hoe oud is hulle?" vra Jan versigtig.

"Min of meer so oud soos ek en tant Lettie, so jy's baie veilig."

Sienderoog verdamp Jan se geesdrif: Dis ook wragtig nie wat hy in gedagte gehad het nie. Dit was nie oor hy nog nie 'n rybewys het nie. Oom Johnnie du Randt sou dit wel "in absentia" afhandel, soos hy vir almal van ons gedoen het.

Standerd ses-onderwys

Maar so 'n trekkery na 'n erfplaas het natuurlik ook ander onbedoelde nalatenskappe.

Voor ons die dag op Erfdeel weg is, stop my ma 'n besem en suikersakkie en 'n boksie vuurhoutjies in my hand. "Gaan vee net gou Danie se ou stoepkamer uit." (Dit het ná sy troue 'n pakkamer geword).

"Hoekom?"

"Wil jy nou hê Sannie moet hier intrek met al sy ou vrybriewe van sy ou nooiens in die boonste laai? En haak daardie ou motgevrete likkewaanvel van die muur af. Steek dit in die asdrom aan die brand."

Ek was nogal sentimenteel oor die vrybriewe. Meisies het nou eenmaal van hom gehou en dit op skrif gestel, soos dit in die Hettie Smit-era gebruiklik was. Party was baie begaafd en vir my navolgenswaardig vir opstelle. My ma was waarskynlik weer sentimenteel oor die likkewaanvel.

Danie het op 'n stadium likkewane gejag, die velle iewers laat brei en vir my ma 'n handsak en 'n paar skoene iewers laat maak. Die hooggewaardeerde handsak het ek en Nooientjie by haar dood by haar eie beskeie trommeltjie gekry, maar die skoene … Nou ja, dit was die destydse hoë polvye met die hak wat soos 'n uurglasie dun in die middel is en uitklok teen die sool – ongelukkig 'n nommer te klein, sodat, wanneer ons haar in die skoene sien, ons geweet het dis 'n dringendheid wat haar gou weer terug by die huis sal kry om die skoene uitgeskop te kry.

Maar wat ek toe ook daardie dag daar optel, was 'n verslete maar nog heeltemal leesbare standerd ses-rapport van hom. Daardie tyd was standerd ses ons eerste publieke eksamen. Die hele distrik se plaasskoolkinders moes dit op sestienjarige ouderdom op die dorp kom skryf voor hulle gaan na waar die strawwe getye hulle neem.

'n Week of wat daarna toe ek hom weer sien, sê ek ewe kordaat: "Danie, man, hier is jou standerd ses-rapport. Ek kon dit gelukkig nog red uit jou ou kamer."

"Dankie."

Hy vat dit by my, en skeur dit stukkend.

"Is dit oor die datum daarop verkeerd is?"

"Luister hier, dis my besigheid. Kyk jy na joune."

'n Paar maande later kuier ons op die ou rusbank op Erfdeel se voorstoep.

"Man, as jy eendag kinders het, moenie so probeer ingaan op alles wat hulle doen nie. Mens demp net jou kinders se ontwikkeling," sê hy vir my.

"Soos byvoorbeeld?" is al antwoord wat ek kon gee.

"Soos byvoorbeeld daardie dag met die standerd ses-rapport – met die verkeerde datum op. Dit was die regte datum. Ek het standerd ses gaan skryf voor ek sestien was."

"Nou hoekom weet niemand daarvan nie? Dit was tog 'n prestasie. Jy het dan boonop in die derde kwartaal eerste in die klas gestaan."

"In die eerste instansie, Boeta en Oupats was nooit in 'n plaasskool nie. Hulle sou my dalk verbeteringskool toe gestuur het as hulle dit uitgevind het."

En so sit hy vir my toe 'n saak uiteen, ongelooflik vandag, maar daardie tyd ...

Almal moes mos holderstebolder ná my ouma se dood van Middenspruit af weg. Hy het 'n rukkie saam met my by my ouma Sannie loseer en is toe koshuis toe. Toe ek in die hoërskool kom, was hy al uit die skool en Stellenbosch toe vir matriek. Ek het definitief nooit die indruk gekry dat iemand ooit ondersoek ingestel het na sy doen en late nie, of hoeveel keer hy waar in en uit die skole was nie.

Hy verduidelik: "Wanneer jy in die plaasskool is, is al die kinders deurmekaar, nè? Net een geboutjie, net een meneer en juffrou. Wanneer jy in standerd drie is, hoor jy drie kwartale lank die standerd viers se lesse. Wanneer jy in standerd vier kom, leer jy in 'n kwartaal alles en vir die res hou jy jou besig met die standerd vyfs. Teen die einde van standerd vyf ken jy al die standerd ses-werk ook. En as 'n plaasonderwyser sy sout werd is, skryf hy jou einde standerd vyf in vir standerd ses se eksamen by 'n volgende distrik."

Toe ek by Sentraal skoolgehou het, was standerd ses al by die hoërskole ingefaseer, maar toe ek self in 1939 standerd ses geskryf het, onthou ek, was dinge anders. Die standerd ses-eksamen het ons soos goed geleerde karperde met vlerke, kaalvoet en in ons oudste klere deurgelag. Maar daar was 'n hele klein skaar van vreemde outjies, met skoene en kouse en hulle beste pakke klere, die haartjies vreemd gedresseer, wat al swetend standerd ses by ons kom skryf het. Verbasend om te dink dit was dalk omdat hulle almal soos Danie net in standerd vyf was en dus myle voor ons en nie soos die res van die distrik geglo het, myle agter ons nie. Hy is reg, oom Van Niekerk en tant Lettie sou my in der ewigheid nooit na 'n plaasskool gestuur het nie en toe my broer en suster deur die noodlot van die Middenspruit-skool moes weg, is alles in werking gestel om die beweerde agterstand in te haal. En dit het diep voue in hulle selfvertroue gelaat.

Danie sê: "Nou goed en wel, meneer Van Zyl het my by Viljoenskroon se standerd ses-eksamen ingeskryf. Die moeilikheid kom daarna, sien. Jy het dan standerd ses deurgekom, maar jy is nog nie sestien jaar oud nie, so jy kan nie in 'n koshuis kom of by 'n hoërskool inskryf nie. So, as jy nie wegloop saam met Pagel se sirkus nie, sit jy; óf jy moet van daardie verstandige soort ouers hê wat op skoolkommissies dien óf grootliks met fondse rondspeel, anders sit jy in elk geval met 'n jaar en niks om daarmee te maak nie."

Ek verstaan: Iemand wat dit in ons huisgesin doen, sal waarskynlik lewenslank beskou word as 'n tiener-krimineel wat eksamens afkyk.

"Ek dink toe," sê hy, "ek sal so vir die eerste kwartaal die volgende jaar maar terugkom dorpslaerskool toe, weer by standerd ses inklok vir 'n kwartaal en dan Pagel se sirkus oorweeg.

"Die klas was toe in twee gedeel. Die slim kinders was by die wonderlike (volgens die Afrikaner-grootmense) onderwyser Davel en die dom kinders by juffrou Barnes – dié was 'n soort leeutemmer met 'n dodelike krieket-*aim* met 'n inkpot. Ek besef toe, my besonderhede sal nie hier soveel aandag trek nie. Dom kinders gaan tog in elk geval nie ingeoefen word vir die hoërskool nie.

"Ja, ek het gedink ek sal net 'n kwartaal bly, maar ek sê vir jou, ek was so gehipnotiseer deur haar dat ek die hele jaar daar gebly het en toe ek daar uit is, het ek die skinkbord wat ek in die houtwerkklas gemaak het, vir haar present gegee.

"Jy kon jou verkyk. Sy was een van die interessantste mense wat ek in my lewe ontmoet het.

"Ek het dadelik agtergekom sy hou skool, maar sy haat 'n slim kind. Enige geesdriftige hand opsteek en vingers klap op 'n vraag van haar en sy verneder jou tot in die afgrond in – begin haar eie hare uitpluk of die Here Gotta se hulp afsmeek. Nee, jy moet 'n vraag afwag met dowwe oë wat in die verte kyk, asof jy groot blokke onkunde in jou kop moet rondstoot voor jy 'n antwoordliggie raakvang. Ek het gesien dat slim kinders in haar klas binne 'n jaar so dom en onseker word dat hulle angsaanvalle voor 'n gewone klastoets kry."

Die ergste van die ingaan van hierdie karlampe van ons familie is dat Sanna, ons niggie, toe natuurlik in die slimklas van die wonderlikste onderwyser meneer Davel kom, wat ná ses maande van ingaan op alles, bedank en gaan skoolhou by Daisyveld, die kerk se sendingskool in Rhodesië. En die stomme Sanna sit ná twee kwartale ook as slim kind by miesies Barnes, wat haar met alle ekstra hel tot haar beskikking verneder. En sal jy glo, aan die einde van daardie jaar is haar punte glo van so 'n aard dat oom Meneer besluit sy moet nog 'n jaar in standerd ses oorbly, want dis duidelik dat Schalk Pienaar of Dirk Derksen of een of ander rinnewasie besig is om haar te verlei. Of dat sy saam met Davel wil gaan om sendeling te word – nog die grootste euwel van alles!

Ek vra Sanna ná jare: "Maar, Sanna, het dit regtig met jou gebeur?" Sy beaam dit. En die opvoedkundige doel daaragter? Dat 'n prinsipaal die voorbeeld moet stel. As sy kind nog nie behoorlik ontwikkel is nie, moet sy nes alle ander Depressiekinders 'n jaar herhaal.

"By mevrou Barnes?"

"By mevrou Barnes!"

"En daarna?"

"Daarna kon ek nêrens meer aanpas nie. Al my vriende was ouer en verder geleer, ek was orals te dom of te slim. Ek het onderwyseres geword oor ek aangesê is, terwyl ek eintlik 'n aanleg vir kuns te laat uitgevind het. Al wat ek jou kan sê, is: ek het probeer om nie so IN TE GAAN in my dogters se dinge nie, want ek het besef wat agterna gebeur, sou vir my soos my verantwoordelikheid gevoel het." En daardie stukkie was, so het ek gevoel, heeltemal onnodig vir 'n ouma om op haar te neem.

"En wat maak jy toe met jou tweede standerd ses-eksamen se rapport?" vra ek my broer.

"Man, toe sien ek maar al die standerd ses-kinders in die koshuis skeur hulle standerd ses-rapporte ook op: Die helfte van die Wesselse en die Marais'tjies, nes hulle klaar ingeteken het, want hulle het toe al hulle standerd agt-rapporte gehad voor hulle stemme nog behoorlik gebreek het. Die oudstes het al glo hulle eerste doktorsgrade of hulle het miljoenêr-skaapboere geword voor hulle mondig was."

Dit was dan die voorspel tot sy standerd nege-uitstap na

Stellenbosch!

Daar sit ek toe vier jaar op universiteit met H.O.D., skoolgehou by een van Bloemfontein se spogskole. Ek wonder of my prinsipaal ooit in 'n plaasskool was om die diepste kloutjies van die onderwys so mis te kon verstaan het.

En hier is my liewe broer toe in die dertig: geëer en gerespekteer, beslis op pad om Provinsiale Raadslid te word en dalk binnekort op die direksie van die grootste boerekoöperasie in die Vrystaat.

Inderdaad het ek my nie misgis met oom Veldviool se aandeel in die opvoeding van 'n hele geslag Afrikaner-elite nie! En my broer se vreemde lewenspatroon was juis op dieselfde pad as my pa, wat hulle albei van weerskante soveel moeite gedoen het om te vermy.

Toe ek die middag terugry, dink ek daaraan dat ek nooit opgelet het of die swaeltjienes in die stoepkamer nog daar vasgespyker is nie. Eintlik is ons almal swaeltjies, want waar die lewe ons ook neem, ons sal altyd na dieselfde broeiplek terugkeer, al is dit net in herinnering.

Die Sestigers

Ek glo nie daar is een digter, skrywer of joernalis wat nie ten goede of ten kwade beïnvloed is deur wat ons vandag die Sestigers noem nie.

Die Tweede Wêreldoorlog het in 1945 geëindig, die Nasionale Party-bewind het ná 1948 ingeskop. Aanvanklik, tot diep in die 1950's, bring dit nie soveel sigbare verandering in die letterkunde wat temas en styl betref nie. Wel was almal daarvan bewus dat daar 'n groep jong skrywers was wat gedurende die oorlog uitgewyk het na Europa, veral na Nederland – wat hulleself toe nog beskou het as die stamland van Suid-Afrika en aan wie dus groot toegeneentheid verskuldig was.

Amptelik was ons regering deel van die alliansie wat die oorlog teen Duitsland gevoer het. Maar natuurlik, om te mymer oor verbygegane oorloë soos by ons was iets heel anders as vir dié oor wie die kanonne bulder en waar die stede rondom platgeskiet en gesneuweldes in massagrafte toegestoot word.

Geen Europese skrywer self sou ongeskonde daardeur gekom het nie, ook geen letterkundige instansie nie.

Ná die vrede kom van daar af terug hiernatoe: die sogenaamde Sestiger-skrywers en -letterkundiges. Hulle selfopgelegde doel was om die agterstand van die plaaslike toneel opgegradeer te kry na die nuwe Europese norm. Vir hulle – so voel hulle – is alle vorige letterkundige bydraes net 'n voorspel tot 'n nuwe werklikheid. Hulle – so glo hulle – wag nog vir die Groot Afrikaanse Roman om geskryf te word deur die superieure Afrikanerskrywers. Nog net 'n nuwe tema kort.

Afgesien van Uys Krige se bydraes as werklike soldaat kon regtig niemand van dié wat teruggekom het of dié wat agtergebly het hulle beroem op werklike insig in en deelname aan die pas afgelope oorlog nie.

Maar in 1953 wen die Nasionale Party die tweede verkiesing en dis dus nie net 'n verbygaande stukkie waansin nie. Toe verander alles meteens. Hier is die nuwe tema: die honde wat nie saam met ons oorsee baklei het nie – dam hulle by! Nou kom die militante, uittartende gedigte en romantemas. Jy projekteer net die Europese oorlog se Ardenne, Duinkerken en Auschwitz se smart en lyding hiernatoe. Voeg Amerikaanse Negeropstande vir smaak by. Jy spook en jy veg met die kort dolk teen die heersende regering. Jy pak driehonderd jaar se geskiedenis op sy skouers. En laat hulle verstaan jy skryf en dig nie vir hulle of oor hulle nie. Jy skryf spesiaal so ingewikkeld dat net polities ingewydes jou kan verstaan. Maak dit vieslik dat hulle dink jy val hulle kerk aan.

As jy 'n letterkundige prys soos die Hertzogprys wen, weier om dit te aanvaar.

En as jy kan, kom oor ontug in die tronk, of ten minste moet van jou werk verbied word.

Sekerlik pas dit my nie om te veralgemeen nie. Maar persoonlik het ek gevoel dat die Sestigers, hoewel hulle hulself as vrydenkers teenoor 'n versmorende sisteem beskou het, op hulle beurt 'n stel beperkings op jong skrywers geplaas het wat baie tot swye gedwing het en daardie gevaarlike kloof tussen skrywer en leser gebring het wat baie verder gestrek het as die Sensuurraad. En dit het jare geduur om te oorbrug.

Doktor Verwoerd het in 'n bekende toespraak by Republiekwording die versugting uitgespreek dat hy na die dag uitsien wanneer skrywers en digters saam met die volk wil deel in die vreugde van die nuwe onafhanklikwording. Hy is deur die letterkundige instansies daaroor verag en verguis, en tog het hy as gewone mens die tweesnydendheid van die swaard raakgesien. Natuurlik was daar daarna openlike oorlog.

Etienne Leroux met sy opspraakwekkende paring van mitologie en dieptesielkunde sal altyd vir my die belangrikste bly, maar sy grootste triomf het daarin bestaan dat sy *Magersfontein, o Magersfontein!* verban is, hoewel die druk gekom het van die kerk en die gewone leser. Die verbod is later deur die Sensuurraad tersyde gestel. En Breytenbach het die tronk gehaal, maar nie oor sy letterkunde nie.

Jong skrywers soos ek daardie tyd moes tussen dit alles as skrywer probeer oorleef.

Ek wat myself as 'n joernalis beskou het en nog altyd so voel, veral omdat die anonimiteit my as gesinsmens gepas het, het vir *Sarie* tydens Fred le Roux (een van die beste maar mees ongewaardeerde letterkundiges) se redakteurskap 'n magdom kortverhale en ses bundels sketse geskryf. Dit verskaf my plesier, vandag nog, as dit weer in bloemlesings gebruik word. Ek het ook ses vervolgverhale geskryf wat te boek gestel is, asook reekse oor verskillende kontreie: Namibië, die Weskus, Lesotho. Dié is nie versprei nie omdat dit in die eerste plek van tydskrifte kom; so moes ek aanvaar.

Ek het 'n oorlogroman geskryf en talle oorlogsketse in ander bloemlesings, ook die magistrale geskrif oor my eie dorp wat – ek is bly om te kan sê – vandag as 'n standaardwerk oor kleindorpse navorsing beskou word. Ek het ook die stamboek van die Serfontein-familie geskryf en 'n Sotho-roman.

Om dié redes en nie om roem nie het ek my onomwonde identiteitstelling behou.

Roem? Vir 'n Afrikaanse skrywer? Hoe sal ek weet? Soos my niggie gesê het toe haar erfplaas oplaas haar eiendom word: Wat maak mens op tagtig daarmee? En dit is belangriker dat ek dit wat ek gedoen het nié ten koste van myself as tradisionele Afrikaner geskryf het nie.

Hoe op die aarde kon mens die letterkunde van voor Sestig as blote voorspel aanvaar?

Vandag nog voel ek die atmosfeer van koue angs by die lees van die skynbaar wetenskaplike uiteensetting van liefdeswraak in "Diep Rivier" van Eugène Marais. En ek deel die ontsetting van die ou man in "Isak Slyk" toe die kraai ná die oorlog terugkeer en hom in sy ounooi se stem aanspreek.

En die spookstories van Langenhoven is van die weinige Afrikaanse stories van voor Dertig wat vandag nog net so pakkend vir 'n kind is. Lees maar weer sy storie van hoe die groot reën Sagmoedige Neelsie en hulle trem in Meiringspoort oorval het en die avonture met Dominee en vryers wat hulle daar beleef. Onthou u nog al die aardige dinge wat met die oorvol rivier afkom? Waatlemoene, pampoene, kruiwaens, trapmasjiene, drievoorploeë en entjiebyters vol volstruiskuikens! Eindelik kom daar dan 'n hoog besope bruinman, al singende "God save the King". Toe Neelsie vir Herrie instuur om hom te red – en 'n olifant kan diep instap – vlie hy van die stomp af en sing 'n ander wysie boontoe van skrik.

Later gehoor dat hy deur Oudtshoorn met die stroom weg is. Totius, Leipoldt, Jan Celliers?

En hoeveel armer sou ek nie gewees het as ek nie die "Rosa Rosarum" van A.G. Visser beleef het of *Raka* of die eindeloosheid van "Dis al" myne kon voel nie. Maar hoe graag sou ek Etienne le Roux se gawe wou gehad het om 'n mitologiese held met 'n verkeerskonstabel te verenig sodat mens dit glo! En die taal waarmee 'n mens die belaglike tot die absurde kan dryf om daarmee die tragiese uit te beeld. Ja, hy was 'n visioenêre skrywer.

Maar dis nie te ontken nie dat die Sestigers bydraend was tot die verwarring van die Afrikaner in sy soeke na die oplossing van landsprobleme en dat sommige van hulle juis hieruit goedkoop en onverdiende stilistiese roem verkry het.

Pakt

Afgesien van my en Willem se romantiese verhouding het ek ook toe kennis gemaak met sy Oos-Vrystaatse konneksies.

Omdat sy pa so vroeg dood is, was hy vir alle praktiese doeleindes sedert sy sesde jaar deel van sy ma se broer, oom Frans Bekker, se gesin. Oom Frans se vrou tant Kosie – kleindogter van kommandant Gert van Rooyen, deel van De Wet se kommando B van weleer – het skoolgehou by die plaasskool op Holpan en daarheen moes sy en hulle kinders en Willem bedags per treppie ry. ("Genoeg perde ingespan toe ek klein was," het Willem sy onverskilligheid oor perde verklaar).

Later het sy ma se ander broer Ockert sy skoolgeld betaal.

Ja, oom Frans Bekker ... Ek het al oor hom geskryf, maar ek sal nooit reg aan sy besondere persoonlikheid kan laat geskied nie: Die Bekker met die twee k's, wat fleur en nugterheid met soveel meelewendheid en vergewensgesindheid met soveel vasberadenheid kon paar.

Oor die jare daarna het almal van my en almal van hom die welwillendheid teenoor mekaar behou.

Ek het hom daardie tyd in 1950 dieselfde vraag gevra as vir my eie pa: "Hoe het julle dit reggekry om hierdie verkiesing te wen? Julle was in hoeveel partye verdeel wat teenoorgesteld geglo het?"

Hy sê toe: "Glo jy die Nasionale Party het al 'n verkiesing gewen? Ons het nog nooit binne menslike heugenis 'n verkiesing gewen nie; ons oorleef 'n verkiesing, want ons kan dit nooit wen as ons nie 'n agterryer het wat jy ná die verkiesing met die perde veld toe kan wegstuur nie. Ons noem dit 'pakt'. In 1921 het generaal Smuts die verkiesing met die diamantmagnate van Thomas Smart gewen. In 1924 het ons die verkiesing gewen met die Arbeidersparty as pakt. Ná die stakings in 1922 toe die Smuts-regering mynwerkersleiers laat bombardeer het, het hulle in 1924 as pakt by die Nasionaliste ingekom. In 1933 het generaal Smuts die verkiesing gewen deur generaal Hertzog tot pakt te oorreed sodat hulle albei die aggressiewe Arbeidersparty kon afskud, onder andere.

"In 1939 het generaal Smuts vir ons toetrede tot oorlog toegestem net omdat generaal Hertzog uitgestap het en geweier het om as pakt vir hom of vir die Nasionaliste van doktor Malan se gesuiwerdes te dien, en generaal Smuts die kleurlingstem as pakt agter hom gehad het.

"Hierdie verkiesing het ons gewen omdat ons Niklaas Havenga se Afrikanerparty kon oorreed om pakt te maak, alleen moontlik ná generaal Hertzog se dood.

"Jy sal maar sien, 'n pakt gaan direk daarna weer sy eie pad in. Met elke parlementêre beslissing werk hulle teen die een wat hulle aan bewind gebring het."

"En dan?"

"Dan, my kind, werk mens maar vinnig en haastig om 'n paar lekker parlementêre beslissings en hier en daar 'n sakgeldjie deur te stoot voor almal tot verhaal gekom het, en begin 'n volgende pakt organiseer met iemand anders."

Oom Frans se feite was weliswaar nie altyd onberispelik nie, maar hy kon so mooi vertel: "Ou Doktor (Malan) het persoonlik ná die uitslag gesê: 'Die skrif teen die muur sê: Mene Mene Tekel' en ek sê: Sene Sene Senekal!'" Ons het byna mal geword van trots.

"Jy sien, 'n pakt loop nie saam uit eie oortuiging, soos ou Doktor dit by Bloedrivier se monument gesê het nie, dit is 'n pakt vir sy eie ... hoe sê hulle ... voordeel."

"Sou ons sonder pakt gewen het?"

"Ek dink so; dit was meer 'n broederhand wat uitgesteek is na ons eie mense. Maar solank ons onder die Britse statebond is, sal nóg 'n pakt nóg 'n broederhand die land kan help – en dit sal 'n oorlog beteken daarna."

(Tien jaar later gebeur dit, en die wapen teen ons is "apartheid".)

Die Krogs

My pa het van Willem gehou: 'n ordentlike, sterk geboude Afrikaner-boerseun. Hoewel hy die Oos-Vrystaatse mense beter as ek geken het, het hy my geprys oor hom. Vir die soveelste keer het ek my in sekere opsigte laat verlei deur my pa se dubbelslagtige komplimentering. Willem was baie minder 'n boerseun as die res van ons. Die Krogs, 'n tak van die Duitse Bremen-Krogs, se stamvader, te wete Carl Ignatius, het na Noorweë getrek en van daar af het die seun, 'n ongetroude jongman, in 1794 na Suid-Afrika uitgewyk, pas voor die Engelse die Kaap by Nederland afgeneem het. Hy was Johannes Christoffel, wat hom in die toenmalige Republiek van Swellendam gevestig en met Esther Maree getrou het.

Van hulle agt kinders was daar onder andere Martin Johannes Christiaan, wat getroud is met Hester Jacomina Francina van der Vyver. Hulle eerste kind was 'n seun, Willem, wat met Susanna Catharina Froneman getroud is.

Een van die Krog-afstammelinge se name was Henriette Jacoba Maria Magdalena Clagnet Van Lelieveld. (Ek het nogal dikwels gewonder of ek nie 'n paar van hierdie vorstelikhede aan my dogters se name kon koppel nie.)

My Willem se pa was Willem van der Vyver Krog, daarom is my oudste Willem Van der Vyver. En die pa sterf op drie en dertig jaar toe my Willem ses maande oud was. Toe is die gesin reeds in die Oos-Vrystaat, kort voor die Anglo-Boereoorlog.

Van die ander Krogs wat in die Oos-Kaap oorgebly het, was oom Theunis Johannes, getroud met Anna Bierman. Hulle het twee dogters gehad: Emmarentia en Estella. Gedurende die Anglo-Boereoorlog het Emmarentia verlief geraak op 'n Ierse ... kom ons sê maar offisier (alle immigrante was mos maar altyd offisiere, dan nie?).

Getroud, ja, volgens die Krog-stamboek wat reeds in 1926 net ná my geboorte verskyn het. Maar ná die oorlog is die Engelsman terug Ierland toe en Emmerentia bly sit met 'n klein dogtertjie. Sy gee haar suster se naam, Estella, aan die dogtertjie. Ná 'n ruk kom die pa, Percy Harold Jenks Blakemore, terug na Suid-Afrika en neem die dogtertjie saam met hom terug. Sy word in Ierland groot en in haar twintigerjare begin sy skryf. Sy skryf in Afrikaans onder haar eie naam, Stella Blakemore, die jeugreeks *Meisies van Maasdorp*, die boeke wat ek op laerskool verslind het. Daarna skryf sy op aandrang ook 'n reeks tienerverhale vir seuns, *Keurboslaan*, onder die naam van haar oupa, Theunis Krogh. En die hoofheld-onderwyser is niemand anders as "doktor Serfontein" nie. Willem lees dit sonder dat hy besef die skrywer is familie van hom. En dat die doktor sy toekomstige vrou se van het. Sal mens dit glo! Hy vind as volwassene eers van Stella uit. Hulle het voor haar dood 'n hele paar briewe gewissel.

En wat het mevrou Dot Krog om oor te gee aan die gevleuelde Krogs van Christiana? Onder andere 'n digteres – ons weet almal wie. En wanneer ek baie dae oor haar feministiese en aktivistiese lewensopvatting gewonder het, het ek maar probeer onthou, dis sterker as syself, want een van die ander tantes was Gina Krog, die negentiende-eeuse vegter vir vroueregte, in so 'n mate dat sy 'n staatsbegrafnis van haar regering gekry het. Aldus was my man nie 'n ordinêre ou boerseun nie, want boer was omtrent die enigste ding wat hy nooit na sy eie sin behoorlik onder die knie gekry het nie.

Die eerste groot jeugprojek van die Nasionale Pers se *Het Daghet Overal* was hierdie boeke van Willem se veraf niggie, oor stoute tienerkinders met goeie verstand en oulike, vrolike gesiggies en in koshuise bly – tog 'n opbeurende item vir 'n kinderleser soos ek wat diep moes drink uit die smartgevulde Afrikaans-uit-Amerikaans-vertaalde kinderboeke van my tyd!

Dit was meestal die boeke van Fanny Eden, vertaal deur dominee P.J. Marais, soos *Waar die Wilde Tiemie Groei, Alleen Agtergelaat, Niemand se Liefling, Goudkoppie, Ver van Huis*, en dan die onsterflike boek van Harriet Beecher Stowe vertaal deur P.A.M. Brink, *Die Hut van Outa Tom* wat veronderstel was om ons voor te berei het vir 'n "helde-Negergeslag", sy dit dan in sneeudrifsels en met meisiekinders wat onverskillig met hulle daaropvolgende babatjies alleen in stormnagte moes wegvlug. Die boeke het druk na druk beleef en ek glo dit was 'n handige byverdienstetjie vir die betrokke vertaler; dis te sê as hy nie soos baie daardie tyd veronderstel was om dit gratis vir die heil van die Afrikaner, Christen en sy minder versigtige dogtertjies te doen nie.

Vanmelewe se boerdery

In 1933 het ek my skoollewe ewe parmantig begin en my halfkroon gespaar, maar dit was eers ná matriek wat ek besef het wat 'n finansiële las my ouers op hulle moes neem om ons kinders 'n sorgvrye geleerdheid te kan gee. Om as middelklas-Afrikaners sonder vergoeding of roem die identiteitskrisis se verantwoordelikheid te moes dra; om van voor af tydens die Depressie en die droogte die voorheen gesonde boerdery tot 'n bankrotspul te sien verdroog.

Selfs ek het as voorskoolse kind die florerende bedrywighede van voorheen onthou; die goeie beeskuddes voor die diere van maerte in die riviermodder verstik het.

Ek onthou die hoogtepunte van voorheen: Die plooi-Merino-ooie se lammery in die voorjaar met hanslammers op melkbottels, die skape wat in 'n diep uitgemeselde dipsloot van koperdip gedompel word, en natuurlik die skeerdery wanneer ons kinders feitlik tien dae lank in die skeerhok bly en saam met die werkers en my pa aan alle bedrywighede deel gehad het. Om lootjies te sny en te nommer vir elke skaap wat 'n skeerder los, die deskundige uitgooi daarna van die vag op die skeertafel, my pa se afronding en dodelik presiese gradering voor dit na die gemerkte baal gaan waarin dit hoort. En hoe die vrouens stukkies afval en penswol met besems opvee. Ons trap almal beurtelings die wol in die bale vas. Van kop tot toon is ons later vol wolvet. (Later eers is die kosbare salf lanolien genoem.) Vir 'n maand daarna hoef ons nie te bad nie, ons is soos klein boesmantjies ingesmeer.

Daarna volg die hoogs professionele toewerk van die bale, die afsendersadres met 'n stensil en groen verf aangebring en eindelik die afbetaling van 'n ieder en 'n elk. Vandag se vakbonde sou die stuipe kry oor kinderarbeid gebruik is en hulle dan so min betaling daarvoor kry. Sê nie hoe min nie, al wat 'n stattekind is, ry saam op die volgelaaide ossewaens dorp toe, trots op hulle eerste sakgeldjies. Vir sommige van hulle is dit die eerste keer wat hulle so naby aan 'n stasie en 'n treinenjin kom.

Op dieselfde manier is in die winter die mielies afgeoes en gedors met oom Ras Keeve se dorsmasjien met die stoomenjin. Stronke is uitgewaai vir die kombuis en in die blarehoop is wegkruipertjie gespeel.

Maar ná die droogte twee seisoene lank geduur het sonder 'n mielie-oes, die skape met hulle swaar ondergraad vagte wat in die jaar daarna vrek van die ontydige reëns, so het my pa vertel, het hy feitlik alles verloor. En die paar beeste wat oorgebly het, het hy aan die lewe gehou met stukke opgekerfde pampoen. Daar was nie wolfirmas met skeerspanne nie, dié in beheer van die verhandeling van alle landbouprodukte was nie Afrikaners nie.

Wat doen my pa toe onder andere? Hy ry keil-sandklip uit die droë spruit en bou vir ons 'n reusagtige swemdam uit groot blokke klip, hy bou sy eerste silo van vyftien voet diep om eendag wanneer daar weer 'n oes is, mielies daarin te kan inkuil, en omdat turksvye die enigste vrugte is wat nie verdroog het nie, pluk hy persoonlik met 'n stok met 'n visblik aan die punt vir die hele plaas bedags turksvye. Danie kon daarna vir jare vir ons presies die stappe verduidelik as iemand of iets verstop raak van te veel turksvye eet, want tot die kortbekvarkies het verstop geraak en later gevrek van die oorryp turksvye.

My ma kon darem seep kook van ie varkies.

Gedurende al hierdie teenspoede, so om en by 1935, is my ouers op 'n dag saam weg Smithfield toe, het ek gehoor, waar daar 'n Swanepoel woon wat nog destyds saam met my pa op Grey in matriek was.

My ma het, soos ek later ook, selde saamgegaan wanneer my pa – later al hoe meer dikwels – op verdienstelike sake agter Afrikaners en hulle beeste en om ander mindere redes wegry. Dus het sy elke keer wat sy wel gegaan het, gesien as 'n wonderlike avontuur.

Daardie keer het sy teruggekom met 'n pragtige reisdeken van ongekleurde suiwer Merinowol. Vir die eerste keer sedert my suster Nooientjie se dooprok van Koppies-kant, hoor ek weer van die naam Emily Hobhouse. By Trompsburg was die enigste oorlewende spin-en-weefskool wat Emily Hobhouse begin het. My ma is deur die Swanepoel-vriendin daarheen geneem (reken, volgens my ma dryf die tannie self 'n motorkar, nè!) en daar het sy die reisdeken present gekry. Ja, dit was een van die dinge wat ek uit my ma se slaapkamer geërf het en ek slaap vandag nog onder die reisdeken, mooi oorgetrek met ongebleikte linne soos my skoonma my later leer doen het.

Met die trein kom toe 'n tydjie later 'n skaap aan. Aan sy stertkant was hy ooglopend 'n ram, maar aan die voorkant soos 'n Merino-ooi sonder horings.

My pa sê toe as mens die wol teen sy blad oopvlek, kon tot Andries Mareka, die skaapwagter, konstateer: "Opregte geelbekmerino sonder die pliets en die horings, maar darem by die sak taamlik fris."

Veral is hy bly dat dié meneer se naam Letelle is, na 'n ou Basotho-kaptein. Nee, hy sal werk, dié ram! Natuurlik het dié toe die klompie agtergeblewe ou geelbekooie vir sy eie plesier deurgedraf, en ons is lewenslank verbind aan die enigste suiwer Merino wat deur inteling en deur kruisteling só gehou word.

'n Rukkie voor ons troue het ek my gesetel in die platdakkie drie kilometer van Middenspruit se ou opstal af. Ons boerdery het bestaan uit tien Jersey-koeie, vyf geelbekmerino's van oom Frans Bekker en 'n opreggeteelde worshond.

Op 'n dag roep my pa vir my en Willem skaapkraal toe. As trougeskenk gee hy my die vyf en twintig gedekte Afrikanerverse in die kraal present en vir Willem vyftig jong gedekte Letelle-ooie.

Maar soos ek verwag het, was daar 'n voorwaarde by. Ek en Willem moet belowe om beide die Afrikanerbeeste en die skape nooit met enige ander ras – om watter rede ook al – te kruis nie. Net van sy eie bulle en die ramme direk vanaf die oorspronklike teler, Tjaart van der Walt, mag ons gebruik.

So vertel hy dan die ontbrekende stukkie van daardie reis ná die droogte: Ou Ham (ek reken só het hy sy Swanepoelvriend genoem) het hom uitgeneem na Tjaart van der Walt toe. Dit was hy wat albei sy ouers in Bethulie se konsentrasiekamp verloor het, wat toe hulle grond onteien is, skape vir ander mense opgepas het terwyl hy homself bedags in die veld leer lees en skryf. Hy kon vir 'n ruk deur 'n soort toegif in Australië gaan werk. Daardie tyd in die vroeë 1930's het hy artikels vir die *Landbouweekblad* geskryf oor die toentertydse rewolusionêre ander teelmetodes van wolskape waaroor die hele Wolraad hom wou stenig. Hy het toe telerye by skaapboere soos die Swanepoels begin, maar hy is verbied om aan enige Merino-tentoonstelling of produsentebedrywighede deel te neem of 'n vendusie by te woon.

Natuurlik het ek en Willem my pa se voorwaardes outomaties aanvaar, maar ek sekerlik met nie soveel apostoliese erns soos Willem nie.

Saam met die skaap het hy ook die teler daarvan as sy persoonlike ontbrekende vader aanvaar. Elke aspek van die voorwaardes het hy onderhou, elke skaapboer wat stilletjies kruisteling met Letelle probeer doen, het hy tot in sy siel verag en onteien. Hy het as vriend, later as voorsitter van die telersvereniging, alle aspekte daarvan in stand gehou. Tot twee dae voor sy dood. Ons het in die loop van jare baie eertydse vriende hierdeur verloor, maar baie ander mense het ook lewensvriende gebly. Later was Willem aandadig aan die opstel van die Letelle-boek waarin iemand vandag nog as hy probleme met genepoele en Brahmaan-kruisings het, kan lees hoe, wat en wanneer nie.

Onderstepoort was destyds internasionaal bekend vir navorsing en verspreiding van diere-entstowwe, maar was terselfdertyd baie toeganklik vir gewone boere van ons land. Twee wonderlike vriendskappe het ons daaroor baie jare behou. Die eerste was met die innemende dosent, Kayser van der Walt. Hy was onder andere 'n asmalyer en by hom het ek die enigste homeopatiese middels gekry wat ooit werklik 'n verkoue kon verhoed, en ek dink vandag nog aan die visioenêre toespraak wat hy tydens die driejaarlikse Letelle-byeenkoms gehou het. As in die negentiende eeu oor koloniale uitbreiding baklei is en in die twintigste eeu oor wapenenergie, sal in die een en twintigste eeu eenvoudig oor een enkele element baklei word en dit is kos, het hy gesê. Want lande wat nou hulle landbou verwaarloos, sal tot niet gemaak word deur ander wat kos het. Vernietig enige land se landbou en daardie land bly vir ewig in jou knegskap ... Ek dink baie keer aan Kayser: Baie vroue het hom aanbid. Van hulle het by my kom kla.

Saam met hom was daar die Duitser wat toe reeds in Europa baanbrekerswerk oor bloedgroepe gedoen het. Hy het met 'n verweerde Volkswagentjie (en net 'n bos groen piesangs om te eet) in die land aangekom op soek na 'n sekere onbekende plek genaamd Unter der Pforte.

Dieter Osterhoff ja, trou toe met Bonnie Engel, 'n bekende in die musiekwêreld van Pretoria. Dis Bonnie wat saam met drie vriendinne die eerste vroue-ensembletjie begin het met ongelooflike hekelliedjies en byklanke. En haar dogter Bondina wat in haar voetspore die so bekende Cutt Glas-groep oor jare byeen hou.

Ja, ons sien mekaar nou min, en van hom bly nog net die effense Frankfurtse aksent en sy Beierse humorsin my by.

Ek dink aan Willem se oom Boet Bekker en hoe ons die sesvertrekhuisie se meubels moes skuif wanneer hulle kom kuier, want hy kon net op 'n vreemde bed slaap as hy daarvandaan by 'n venster kan uitkyk. Aangesien ons hele platdakkie daardie tyd net een klein venstertjie in elke vertrek gehad het, het dit kopwerk van Milnerse oorerwing gekos om dit te bewerkstellig.

Ons getroue ou jonkmansvriend, Roodt van Koppies, het my vir die res van my lewe oortuig mens se hart gee in as jy enige pil op jou nugter maag drink. Hy het my ook geleer hoe om 'n Jersey-koei wat van lusern opgeblaas is, teen 'n opdraande te laat staan sodat sy self agtertoe afblaas sonder dat mens met 'n kombuismes 'n gat onderkant haar ribbekas moet instamp soos die veearts aanbeveel.

1951

Ek sal altyd glo dat in my "heugenis" die twaalf jaar tussen 1948 – toe die Herenigde Nasionale Party gewen het, hoewel met slegs 40% van die stemme en tien jaar ná sy ou kortstondige paktregering met die Arbeiders (1924–1934) – tot en met die Republiekwording in 1960, die rustigste en voorspoedigste tydperk in die twintigste eeu vir die hele bevolking van Suid-Afrika was.

Die Nasionale Party het oorgeneem by die Verenigde Party van generaal J.C. Smuts. Dat Smuts die verkiesing verloor het, was natuurlik nie so 'n ongewone gebeurtenis nie. Ná die

Tweede Wêreldoorlog het dit met baie van die moeggestryde veterane in Europa gebeur.

Per slot van rekening is dit by beskaafde lande oor eeue bekend dat veldhere uit 'n oorlog se begin, selde daarna in die kussings eindig. Dink maar aan Saul, Dingaan, Paul Kruger, Hitler!

Verkiesingsneerlae is gewoonlik net fokusverandering tot 'n volgende verkiesing, sonder sprake van verkiesingsbedrog, of die land se ekonomie daarna deur anties met voetbalspanne en motorbande betwis word of nie. (Stoele slaan op vergaderings was wel nogal ter sprake!)

Ná 'n Wêreldoorlog van ses jaar wat in atoombomme geëindig het, was die uittrede in 1948 waarskynlik vir generaal Smuts in sekere opsigte 'n verligting. Agterna beskou, was dit geen grap vir hom om 'n oorlog met 'n verdeelde nasie te begin en nogal as vennoot op te tree van die Afrikaners se tradisionele oorlogsvyand met so 'n oes reputasie soos Engeland nie. Aan die begin moes hy nog 'n oorlog binne 'n oorlog veg teen die militêre bedreiging van die Ossewa-Brandwag vir wie Duitsland ná die oorlog 'n republiek belowe het.

Daarby het daar feitlik huisarres, indien nie internering nie, gewag vir almal wat witbrood eet, onnodig motor ry of nie 'n familielid vir oorsese oorlogsdiens wil verskaf nie. Dink aan die administratiewe probleme om almal gevang en verhoor te kry en om vas te stel watter nuusdraer lieg oor watter sleggesinde Afrikaanse onderwyser, en dink aan die interneringskampe wat hierdie hordes moes huisves in klein, ondoeltreffende tronkies sonder behoorlike toilette. Waarheen met al die ou ingehandigde haelgewere? En is die personeel by die munt wat medaljes giet, nie dalk spioene wat alles opsmelt, en dit Suidwes toe uitsmokkel na die Duitse duikbote nie?!

Angstige tye, ja ... "Grey Steel" is Smuts tereg genoem, maar by ander was hy liefderik as "die Oubaas" bekend. Oorsee was hy 'n grondlegger vir ewigdurende vrede. Ja, dit was dalk strategies nodig dat Nasionaliste wat so baie boeke geskryf het oor hoe die land regeer moet word, nou almal se rommel moes opruim.

Nog 'n verdere rede waarom 'n tydelike Nasionale bewind nie as iets gevaarliks beskou is nie, is dat tegelyk met dié se oorwinning die eerste skagte gesink kon word by Odendaalsrus, by die nuwe goudvelde gelykstaande aan die Ofirse goud van Skeba, alles reeds veilig opgekoop deur die mynbaronne (Brittanje se eeu oue koloniale vennoot).

Dalk het die vyftigerjare vir my so rooskleurig gelyk omdat dit vir my sulke gelukkige jare was. Ek het by *Die Volksblad* bedank. Ná sewe jaar was ek eindelik terug op Erfdeel. Ek het tydelik by my ouers ingewoon. Ek kon die bloekombome deur die gekleurde ruitjies van die voordeur in die wind sien asemhaal, ek kon rustig op die wye voorstoep die Valschrivier in die maanlig sien skitter ... Ek het vryskutwerk met die begeestering van 'n bekeerde beoefen.

Willem was jarig; hoef nie te wag tot hy een en twintig jaar oud is voor hy brandewyn mag drink nie, of vir sy oom Ollie van die pers van diens te wees nie. Ons het vir ons troue vroeg in 1951 in rat gekom. Ouers gevra nogal! Toe hy die enigste heildronk op ons klein huweliksonthaaltjie op Middenspruit instel, het my pa, heeltemal homself, ons gelukgewens omdat "julle so ordentlik konserwatief gebly het". En niemand anders het dit daardie dag geglo soos onsself nie. Vir Willem het hy gesê: "Jy praat min en sien baie, jy sal nooit te veel hê om voor verantwoordelikheid te neem nie."

Hy het waarskynlik geweet Willem se Sotho-naam is "Hy kyk van die kant af".

Ja wat, in my geheue sou ek daardie tyd soos Johanna van Arkel met swaard en banier optrek om die teenswoordige tyd in my lewe te beskerm.

Twee dinge, ja, twee dinge het in 1951 in my lewe wel gebeur waarvoor ek met geen swaard kon voorsiening maak nie.

Die erwery. Die res van ons familie – my broer Danie, my

suster Nooientjie oftewel Meidjie, my niggie Sanna, kleintyd se Toekel, en Tientie, die eertydse Motintinjane, was al almal getroud, met een of meer vertrouenstoetsende kleingoed. Net ek en my niggie Tiekie, oftewel klein Maynie, was nou op die waglys. Sy was toe in Johannesburg by die munisipaliteit 'n tipe welsynsorganiseerder. Otto Krynauw vry toe al amper sewe jaar na haar, maar vir die troue sê sy immer met 'n bekommerde gesig: "Ek kan net nie sover kom nie!"

Blykbaar het my komende troue die nodige breekslag beklink. Sy sou in Februarie en ek in Maart trou.

My oom Van Niekerk was toe reeds afgetree as prinsipaal en reeds meer as een termyn burgemeester. Dit was een van die baie praktiese instellings daardie tyd om onderwysmense met ervaring op die stadsraad aan te stel, met die gevolg dat regulering van stadsbeplanning, higiëne, parke, dobbelhuise, lokasies, *merry-go-rounds* en honde wat nie teen telefoonpale mag been lig nie met die vaste hande van kenners van dissipline, selfs outokrasie, toegepas is.

Tant Lettie as burgemeestersvrou het dit een van haar gemeenskapsopdragte – vir die toekomstige aansien van ons dorp – gevoel om te leer motor bestuur. Sy begin toe in die stilligheid lesse neem in 'n motortjie wat my oom Fanie wat haar grond gekoop het, vir haar present gee. Die gedagte by hulle was natuurlik dat hoe kleiner 'n motor is, hoe makliker en veiliger is hy om te bestuur.

Op 'n dag kry ek tant Lettie en Tiekie in oom Van Niekerk se *study* aan 't argumenteer by 'n kartondoos waarin 'n fyn sluier van Brusselse kant is. Ek kén dit. Sanna is daarin getroud, maar dis tant Lettie s'n. Sy is aan die redeneer en wil Tiekie ompraat om in die sluier te trou, en vertel liggies hoe goed dit sal pas by … En Tiekie, soos alle bruide voor en ná haar, sê: "Ek het klaar besluit wat ek wil dra. Ek wil 'n hoedjie opsit. Ek gaan nie 'n sluier soos 'n non dra nie."

Die probleem was, hierdie was die mens wat soveel diepte aan my kinderfantasie gegee het, my eie tante! Sy was ook

Tiekie se tante, maar dan ook haar stiefma – wat haar grootgemaak het vandat sy 'n baba was.

Tant Lettie kyk na my en ek na haar.

"Ek wil nie kant of tafsy hê soos 'n Voortrekkervrou en 'n sleep of 'n drifsel strooimeisies nie. En dat iemand my die kerk inlei nie."

Gaan dit hier net oor 'n sluier en 'n tante of oor 'n stiefma?

Tant Lettie staan toe met die sluier oor haar arm en probeer hard om niks te wys nie.

Meteens kom daar by my die herinnering van pieknieks en die storie van die vergeet-my-nietjies langs die water, en ek vra erg bedees: "Sal tant Lettie omgee as ek daarin trou?"

Sy vou toe die sluier op en pak dit saggies in die kartondoos terug. "Trou jy met iemand wat jy liefhet?" En natuurlik knik ek. "Neem dit as present van my."

"Nee, ek sal dit net vir daardie dag ..."

Maar sy knip my kort: "Ek sal dit mooi versigtig uitspoel en droogmaak. Jy kan dit later by my kom haal. Dis jou troupresent."

As ons nie twee Serfonteins was nie, sou ek haar teen my vasgedruk het. Ek sê toe maar: "Ek sal dit bêre vir almal van die familie wat daarin wil trou."

By die huis vra ek vir my ma: "Het sy dit gedra toe sy met oom Van Niekerk getroud is?"

My ma antwoord: "Ek kan waarlik nie onthou nie, dit was so 'n halsoorkop besigheid. Ek sou ook graag in so iets wou ... Maar [ek ken die storie] ek het nie eens 'n trouring gehad nie, hulle het sommer my ma s'n ... dit was met die Groot Griep, ek was nie eens by my bewussyn nie. Maar tog, as jou pa nie die regte man was nie, sou hy nie met iemand op die rand van die graf getrou het nie."

Tiekie trou toe in Johannesburg in 'n knielengte rok wat sy self gemaak het en 'n pikante hoedjie, sonder sleep of strooimeisies. Die hele familie het opgetrek soontoe. Die enigste vals noot was dat die predikant daardie dag gemeen het die troue is elfuur en nie tienuur nie, en toe ons halftien daar aankom, staan ons voor die toe deur van 'n onbekende kerk. Ons het met die lang pad gekom, en is later styf gewag. Toe ons uiteindelik by 'n sydeur inglip, hoor ons 'n hewige argument voor die kerk in die stem wat elke skoolkind in Kroonstad al jare lank laat ril, en ten laaste kom die predikantjie dwars geskrik by die sydeur ingestruikel met die sleutels, sluit die voordeur van binne oop en trap sommer reguit die preekstoel op.

By die onthaal het nog iemand vergeet om genoeg stoele vir die gaste reg te sit. My pa het die enigste heildronk ingestel. Toe ek later die papiertjie uit sy sak haal, was dit 'n lang, goed beredeneerde toespraak, maar daardie dag het hy net 'n paar onsamehangende sinne gesê, weggedraai na Tiekie en gesê: "Ek gee nie om waarheen jy gaan en hoe die lewe jou behandel nie. Onthou net, jy is Maynie se kind, so jy is ook myne en my huis is joune solank jy leef." Hy het weggedraai, sy oë het dof iewers heen gekyk, en my ma het sy glasie gelig voor hy gaan sit.

Watter huis sou hy bedoel het toe hy so aangedaan was: Die een wat hulle verlaat het soos gaste wat te lank gewag het om te vertrek?

Na 'n week of so gaan ek met my Morriskarretjie in dorp toe om die sluier te gaan haal.

Toe ek by die Valschrivier se ou gedeelte stilhou, kom Aaron, hulle jare lange kok, by my venstertjie staan. Die oumiesies het saam met sy maat, die miesies van die tandarts, met die tjorrietjie plaas toe gery. Die oubaas is by Blomfontein se *municipality* se kantore, maar die miesies het gesê daar is 'n boks wat die mies hier sal kom oplaai.

Ek stap saam met hom deur die hekkie, die mooi hekkie wat nog jare gelede deur die ambagskool-seuns vir haar gemaak is toe hulle die nuwe huis laat bou het. Maar voor ek die stoeptrappie op is, kom 'n motor aangeja, hou stil en 'n man spring uit en skree van ver af: "Waar's Oom, waar's Oom?" en hy beduie. Ek sê hy's in Bloemfontein vir 'n munisipale kongres. Maar hy skree: "Sy nommer, sy nommer? Daar was 'n ongeluk hier bo by Symondstraat se kruising. 'n Groot lorrie teen 'n klein swart Fordjie. Die ambulans het mevrou Van Reenen nou kom oplaai. Sy lyk vreeslik."

"Dit was mos ... tant Lettie ..."

"Ja, dit was sy, op slag."

Ek staan daar met my sluier ... En ek weet nie wat om te doen nie ...

Toe kom Sam Samuel, destyds ons stadsklerk-rekenmeester, en sy vrou Elsie daar by die woonstelle langsaan uit. (Later sou hulle seun John met my Antjie trou, maar toe was Sam-hulle maar pas getroud.) En dit was goddank alles uit my hande en ek dink dit was Danie wat gestuur is om oom Van Niekerk op Bloemfontein te gaan haal en Sam het self via die Krynauws uitgevind waar Tiekie-hulle wittebrood hou om hulle betyds vir die begrafnis terug te kry.

Dit was natuurlik 'n ontsaglik groot amptelike begrafnis waarvoor familielede self elk lyste vriende van ander plekke moes laat weet.

Al wat ons meisiekinders kon doen, was om af te gaan rivier toe waar die Traveller's Joy, haar lieflingblom, toe net teen die doringbome begin blom, en 'n kransie te maak om met haar in die kis te laat afsak.

Kort gelede moet ek iemand begelei wat sy voorgeslag se grafte kom soek in die ou begraafplaas waar die grafte tussen vuilgoed en sonder omheining vergete lê.

In die verste hoek lê toe ook my familie se grafte: die drie grafstene van mooi wit Carrara-marmer van die twee susters, die vroue van Hendrik Cornelis van Niekerk. Maynie, die jong geliefde: *Dapper, lieflik, nooit vergete.* Maynie van 1922. En regs dié van Aletta Johanna. *Dit was 'n lewensvoorreg om haar te geken het.* In 1951 ... En ek voel vir die soveelste keer hoe krimp my hart ineen oor die ware liefde en die feit van die Rachels en die Leas in die mans se lewe.

Nadat my tant Lettie se twee dogters haar dinge opgeruim het, het hulle vir my die skildery present gegee wat Otto Schroeder tydens die Tweede Wêreldoorlog op haar bestelling geskilder het van die Valschrivierdrif waar ons so geswem en piekniek gehou het. En in 'n goed bewaarde pakkie haar geskrifte. Ja, sy het as jong meisie vir die eerste *Brandwags* ná die Rebellie verhale geskryf, maar daarby was ook, in getikte vorm, los blaaie wat 'n dun boekie sou vol maak, soos Hettie Smit oor die verkeerde man in mens se lewe en hoeveel kere ná haar eie troue sy gewonder het waar hy is, hoekom ... en of ...

Dit alles het nie my eie troue swaartillend gemaak nie. Dit was asof dit met 'n ekstra seëning voortgegaan het.

Jare daarna nog het oom Van Niekerk Sondae uitgery Middenspruit toe en saam met ons kinders, my niggies en dié se kinders by die rivier gaan piekniek hou. Myne – Antjie, Vyver, Kootjie en Pennie – onthou vandag nog die stories wat hulle hom daar, met die geruis van die water in die klipdrif, hoor vertel het.

En van elke brood wat my ma gebak het, het sy 'n kleiner broodjie in 'n sakkie vir hom saamgegee.

Tuis

Toe ek ná my troue in 1951 terugkom op my geboortedorp, het ek besef dat ek waarskynlik vir baie jare hier sal woon; nou nie meer stroomop van die Valschrivier nie, maar wes, stroomaf op Middenspruit, net drie myl onderkant die dorp, soos dit hoort. Omdat ek baie keer vir die koerant werk moes doen, het ek baie meer in die dorp self gekom, en ek sou dit skaars herken as dieselfde dorp van sewe jaar tevore.

Toe ek daar weg is, was die Engelsgesinde deel van die dorp volledig ingeleef in die oorlog, die soldateswier, die holistiese opvattings van ons regeringshoof. Hulle het dit as hulle oorlogsbydrae beskou om andersdenkende Afrikaners volledig te marginaliseer, hulle te jag deur hulle oor beuselagtige uitlatings vir sedisie te gaan aankla en soos met Robey Leibbrandt en ander, die doodstraf op te lê.

Ek vind toe in Kroonstad 'n nuwe geslag jong mense aan die roer van sake: die waarheidsridders en die grondbaronne. Ek moes hulle leer ken, want daar was weinig van hulle wat ek kon herken van die ou welgesteldes van '43. 'n Hele nuwe geslag, almal soos ek professioneel opgelei.

Daar is nuwe damme in die Valsch, daar is plaaslike koöperasies, daar is 'n nuwe hoërskool in die ou lokasie en daar is kerke so toringhoog soos in die blanke gebiede. Daar is kunswedstryde waaraan wit en swart deelneem, en in die lokasie is geteerde strate met nuwe name. Meer opvallend nog is die tronk, wat eers in 'n somber ou agterstraat-gebou was en nou in 'n splinternuwe eie woonbuurt is, toegerus met sy eie welsynwerker en kapelaan. Die nuwe minister brei dit uit na plaastronke waar prisoniers onder leiding van wagte plaaswerk teen betaling by boere verrig. Dikwels het hulle ná voltrekking van vonnis permanent by die boer aangebly. Die tronk se naam sou Nellie Swart-gevangenis heet, na die eggenote van C.R. Swart. Maar sy het gesê dit moet Vooruitsig genoem word. Wie hier veroordeel aangehou word, moet vooruitsigte op 'n beter toekoms kan behou.

Tans ja ... die toekoms is reeds daar, so die naam is irrelevant, naamlik Maokeng Korrektiewe Dienste.

Die spoorweë het self toe 'n opleidingskollege hier in 'n reusagtige nuwe gebou gehad, en vir die eerste keer is 'n spoorwegman, Duursema, op die stadsraad verkies, en die ou sinkhuisies van die spoorwegwerkers is vervang met goed geboude huise en woonstelgeboue in 'n eie woonbuurt.

Daar is ons nuwe Afrikaanse Tegniese Kollege, kompleet met sy eie koshuis en musiek-en-drama-afdeling.

Inderdaad beleef ek dan nou hier die eerste daadwerklike uitlewing van die Tomlinson-verslag.

Hoe het dit moontlik geword? Wie het hiervoor betaal? wonder ek daardie tyd en dink meteens terug aan die uiterste armoede waarin ek skoolgegaan het. Ek dink aan my ouers en wat dit vir hulle nie net geestelik nie, maar ook finansieel gekos het om daardie aand aan die einde van 1943, ná twee naskoolse pogings, hulle vertroue te stel in 'n derde kind wat daar ingemoer sit oor haar ego raakgetrap was.

Hierdie samelewing – dit weet ek ná my ervarings die afgelope sewe jaar – is die oes wat byeengebring is ná jare se saad saai in verdorrende grond.

Is ek daaroor bly? En hoekom voel dit toe vir my weer eens 'n nare ding loop oor my maag – 'n voorkennis dat hierdie wel 'n oes is, maar nooit 'n pad vorentoe kan wees nie? Want wanneer sal mense soos ons tradisionele Afrikaners kan besluit hulle het nou genoeg gedoen om van voor af weer te saai vir 'n volgende oes?

Is hierdie gelykstelling – net soos demokrasie – nie ook maar net 'n witmansdroom wat lei na uitwissing nie; hoe nader dit aan vervulling kom, hoe heftiger word dit beveg in die donker hart van Afrika? Wie, en vir hoe lank moet die een wat die geld gee die verantwoordelikheid vir die standaarde neem wat die ander nie hoef te aanvaar nie?

Tuis 2

Ná my troue was ek linkshandig baie bedrywig om ons sesvertrekhuisie opgegradeer te kry na 'n soort Frank Lloyd Wright in moderne Barok-styl. Ek leer toe by my ma hoe om plakpapier uit te soek, dit uit te rol, dit met meelpap te smeer en veral hoe om dit daarna op te hang sonder dat dit op jou val en bly vassit. Dis nou as jy 'n huis nóg met klip-, nóg met steen-, maar wel met grondmure leefbaar moet kry. Én nog jou lang vervolgverhaal vir die *Sarie* persklaar moet kry.

Die *Sarie* is mos juis begin om die moderne geletterde vrou wenke te gee oor hoe om haar loopbaan professioneel by haar opdrag as tuisteskepper in te pas, sodat sy ongekende hoogtes van selfvervulling kan bereik. Nou ja, wie kon beter aanspraak daarop maak as ek, wat dit selfs op skrif kon propageer? In die kleine natuurlik, heeltemal in die kleine had ek rede om te glo.

Snaaks genoeg, toe nie so klein nie. Daardie jaar by *Die Volksblad,* naas die feit dat Willem deurentyd as my broer aangesien is, is ek by meer as een geleentheid opgestry: Jou bynaam mag Dot wees, maar jy is mos die beroemde eerste vroueredaktrise van *Die Volksblad*, Nellie Serfontein, dan nie? Jy lyk op 'n druppel water net soos sy. Jou man is mos Jannie Kruger, die vorige redakteur van *Die Volksblad*? En: Jy het tog die boek *Rachel Isabella Steyn* oor die vrou van president Steyn geskryf en jy is die luisterryke Nellie wat onder andere een van die vroue was wat verantwoordelik was vir die tapisseriewerke op W.H. Coetzer se patroon by die Voortrekkermonument?

Dan moet ek beken ek is 'n heel kleiner kleinniggie en nee, ek is ongelukkig nie getroud met Jannie Kruger nie, maar *watch* daardie broer Willem van my. Ons gaan dit nog ver bring.

Op 'n dag voel ek redelik swakkerig soos dit nou maar partykeer met vroutjies gaan. My pa is op pad dorp toe en sê toe sommer hy sal my by hierdie nuwe jong doktertjie aflaai, dan kan Willem my later daar kry.

So land ek dan soos vele ander van die nuwe Afrikaanse middelstand by dokter Christiaan George Troskie, 'n man van vele talente wat geen uitdaging, hoe klein of hoe groot, benede sy aandag beskou het nie. Distriksgeneesheer, volkstryder. Wat toe pas van Vredefort af hierheen gekom het. 'n Jood? My pa ruk hom op: "Óns het hom hiernatoe gestuur. Sy oupa was 'n Danzig-Poolse Duitser wat na die Oos-Kaap uitgekom het na die Engelse setlaar-sendingstasie by Uitenhage. Sy pa is die beroemde Afrikanerdominee Antonie Troskie wat soveel ná die Anglo-Boereoorlog vir die weeshuise in Ladybrand en Ficksburg gedoen het en sy vrou was afstammeling van die Retiefs wat die sendingstasies in Nyassaland begin het."

Nyassaland ...

Dit was genoeg vir my en natuurlik heeltemal te veel vir sommige van die ouer mediese korps van '43. Hulle het hom beskinder waar hulle kon en sou sorg dat hy niks meer as distriksgeneesheer-status behou nie, veral toe hy blyk 'n uitstaande sjirurg te wees. Die eerste dokter wat kunsmatige bevrugting op beeste kon doen en die eerste vir jare daarna wat die berugte rugmurginspuiting vir vroue in kraam suksesvol kon toedien. Daarby was hy 'n geheelonthouer, 'n Broederbonder, 'n Jerseyboer en niedanser. Asof dit nie genoeg was nie, was sy vrou een van die mooiste vrouens. Net so mooi soos ons dokter Dijkman se Eunice wat een van die semi-wolkoninginne van die vooroorlogse Ryksjubileumfees was. Petro was jonk, blond met 'n Duitse vlegsel om haar kop, 'n uitmuntende tennisspeler. Daarby was haar ma 'n Van der

Byl en haar pa 'n Cloete wat ná die Barbertonse goudvondse sy eie goudmyn besit het.

Hoewel dokter Troskie later sy sjirurgiese kwalifikasie bygekry het, het hy uit beginsel 'n distriksgeneesheer gebly en elke middag getrou die distrik platgery, wit en swart ingeënt en vir die ergste simptome die ambulans laat haal. Ja, splinternuwe ambulanse. Dit is dan sekerlik ook een van die ongeroemde bydraes van apartheid, dat sulke distriksgeneeshere met die nuwe sulfamiddels en uitstaande kliniekdiens sifilis, wat die HIV van daardie tyd was, volkome uitgeroei het.

Dis hierdie deurlugtige dokter wat my met glinsterende oë gelukgewens het. Ek het asvaal my lot teenoor Whielie bekla, asof 'n groot onheil op my wag. Ek het mos wragtig nie met hom getrou oor ek bekommerd was oor die getalle-aanwas van die Afrikaner nie. Ek was bang, bleddie bang soos vroeër wanneer die nare ding oor my maag geloop het, omdat dit wel nou inderwaarheid aan die gebeur was.

Dit wil ek sê: Ek was nog banger as bang, want dit is algemeen aanvaar dat as 'n vrou so baie so lank perd gery het, sal sy haar heiland leer ken as sy eendag moet kraam. Gelukkig het ek mense in die regte plekke geken. My matriekmaat, Rita Terreblanche, is getroud met nog 'n matriekmaat, Jurie Wessels. Hy het toe as dokter hier begin praktiseer. Rita se eerste kind is twee jaar voor Antjie gebore. Neutvars is sy in besit van 'n heel nuwe lekeboek, juis hieroor, waarin vir die eerste keer 'n plattelandse Engelse dokter by name Grantly Dick Read 'n opspraakwekkende beginsel uiteengesit het: Ná drie maande swangerskap doen mens 'n stel wetenskaplike oefeninge en in die laaste ses weke 'n kursus ontspanningsoefeninge wat jou dan in staat sou stel om pynloos geboorte te skenk. Hy noem die boek *Childbirth without Fear*. Ek het met hart en siel die oefeninge gedoen, maar darem met my hoop gevestig op die hoogs gevaarlike rugmurginspuiting wat in die laaste stadiums jou onderlyf gevoelloos maak, en dus pynloos. Ons het dit natuurlik albei alles in die geheim gedoen en ons twee se derde kinders was reeds gebore voor die res van Kroonstad se dokters bygekom het.

Ons oudste het op twee jaar tydens 'n vakansie mangelontsteking ontwikkel, is met ongetoetse penisillien gedokter en het toe 'n kroniese blaasprobleem opgedoen. Tot haar vyfde jaar het sy weke lank ontsaglik pynlike koorsaanvalle gekry en ons het te laat besef dat antibiotika eintlik die allergie aangebring het. Ons het keer op keer opgeroei Irene toe na Gertges, die homeopaat, en sommer vir die drie kinders daarna ook al sy medisyne ingegee om die koorsaanvalle te voorkom.

Toe sy vyf jaar oud was, het ek 'n advertensietjie in die *Huisgenoot* gesien van ene Tromp van Diggelen se oefeninge en sy kursus laat kom. Dit sou nege maande duur en die stomme outjie het daardeur geworstel – ek het haar 'n opwengrammofoon beloof as sy volhou. Hierdie nege maande het baie goeie resultate gelewer sodat elke kind van ons daarna dit twee keer moes deurgaan, op vyf jaar en weer in standerd twee. Elke keer is hulle met iets beloon wat hulle andersins nie sou kry nie. Maar op ses jaar moes ons Antjie tog na 'n spesialis in Bloemfontein neem en dié een het gesê dat die blaaspypie eenvoudig verskrompel het van die antibiotika en dit is toe maandeliks onder narkose gerek.

Ek onthou vandag nog hoe ons met die ou Fargo-trok ry met Pennie in 'n mandjie op my skoot en hoe ons Antjie later nog halfbedwelm oplaai en met hulle gaan roomys eet in die dieretuin. Ek het haar nooit in haar latere lewe hoor praat oor hoe oulik 'n dieretuin kan wees nie. Maar sy was gesond ná hierdie behandeling en sy het natuurlik teen daardie tyd al wat 'n kinderboek is, gelees en snags in haar drome versies opgesê en met ekstra klem ons wakker gedeklameer. Sy het in standerd drie reeds vir my die gediggie "Ma" geskryf, en dit is kere daarna deur ander voorgedra. Ek het dit nooit beskou as 'n huldeblyk aan my nie, maar as die hulpkreet van 'n kind wat ek nie betyds verstaan het nie.

Eenkeer, op 'n vakansie-uittoggie in die Kaap, het ons

werklik vir Tromp van Diggelen ontmoet, toe 'n ou oom wat meer in Willem se borskas geïnteresseerd was as in klein boggies wat soos apies rondklouter. As ek my reg herinner, is hy later aan prostaatkanker oorlede.

Toe ek jare later begin somme maak, vind ek uit ek was ná vyf en twintig jaar getroude lewe reeds meer as twaalf jaar op die een of ander plank saam met gebore of nog ongebore kinders, myself aan 't uitrek op die korrekte manier; of het saam met hulle geleer om asem te haal volgens Grantley Dick Read en Tromp van Diggelen se instruksies. Iets om oor na te dink!

Jammer ek kon nie die een of ander moderne rekord breek of 'n tydren wen of selfs net vir my gesin se spanpoging 'n Mercedes wen nie! Ook nie 'n wonder ek sit nog soos ou tant Hannie Wolmarans hier onder by die mofskape nie, terwyl almal wat vir my lief en dierbaar is al met hulle agterente in die hemel sit.

Die weeshuise

In die vyftigerjare, elke jaar kort voor die somervakansie het my predikant-kleinneef Fanie Serfontein, toe die bestuurder van Bethlehem se weeshuis, in omliggende gemeentes kom preek oor hierdie só verdienstelike saak wat finansieel so noustrop trek. Dan en wan het hy met sy bussie 'n koortjie kinders in hulle eenvoudige kleertjies saamgebring om voor die preek vir ons te sing terwyl hulle begerig rondkyk na dikgevrete oordaadskinders in die kerkbanke. Wanneer die diens verby was, was die hele gemeente in trane, kollekte natuurlik 'n rekord.

Ek vra toe eendag vir Fanie: "As jy wil, sal ons twee neem vir die lang vakansie."

Toe sê hy vir my 'n eienaardige ding: "Nee, my kinders gee ek nie weg vir vakansie aan enigiemand nie. As daar vakansie moet wees, neem ons hulle self, want om dit nie te doen nie, is om kinders heeltemal weerloos te laat. Ek weet te veel van die motiewe van vreemdelinge en hierdie is nie 'n gewone weeshuis nie. Dit het ontstaan juis toe ons volk se kinders onder die verantwoordelikheid van vreemdes gesterf het. Ek soek geld vir hulle vir benodigdhede: vir klere, vir onderwys, vir beurse; maar selfvertroue, die sorgsaamheid – dit en die geloof gee ons self."

Dus het ek met groot respek vir Fanie besef dat sekere weeshuise hulleself nie as blote gesubsidieerde bewaarskole in egskeidingsake beskou nie. En dat, wie dit ook al later bestuur, nooit mag vergeet wat die oorspronklike doelstellings was nie.

'n Hele ruk daarna bel ons nuwe dominee en sê ons gemeente het onderneem om 'n groepie kinders van 'n sekere tehuis vir die Desembervakansie te neem. Daar is herberg bekom vir die meeste, maar daar is twee kinders oor: twee boeties, tien en agt jaar oud. Sal ons nie dalk geneë wees om hulle te neem nie; die plaaslug en so aan ...

Jy is agt jaar oud en jy is oor. Oor? Orig? Oorgesien, oorgeslaan ...

Ja, ons sal. Ek kyk dringend oor die foon na Willem. Hy knik sonder om te twyfel: ja.

Toe ons hulle gaan oplaai, staan hulle daar, netjies in goed gewaste en gestrykte kakiekleertjies, elkeen met 'n klein skoolkoffertjie in die hand en aan die voete 'n paar skoene wat kennelik te groot is vir hulle voetjies. Iemand anders s'n wat seker oor was, hoe anders.

Toe ek die koffertjies by die huis oopmaak, is in elkeen een skoon hempie, een broekie, 'n strokiesprentboekie en 'n papiertjie met hulle name, Helgaard en Soois, en die telefoonnommer van die tehuis. Ons kry die bedoelde boodskap, sit dadelik met hulle af dorpswinkel toe en rus hulle volledig uit: klere, sandale, truie, tandeborsels, met meer sorg as wat ons dit vir ons eie kinders doen.

Maar dit het nie verhelp nie dat dit vir almal betrokke moeilik was om op dieselfde golflengte te kom.

Hulle verstaan hoegenaamd nie die geesdrif vir die Ludo-spel wat my kinders se grootste wetenskaplike triomf op agt jaar is nie. Wanneer ek vir almal saans 'n storie lees, wys Helgaard telkens dreigend sy vinger na Soois om op te hou om in sy neus te krap.

Die etes lewer ook maar probleme. Dis met diepe swaar-moedigheid wat hulle hulle gesonde borde met groente aan-skou. My eie kinders kyk wel met groot ontsag toe hulle pap in rolletjies rol, met botter smeer, 'n lepel suiker oorstrooi, dit toerol en in egalige skywe sny.

Vra Willem verbaas: "Eet julle dit altyd so by die ... ek meen, daar?"

Die jongste rapporteer gesellig: "Net Saterdae, Oom, by die koffie voor die antie kom. Dan is daar genoeg tyd om ons hande agterna te gaan was. Dis mos nie skool dan nie."

Ná twee dae eet my eie kinders ook so en ek sorg maar dat daar 'n nat vadoek op die tafel is.

As daar een ding onder die lekker vars plaaslug is waar-voor geen plaaskind respek het nie, is dit hanslammers. Dié moet deurentyd verwilder word wanneer hulle die wasgoed van die draad af wil vreet, rusie maak met die worshond en eindelik niksvermoedende kinders al blêrende omstamp.

Dit gebeur telkens dat my eie kinders opgeskeep met hul-leself ingedrentel kom en wanneer ek vra waar's die maatjies, kom die antwoord: Hulle sit by die hanslammers, nog altyd. Wanneer ek dan deur die venster kyk, sien ek hulle sit by die toe hekkie van die hanslammers; die lammers aan die binne-kant, die weeskinders aan die buitekant met almal se oë veraf gerig, rustig wagtend op 'n mirakuleuse tussenkoms. Dis dan wat ek my hande klem van magteloosheid en die wete: Wat ek ook al doen, ek kan die onreg hier ter sprake nooit peil nie, wat nog te sê uit die weg ruim.

Kon Fanie dit doen? wonder ek.

Ons kinders het hulle eie aanpassings om te maak.

Sê my oudste: "Ek hou nie van hierdie kinders nie. Wie dink julle het my slaappop se oë ingeduik?"

En: "Die een knyp mens op mens se boud."

"Watter een?" vra ek halfonrustig. "Die grote?"

"Nee, die kleintjie."

"Nou knyp hom terug."

"Knyp jý hom terug," sê sy vir die klein sussie. "Ek knyp nie ander mense se boude nie, sies!"

"Nou knyp hom aan sy boarm."

Daarna merk ons bloukolle op die betrokkenes, maar nie op die boude nie.

Daar was bietjie groter skade toe klein Kroggie se driewiel se twee agterwieletjies onverklaarbaar losraak en Helgie en Soois met twee eenwiel- draadkardryfwiele rondry, toegerus met wassertjies duidelik geprakseer met vellings uit hanslambottels se tepels gesny.

En Willem kom sê vertroulik: "Ons was te haastig met die twee. Ons moes gewag het tot hulle agtien jaar oud is. Dink net hoe handig 'n mens hulle by die boerdery sal kan leer." En ek sis: "Aan watter boerdery dink jy?" Want die punt is, klein Kroggie, vyf jaar oud, het by my aangekom met die derde wieletjie. Hy sê die wieletjie kan nou nie meer loop nie. Die draad is op, sê hy gelate.

Ons is besig met naasteliefde beoefen, nie waar nie, en dis maar gewone kattekwaad. Ag ja, ons koop vir elke kind, om nou nie uit te sonder nie, vir Kersfees 'n keps en die seuntjies elkeen 'n knipmes.

Voor Nuwejaar is daar 'n klop aan die agterdeur. Hendrik Nakedi kom rapporteer daar het twee blinde kalwers aangekom, hulle loop aanhoudend teen die draad vas.

Willem kom daarna terug. "Hulle kan net bly wees hulle is

nie my eie kinders nie. Dit blyk hulle het 'n spantou stukkend gesny en op die een of ander manier deur hulle kepse geryg en dit om die kalwers se voorkoppe vasgekry."

Hendrik staan verontwaardig met 'n kalf langs hom as getuie.

Willem troos en sny los en ek trek die deur van die badkamer agter my toe sodat niemand agterkom hoe ek lag nie. Daardie soort windmaker houding en intelligente opskemering van so 'n kalf! Ag nee!

Eindelik is die vakansie sonder verdere ongevalle verby. Toe ek die koffertjies wil pak, vind ek daarin net die oorspronklike klere waarmee die kinders daar aangekom het en hulle staan met dieselfde ou te groot skoene daar. Ek wil eers iets sê, maar ek bedink my.

Willem kom sê saggies: "Kom ons sit liewer vir elkeen 'n geldjie onder in. Hulle knipmesse sal ek vir hulle by die stasie teruggee."

Skrikwekkend was dit toe hierdie twee kinders op die stasie toe hulle die trein sien begin huil en ons vasklou en losgeskeur word deur hulle opsigter.

Sal ons weer? Totaal ontreddered sit ons agterna in die motor, Willem en ek. Hulle stoutigheid kon ons hanteer. Hulle hopelose liefde nie.

Hoekom, kla ek, is dit so bleddie moeilik om iets goeds vir 'n ander een te probeer doen?

By die huis wag Hendrik ons in. Hier is die vulpenne, jersies, oorlosiestrep en die sendels. Daardie kinders het dit aan ons geverkoop. Hulle het so gesoebat.

Julle het hulle toe betaal?

"Ja, ons het vir hulle dertig rand betaal, maar toe ons na die goed kyk, wil ons dit nie hê nie. Die Here het vir ons kwaai gekyk. Dis julle goed, ons bring dit terug."

En Willem sê: "Ek gee julle vyftig rand daarvoor. Vat die goed en die geld, dan kyk Modimo dalk anderpad."

Witsieshoek, sendingweeshuise en Chautauqua

Dat daar nie sommer op losse voet met die sending omgegaan word nie, het ek destyds afgelei uit die gesprek tussen Ouma en tant Lettie. Daar was toe ook sprake van 'n onbekende woord. My pa en tant Lettie se twyfel oor die stand van die sending in ons kerk het dit natuurlik later by my 'n brandende behoefte laat word om oor sendelinge en hulle soms gevaarlike reddingspogings na te vors.

Later het ek in die geskiedenisklasse goed op hoogte gekom van die persoonlikheidsafwykings van Londense Sendinggenootskap-sendelinge soos Read en Van der Kemp, en hoedat die Paryse sendeling Eugène Casalis en Andrew Murray in 1854 Londen toe afgesit het om te probeer keer dat die Vrystaatse Republiek se onafhanklikheid erken word. Daarby kom oom Veldviool se beskouing dat sendelinge niks anders as goudgrawer-spioene was nie.

Ek weet ook dat ons Moederkerke om geskiedkundige redes sendingaksies nie goedgesind was nie. Hulle moes maar konsentreer op sendingposte in die Ooste, met mense wat net so nou en dan kom aandoen met vae verhale van groot bekeringsaksies anderkant die einders.

Die vreemde woord van destyds, Chautauqua, sien ek vir die eerste keer op skrif in P.J. Nienaber se biografie oor dominee J.D. Kestell, wat lid van 'n Chautauqua-sirkel sou wees. Dit sou 'n opvoedingsmetode wees wat wel deeglik in ons land in die vroeë 1800's deur sendelinge gepropageer is. Eerwaarde

Johan Jurgen Ross, Glasgow-sendeling, het ná die Anglo-Boereoorlog dit as 'n krisissisteem by Witsieshoek in samewerking met Oos-Vrystaatse boeregesinne ontwikkel. Betrokke was ook Duitse sendelinge soos eerwaardes Schroeder en Maeder en die NG Kerk se eerste blanke sendeling, eerwaarde A. Roux.

Hulle was hoegenaamd nie meer die politieke sendelinge van die agtiende eeu nie, en tog arbei hulle in 'n tyd van seker die onstuimigste rassekonflik wat ons land ooit geken het. Dit was toe die drie hoofstamgroepe, naamlik die Zoeloe, Basotho en Xhosa herstel het ná hulle neerlae teen die Voortrekkers. En reeds was hulle veilig onder Britse bestuur, wat vrede veronderstel het. Maar hierdie stamme, met gewere gewapen, het steeds 'n groot bedreiging vir die wit pioniers in die suidoostelike deel van die land gebly.

Die Franse sendelinge het hulle ná die stigting van die sending by Morija in 1833 veral met die positiewer neweprodukte van die sendingwerk besig gehou. Só is die drukkery daar begin en die eerste vertaling van die Nuwe Testament in Suid-Sotho deur Eugène Casalis en Samuel Rolland in 1855 voltooi.

Die eerste sendingstasie na dié van die Franse (sonder politieke oogmerke) is by Witsieshoek gestig. Dit het gebeur nadat Moshweshewe se broer of halfbroer, Paulus Mopeli, besef het dat hy in lewensgevaar verkeer as gevolg van die troonopvolgingstryd. Hy het betyds in 1865 uit Basotholand gevlug na onder andere Ladybrand en van daar in 1866 'n bondgenootskap met president Brand aangegaan. Hy wou lewensreg hê op 'n stuk grond in ruil waarvoor hy die Vrystaatse regering sou erken en dien. In 1867 word Witsieshoek gevolglik aan hom toegeken. Mopeli het die Vrystaatse regering gevra om 'n sendeling te stuur wat sy mense kon opvoed en het die sendingstasie help vestig.

By Witsieshoek moes die eerste sendelinge telkens ylings vlug terwyl hulle stasie geplunder word. Hulle moes ook aanskou hoe die volgelinge van Joël, die een kleinseun van

Moshweshwe, sy broer Jonathan se volgelinge wreedaardig vermoor. Toe die vyandskap tussen Joël en Jonathan dodelik geword het, het hulle by dié stasie vir Jonathan skuiling gebied. J.J. Ross moes in een stadium vlug na Kristalfontein in die Vrystaat en op die plaas van die Pansegrouws sy stasie inrig. Toe hy weer op Witsieshoek kom, was sy stasie daar tot op die grond afgebreek en moes hy dit van voor af opbou. Die hospitaal by Witsieshoek is deur Ross se vrou, Elizabeth Cadle, begin. Sy was oorspronklik van die Oos-Kaap, waar sy vloeiend Xhosa leer praat het. Later het sy in Greytown in Natal gewoon waar sy Zoeloe geleer het. Die Cadle-teringhospitaal is later van Witsieshoek na die Rooms-Katolieke Sendinghospitaal in Maseru verskuif.

Toe die tragedie van konsentrasiekampkinders en jongmense sonder toekoms pas ná die Anglo-Boereoorlog rugbaar word, is die uitgeteerdes en haweloses hier aan die Lesothogrens in dagskole en weeshuise byeengebring. Geld was daar nie op die verskroeide aarde wat die Engelse agtergelaat het nie. Kos en mediese dienste nog minder. Die medici van Tlotsi het gratis mediese en gesondheidsdienste gelewer.

Saam met die eerste Afrikaanse sendingpredikante, dominees C.P. Theron, Daniël Kestell, Van Heerden en Leopold Marquard, is die geld byeengebring. Want gedurende die oorlog het baie blankes met hulle geld Basotholand ingevlug en hiermee kon eerwaarde Ross en sy vrou van die Witsieshoek-stasie die koste vir bouwerk en opleiding help finansier.

Die meeste besonderhede omtrent dié sendinggeskiedenis is slegs in dagverhale gedokumenteer.

Toe die Anglo-Boereoorlog verby was, het dié gedeelte van die Vrystaat die gouste tot verhaal gekom. Die dorpie Kestell is juis in 1905 gestig. Dit is daar, in die museum van Johan Ramage, wat 'n mens die omvang van hierdie krisistoestande die beste gedokumenteer sien. Dominee E. Smit het in 1906 'n volledige gemeentelys saamgestel en op feitlik 90% van die inwoners se data kom twee besonderhede voor: Hulle het vanaf ongeveer 1870 weggetrek uit die Oos-Kaapse Ugi- en Riversdale-sendingstasies en hierheen gevlug om onder president Brand skuiling teen die Xhosa en Pondo te kry, en hulle is tweedens lede van die Chautauqua-sirkel.

Waar kom hierdie sisteem vandaan? Hierdie inligting gee dominee Kestell in 1903 op die tweede jaarvergadering van Chautauqua volledig. Dit was vir my 'n oneindige voorreg dat Johan Ramage die oorspronklike notules van die 1913-byeenkoms aan my vir bewaring geskenk het, asmede die boekie van Johan Ross, die sekretaris, met die uiteensetting van die praktiese implementering daarvan.

Die vereniging is in die tyd van die Oos-Indiese Kompanjie in Java begin. Die latere goewerneur Jan Coen, wat ook Batavia as stad opgebou het, het 'n volwaardige volwasse geleerdheidsisteem daar georganiseer begin kry. Hierdie sirkel het later oorgeskuif na Amerika, en vandag is daar steeds 'n opvoedkundige sentrum langs die Chautauqua-meer in die suidweste van die staat New York.

Eerwaarde Ross vertel dat die eerste Suid-Afrikaanse byeenkoms in 1887 by Wellington gehou is. Ross het dit op versoek van eerwaarde Andrew Murray bygewoon, en hoewel hy dit in Basotholand aan die gang probeer kry het, was die omstandighede te onstuimig. In 1893 besoek hy Amerika en sien hoe dit prakties toegepas kan word. In 1902, met die naoorlogse krisis, was onderwys en onderdak vir die oorlewendes uit die konsentrasiekampe rampe waarvoor niemand raad gehad het nie. Milner het eie skole verbied en teruggekeerde bannelinge en jong meisies was absoluut sonder heenkome.

Pastorieë is in weeshuise omskep en landbou- en huishoudkundige opleiding is aan jongmense verskaf. Só het Glen Kollege en die huishoudskool op Bethlehem begin.

Die saamtrek in 1906 is deur president Steyn bygewoon, die tweede deur persone soos professor A. Moorrees van Stellenbosch en doktor J.J. Holloway van Bloemfontein.

Die benadering van die vereniging was insiggewend. Dit het uit drie elemente bestaan:

1. Ende desespereert niet! (moenie moed opgee nie)
2. Lees totdat jy indring tot die siel van die gelese, en tree dan met weloorwoë handeling op.
3. Hou onse Here elke dag by jou.

Die kursus is in studiesirkels opgedeel. Vir elke sirkel is boeke bestel na die behoefte van die groep. Tussen 30 September en 30 Desember elke jaar is 'n Algemene Samekoms gehou, waar al die plaaslike sirkels byeengekom het om konferensie te hou en lesings deur kundiges gegee is. Ná vier jaar ontvang lede wat die voorgeskrewe boeke deergelees en "60 uit de honderd vragen korrekt beantwoord hebben", 'n sertifikaat of diploma.

P.J. Nienaber beaam dat die ontstaan hiervan die direkte gevolg was van Milner se roekelose vernietigingsaksies ná die versoek om moedertaal-skoolonderrig. Hy het aangedring op Engelse skole waarvoor Engelse onderwysers ingevoer sou word. Daar was volgens hom geen nodigheid vir plaaslike opleidingskolleges nie. Eie tegniese opleidingskolleges? Nee, die Engelse het reeds kolleges gestig.

Hierdie studiemetode het tot in 1934 stand gehou, waarna dit deur die Nasionale Afrikaanse Tegniese Kolleges oorgeneem is. Dit sou medeverantwoordelik wees onder andere vir die stewige onderbou van kennis in die Oos-Vrystaat, sowel as vir die Christelike inslag by die weeshuise van Bethlehem, Winburg en Ladybrand, asook vir die gemak waarmee die skoolstelsel in die dertigerjare oorgeslaan het na Afrikaanse normaalkolleges en die feit dat moedertaal die vanselfsprekende medium in skole geword het.

Was my ouma en oupa se obsessie oor hulle nege kinders se geleerdheid, my ouma en tant Lettie se rigiede, vreemde hantering van my as kind – wat so anders was as dié van my klasmaats – dalk van Chautauqua afkomstig? Ag, dit sou so goed vir my selfvertroue wees as dit waar is. Dalk stam my skynbaar sterkgedissiplineerde grootmaak van my kinders uit 'n oorgeërfde sisteem eerder as 'n lukraak "Ek sê so, en so sal dit wees."

Chautauqua-vroue en Emily Hobhouse

Die vroue wat veral met die oprigting van die Chautauqua-weeshuise die voortou geneem het, was mevroue Elise Ross, vrou van eerwaarde J.J. Ross, Truida Kestell en dan ook die tweede eggenote van eerwaarde Charles Theron van Bethlehem, Charlotte de Leeu, wat in haar huis die eerste weeskinders ingeneem het. Baie interessant vir my was die feit dat sy Europa in 1886 besoek het om die Montessori-opvoedingsisteem te ondersoek, waar sy ook met Emily Hobhouse kennis gemaak het.

Dis minder bekend dat Truida Kestell (gebore Hofmeyr) reeds in 1870 in Kimberley 'n tehuis vir verwaarloosde kinders begin het, toe haar man Daniël Kestell daarheen beroep is. Kestell se pa was 'n Skotse sendeling wat ná 1867 gaan diamante grawe het om sy seun in staat te stel om as teologiese kandidaat by Stellenbosch in te skryf. Saam met Daniël, deur die oorlog aan president Steyn se sy, was ook Abraham Paul Kriel wat ná die oorlog dieselfde dienste in Transvaal verrig het.

Nog 'n noemenswaardige vrou was Christina Kriel. Sy was die eggenote van Abraham Paul Kriel. In Rykie van Reenen se boek oor Emily Hobhouse se briewe lees mens dat sy by hulle tuisgegaan het in Johannesburg waar die Langlaagte-weeshuis in wording was.

Uit die briewe ná die oorlog besef mens dat Emily Hobhouse se bemoeiing nie slegs met die konsentrasiekampe was nie. Sy is verbied om buite Bloemfontein te reis en twee keer gedurende die oorlog is sy deur Kitchener verbied om die land binne te kom. Sy is subiet op 'n troepeskip teruggelaai Engeland toe, hoewel sy ernstig siek was.

In Engeland het dié predikantsdogter protesvergaderings toegespreek en geld ingesamel om die oorlogverwoesting te help besweer met die Distress Fund. Die Engelse publiek was geskok oor haar onthullings. Sy het ook die haglike omstandighede ondersoek waaronder Cornwalliese mynwerkers gewoon het. Verder het sy haar op die hoogte gestel van die klein landboubedrywe en die weefindustrie in Ierland en het in Italië en België gaan leer om kant te maak.

Voor sy teruggekom het Suid-Afrika toe, het sy Olive Schreiner en ook mevrou Rachel Isabella Steyn, vrou van president Steyn, in Engeland ontmoet toe laasgenoemde vir doktersbehandeling daarheen gegaan het, asook die bekende deputasie generaals De Wet, De la Rey en Botha. Daarna is sy Switserland toe waar sy Van Wouw besoek het by die gietery van die vrou-en-moederbeeld vir die Vrouemonument.

In 1903 was sy vir vyf maande hier voordat sy in Desember terug is Engeland toe. Sy het weer in 1905 hierheen gekom en dis in die drie jaar tot 1908 dat sy die eintlike diens aan die Afrikaners bewys het waarvoor sy nooit vergoed kan word nie.

Sy het ná daardie oorlog saam met die eerste minister van Transvaal, Louis Botha, en generaal De Wet in die Vrystaat, per perdekar die Republieke deurgery. Op elke enkele plaas het sy die skade aan vee, boerderyfasiliteite en die gesinskades aan die vroue en dogters gedokumenteer. Hierdie aantekeninge neem sy saam en vertaal dit. Ná haar dood is dit gepubliseer onder die titel *War without glamour*. Sy het vendusies saam met boere bygewoon waar sy vir hulle geld voorgeskiet het om vee, saad, draad en sink aan te koop om 'n nuwe begin te maak. Toe aan haar gesê is: "Hulle sal jou mos nooit terugbetaal nie," het sy gesê: "Hulle sal. Hulle eer is al wat hulle nog oorhet."

Sy is die enigste persoon wat destyds die moontlikhede van intensiewe hoeweboerdery wetenskaplik probeer vestig het deur bye, besproeiing, lusern en nedersettings daarvoor te borg. Sy het ook die spin-en-weefindustrie by Philippolis, Langlaagte en Trompsburg aan die gang gekry. Met daardie doel voor oë het sy onder andere Johanna Rood as dogter oorsee geneem om vakkundige kennis op te doen. Uiteindelik was daar tien spin-en-weefskole in die Vrystaat en sestien in Transvaal, asook die kantwerkskool op Koppies in die Vrystaat.

En omdat sy met al die betrokkenes in aanraking was, kan sy ook genoem word as medestigter van die Bethlehem Huishoudskool vir weesmeisies en die Glen Landboukollege vir terugkerende jong boerseuns. Toe sy einde 1908 terug is Engeland toe, was hierdie dinge in plek, en dit moet aanvaar word dat dit sý was wat die eerste stene help lê het om empatie tussen Engelse en Afrikaners te help bou.

Majoor Warden

Lees 'n mens die Vrystaat se geskiedenis vanaf 1843 toe dié tot Britse soewereiniteit verklaar is, tot 1854 toe dit 'n onafhanklike Republiek word, soos verhaal deur onder andere J.H. Malan in sy *Opkoms van 'n Republiek*, en George McCall Theal in *History of South Africa 1795–1834*, is daar een naam wat uitstaan – dié van die hooggebore Engelsman wat deur sy eie regering afgedank is omdat hy nie binne tien jaar die probleme kon oplos wat ná tweehonderd jaar in hierdie land nog nie opgelos was nie.

Ek praat van Henry Douglas Warden, die majoor en resident, aangestel en afgedank, oorlede in 1856.

Volgens familie-oorlewering was Warden 'n buite-egtelike kleinkind van een van die prinse ("Bonnie Prince Charlie") uit die Britse vorstehuis van Stuart. Hy is in 'n klooster geplaas waaruit hy later ontsnap het. Hy het die familienaam Warden aangeneem en in 1819 as arm negentienjarige in Kaapstad aangekom op soek na 'n loopbaan.

Hy word in 1820 'n vaandrig in die Cape Corps en vorder vyf jaar later tot luitenant. In 1835 word hy met die rang van kaptein in bevel geplaas van sir Benjamin D'Urban se vierde afdeling van die leër teen die Xhosa op die oosgrens. Hierdie afdeling, hoofsaaklik bestaande uit grensboere, moes die spit in die stryd aan die grens afbyt. Warden was toe reeds met 'n Afrikaanse meisie getroud en ná haar dood by die geboorte van hul eerste kind, trou hy met 'n tweede een. Hy was gevolglik die grensboere en die Afrikaners in die algemeen goedgesind en kon later met die Vrystaatse pioniers identifiseer.

Ek kan hier byvoeg dat een van sy seuns, George Henry Horatio Warden, met my oupagrootjie Michal van der Hoven se suster, Johanna Lucretia, getroud is. Omdat hy glo 'n fanatieke klawerjasspeler was, was hy nie een van my oumagrootjie se liefling-skoonfamilielede nie. Nietemin, hierdie konneksie het meegebring dat sir Harry Smith later in Winburg-distrik op die Van der Hoven-plaas kom jag het. 'n Redelik onbruikbare sanna wat syne sou gewees het, is deur die nageslag bewaar.

In 1842 neem Warden se militêre loopbaan hom na Port Natal waar hy deelneem aan die geveg by Congella teen Andries Pretorius se manskappe van die pas gestigte Republiek van Natalia. In 1846 laat vaar hy sy militêre loopbaan en aanvaar kragtens die Cape of Good Hope Punishment Act 'n betrekking as magistraat in Transoranje. Aanvanklik was hy te

Philippolis gesetel, maar in April daardie jaar neem hy die plaas Bloem Fontein van sy eienaar oor en word sodoende die stigter van die latere Vrystaatse hoofstad.

Nadat sir Harry Smith Transoranje in 1848 onder die naam van die Oranjerivier-Soewereiniteit geannekseer het, word Warden, wat kort daarna tot die rang van majoor bevorder is, die eerste Britse resident in die gebied. Dié veeleisende pos moes Warden met 'n skamele siviele en militêre personeel hanteer, terwyl al die swart stamme noord van die Oranjerivier, naas die opstandige wittes, onder sy jurisdiksie geval het. Boonop is geen vaste grens tussen die Soewereiniteit en Moshweshwe se Basotho vasgestel nie.

Ten spyte van goeie administrasie en desperate regspleging vir almal voer die Basotho aanhoudend veerooftogte op nabygeleë wit boereplase uit. Warden probeer manmoedig 'n grensreëling tussen die Soewereiniteit en die Basotho bewerkstellig, maar die toepassing daarvan was maar moeilik. In Junie 1851 word hy met 'n troepemag bestaande uit 'n handjie vol soldate en 'n kontingent swart vegters 'n verpletterende nederlaag by Viervoet toegedien. Warden word sonder pensioen ontslaan en sir George Clerk as spesiale kommissaris in sy plek aangestel. Later verklaar majoor William S. Hogge, die spesiale kommissaris wat die toestand in die Soewereiniteit moes ondersoek, dat al sou 'n engel uit die hemel die Britse resident wees, sy stelsel nie kan slaag nie.

Intussen is sir Harry Smith teruggeroep en sir George Cathcart in sy plek as Kaapse goewerneur aangestel. Toe Cathcart in Desember 1852 met 'n mag van 2500 troepe teen Moshweshwe opruk, word ook hy by Bereaberg verslaan. Die slag van Berea het nie juis groot aandag in Britse militêre operasiegeskrifte getrek nie. Maar dit word in elk geval in die prysliedere van Moshweshwe toegelig hoe die Basotho daardie tyd die Majissemane met die lang messe die kloof van Bereaberg uitgeja het deur die nek wat daarna die naam Lancers' Gap gekry het.

Ná die slag van Viervoet is die Skotse predikant, Andrew Murray, gestuur om Mosheshwe dit aan die verstand te probeer bring dat dat daar so iets soos grenslyne bestaan en dat dit nie, soos hy dink, net bepaal word deur die sterkte van die man anderkant nie. Aangesien die Vrystaters geglo het lord Charles Somerset se ingevoerde Skotse predikante was die groot aanhitsers teen die grensboere in die Oos-Kaap, is Murray nie op die boereplase toegelaat nie. Om die Soewereiniteit se posisie langs die Basothogrens te versterk, is 'n aantal plase toe langs die grens daar uitgedeel aan Oos-Kaapse setlaars. Die Krogs het van hierdie setlaars afgestam.

Uiteindelik het al die koloniale ondoeltreffendhede en hoë uitgawes in die binneland Brittanje in 1854 oorreed om van die lastige probleme in die Soewereiniteit ontslae te raak en die onafhanklikheid van die wit bevolking deur die Bloemfontein-Konvensie te erken. Dit was egter te laat om ons aangetroude klawerjas om verskoning te vra.

Henry Douglas Warden het aanvanklik in die Vrystaat bly woon, maar het later 'n plaas naby George gekoop waar hy 'n armoedige bestaan gevoer het en oneervol gesterf het.

Die dorp Warden is darem na hom vernoem.

Baas en Klaas oppieplaas

Daar was 'n tyd toe Baas en Klaas self geweet het wat die risiko is om van boerdery in 'n droogtegeteisterde land te probeer leef. Oor geslagte heen is 'n eie stelsel tot albei se voordeel ontwikkel, waarop (is ek bevrees) vandag nog nie eens verbeter kon word nie.

Toe ek en Willem in 1951 gaan boer het, was ons wel onervare in ander opsigte, maar ons het albei op plase grootgeword en ons was bewus van die politieke omstandighede wat sanksies op die landbou kon afdwing.

Op ons gedeelte van die plaas – toe ongeveer agthonderd morg in ou taal – was net die platdakhuisie en die handpomp in die vlei. Langs ons lyndraad het een bejaarde swart man en sy vrou gewoon. Die res het saam met die bywoner getrek toe dié sy eie plaas suid van Kroonstad kon koop.

Drie jaar later kon ons – volgens die ou, tradisionele sisteem – uit dosyne aansoeke vyf gesinne met broodwinners, afhanklike tieners, weduwees en enkelouers herberg. Die skool wat ons laat bou het, het meer as honderd kinders van dese en gene gehad. Hulle het veilig en geborge by ons gevoel, want na my wete is niemand ooit afgesit of weens kriminele gedrag aangegee nie.

Die kontrak, genoem die "akkoord", geldig van 1 September tot einde Julie van die volgende jaar, is jaarliks hersien. Dit was vir die arbeider baie moeilik om gedurende die jaar weg te loop, want doen hy dit, moet sy hele gesin saam met hom gaan. Dis net so moeilik vir die boer om hom in die middel van die seisoen te laat gaan en iemand anders in sy plek te kry. Vir sulke noodsaaklike veranderings kon die boer en arbeider kennis gee vir die laaste maand, waarin 'n arbeider ander woonplek kon gaan soek en die boer uit aansoeke 'n ander aanstel.

Elkeen moes 'n pas teken dat sy beeste voltallig is, sy hond se taks betaal is, sy vuurmaakstronke, sy afgeoeste mielies van sy eie landjie en sy sinkplate saamgaan.

As die kern van die gesin dus nie wil trek nie, sal die een wat wil weg sonder sy gesin moet gaan, wetende dat boere juis alleenlopers as moeilikheidmakers beskou en hy dus nie sal werk kry nie. Daarom dat toe ons ophou boer, al vyf ons kerngesinne nog by ons was en toe hulle eie beeste verkoop is, hulle genoeg byeen gehad het om hulle in die dorp as afgetrede boere te kon gaan vestig. Dit was nie uitsonderlik nie.

Die feit dat die plase vandag nie meer 'n tiende van die oorspronklike swart bevolking het nie, is nie as gevolg van die ou sisteem en omdat daar onmin sou wees nie, maar weens die omstandighede van die boer self wat finansieel so agteruit boer. Hy trek so noustrop dat winsgewende boerdery nie meer moontlik is nie, sodat die arbeider saam met hom tot die bedelstaf afgedwing word.

Die boerdery in sy geheel was een van die grootste lasdraers tydens die apartheid-era toe boikotte gemik op politieke toestande kortsigtig op die landbou gelaai is. Landbouprodukte het in die silo's lê en vrot, implemente het al hoe swakker en al hoe duurder geword, vakbonde het onrealistiese lone vir werkers geëis en rente op lenings vir boere het onbetaalbaar geword, sodat die boer al hoe meer kontantvloei moes hê. Sy opsies het al skraler geword.

Óf hy óf sy vrou óf albei sou bedags op die dorp 'n byverdienste moes kry om die boerdery in stand te hou óf hulle moes by privaat banke teen hemelhoë rentekoerse verdere lenings aangaan. 'n Verdere opsie was dat hy sy grond aan ander met grond en beter reserwes verhuur en vir hom en sy gesin 'n huis op die dorp huur of koop om ten minste sy kinders geleer te kry en sy besigheid uit te brei. Hy sou as laaste alternatief verplig wees om sy werkers af te dank.

Ten minste was die boer nie uitgelewer aan plaasmoorde nie. Min dorpenaars besef dat as die boer nie meer op die plaas is nie, die arbeider self uitgelewer is aan sindikate wat roof en steel en dat die plaasarbeider as medepligtige aan die pen ry.

Die een of ander tyd sal die ou vertrouensbreuk tussen blank en gekleurd in die produksie van kos om te sorg vir oorlewing geheel moet word. Daar moet besef word dat die een sonder die ander in 'n land soos dié nie kan oorleef nie.

Ons boer

Net waar ons dit wil hê, het Willem se neef Ockert met die stokkie ons water aangewys – geleer by waterwyser Hendrik Rasmus. Toe Hermann Berry, ons eerste gekwalifiseerde landmeter en later parlementslid, by ons kom water wys het, het hy naam gemaak deur 'n string are vir boere aan te wys. Ons wou nie sy loopbaan skade aandoen deur rugbaar te maak dat die meeste van die netwerk gekry is op die are wat Ockert Bekker vantevore reeds met die wilgerlat aangewys en met 'n ou ploegskaar gemerk het nie.

Saam met Ockert het van Senekal af 'n skraal Mosotho-jongman gekom – Hendrik Nakedi – wat saam met Willem grootgeword het en nou kom kyk waar sy vriend is. Hy het dadelik begin stene maak vir sy eie huis en sommer die stukkende handpomp in die vlei gou reggemaak.

Hendrik was later hoof oor die melkery van die paar Jerseykoeie wat Willem se stiefpa Stemmit vir ons as trougeskenk gegee het. Hy het my gewys hoe kry mens die roomkannetjie sonder Brasso skoon en hoeveel, maar presies hoeveel skoon koue water gooi mens by die room sodat dit nie opblaas as dit suur word nie. Hy het sy eie perdekar gehad en hy kon 'n perd aan sy agterlyf uitken. Willem en later al drie ons seuns het kapteins-Sesotho geken en Hendrik was 'n wonderlike raconteur. Ek onthou hoe ons seun Jalie op wintermôres teen die kraalmuur geskater het van die lag oor Hendrik se relaas oor sy wedervarings van Boere in die omgewing om dit later vir my in Afrikaans en gebare om te sit.

Hendrik het perde kastreer, hoenders se piep uitgehaal en ganse gepluk. Van sy kinders het een vanaf Middenspruit se plaasskool 'n pastoor geword, die ander 'n gekwalifiseerde meubelmaker, sy dogter 'n dorpskool-onderwyseres en die jongste, Rantsane, oftewel Rantsi, het by 'n kontrakteur swaarvoertuie bestuur.

Dis van Rantsi wat Vyver my eendag in die strengste vertroue vertel het: "Ma, het jy gesien hoe lyk Rantsi se hande en voete? Hy is besig om wit te word, Ma. As hy mooi heeltemal wit is, sal hy nie ook saam met my kan gaan as ek koshuis toe moet gaan nie? Hy is tog my beste vriend."

Dit was so. Hy is heeltemal te vroeg in 'n motorongeluk dood, maar vandag nog leef hy as die hoofageerder in my seuns se legendes.

By my familie het Matheba die wyse gewerk en haar dogter Aletta kom toe vir my help. Dis Aletta wat my gewys het hoe mens ruite met 'n koerant skoonmaak. Klere was, stryk en pars sou sy nooit aan 'n amateur soos ek oorgelaat het nie. Ek het maar eers van droogskoonmakery op die dorp gehoor toe ons ander Volksraadslid, Wynand Breytenbach, later Adjunkminister van Verdediging, as droogskoonmaker sy loopbaan hier begin het. Uit nood wel, maar ook omdat ek 'n passie vir *low-key technology* gehad het, het ek geleer hoe om op my trapnaaimasjien vir my seuntjies gelapte kakiebroeke te maak en vir my dogtertjies tawwertjies.

Maar nou moet ek bysê dat die betrokke plaaslewe waarin ek my na my troue bevind het, baie ander velde gedek het. Een van my buurvroue, Miets Geldenhuys, wat huisbestuur – destyds 'n skoolvak by Oranje-meisieskool – geslaag het, het ons paar jonges gou-gou geleer hoe mens waatlemoenstukke se konfyt kook, hoe jy voerings in komberse of rompe of gordyne, sê nie wat nie, op die regte manier insit, hoe jy uit een jaart materiaal 'n dogtersrokkie met 'n uitskoprompie maak en nuwerwetse maniere om handewasseep met die inroermetode te maak. Ek het ywerig meegedoen. Ek en my skoonsuster Malie, vrou van my boet Jan wat saam met ons Middenspruit "geërf" het, het 'n hele paar jaar – ná ons bietjie sat geword het van plaas-Bybelstudie – elke Vrydag vir die swart kindertjies naaldwerkklasse gegee. Ek dink die patrone uit, sy – wat uit 'n naaldwerkgesin kom – sny en laat hulle dit maak. Wat losgetorring moet word oor slordige werk, doen ek. En ek wys vir hulle hoe mens dit nié doen nie, want ek was nou nie iemand wat van vroeg af met die naald en breipen "omgegaan" het nie.

In ons groep was ook die uithaler-tennisspeler van die Geldenhuyse, Hannetjie, en ons vroumense het gereeld een keer 'n week gaan tennis speel. Nie sommerso nie, harde tennis. Later jare het ek saam met die gevangenisdienshoof se vrou Marie en die Dopperdominee se vrou op die dorp pluimbal gespeel.

En die Vroue-Landbou-unie (VLU), al het dit mens nederig gehou, was 'n moet vir 'n plaasvrou se ego.

My skoonma ... wat 'n verfynde diplomaat was sy nie in argumente tussen Willem en my nie. Sy het my ook geleer hoe om op klein skaal suksesvol met hoenders te boer en hoe mieliebrood regtig gemaak moet word. Sy kon enige mansonderbroek heelmaak sodat 'n mens dit nie agterkom nie en het haar seun die brouwerk so gespaar.

Toe sy op 'n dag nie meer uit haar kop die patrone van haar eie hekelwerk kan onthou nie, het ek geweet iets kosbaars in haar het 'n einde aangekondig.

Nie lank gelede nie vra 'n buurvrou, een van die anderlike Kroonstadse anties – die term waarmee oom Renier van "Stop van Myne" mense so die harnas ingejaag het – vir my: "Hoekom sien ek nie al die boeke wat jy daardie tyd geskryf het nie? Dit was tog nie uit armoede wat jy geskryf het nie. Ek het net gedink oor mens jou nooit sien nie, jy is 'n 'inverted snob'."

Dit het my plesier gegee, want dit het bewys dat niemand regtig agtergekom het dat die vrou wat weekliks haar hoendereiers by die koöperasie inruil vir kruideniers, my joernalistieke nonentiteit volledig beskerm het nie.

In die omgewing van ou gevestigde boere was ons boerdery klein en netjies, maar te skraps. Ons sou saam met baie ander kleinboere ons oorlewing te danke hê aan die sewentigerjare toe Alwyn Schlebusch minister van binnelandse sake geword en 'n ander belastingsisteem vir bona fide-boere deurbaklei het – gesien ons ongestadigde klimaat. Dit het behels dat 'n boer se aanslag nie jaarliks nie, maar oor 'n periode van vier jaar bereken word. So 'n sisteem sal waarskynlik weer in die toekoms, net soos die wiel, herontdek word tot voordeel van boere (met 'n kleinletter gespel).

Destyds, onthou ek, het Willem en ek 'n vergadering van die groot boeretroos van die tyd, die nimlike Hendrik Schoeman, minister van landbou, bygewoon. Dit was in die welaangename tyd toe boere nog vrae aan verteenwoordigers kon stel en kon hoop om meer as "ons werk daaraan" te hoor.

Die saal was gepak. Die vrae was dringend, selfs paniekerig: "Wat het 'n jong man nodig as hy wil gaan boer?" Hulle wil weet, of hulle nou die eerstes was wat wou of die duisendste.

Ja, want wanneer 'n Afrikanermeisie een en twintig jaar oud is, het sy haar troue en haar bruilof klaar uitgewerk en sy sal trou met wie of wat, maak nie saak nie. Sy wil daai rok aantrek, sy wil so 'n ruiker dra, sy wil so 'n koek sny en sy het vrede met wat later gaan gebeur. En net so, wanneer 'n jong Afrikanerman agterkom hy het op een en twintig nog nie 'n motorboot of 'n drankwinkel nie, WIL HY GAAN BOER. Of hy opgelei is of nie, of hy dit in die Kalahari gaan probeer, of hy net een ploeg en 'n sakkie kunsmis en twee *boys* het om die slinger voor te draai, hy gaan boer.

Hendrik Schoeman het daardie dag gesê: "'n Jong boer moet – om vir drie seisoene te kan oorleef – vyfhonderd morg grond hê, vyftigduisend pond kontant hê om implemente aan te koop, nog vyftigduisend pond kontant vir bedryfskoste en vir arbeid, mits die reënseisoene reg val."

"En ná drie seisoene, wat dan?"

Hy sê: "Dan dryf jy 'n lorrie vir 'n ander ou wat op sy oupa se plaas boer."

Niemand het die minister daardie tyd geglo nie, gedag dis een van sy beroemde vergaderinggrappe.

Dis so dat op plase daardie tyd die digste bevolking van wit en swart was en die seisoene vir groot en klein 'n magdom interessante bedrywighede voorsien het. Want plase was selfonderhoudende eenhede en die enkele winkels het net skamele voorrade aangehou, soos rou koffiebone, sout en paraffien en roltabak. En die leerders van ons plaasskool het vrolik vir sakgeld kom help oes voor iemand besef het kinderarbeid is uit die bose.

Ja, daar was boerderyprobleme; daar was kommunikasieprobleme tussen swart en wit, goeie en slegte vriende, eie families en skoonfamilies, politiek en geloof, kinders en onderwysers. Hoe anders? Om ons heen was die land soos altyd verdeel, gekloof tussen ryk en arm en wit en swart, onderwys en eiewys, vroom en skynheilig, deurentyd aan die afstig en die amalgameer. Nie die sterkste bastion, die innigste gebede, die swakste oes of die getrouste tiende kon ons daarteen beskerm nie.

Gelukkig kon ons Middenspruiters met groot plesier 'n hele aantal probleme tussen die lakens oplos en, soos Langenhoven dit stel, ons swaarkry met lekkerkry klaarkry. Vir die res kon ons met hoendereiers, Jerseybeeste en mofskape net-net die wolf van die deur weghou.

Kursus in bome snoei

Toe ons destyds begin boer het, was een van die vele idealistiese projekte wat ons aangepak het, die aanplant van 'n vrugteboord. Ons het dit pynlik noukeurig volgens die beste voorskrifte aangepak. Ons het die gate maande voor planttyd gegrawe en die bogrond met die kunsmis en die ondergrond met die kompos laat blus. Soos dit hoort.

Ons het die wintermaande omgeredeneer met pamflette en katalogusse oor die soort en aard van vrugtevariëteite en hulle voorliefdes en afkere. Voor ons 'n enkele boom in die grond het, het my man reeds 'n kursus in bome snoei agter die rug, weet ons reeds in besonderhede hoeveel keer om nat te lei en hoeveel keer nie, wanneer om te spuit en wanneer nie vir watter pes en plaag, hoe om bloeisels uit te dun, hoe ryp of groen vrugte gepluk moet word en hoe nie. Soos dit hoort. En baie deeglik, soos dit hoort, staan die inkomste wat ons uit hierdie bron – die boer se beste byverdienste – te wagte kan wees, reeds aangeteken.

Ons boord het desnieteenstaande maar net so gegroei soos alle gewone vrugteboorde van gewone mense op gewone plase groei, veral as gewone mense probeer om volgens die buitengewone voorskrifte van landboukundiges te werk: Ná etlike jare van swart ryp, haelstorms en stukkende windpompe, skurftes en ander geheimsinnige afdodings, staan ons boord soos oudsoldate op 'n herinneringsdagparade. Min of meer daar, maar onherkenbaar versukkeld, vol skewe takke, ingekroes van krulblaar of amegtig blaarloos en in 'n stille teringsterfte.

Gans en al onbetalend word dit afgegradeer na my toe. Dis darem skaduwee vir die hanskalwers en kuikens. "En snoei dit nou net weer mooi. Soos ek dit verlede jaar gedoen het. Soos doktore Perold en Apfelsine dit in hulle verhandeling oor 'Somervrugte, die boer se beste by-inkomste' aanbeveel. Die kelkmetode, nè, op bladsy vier-en-negentig? Die skets is daarby. Jy kan nie verkeerd gaan nie." Ja, want Whielie is toe reeds pens en pootjies vasgevang in die heel grootste idealistiese boereprojek met die mees katastrofale gevolge: die plant van mielies en koring en die bywoon van protesvergaderings oor mielies en koring nie betaal nie. Ek sê hom maar liewer nie wat ons ou buurman, oom Basie, gesê het ná ons eerste misoes nie. "Ja, ek kyk daardie Whielie van jou die vorige winter toe hy snoei," sê hy, "en ek dag, hier gaan nou 'n verminking van bome aan lat daar nie een inkelde peskie gaan oorbly nie. As die Liewe Here wou gehad het bome moet soos kelkies groei, sou hy hulle so geskape het. Kyk, ou meisie, bome snoei is nie vir slagters nie, dis vir kunstenaars ..." Dit sê oom Basie toe.

En, soos gesê, was daar toe nie 'n inkelde peskie nie. Volgens my Whielie oor oom Basie tussenin kom lol het. Nie die kennis van 'n dagoud mofkalf nie, maar so wys soos die tien Bybelse maagde.

Nou ja, ek vat toe maar die sagie, die snoeiskêr en die kombuisleertjie en ek gaan dwaal maar so om die bome rond. As mens net iewers 'n begin kon kry. Ek het nou nie doktore Watsenaam-hulle se snoeikursus agter my nie, maar ek luister darem ook klassieke musiek en ek kan 'n taamlike barshou teken. Op my manier is ek mos tog 'n baster kunstenaar. Die inspirasie sal kom, of ten minste darem iets van die tien Bybelse maagde se wysheid. Ek dwaal maar aan en aan.

Opeens gaan ek voor 'n boom staan wat my om die een of ander onverklaarbare rede herinner aan my vanslewe se standerd vier-juffrou, juffrou Booysen. Sy was ook net so ingedoke soos hierdie een boom. Immer in jasse en serpe, hande opgeswel van die koue in die winter met 'n soort asmahoes wat deur murg en been sny.

Ag nee, ly sy nog al die jare so? Hier moet mens inspring. "Kyk, Juffrou, vertrou my net. Weg nou met hierdie jaspunte om jou kuite." Woeps en waps. "Al daardie serpe om jou keel. Ons moet jou longe oopkry, mens, nie toe nie. Die bloedsirkulasie moet tot aan jou vingerpunte kom."

Snip-snap. "Hierdie takkies wat soos ystervarkpenne wegstaan, en die bloed-klorofiel wegsteel!" Ek raak so meegevoer dat ek glo ek hoor juffrou Booysen sê: "Hier ook, hier ook, asseblief! Jy kan nie dink hoe hierdie voos plekke my hinder nie." En toe die suurstof eindelik begin deurwerk, hoor ek haar van verligting sug. Juffrou Booysen lyk 'n nuwe mens. Ek sal my nie verbaas as sy weer in die lente kan gaan skoolhou nie.

Die volgende boom, glo my as jy wil, is die ewebeeld van Susie Els van Salon Grand, die leerlinghaarkapper wie se asem tog so knaend na knoffel ruik, wat altyd pennetjies in haar eie haardos druk voor sy dit in joune druk en vir haarself in die spieël kyk wanneer sy praat, en beweer haar baas molesteer hulle.

Ek dink hierdie boom met sy dwarse takke en sy gombas was dalk een van dié wat my Whielie gesnoei het toe hy deurmekaar geraak het met die aanwysings van oom Basie en doktore Peerôl en Appeldammer.

Dit was vir my loutere plesier om by my haarkapper in te vlieg en haar oop te snoei in plaas daarvan dat sy dit vir my doen. Ek betrap myself daarop dat ek vir haar begin haarkapperspraatjies opdis: "Hier aan die suidekant is hulle bietjie yl, ons los hulle maar 'n bietjie langer vir jou. Hier aan die voorkant moet ons hierdie dik kuif, ek meen tak, uitsaag. Hou net stil, hou net stil, ek saag eers aan die onderkant van die tak, teen die stam, dan van bo af dat ons nie jou bas seermaak nie. Jy sal nie 'n ding voel nie. Kyk net in die spieël. So, lyk dit nie honderd persent beter nie? En vergeet nou maar van jou baas, doen net jou werk en basta."

Ag, en daarna het ek nooit weer enige probleme met bomesnoei nie. Wanneer ek by die boord se tuinhekkie instap, voel dit vir my of ek vanuit die ouderlingsbankie na my hele gemeente kyk. Mevrou die rietregop voorsitter van die VLU, ou tante Haasbroek by die eierdepot, daardie langhaar-spietkoppie wat my altyd by die parkeermeter vastrap ...

Ek kon selfs die peerboom wat nes my Whielie lyk, uitken. Ek het nogal taamlik diep aan hom gesnoei, want hy maak my partykeer so die josie in. Brou eers 'n hele boord op en dan moet ek dit weer gelukkig kry. Ek het hom in 'n duidelike kelk uitgesnoei.

Daardie eerste somer het ons vir die eerste keer 'n allemagtige vrugte-oes. Ek droog, ek kook konfyt, ek lê in, ek verkoop op die mark.

Die enigste boom wat nie sy kant gebring het nie, was die peerboom. Ek dink ek het hom bietjies te kwaai gesnoei en die volgende winter het ek hom maar net suutjies so hier en daar getop, want ek leer nou ook dat party bome meer snoei kan vat as ander, veral as jy en sê nou maar so 'n peerboom, in dieselfde huis op dieselfde plaas moet bly woon.

Aldus het ek die een fyner punt na die ander leer bemeester en vandag tel ek myself onder die "groot" boomsnoeiers van my omgewing. En oorweeg ek dit om my eie verhandeling daaroor die lig te laat sien.

Die sewentigs

Die sewentigs het vir my 'n hele paar omwentelings gebring waarvoor ek in alle retrospeksie nie begroot het nie.

Fred le Roux bedank by die *Sarie* en word dramaprofessor op Stellenbosch. Sy opvolger se eerste opdrag aan my was om 'n grondige reeks oor Lesotho te skryf. Ek doen dit toe. Ek en Lesotho se Minister van Binnelandse Sake onderneem ritte tot diep in die hinterland, besoek die Roomse priesters, die ongelooflike uitgewery by Morija waar die tweede Bybelvertaling in 'n inheemse taal in die vorige eeu deur Casalis gedoen is, die waterval, die ou Britse oorblyfsels by Leribe, die matmakery in Maseru ... ja, ek herleef my vorige passie vir Lesotho. Goeie kamera gehad.

Toe ek geen kennis van aflewering kry nie, verneem ek rond, en hoor: Jammer, ons kan dit nie gebruik nie. Die tema het nie juis betrekking op "die *Sarie* se teikengroep" nie.

Reg, dit gebeur mos maar! Ek het daarna aanvaar dat my verpligtinge by die *Sarie* afgehandel was.

Dit was goeie jare vir enige plaaslike skrywer. Dit het my ook in die geledere van regte joernaliste geplaas wat nou vry voel om te skryf wat ek wil, hoe ek wil en waar ek wil.

Ongelukkig is ek 'n jaar of wat later op 'n baie weerloser front gekonfronteer.

Al vyf my kinders is kampvuurvertellers van formaat. Gesprekke in ons gesin dek wye velde van onderwyser-eienaardighede tot koshuismirakels en ons swart statbewoners se skinderstories oor wit mense. Avontuurlik en met sprekende beeldspraak is hulle taalgebruik; hoe ouer hulle was, hoe ratser. En dit het vir my en hulle pa gespreek van 'n kosbare oop ouer-en-kind-verhouding.

Mens lees nou nie *Maasdorp*-boeke en *Hardy Boys* en Langenhoven en Ingrid Jonker in standerd drie en *White Fang* en *Treasure Island* in standerd vier sonder dat 'n neerslag daarvan in jou skoolwerk wys nie. Ek is dus gewoond daaraan dat hulle op kunswedstryde sing en klavier speel en opstelle in die jaarblad kry.

Op 'n dag kom oudste met 'n klompie van haar eie digwerk by my om uit te soek vir die jaarblad – sy dig al van laerskooldae. Ek soek toe uit, asmede 'n stukkie prosa. En ek is verbaas omdat dit werklik al so volwasse en tog so vrolik ingenome is. Die gedig is 'n toekomsvisioen waarin ons land se mense, wit en swart, hand aan hand die toekoms moet ingaan. Bietjie vaag oor wie se hande nie op standaard vir so iets is nie, en dat predikante nie die laaste sê oor so iets behoort te hê nie. En die prosa hanteer Adam en Eva se probleme in die paradys op so 'n manier dat 'n mens kon wonder wanneer sy afgeloer het. Wat meer is, mens moet jou naaste so behandel dat hy of sy nie in ashope moet gaan rondgrawe vir kos nie.

Die laaste stukkie herken ek toe as komende van die algemene ou raastaktiek van die politici. Ek vra toe of sy al ooit so 'n ashoop teëgekom het. Nee, maar Meneer het. Meneer synde die Geskiedenis-onderwyser. Hy gee speeltye vir haar in sy klaskamer lesse oor die *struggle*. Die *struggle* was vir my vervelend bekend, en die gedig en prosa verskyn toe in die jaarblad. Jy sou nie in die sewentigerjare met sanksies onder die illusie geleef het dat iemand dink die Nasionale Party is perfek nie – net dat die positiewe daarin oor jare eers besef sal word.

Die kleindorpse ma wat reken dis nog nie tyd om 'n paar blokkies te begin verskuif nie, wil ek nog sien. Ek gaan sien die prinsipaal wat nog vir my skoolgehou het. Ek weet die onderwyser is 'n bietjie breedsprakig, maar is hy sedelik betroubaar? Ek hoor van nee. Hulle is juis besig om navraag te doen. "Hy het juis die pos gekry oor hy vertel het hy is familie van jou."

O, my vrek!

"Nee wat, daar is min kinders wat volgende jaar sal aangaan met Geskiedenis. Ek skuif hulle almal oor na die B-klas. En ek sal speeltye ekstra toesig laat doen. Dis nie gesond dat sy speeltye alleen by hom is nie."

In alle redelikheid het ons gedink dat ons die probleem ondervang het. Ongelukkig het ons die verkeerde probleem ondervang.

'n Paar weke daarna dra die Sondagkoerant op die voorblad die berig van die meisie wat die onsedelike goed in Kroonstad Hoërskool se jaarblad geskryf het. Godslasterlik, kommunisties, en nog boonop in die ontugtrant. Ouers en kerkvaders is volgens die koerant in opstand. Hulle eis 'n verklaring van die skoolhoof. En wie is die meisie? Sy is Antjie Krog, die dogter van ... ja, toe is ek meteens "die bekende skryfster Dot Serfontein". Die alias wat ek met soveel sorg beskerm het juis om my gesin nie gekonfronteer te hê nie, is vir altyd na sy maai.

Ek word poskantoor toe ontbied: Ons posbus is soos 'n Krismiskous volgestop, sal ek dit onmiddellik laat afhaal. Briewe kom tot van die Filippyne af. Ek skeur 'n paar oop. Beursaanbiedinge van alle moontlike anti-Afrikaanse instellings. Engelse joernaliste wag haar in voor die skoolhekke. En ek kry dreigbriewe dat ek dit nie durf waag om te verhinder dat my kind opgeneem word in die groot vryheidstryd se kampe bo in Afrika, waar sy met die leiers saam verdere opleiding in Rusland kan bekom nie.

Elke plaaslike predikant kry sy kerk tot boordens toe vol as hy die onsedelikheid beklemtoon waartoe ons kinders onder ons neus verlei word. Ons eie predikant neem die langverlof waarvoor hy al so lank wag. Vreemde joernaliste probeer om onderhoude te kry, sodat ek verplig is om haar uit die koshuis te neem en soggens by die syhekke in te smokkel, en ek stel voorlopig die musieklesse af, want meteens weet ek waar sy afgeloer het van Eva en Adam. Daar is lankal stories dat een van die predikante, juis die mees verontwaardigde een, gereeld by sy eie orreliste – Antjie se musiekjuffrou – bedags wanneer haar man by die werk is, kom doen wat Adam en Eva doen.

Wat ek toe wou weet, is wie hierdie berig koerant toe gestuur het. O! Weet ek nie? Dis die koerant se korrespondent, ene mevrou Serfontein. Maande daarna bekom hierdie véraf niggie van my 'n oorsese reis vanweë haar voortreflike beriggewing, omdat haar berigte nou selfs in oorsese koerante verskyn. Ja, ek het haar nooit daaroor gekonfronteer nie. Vir my het dit net dáárop aangekom: Ek gaan my kind red uit die waansin van volwassenes. Vir my het dit dieselfde beteken as die kinders wie se konsentrasiekampgraffies daar lê omdat hulle misbruik is vir die hebsug van rewolusionêre dwase wat nooit besef hoe onryp kinderkapings die suiwerheidsmeriete van hulle eie saak besoedel nie.

Dit was die weke toe ek alleen gebid het soos wat mens bid wanneer jy net jouself het om te blameer. Ja, dit was my loopbaan wat die aanloop gebring het. En dis ek wat die geveg moet veg.

Die afwesige vader wat deur soveel veroordeel word – hy en twee lede van die bestuur van die telersvereniging van Letelleskape, wat ons hoofboerdery verteenwoordig, was in Frankryk om die oorsprong daarvan na te vors. Hy bel my, vol vertroue: "Dit sal oorwaai, jy sal sien."

Dit het nooit oorgewaai nie. Ek het dit met mag en krag en gebed in 'n koers ingedwing. Roem is tog iets wat mens toekom wanneer jy weet wat om daarmee te maak. Nie as dit in ander se belang soos 'n dodelike mes in die hand van 'n kind gelaat word nie. Sy is in standerd agt. Sy is 'n kind. Mý kind.

In haar standerd drie-handskriffie het Antjie vir my 'n gedig geskryf. Die blaadjie hou ek nog altyd in my Bybel.

Ek moes dosyne kere by funksies en opvoerings daarna luister. Dit het by my die besef gelaat dat elke kind bereid is om 'n offer vir sy of haar ouers te bring, in die vaste vertroue dat hulle dit nooit sal vra nie.

> Ma, ek skryf vir jou 'n gedig
>   sonder fênsie leestekens
>   sonder woorde wat rym
>   sonder bywoorde
>   net sommer 'n kaalvoet gedig –
>
> want jy maak my groot
> in jou krom klein handjies
> jy beitel my met jou swart oë
> en spits woorde
> jy draai jou leiklipkop
> jy lag en breek my tente op
> maar jy offer my elke aand
> vir jou Here God.
> jou moesie-oor is my enigste telefoon
> jou huis my enigste bybel
> jou naam my breekwater teen die lewe
>
>   ek is jammer mamma
>   dat ek nie is
>   wat ek graag vir jou wil wees nie.

Ek praat met haar soos ek gewoond was om met hulle almal te praat: "Het jy al gedink wat jy eendag ná matriek gaan doen?"

Sy sê sy wil iets wat die moeite werd is met haar lewe doen. Dis bemoedigend onoorspronklik. Wie wil nié?

"Kom ons kyk wat is jou sterk vakke. Wiskunde?"

"Ek gaan dit pluk, maar ek gee nie om nie."

"Dan moet ons volgende jaar ekstra klasse daarin kry. Jy sal anders nie toegang tot universiteite kry nie. Engels, wat van Engels?"

"Dis onnodig. Ek ken dit."

"Dan moet mens sorg dat jy 'n onderskeiding kry, anders sal jy nie toegang tot 'n Engelstalige universiteit kry nie."

"Miskien Geskiedenis. Kan Geskiedenis sorg vir vrystellingsmatriek?"

"Ja, en jou musiek en Afrikaans! Dis tog twee lekker vakke vir jou ..." Ek sien 'n effense weifeling.

"Maar ek kan niks daarmee doen nie."

Ek maak 'n grappie: "Maar miskien kan hulle met jou iets doen, eendag. Sê nou ek gaan 'n ooreenkoms met jou aan? Jy sorg vir 'n ordentlike vrystellingsmatriek. Daarna besluit jy wat jy verder wil doen."

"En jy? Wat sit jy in?"

"Ek sorg dat wat jy nou geskryf het, gepubliseer word, voor die einde van standerd nege."

"My liewe Ma, jy gaan jou van nou af doodsukkel om jou eie goed gepubliseer te kry!"

"Maar ek het nog nie voorbladstories gedig soos jy nie. Ek wed jou ons sal dit gepubliseer kry voor jy standerd nege deur is."

"En as ons nie?"

"Dan betaal ek self jou kaartjie Rusland toe."

Ek stuur toe die manuskrippie vir Leon Rousseau en Koos Human. En ek vra: Moet ons of moet ons nie? En hulle laat my weet: As sy haar ma se *guts* het, sal sy oorleef. Stuur.

Antjie kies self die titel: *Dogter van Jefta*. As ek gedink het sy is onder 'n kalkoen uitgebroei ...

Voor sy standerd nege deur is, is haar bundel daar en selfs Dirk Opperman skryf daaroor. Weer eens is ons posbus gelaai en dié slag moet haar pa die spulletjie gaan oplaai. Weer eens is dit aanloklike voorstelle om dese en gene te red, sy wat volgens hulle so diep-diep in verdrukking is, terwyl duisende rande se beursgeld vir haar wag. Hy roep my en agter die stal skud hy dit op 'n hoop uit en steek dit aan die brand. Ja, dit moet ek erken. En saam stap ons deur die modder om stilletjies met Benedictus Kok, by wie se ouers ek en hy loseer het op Bloemfontein, te reël dat sy soontoe gaan ná matriek; op voorwaarde dat tot sy haar graad het, hy sal toesien dat geen joernalis met haar onderhoude voer nie. "Ons spesialiseer in nonentiteit hier onderkant die wit perd van Naval Hill," sê hy laggend.

Seker net om te wys dat sy *otherwise* sal optree, al sê ons wat, neem sy BA en Musiek gelyk en in haar tweede jaar publiseer sy twee bundels gelyk: *Januarie-suite* en *Beminde Antarktika*. Van hier af dink ek dis nie minder as billik nie dat sy eendag haar eie lewensverhaal met die nodige digterlike vryheid sal aanbied. Al wat ek weet, is dat die jaloesie van verloorders haar sedertdien steeds soos 'n brandsiek hond volg.

Aldus danksy die dempende invloed van die goeie ou matriek en stiksienige ouers het dit geen vervreemding in ons huisgesin gebring nie. My vyf kinders wat mekaar deurentyd as 'n klein bietjie *otherwise* beskou het, het hulle sussie nie daarna as meer *otherwise* beskou nie. My wederhelf se handige afwesigheid wanneer die noodlot sy grappies begin uithaal, is ook nie deur een van ons as meer *otherwise* as gewoonlik beskou nie.

Natuurlik moes ek agterna wonder, telkens wanneer ek iewers 'n teks by 'n uitgewer ingee, of dit gepubliseer word op mý meriete of dié van die bekende Kroonstadse skrywer, ma van ons-weet-almal-wie. Toe ek ná dekades hier en daar verskuilde Serfonteinismes in haar bekroonde werke bespeur, kon ek my veroorloof om te beweer: Die appeltjie het nie ver van die boom af geval nie.

Oënskynlik, ja. Al is daar kere wat enige ouer, soos Job sê, "in kleihuise woon; oordag stuit hulle op duisternis, en in die nag tas hulle rond". Maar elke kind van my is 'n kosbare geskenk van die Here, wat die reg het op my volle verantwoordelikheid. Omdat ek ongelukkig oor so min selfvertroue beskik, was my opvoeding seker so rigied verby. My kinders kan meer staaltjies daaroor vertel as oor die Weermag en die katkisasie.

Ja, onthou hulle, geen kind het sy skool toe gestuur voor hy of sy kon lees en skryf en behoorlik kon swem nie. Sy het ons betaal om agtien maande Tromp van Diggelen se oefeninge te doen. Elke arme sot moes musiekteorie en klavierlesse in die laerskool neem en die woorde en wysie van "Die Stem van Suid-Afrika" nootvas kan sing. Niemand mog meer as een keer op 'n skooltoer gaan nie. Almal moes rugboeksakke dra en nie soetkysies nie, anders groei ons glo skeef!

Wel, ek hét daarin geglo. Ek glo nou nog so, want kyk watter hoekpilare het hulle nie almal geword nie.

Wat ek self nooit kon verstaan nie, is waarom ek so getraumatiseer was toe my oudste kind haar eie logo uitspel. Sy was nooit in lewensgevaar nie; trouens haar opvattings was hoogmode in post-apartheid. Ek kan nie verstaan dat ek so skuldig gevoel het daaroor nie. Maar toe my drie seuns al drie deur die Weermag oor die landsgrense gestuur is, tussen werklike bomme en verongeluksgevare was – hulle as 't ware in pand gee vir die politieke bestel wat hulle suster so aanhang – en ek wel dag en nag tien jaar lank vir hulle in vrees en angs bevange gebid het met 'n onhoudbare intensiteit, het ek nooit oor hulle lot of oor my eie lot skuldig gevoel nie.

Ai Bellie is lankal ter siele, maar dalk sal ou Swartland daar bo by die hek eendag by my aankoms die diskrepansie kan verklaar.

Die tagtigerjare

Aan die einde van 1980 slaag my jongste kind, Willem (Mojalefa, wat beteken erfgenaam) en sy neef Dawid albei matriek met onderskeiding. Die vreugde was egter gedemp, want Dawid se pa, my jongste broer Jan, wat reeds tevore 'n hartomleiding gehad het, sterf op vyf en vyftigjarige ouderdom.

In sy fleur? Nee, tog nie; eerder die einde van 'n jare lange stryd teen daardie tyd se terminale siekte: sinkingskoors. Antibiotika het die aanvalle daardie tyd onderdruk en dikwels maar net 'n verswakte hart agtergelaat. Sinkingkoors wat vandag rumatiekkoors genoem word, het feitlik onbekend geword en die oorsprong daarvan nog raaiselagtiger as kanker.

Die tagtigerjare was andersins goeie jare vir ons as huisgesin, sowel as vir Kroonstad self. Vier van my vyf kinders en hulle huisgesinne woon toe hier: Antjie se man John is argitek, sý onderwyseres by Mpôhadi; Vyver is 'n programmeerder en hy en klein Elsa woon by ons aan huis ná sy egskeiding; ná Landboukollege word Kootjie eers plaasbestuurder en werk daarna saam met Willem in ons boerdery; Jalie is prokureur en sy Aline is apteker. Net Pennie-hulle was toe in Kaapstad.

Maar elke tweede Kersfees was man en muis vir tien dae op die plaas. Almal geniet van kleiduifskiet tot volledige resiesjaery, tot pieknieks met gladdebek-kleinkinders oral, tot volledige konsertprogramme en sterrekykery ... En Kroonstad self was die blomdorp van die provinsie, die eerste in die land met 'n sisteem van damme weg van die hoofrivier se opvanggebied, en met 'n eie kragsentrale; brûe en verbypaaie, opleidingskolleges vir verpleegsters, nieblanke onderwys- en tegniese kollege, spoorwegkollege en ook die Weermag- en die Gevangenisdiens-opleidingskolleges.

Dit was voor ons aan kettinggroepe geketting was – die handel is volledig op alle gebiede deur die plaaslike handelslui self bedryf. Daar was groot drie-dae-skoue en kunswedstryde met 'n skoudans, die vroue behoort almal aan die VLU, die tuinbouklub, die OVV, die tennisklub ... Die mense was lus vir ondernemings en proefnemings. Verstaan mooi, apartheid soos hierdie sou later as misdade teen die mensdom gereken word.

Ek het natuurlik toe reeds in sketse heelwat van my dorp vertel. En die roman *Rang in der Staaten Rij* het my na volledige navorsing oor die Vrystaat se Republikeinse geskiedskrywing gelei. Ek het ook toe al 'n Sesotho-roman, *Tjau Thian*, geskryf met Engelse en Afrikaanse vertalings by. Ons het toe nog geglo swart mense sou in hulle eie taal se romans geïnteresseerd wees.

Toe die stadsraad my in 1985 nader om die streeksboek *Keurskrif vir Kroonstad* saam te stel wat al die vorige pogings deur ander persone inkorporeer, het ek dadelik met 'n liasseerprogram begin. Dit het my vier jaar geneem om die inligting van 1854 tot 1954 byeen te kry. Dit was 'n onvergeetlike ervaring om ou vergeelde dagblaaie, kerk- en munisipale notules en ou foto's deur te gaan. Ek het toe reeds die Serfontein-atlas geskryf gehad wat my en my niggie Tientie deur die hele land laat ry het ná honderde foonoproepe.

Dus was ek 'n gesoute pennelekker. Allan Rautenbach, stadsklerk, en Roelf Louw, die stadsprokureur, kon 'n ordentlike kontrak opstel wat my deur al die fases beskerm het, heeltemal 'n ervaring vir my. Nogtans, toe ek die teks klaar het, was dié wat my gevra het albei nie meer so invloedryk soos voorheen nie. En was dit nie vir ministers Alwyn Schlebusch en J.P. van der Spuy wat saam met my aggressief met die Afrikaanse Pers in Johannesburg – wat voorheen onderneem het om dit gratis te druk vanweë hulle jare lange verbintenis met Kroonstad – gaan skik het nie, wonder ek of die lywige *Keurskrif vir Kroonstad* ooit die lig in 1991 sou gesien het. En watter waarde dit vir die hedendaagse stadsraad het, is nie vir my om te sê nie.

Daardie tyd het ek geglo dis nie nodig om te wroeg oor alles wat verkeerd geloop het in 'n dorp se geskiedenis nie. Ons was vir my soos 'n rivierkuil onbesoedelde water, waar elkeen as hy regtig wou, sy dors kon kom les. En as iemand hard gewerk het, is hy as 'n vakkundige op sy gebied gereken, afgesien van die salaris wat hy verdien. Dit wil ek sê: Nie ek of Japie of die roomys-*boytjie* wat ons destyds laat slae kry het oor hy nie geweet het wat spaargeld is nie, sou vandag die soustrein gehaal het nie.

Nog 'n noue ontkoming wat ek ten opsigte van my werk gehad het, was die tyd toe grootdruk vir swaksiendes as die groot volksdiens opgelê is.

Klein uitgewerytjies het manmoedig in die gaping gespring. Gevestigde skrywers verleen dan kopiereg van hulle boeke hiervoor. En goedgelowig – ten spyte van my geskiedenis van swak welsynservarings – doen ek toe ook so mee in vaste oortuiging dat dit hier om 'n welsynsaak gaan.

Toe ek my kom kry, word ek voor die hof gedaag om te getuig tussen twee uitgewers wat op dieselfde dag my teks uitgegee het en beweer dat ek vir elkeen kopiereg gegee het vir publikasie. Dalk het hulle gemeen kopiereg is soos 'n tienrandnoot: As jy dit weggegee het, is dit weg en kan enigiemand dit vir iemand anders present gee.

Die einde van die storie is dat die twee uitgewers skik en ek omtrent net vlak voor die tronk omdraai. Nou nog dink ek met diepe dankbaarheid terug aan regter Hartslief wat so vaderlik met my aan die gesels gegaan het as mede-Afrikaner, oor wat mens in die hof moet sê en nie moet sê nie, byna soos 'n mens 'n ou tante oor die straat help. Onnodig om te sê dat ander skrywers gesorg het dat daar deeglik geskrewe kontrakte geteken is.

Ja, skik is selfs vandag nog soos 'n ysterpaal bo 'n wasgoedlyn in die gereg. Ek raai dan ook ieder en elkeen met 'n probleem aan: Moet net nie hof toe gaan nie, want dis gevaarliker vir jou as vir die een wat die probleem het. Skik! En veral moet jy sorg dat jy nooit as getuie geroep word in 'n ander ou se hofsaak nie. Dit is nou éérs gevaarlik.

Weermag

Ons het nooit soos party mense toue getrek om ons kinders van hulle Weermagdiensplig weg te hou nie. Ek sou vals wees as ek vandag beweer dat kommunisme nie daardie tyd 'n groter gevaar vir Suid-Afrika was as wat dit vandag vir die res van Afrika is nie. Ek sou vals wees as ek uit fiksieboeke moet glo dat die destydse oorlogkanonvoertroepe van die Weermag van swakker moraliteit, dissipline en weerbaarheid was as dié van die vredemakende wapentransaksie-makers van vandag. Wat ek erken, is dat my drie seuns as jong, windmaker, arrogante knape weg is Weermag toe en teruggekom het as volwasse mense met wie ons soos volwassenes probleme kon oplos, verswyg of verwerk, en dat hulle daarna hulle vakopleidings deurstaan het sonder eerstejaar-ontgroeninghisterie en hulle kursusse voltooi het.

Wynand Breytenbach van Kroonstad was die enigste kabinetslid wat dit op sy eie gewaag het om bo in Afrika die militêre motiewe van die Russiese kommuniste te evalueer voor daar toegestem is om die Weermag na Angola te stuur. Dis ook net hy wat eerstehands kennis bekom het van die ANC se kampe daar en watter moontlikhede daarby betrokke was, sodat mens geweet het as ons hierdie gevare nie buite ons grense gekeer het nie, gegewe ons sterk Weermag, burgeroorlog sou volg.

Daardie tyd was 'n parlementslid veronderstel om verslag te doen aan die mense wat hom ná 'n partyverkiesing aangewys het as hulle verteenwoordiger. Willem was distriksleier. En die besluit om ons Weermag buitelands te laat veg, is polities goedgekeur op Nasionale Party-kongresse oral deur die land. Ek was op so 'n kongres. Ons moes met of sonder teenstem aanvaar. By daardie geleentheid het ek byna een van ons beste vriende verloor.

Die saal sit gepak. Ek en Nooientjie, my suster, is soos snare gespan. "Here onse, gelukkig het ek net dogters," hoor ek haar fluister.

Hertzogiet, Ossewabrandwag, Duitse spioen: wagte by die deure. Iewers na agter toe staan een misleide siel op. Dis dominee Uys Fourie wat saam met my in die Afrikaanse hoërskool se skoolkommissie is. Onopvallend en vriendelik word hy deur onbekendes die saal uitgelei.

Ek vra hom agterna. En hy sê: "Ek het net 'n grappie gemaak." Daardie tyd kon predikante nog ernstig grappe maak.

Agterna sê Connie se vrou vir my: "Dit was nodig, Dot. Hy is ook kapelaan in die Weermag; mens stuur nie jou soldate om te gaan oorlog maak net oor 'n saal vol apostels so sê nie."

Uys Fourie se seun word 'n "recce" en my seun Kootjie word 'n korporaal, gestasioneer by 36-bataljon in Namibië.

Toe Vyver sy dienspligt begin het, was dit net een jaar, "'n rustige voortsetting van die skoolkadette, met klem natuurlik op dissipline en die denkbeeldige aanleer van 'n gevegsveldroetine". Maar ná die goedkeuring op kongresse in daardie jaar is ons ouers gekonfronteer met toestemming dat ons kinders vir drie maande na 'n onbekende terrein verskuif word, dat daar nie op enige manier met hulle in aanraking gekom moes word nie. Briewe reeds gestuur is ongeopen teruggestuur.

Ek onthou hy was so lief vir vrugtekoek en ek het reeds vir hom 'n lekker rumversadigde koek volgens Nooientjie se resep gestuur, hoewel sy amptelike uitklaring reeds voor Kersfees sou wees. (Met sy Wiskunde-onderskeiding is 'n beurs by Yskor goedgekeur en hy sou vir die onderhoud – ek meen dit was 15 Desember – in Pretoria moes aanmeld). Die koekblik kom terug met net koekkrummels in. Toe kom daar 'n windverwaaide briefie van hom van iewers af: Teken asseblief, maar teken asseblief die blienkieng goedkeuring. Die ouens wat moet agterbly, sal 'n helske tyd hê, waarskynlik 'n diensverlenging. Ons teken dit.

Desember kom, die vyftiende kom, maar hier is nog niemand. Ons probeer toe darem om in aanraking te kom met offisier De Lange, 'n bekende, oorspronklik van Ventersburg. Baie professioneel, maar vriendelik. Moet julle nie bekommer nie, dis 'n blote projekoefening.

Sy onderhoud? Kry dit na die helfte Januarie verskuif, asseblief, om seker te maak. Laat hom solank inskryf by Potch vir sy Wiskunde-studie ensovoorts.

Januarie kom, ons hoor niks. Ons kry 'n foonoproep van 'n Engelse persoon, meneer Gant van die konfytmense in Wellington. Sy seun is die pelotonaanvoerder waar my seun is. Hulle is by Lobito in Angola, hy is deur sy seun gevra om ons te laat weet dat dit gaan goed met ons seun.

Januarie gaan verby. Hulle dienstyd is in elk geval verleng. Aan die einde van Februarie kan ons hom eindelik by Hoedspruit gaan haal. Die universiteit het lankal begin. Hy wil nie meer soontoe gaan nie. Hy wil vir die res van sy lewe ver van mense af wees, langs 'n rivier. Pennie en Hannes, pas getroud, was toe op Potch, sy besig met kunsstudie, hy met M.Sc. Hulle kom haal hom en hy bly by hulle in hulle woonstelletjie. Hy gaan aan met die Wiskunde, maar nou met 'n onderwysbeurs wat hy 'n jaar tevore nie eens sou oorweeg het nie.

Ons was gelukkig. 'n Maand later is die Gants se seun langs 'n hoofpad doodgery toe hy gaan draf het. Dit was die eerste keer dat my oudste seun wegdraai van my, sy arms oor sy gesig hou en snik, soos 'n grootmens.

Toe Kootjie se oproep vier jaar later kom, was ons gesin (so glo ons) in pas. Hy was eerstespan-rugbyspeler, het graad ses-klarinet en -teorie geslaag en was eerste verspringatleet in die sirkel. Ek was gerus, want die Weermag het op daardie stadium reeds afdelings vir sport en musiek apart hanteer.

Voor ons enigiets verder kan beding, kom hy 'n naweek terug. Hy het ingeskryf vir die offisierskursus by Oudtshoorn met toestemming om buite die land van diens te wees. Hy sit daar, nes sy pa, luister na geen verdere argumente nie. Net dit: "Reken julle ek moet soos 'n ou vrou my lewe verder lewe?"

Hy kan nog nie eens stem nie. Maar hy is nie bereid om 'n lafaard te wees nie.

Hy bly sewentien maande in Suidwes, en hy kom terug met sy Pro Patria-medalje, kyk dinge by UKOVS se Landbou-fakulteit deur, kom terug, trou en soek vir hom werk by Boland Bank.

Toe dit Jalie se beurt is, is ons laaste uitweg om te leer uit die dinge wat ons in elk geval nog nie verstaan nie.

Hy kry 'n sportbeurs en laat hom oorreed om sy studie in die regte eers klaar te maak voor hy Weermag toe gaan. Insgelyks wil hy ook nie 'n ou vrou wees nie, aangesien hy ook alreeds 'n vaste nooi in die Aptekers-finalejaarsklas by Potch het.

Hy word 'n wetsoffisier binnelands, wat in daardie tyd nou nie so erg anders was as vandag se Weermag s'n nie. Hy moet arme ou troepies wat AWOL, laat vang, dan moet hy hulle aankla. As een 'n moord gepleeg het oor hy sy vrou by 'n ander man gevang het gedurende sy ongeoorloofde verlof, moet Jalie hom verdedig en sy straf probeer versag sodat sy mense tuis nie van honger doodgaan nie, aangesien hulle juis van sy Weermagsgasie geleef het.

Dit was uitmergelende landsverdediging op 'n totaal ander vlak. Ja, maar hulle het daardeur gekom, wat dit ook al vereis het. Ons dominee se jongste seun, die besonder geliefde Pieter in Antjie se klas, was 'n paar maande daar toe die tenk waarin hy een van die bemanning was, 'n obstruksie tref – een van die gevalle waar die res moes lootjies trek oor wie sy stukkies in die suikersakke moes kry. Sy pa, die dominee, het later vir my gesê: "Ja, toe verstaan ek eers hoe jou oom Van Niekerk gevoel het daardie dag toe jou tant Lettie op slag verongeluk het. Ek wou niemand sien nie, ek wou nie bid nie, omdat ek nie mag vloek nie, daarom het ek net so gesit."

Ja.

Belowe my

Op 'n dag, etlike jare voor my ma se dood, is ek saam met haar op die begrafnis van 'n vriendin. Toe ons al wil terugstap motor toe, bly sy 'n paar oomblikke staan, kyk swyend oor die dorpskerkhof heen en stap verder saam met my.

Wees maar wie jy wil, maar direk ná 'n begrafnis is dié gedagte oppermagtig: jou eie einde. Dit was ook een van daardie begrafnisse waarop die dominee die geskokte naasbestaandes met 'n paar handige hale onder die Liewe Here se tafel invee, en vir die res van die lyksrede die aanwesiges met vuur en swael kasty oor Daardie Pad wat ons almal eendag – baie gouer as wat ons dink – sal moet loop. Dat ons nie moet dink aangesien die ontslapene nou geprys word, dit hom of ons daar anderkant gaan help nie. Die pad is nou en steil, en min vind dit ... Ja, ons begryp, hy ken die Pad, hy het immers sewe jaar lank gaan studeer om dit te leer ken – al ken hy selde die mens wat dit moet loop.

Miskien maak niemand hom daarop attent nie dat mense na 'n begrafnis toe kom juis oor hulle die pad self so duidelik sien en maar net 'n arme medesterfling voorspoed daarop kom toewens.

Nou hier is ek toe, saam met my ma wie se lewensverwagting korter as myne is. Sy weet ek weet. Reggeaarde kinders bespreek selde hulle ouers se dood met hulle. Daarenteen het ouers baie keer 'n brandende behoefte om juis dit met hulle kinders te bespreek. Noudat ek self by die laaste loopgrawe hurk, verstaan ek dit. Ons lewenspolisse is ons kinders en vir ons kinders. En jy wonder tog watter dividende jou sogenaamde teraardebestelling sal afwerp van opregte gemis, van dankbaarheid, van insig in die soort mens wat jy was. Dan voel jy dat 'n paar tydige riglyne die rituele net goed kan doen en dit netjieser in pas kan bring met die onbetwisbare emosies agterna by die regte Sanlampolis.

"Belowe my net een ding ..." sê sy toe ons al op pad is. Hier kom dit, en ek sal dit nie kan ontwyk nie. Ek ken my ma as 'n vrou van sagmoedige wysheid, en wanneer sy met 'n ding vorendag kom, lê sy wortels al baie diep. "As ek eendag dood is ..." (indien ek getwyfel het!) "belowe my jy sal kyk dat hulle nie my graf toepak met hierdie gemors van plastiekkranse nie."

Die spanning is gebreek. Ek lag. Haar geslag, maar sý by uitstek, het plastiek gehaat, dit met wortel en tak beveg as bose, sigbare manifestasie van die Laaste der Dae. Wat 'n ysterkastrol, 'n enemmelskottel of 'n papierkardoes nie kon opvang nie, en wat 'n linnevoorskoot, 'n syonderrok of leerskoene nie kon toehou nie, is vir die ashoop van die oordeel bestem, saam met die sak waarin sy dit uitsmyt. Hare sou nie afvalstowwe word vir twee geslagte later se omgewingsbewaarders nie.

Ek moes geweet het dat haar lewenstyl verder as die voor die hand liggende sou strek. "Ja, goed, maar onthou, vars blomkransies hou maar net 'n paar dae. Die ander hou maande."

"Juis, juis!" sê sy heftig. (Hoe ver inderdaad!)

En toe sy dan nou eindelik dood is, skielik vir ons, was daar soveel ander, dieper gedagtes. Ons het haar beween, selfsugtig soos alle kinders oor wat óns verloor het, eerder as wat sý verloor het.

Die volgende dag gaan ek en my suster na die graf om die kaartjies te lees. Die duiwe koer bo in die taaibosse, 'n diederik klaag langs die vlei af, die plaaskerkhof lê met die geslagte voor haar as stapeltjies ou stowwerige state binne die klipmuur geliasseer. Haar graf, ál lewendige, is die naaste aan die hekkie. Ek en my suster skok tot stilte. Die graf is hoog, maar tot boordens toe toegepak met kranse. Afgesien van ons, die naasbestaandes s'n, is meer as die helfte natuurlik die beste wat die plastieknywerheid kan lewer. Rondes en plattes, kruise en harte, lelies en rose, natuurgetroue papawers of tulpe of asters met varings of klimop, met plastiekduiwe of gevoude hande, met oop Bybeltjies of ankertjies of plastiekengeltjies, in doppe, sonder doppe.

En nou? Sy het my laat belowe! Ek is ontsteld. Wat maak ons nou met hierdie berg van plastiek-roubeklag? Neersit op die grafte van die voorgeslagte wat dood is voordat hulle van die pes te hore gekom het?

My suster tel 'n kransie op. *Hoekom moes dit jy wees, Anna?* Iemand wat probleme het met die Pad? Nee, dis van Emma, 'n veraf familielid van ons. Doofstom. My ma het jare gelede haar skoolgeld op Worcester betaal. Elke jaar klokslag met Kersfees kom haar kaartjie met Kersgroete. En my ma stuur een terug, die goeie wense kragtig onderskraag met 'n paar bruikbare banknote. Hoekom dan nou? Dis 'n kransie van geel plastiekmadeliefies en -varings met sy engeltjie, alles binne-in 'n duursame plastiekdop, deur Interflora afgestuur. Dit moes aan haar pensioentjie gevat het. Ons sit dit weer neer.

Die volgende is meer beskeie: 'n enkel ringetjie plastieklelies, die kaartjie groot en leesbaar met die hand geskryf: *Die ounooi was onse Ma ôk. Die groetenis kom van ons almal by die statte.*

Dis genoeg. Ek gooi die kransies terug op die graf. Met

betraande oë vlug ons by die hekkie uit, maak dit toe en van 'n veilige afstand vee ek my hand oor my oë, sê ek driftig: "Ag kom nou, Ma! Jy lê by jou familie met die witgatbome en taaibosse bo jou en die hele Middenspruit om jou. Die Liewe Here sal jou wel daar anderkant leer hoe om met plastiekkranse saam te leef."

Ja, inderdaad te lewe (so glo ek vas). Dit weet ek: Jy het alles gewen. Niks verloor nie.

Later eendag

Later eendag sou ek terugdink aan my Oujaarsaand langs die rivier toe ek so seker was die toekoms lê soos 'n slagplaas voor my.

Ons sit in die slaapkamer, ek met die baba (die vyfde) om hom aan die slaap te kry; langbeen op die mat sit die tweede oudste met die familienaam Jeanette Helena Martha du Plessis Krog. Die foon lui.

Ek sê: "Hou hom net dop. As jy sien die bottel val uit sy mond, weet jy hy is amper aan die slaap. Sit dan net gou die dummie in sy mond. Jy weet mos hy vat net die dummie as hy te aan die slaap is om te weet hy doen dit." (Ek kon in my lewe nooit die aaklige Afrikaanse eksplisiete "fopspeen" vir 'n dummie gebruik nie.)

Ek hardloop foon toe. Gaan sit, neem my potlood en begin poppies en blaartjies en blommetjies teken. Foonoproepe is altyd langer as wat nodig is. Per slot van rekening, as mens lank op 'n foon wil praat, bel jy self.

Toe ek terugkom, is alles in orde. Die kleintjie slaap. Ons

retireer na die voorkamer. Toe ek die swaarmoedige sug langs my opmerk, is poppies-teken verby.

En ek sak op die eerste stoel neer. Ek het nie die poppies nodig nie, ek ken daardie donker sug.

"Ek wens ek was 'n enigste kind."

Wag nou. Wat sê die sielkunde van die gebrek aan aandag van 'n mens se kroos. 'n Drukkie?

"Hoekom?"

"Oor jy net aanhou en aanhou bybies kry. Hou nou op en los my uit. Laat ek kan doen wat ek wil."

"Jy doen nie wat jy wil nie?"

"Nee, ek doen wat jý wil: boeties oppas."

Ek dink meteens aan my tant Lena met my neef Klasie, haar enigste.

"Ek wil nie met jou stry nie [natuurlik nie; klein soos wat sy is, sal jy min uit haar kry met 'n stryery]. Maar ek kan jou verseker 'n enigste kind is die allerlaaste een wat ooit kan doen wat hy wil. Ek het juis so baie kinders dat elkeen van julle kan doen net wat julle wil, solank julle dit as 'n voorreg beskou en nie as 'n reg nie."

"Dink jy dis 'n voorreg om hierdie bybie se waghond te wees?"

"Nee, 'n plig dalk, of hoe? Jy sal eendag beter daaroor kan fantaseer. My pa het ons vertel van sy jonger boetie as hulle wou gaan swem het."

"Ek weet, jy het my vertel van die gat en toe is hy amper liewer vir daardie boetie as vir die ander. Het jy jou boetie in 'n gat gegooi?"

"Nee."

"Maar jy het daaroor gefantaseer, of jy voel skuldig, so jy fantaseer nou nog daaroor."

Sal ek dit sê, vir so 'n kleine mensie? "Mens moet alleen wees. Om te kan fantaseer; dit maak jy vir jouself met groot moeite. Dit is nie daar omdat ander dit vir jou laat gebeur nie." Wat 'n geweldige woord, fantaseer; uit so 'n kleine wese!

"Maar jy is my ma." Stelling of vraag?

Saam met Anna Rothman, M.E.R. se dogter, op Swellendam.

Ek (middel agter) saam met Koos Human en Dirk Opperman. Voor is Andries en Philip, Antjie se seuns.

Groote Schuur, 11 Februarie 1976: Fred le Roux, Ria Olivier en Audrey Blignault by 'n huldigingsprogram vir M.E.R. 'n Foto van haar agter op die muur is gedeeltelik sigbaar.

Vlnr: Tibbie Visser, dogter van pres. Steyn, Yvonne Steyn en haar man, adv. M.T. Steyn (kleinseun van pres. Steyn) en mev. pres. Steyn (Rachel Isabella) op die plaas Doringkloof.

Oom Meneer en tant Lettie saam met Tiekie op haar troudag in 1951.

10 Maart 1951: Ons troudag.

Antjie, Pennie en Willem Van der Vyver,
ons drie oudste kinders.

Vlnr: My jongste broer, Johannes Gerhardus Delport Serfontein, ek, my suster Nooientjie en my niggie Sanna.

Die Serfonteins. Agter staan my seuns Jalie, Kootjie en Vyver en my man Willem en voor is ek met my dogters Pennie en Antjie.

Só kom die hele familie elke tweede Kersfees vir tien dae op Middenspruit bymekaar. Hierdie foto is in 2004 geneem. Willem was toe reeds oorlede.

Ek lewer soms nog vir leeskringe boekbesprekings, omdat ek hulle as kultuurbrandpunte beskou. Hier is ek in 2007 waar ek met die Bethlehemse en Senekalse leeskringe van Etienne Leroux se werk bespreek het, saam met Erica van Eeden, sekretaresse van die Bethlehemse leeskring en jare lange vriendin en Gretel Wÿbenga, skryfster van kinder- en jeugverhale, musiekonderwyser en dosent by die P.U. vir C.H.O. (Vaaldriehoekkampus) tot in 2003. Dit was vir my 'n besondere voorreg om haar te ontmoet. Sy is in 2008 oorlede.

My geliefde Appaloosas op Middenspruit, ongeveer 1980.

"Ja, ja. Of ek jou toelaat om te fantaseer of nie. Onthou net altyd, moenie fantaseer dat ek nie meer jou ma is nie. Ek sal ook nooit, om watter redes ook al, fantaseer dat jy nie my ou grootbek-dogtertjie is met die baie moed en die klein hartjie en die handjies wat stukkende dinge heelmaak nie."

Sy kom teen my staan. "Jy gooi my nie in 'n gat nie. Jy sit my nie in 'n weeshuis nie." Hemel, fantaseer hierdie kind net of het sy 'n visioen?

"Nee, jou weeshuis is waar ek is. My weeshuis het vyf kamers, een vir elke kind."

"En jy is lief vir Pa?"

"Ek is lief vir Pa."

Die oë verhelder. Sy gryp die leë bottel deskundig onder haar armpie vas.

"En ek weet Pa is lief vir jou."

Ja. En omdat sý dit sê, glo ek dit. Kinders se instink laat hulle veilig gly oor die dikte van enige ys, triomferend na die dikmelk van Godsgenade.

Wanneer, as ouer, word jy bewus van die diskrepansie tussen jou en jou kinders? Hulle word nie parmantig nie, dis net 'n kwessie van teenstrydige maar nie direk vyandige optredes nie, vreemde invalshoeke na jou vasgestelde infrastruktuur. Dit kan wees dat hulle juis baie meer soos jyself word. Jy word skielik bewus binne jouself van oorerwingskragte waaroor jy nie meer beheer het nie omdat hulle met vreemde klem in jou kinders te voorskyn kom. Hoe kan mens jou eie foute in jou kinders korrigeer as jy nie in jouself kon nie? As mens vyf kinders het ... Natuurlik, die oudstes dra die swaarste hieraan, want jy weet nou, lank voor jyself met hulle foute opgeskeep sit, sit hulle met joune. Hulle kan immers nie help dat hulle soveel slimmer as ek is nie.

Dan moet outydse verweermiddels met finesse, of met blatantheid soos preek en grom soms in werking tree.

En moenie dink die lesse by die oudste kinders geleer, gaan by die ander werk nie. Alle kinders word hulle eie mens, soms net te onderskei aan die musikaliteit daarvan. En in die tempo. Jy leer, as jy goed luister, wie syne of hare op "Do" uitrek, wie dit "Re" uitgil, wie "Mi-i-i" uitbibber, wie afkeurend "Fa", wie "So" uitredeneer en wie berustend "La". En glo my, die boonste "Do" is jyself.

Jy sal nooit weet of jy hulle beskadig of verryk het nie. Is hulle helske klanke jou eie "Do"? Het jy hulle geroep op jou eie klank of hulle s'n?

Lees

Desnieteenstaande my eie amateurstatus het my vier tale van toentertyd vir die res van my lewe so belangrik soos asemhaal gebly. Ek het sekere Duitse skrywers soos die goeie *bloomers* van my jeug digby my gehou, die ongelooflike Surminski en die Australiese en Kanadese moderne skrywers; die Sotho-skryftaal probeer behou.

Dis nie dat ek dink ek behoort as intellektueel gereken te word of dat ek my meerderwaardigheid wil wys nie. Miskien is dit dieselfde plesier as wat ek as kind gekry het deur net met myself te gesels.

Is daar nog 'n onderbou van die feëwêreld waarsonder die aanslae van die lewensrealitiete nie verduur sou kon word nie?

Ongelukkig lees ek minder en minder Afrikaanse fiksie. Ek het eenvoudig nie meer die senuwees daarvoor nie. Ek simpatiseer eerder met my huidige kollegas as om hulle te moet lees. Dis skrikwekkend om te sien hoeveel Afrikaanse empatieë, plagiaatjagters en ikone hulle veronderstel is om te moet plattrap voor hulle in aanmerking kan kom vir die nuwe nierassige, nie-Afrikaanse, niepolitieke, niegrammatikaalkorrekte, geblansjeerde teikengroep.

Ek het nietemin bly lees, ook die skrywers wat vertel van die idealistiese Europeërs wat oor jare Afrika met die donker hart binnegekom het. Engelse soos William Faulkner en Joseph Conrad. Daarbenewens is daar skrywers soos Speer, wat sy memoires vir twintig jaar uit Spandau se tronk gesmokkel het vir sy vrou en kinders en ná sy vrylating gevind het dat hy maar altyd van agter glas die wêreld gesien het en in die hotelkamer van 'n obskure minnares in Engeland sterf.

Deur die jare het ek lees soos 'n suurstofmasker gebruik. Al vergeet ek ná 'n week wat ek gelees het, laat die herinnering daaraan vir my die wêreld om my tydelik opvlam.

Verassing

Oom Andries was 'n oujongkêrel, 'n verlangse familielid. Ek het hom kleintyd net 'n paar keer gesien. Hy was met al vier sy honde op my troue en met al vier sy honde op my ma se begrafnis.

Daarom was ek verbaas toe ek eendag 'n oproep van 'n vreemde dominee van 'n vreemde dorp kry. Oom Andries is op vyf-en-tagtig en enige maande oorlede. Soos dit sy wens was, is hy veras, en in sy testament het hy dit aan my opgedra om sy as in ontvangs te neem en te gaan uitstrooi in die Transvaalse Laeveld oor die seekoeigat waar die Poerseloop en die

Mokolo inmekaarloop. Die dominee was juis op pad met vakansie en sou die volgende dag die kissie met as persoonlik by my kom aflewer.

Staan ek dan toe die volgende dag met 'n klein skooltassie waarin 'n klein plastiekdosie, 'n Bybel en 'n verslete fotoalbum is.

"Oorlede in die tehuis vir bejaardes, waarheen die Welsyn hom die vorige jaar verskuif het," sê die dominee. "Onder haglike toestande geleef, die arme ou mens."

Ek tel die Bybel op. Dit is kraaknuut. "Ja, aan die Woord het hy hom min gesteur. Jammer tog – iemand wat onder daardie omstandighede te sterwe kom." En weg is hy na die motor waar die gesin ongeduldig wag.

Wat doen 'n mens nou in so 'n geval? Maak jy die gastekamer gereed asof jy besoek gaan kry; gaan spit jy die as voorlopig in 'n gat in die roostuin toe; huur jy 'n kluis by die bank? wonder ek. Daar is heelwat makabere grappies in omloop oor as wat per abuis beland het waar dit nie moes nie. Ek besluit op die boonste rak van die boekrak in die studeerkamer. Dit is 'n eikehoutboekrak met glasdeurtjies voor. Dit kom nog uit my ouerhuis en ek veronderstel dat oom Andries voorlopig nogal tuis daarin sal voel. En hoewel die kraaie gaap, sal ons 'n tog Laeveld toe moet aanpak, na waar ook al hierdie onbekende riviere mag wees.

"Dink jy dit sal skade doen as ons die as uitstrooi oor die seekoeigat waar Jordaanspruit in die Valschrivier kom?" vra my man ná hy die padkaart bestudeer het. "Dit gaan tog alles see toe."

"As hy in die see wou wees, sou hy gesê het." En daarmee neem oom Andries amptelik sy intrek by ons. En raak mettertyd baie wesenlik dáár.

Ek bekyk die ou fotoalbum. Daar is een foto van hom en 'n vriend, afgeneem in die Rebelletronk op Kimberley. Hy sit daar fier en met sy snor mooi gekam en gegom, met rybroek en kamaste aan, sy oë in die verte gerig na ideale wat sekerlik nie 'n eensame kamertjie en 'n armlastige einde ingesluit het nie. Verder is daar nie meer foto's nie, net omraamde gate waar eens familie, vriende, bemindes met hom saamgepraat het. 'n Horingou aanmaning van hondebelasting wat nie betaal is nie, is nog daarin en 'n koevert wat gepos is op die dag waarop die Voortrekkermonument se hoeksteen gelê is. Waarskynlik was hy daar. Met sy honde. En verder niks. Niks?

Ek pluk 'n roos, sit dit in 'n glasblompotjie op die boekrak. Wanneer ek alleen tuis is, gaan sit ek partykeer in die leunstoel naby die boekrak. Ek wonder oor die samevloeiing van die Poerseloop en die Mokolo. Het hy daar van 'n leeu of 'n krokodil ontsnap, dalk sy eerste nooi daar gesoen? Of het hy daar by 'n hardekoolvuurtjie een aand met sy God die ooreenkoms gesluit dat hulle nie van mekaar wonderwerke gaan verwag nie? Ek sou met hom oor die saak wou redeneer. Wat vir 'n malligheid is dit om oor 'n seekoeigat uitgestrooi te wil word, myle der myle ver van nêrens af deur iemand wat jy skaars geken het! Tog het hy die vertroue in my gehad. En dan sit ek ingedagte, wanneer ek vir my alleen tee maak, twee koppies reg.

Partykeer kom daar 'n valer dag as gewoonlik, waarop baie dinge hinder en dan sê ek vir oom Andries: "Jy kon maar net sowel in die Bybel gelees het, jy sou niks daarvan oorgekom het nie. Kyk hoe nuut is dit nou, almal dink jy het ongered gesterf."

Maar dan weer baklei die ou kalkoenmannetjie met homself wanneer hy sy eie weerkaatsing in die glas-buitedeur sien en kan ek sweer ek hoor iemand anders as ekself daaroor lag.

Ek is blykbaar nie al een wat voel dat daar 'n bykomende gas in die huis is nie. Buitentyds, so voel dit vir my, word daar 'n rit gereël na waar die kaart vir ons die sameloop van die twee riviere aandui.

Dis nie maklik nie. Ná baie valse aanwysings, toegedraaide plaashekke en beespaadjies kom ons by 'n plek uit wat bes moontlik die regte kan wees. Maar toe ons deur struikgewas eindelik op die wal staan, is daar nie 'n seekoeigat nie, daar is net 'n wye sandbank met 'n dun straaltjie water wat daaroor kronkel. En vir die kissie in my hand sê ek: Sien jy nou, dit hét jy nou daarvan. Seekoeigate spoel toe, my oom, net so seker as wat oop gate in die fotoalbums kom.

Wat nou? Terug na die boekrak? Ek kan dalk in my testament laat bepaal dat oom Andries se as saam met myne begrawe word, dit sou my nie hinder nie.

Twee bokkies kom versigtig met rietbeentjies die oorkantste wal af en met die swart oë en bakore speurend na die duskantste wal staan hulle eers 'n rukkie. Dan drink hulle fyntjies van die water en wip weg. En veraf hoor ek 'n bosveldvoël lui in die warm lug uitroep. Kan 'n kissie in 'n mens se hand roer?

Ek sukkel die wal af met die kissie en in die yl waterstroompie wat nie meer 'n seekoeigat is nie, skud ek die splintertjies uit van 'n man wat nie meer 'n mens is nie. Ek weet hy wou hê dat bokkies hom rustig drink en voëls oor hom roep hier by die saamloop van die Poerseloop en die Mokolo.

Sing van ons land in die Suide

Is daar nog so iets soos 'n rasegte Afrikaner? Waar gaan soek mens daarna?

By die bring-en-braai waar Afrikaanssprekende mans bebier, beblom en bebaard saam met hulle gasheer langs die swembad by die gasbrander braai? By mense vol spoed wat volkome in beheer van hulle motors, hulle strandhuise en hulle politiek voortsnel: regs as dit kan, links as dit moet en vir oorlewing reg in die middel? Vrouens in ontwerperspakkies wat met glase hardehout in tuinstoele ontspan: volkome in beheer van eie gewig, eie tjekboek en eiesoortige parfuum?

Wat dink hulle van Afrikanerskap? As Afrikanerskap donasies vra, graag. As dit taalhandhawing vra, nou ja, soms as dit mens nie in verleentheid stel op byeenkomste oorkant die kleurgrens nie. As daar aggressief teen Afrikanermiskenning opgetree moet word? Nee dankie vir vlagswaaiery en optogte. Die kleiner getalle, die stryd om oorlewing is bepalend. Interessant dat Afrikaners tans partykeer net die fasette van nasieskap toe-eien wat hulle pas. Asof oorlewing en kleiner getalle 'n heel nuwe begrip vir die Afrikaner is en nie dit waarmee hy al 'n hele paar eeue saamloop nie.

Niks van: "We shall not flag or fail, we shall go on to the end," of "We shall defend our island, whatever the cost may be, we shall fight on the beaches, we shall fight on the landing grounds, we shall fight in the fields and in the streets, we shall fight in the hills; we shall never surrender …" So het Churchill mos die verslae Engelse in die Tweede Wêreldoorlog tot oorwinning geroep. "Let us therefore brace ourselves to our duties, and so bear ourselves, that if the British Empire and its Commonwealth last for a thousand years, men will still say, 'This was their finest hour'."

Ag nee wat, nie vir ons nie, dankie. Onse "finest hour" kan ander ouens saam met ons skole, ons grond en ons hospitale present kry. Of hoe?

Maar partykeer is dit wel eerliker om dinge soos nasieskap nie te bedink of te probeer bely nie. Partykeer praat dit harder wanneer jy oor ander dinge praat. So het ek eenkeer in 'n situasie 'n rasegte vrou ontmoet wat, sonder dat sy dit weet, byna 'n suiwer distillasie van nasieskap sonder voorbehoud openbaar het.

Op 'n dag moes ek saam met my skoonseun in die Noordoos-Vrystaat rondreis, want hy moes 'n verhandeling skryf oor Vrystaatse plaasargitektuur. Ons kom toe by 'n plaas aan. Windom, onthou ek was die naam daarvan, want daar sou dan een van die oudste opstalle in die distrik wees (so vertel hulle ons). Die plaas is reeds ses geslagte in die hande van dieselfde familie. Kom ons sê maar dit was die Uys-familie. Hoewel dit nie was nie.

So ry ons verby die begraafplaas met sy rye grafte, byna almal Uyse, tussen ganse en hanslammers deur tot by die werklik klassieke ou pioniersopstal, met *1860* op die kliplatei bo die voordeur uitgekap. Ons ontmoet die gesin: man, vrou, twee jongmans wat op daardie stadium seker die boerdery help behartig. Hulle van was, sê maar Munnik, maar wat belangrik is, was dat die vrou se nooiensvan Uys was. Sy was dan nou die sesde geslag op dié plaas.

Sy was in haar veertigs, hierdie vrou, en sy vergesel ons geesdriftig óm en deur die huis, terwyl my skoonseun sketse maak.

Sy beduie hoe die eerste Uys gebou het: ruwe klip, dik mure – fortagtig byna. Hoe die daaropvolgende geslagte aangebou en verbreek het, met fyner klipwerk, sierliker afwerking uit later, rustiger tye. Die afbrand en heropbou ná die Engelse oorlog ... Ons gaan van vertrek tot vertrek, met ou geelhoutplafonne, breë vloerplanke, hoekkassies met geslypte glasdeurtjies, hoë verebeddens met gehekelde wit spreie, gestyfde wit binnegordyntjies met kloskantvalle, blink opgepoetste Bolinder-stoof en kombuistafel met sy sinkoorgetrekte blad.

Ons verkyk ons aan die stoere pioniersmeubels, elkeen in eie reg 'n antikwiteit, maar vir haar, kan jy sien, beteken dit iets gans anders wanneer sy daaroor streel. Dis die bekendes, die vertroudes wat die maatslag aan haar afgesonderde lewe gee. Hierdie het die agtergrootjie nog uit die Kolonie saamgebring, daardie 'n kissie wat haar grootjie met sy knipmes op Ceylon uitgekerf het, hierdie glansende tafelblad wat eers 'n wabuik was, is opgemaak ná die Rebellie toe al hulle losgoed verkoop moes word. Die matte op die vloere is handgebreide skaapvelle wat in klein mosaïekpatrone aanmekaar gewerk is. Ja, dit was nou sy en haar ma wat jare gelede met die groot droogte die lammertjies wat keelaf gesny moes word, se velle gewas, gebrei, gekleur en aanmekaar gewerk het. Natuurlik, hierdie prent aan die muur moes ek al gesien het, "Die Smalle en die Breë Weg". As kinders het hulle baie keer die prentjie afgeteken en die gesigte van allerhande bekende mense ingevul in die plek van die noodgeteisterdes op die prent. Ook maar onnutsig gewees!

Ja, ek sal hierdie huis nooit vergeet nie. Dit het nie net 'n familie se geskiedenis vertel nie, maar 'n ganse bestaansorde kronologies teruggekaats. My eie volk se landelike voorgeskiedenis. Maar dis nie daaroor wat ek die nasieskap van die vrou kon peil nie.

Ons het koffie gedrink in eenvoudige wit koppies, met hoog uitgerysde beskuit, aangebied op 'n skinkbordlappie in Holbeinsteek.

Sy was 'n klein, skraal mens, hierdie Uys-afstammeling. Haar ligte sonverbleikte hare was teruggekam in 'n netjiese bolla. Vinnige groen oë, 'n besonders hoë voorkop, effense wipneus en 'n skraal, skerp ken. Hoe sy presies aangetrek was, kan ek nie meer onthou nie. Net dat alles netjies gepas het, dat daar 'n klein voile-voorskootjie was en 'n wit kragie. Om haar nek, waar veertig reeds sy dwarsplootjies wys, was as enigste sieraad 'n dun kettinkie met 'n goue hartjie aan. So een het ek self op hoërskool omgesit met my kêrel se duimgrootte portretjie binne-in.

Sy het met die allergrootste selfvertroue by haar pyprokende man die gesprek oorgeneem. Met my skoonseun oor die verskillende grondmengsels waarmee arbeiders hulle huise uitsmeer; met my oor die maak van gansdonskomberse; oor toestande wat toe reeds in die onderwys hinderlik was: skerp, ingelig. Sy het die manier gehad om haar arms voor haar bors te vou wanneer sy praat en iets benadruk, daarna haar voete oorkruis te gooi en met die een plathakskoentjie teen die sool van die ander een te tik.

Ag, maar haar verskyning as onopgesmukte boervrou was

nie waarom ek gevoel het dat ek by die pit van my eie mense is nie. Ek vra uit na die geslagsregister van die pioniersfamilie waaruit sy stam. Ek weet toe dat daar kort tevore 'n boek verskyn het oor die familie, geskryf deur een van die familielede.

Dit was 'n fout. Sy ruk orent soos 'n broeishennetjie wat gepla word, sy druk haar arms met mening vas, sy tik met albei skoene apart op die vloer. "Ek hoop maar hy maak goed geld met die boek, want ander vergoeding kan daar vir daardie skrywer van daardie boek nooit wees nie!" Sy kyk stoer vér by ons verby.

"Nie genoeg navorsing gedoen nie, seker. Dis tog so belangrik by so iets ..." probeer ek taktvol, maar sy luister nie eens nie.

"Hy het mos die vermetelheid om van my oupa te praat as "ou Jan Druiwe-oog". En dan sê hy dat hy, dis nou my oupa – daar is sy portret by die skyfskietspan van negentien-agtien – dat my oupa die erfgrond aan vreemdes verkwansel het ... Ja ... So. Ek het toe 'n brief daaroor geskryf. Boet, gaan haal vir my daardie afskrif uit my lessenaar se laai."

Boet bring die brief.

"Nou lees dit vir hulle." (Met 'n skuins handgebaar).

En Boet lees die brief. Maar solank hy lees, hou ek haar gesig dop. Ek sien hoe die oorspronklike woede van daardie dag toe sy by haar lessenaar gaan sit het met haar pen in gal gedoop, weer in haar gesig opvlam. Sy herleef weer elke stelling wat hy uitlees, sy hou tyd met haar ken, haar stywe lippe prewel elke witwarm verwyt mee. Elke keer wat hierdie brief voorgelees word, krimp die lafaardshart van 'n veraf familielid seker van voor af inmekaar. Tot by die uiteindelike, triomfantlike Bybelsvervloeking: "Jy het geweet dat my oupa die grond verloor het oor sy goedhartigheid, dat hy borg gestaan het vir jóú oupa se winkelskuld, en dat die vreemdes aan wie hy dit verkoop het, mý skoonpa Munnik is en dat dit die Munnik-familie is wat nou die Uyse se grafte hier op Windom skoongeskoffel hou, terwyl jy geld maak op ons naam. Jy is die naam van Uys nie werd nie. Ek hoop jy sterf eendag eenkant, ver van geliefdes om jou oë toe te druk."

En in haar gesig sien ek hoe sy in haar verbeelding weer die brief toevou, in die koevert steek en toeplak en met wrewel die adres uitkrap.

Ja, maar dis nog nie om hierdie vreesloosheid wat ek Emmarentia nooit sal vergeet nie.

Nadat Boet die brief gelees het, is daar 'n paar oomblikke stilte.

Toe draai sy haar na my toe en sy kyk my reguit in my oë: "Jy sien, ek het nie hierdie brief geskryf oor ek self gedink het my oupa is sonder foute nie. Hy was nie. Hy mag gedrink het, ja. Maar dis vir mý om te weet. Dis nie vir hóm om in boeke daaroor te skryf vir ander om te lees nie."

Sien, dís hoekom ek haar onthou. Sy het vreesloos geveg, nie vir die waarheid in die eerste plek nie, maar vir die waardigheid van haar eie gesin, en daarby ook vir die waardigheid van die ses geslagte in haar begraafplaas.

En ek vra jou, Emmarentia, vergewe my omdat ek sonder meer juis weer jou familie in 'n boek noem.

Kariba

Voor jy by Kariba was, sal jy sê: "Ek gaan die Karibadam besigtig."

Ná jy daar was, sê jy nooit weer so nie. Jy sê bloot: "Ek was by Kariba," met 'n intonasie van teerheid oor die middellettergreep wat net dié ken wat die son in die namiddag in die hart van Kariba sien smelt het.

Wanneer die Zambezirivier in stukke gebreek het oor die skeermeslem van die Victoria-waterval, loop hy ooswaarts tussen die Matusadona- en Suid-Bank-bergreekse deur om die grens tussen Zambië en Zimbabwe te vorm. Dit is 'n verlate landstreek met hoë, klipperige rante wat inmekaar gekreukel lê, dig met tropiese woudgroei bedek, waardeur die groot rivier sy weg in skilderagtige bogte en deur smal skeure gevreet het. Hier, kilometers van die beskawing af, lê die reusagtige Karibadam soos 'n droom wat gedroom is en daar vergeet is. Dit is vier keer die grootte van die Hooverdam in Amerika, dit geniet as ingenieursprestasie van die eertydse Federale Regering van Noord- en Suid-Rhodesië wêreldfaam, en dit is 'n immergroen toeriste-aantreklikheid van albei lande.

Kariba was vir my egter oneindig meer as al hierdie dinge.

Wanneer jy daar is, laat sy tonnemaat en sy kragmegawatte jou koud. Dit is sy poëtiese wysheid, sy skat van donker ou legendes, sy afgeslotenheid en sy sterflikheid wat dit in jou stukkend maak. Kariba is 'n witmensdroom wat teen bomenslike koste in die hart van Afrika gestalte gekry het. 'n Onnodige – party sê gedoemde – gestalte, maar tog ook 'n gestalte van onnoembare skoonheid. Toe die Federasie van Noord- en Suid-Rhodesië gevorm is, het die wit mense wat dit bewerkstellig het, drome gedroom en gesigte gesien van 'n magtige staat in Midde-Afrika, gegrondves op die wedersydse vertroue van mens teenoor mens, ongeag sy ras of kleur of tradisies. Soos 'n hart wat die lewensbloed deur die liggaam pomp, so sou die reusagtige opgaardam water en krag bring. Noord- en Suid-Rhodesië het met die hulp van die Wêreldbank die dam begin bou. Die bouwerk sou uit twee stadiums bestaan: Die bou van die wal met hidro-elektriese kragsentrale as eerste stadium en die verdere uitbouing van die kragsentrale as die tweede stadium.

Die plek wat uitgekies is, het Kariba geheet. Dit beteken in die Batongataal "slagyster", want hier vloei die Zambezi deur 'n besonder nou kloof en wanneer die rivier in vloed is, keer hierdie kloof die water so dat dit kilometers ver terugstoot. Dit weet die inboorlinge van daardie streek reeds honderde jare lank. Dit is hier, sê hulle, waar die riviergod Nyaminyami woon. Wanneer die rivier in woede deur die nou kloof bulder, sê hulle dis die woede van Nyaminyami wat jy hoor.

Toe Sampa Karumma, die hoof van die Batonga, hoor dat die witman Kariba wil opdam, was hy kwaad. Die kloof van die riviergod opdam, die magtige Zambezi wat van die grondlegging van die wêreld af loop sóós hy wil, wánneer hy wil, opdam …! Van al die godslasterlike dinge wat te bedink is, was hierdie seker die vermetelste. Die dag sal kom wanneer mense wat met gode se werkgoed speel, vernietig sal word. Hy het die onderneming vervloek, met sy hele stam geweier om pad te gee uit die opvanggebied en sit en wag op die wraak van Nyaminyami.

Die plan van die Franse argitek André Cayme is aanvaar en die werk is uitgegee aan die Italiaanse firma Impresit wat in dieselfde gees van idealisme die werk onderneem het. Hulle sou 'n dam bou en in die proses die omliggende landstreek beskaaf. Landingstroke vir vliegtuie is gebou en hoog teen 'n rant het hulle 'n dorp, Kariba Heights, aangelê wat voorsiening vir tienduisend inwoners sou maak, met kerke, hospitale en skole.

Langs die tropiese hellings het hulle moderne snelweë soos langs die Middellandse see gebou en langs die olifantspaadjies van die oerwoud het hulle die swaar gereedskap vir die bouwerk moeisaam aangekarwei. Hulle het die eerste sirkelvormige kofferdam begin bou, waarbinne dan die werklike damwal gebou word. Dit was moordende werk. Die bouers moes hul gereedskap in emmers water hou, anders word dit so skroeiend warm dat daar nie met die kaal hand aan geraak kan word nie. En Sampa Karumma het voldaan geglimlag toe een oorstroming ná die ander die werk op Kariba vertraag. Die ongeluksyfer by die werk was baie hoog: ses en tagtig konstruksiewerkers het omgekom.

Die Italianers het dit nodig geag om te bid by Kariba. Hulle het 'n wedstryd onder die ingenieurs vir die ontwerp van 'n kerk uitgeskryf. Met die poëtiese visie wat so baie dinge op Kariba kenmerk, het een ingenieur 'n ontwerp ingegee waarvolgens die kerk in die vorm van 'n kofferdam gebou word om die beskutting van die geloof om die bouwerk van die mens te simboliseer. En so is dan die St. Barbarakerk op Kariba gebou: koepelvormig, sirkelvormig op slanke boë rustend, met gietyster-traliewerkmure.

Agter die altaar met sy enkele werklik verfynde marmerbeelde van heilige vroue is daar ryk gebrandskilderde boogvensters wat die Onse Vader uitbeeld. Op die marmervloer is 'n ererol uitgebeitel – 'n aansienlike een – waarop die name voorkom van almal wat in die vyf jaar van Kariba se bou daar dood is. Ná die voltooiing van die dam het Impresit die kerk aan die agterblywende gemeenskap van Kariba geskenk.

Eindelik is die werk in 1958 voltooi, is die digte oerwoud in die opvanggebied skoongekap en was die inheemse bevolkingsgroepe wat daar gewoon het, verplig om hulle op hoërliggende gebiede te laat hervestig. En toe die dam vol word, het honderde diere op die laagliggende eilande gestrand geraak en moes hulle met bote gevang en na veiligheid gebring word. "Operation Noah" is dit genoem en wye publisiteit is destyds aan hierdie humanistiese onderneming gegee.

So staan 'n mens dan vandag hoog op Karibahoogte en afkyk op die ongelooflike tenger wal wat die nou rotsgleuf deurspan om die ontsaglike meer, 280 kilometer lank en soms tot 32 kilometer breed, terug te hou. Die nege meter hoë sluise lyk soos die venstertjies van 'n pophuis wanneer hulle miljoene liters water in grasieuse veerpluime in die kloof se malende kolkings stort. Teen die ruwe rotswande op het die Italianers soos in hulle vaderland dit uitgeplavei met simmetriese kliplegwerk, terraswerk en sirkelvormige gaatjies vir struike. Vanuit die hoogte lyk dit soos netjiese borduurwerk in skakerings van bruin.

En boontoe so ver die oog by die rotspunteilande verby kan sien, lê die water van die Kariba.

Die rusteloos jagende Zambezi kom tot wydste rus in hierdie woudbegroeide heuwel-arms, verstik deur mukwa en mopanie met alle watersome blind van swaelgroen woudgras en vlamrooi lelies.

By Kariba word hy stil, huil hy hom uit in 'n ontsaglike waterspieël wat soos die see tot die oneindige strek en elke uur van elke dag 'n verskillende opgeefsel van die lig se sewe kleure uithaal.

In die môre is dit opaalblou tot aan die fyngetande koringblou Matusadona-berge; in die felle, tropiese voormiddag flikker dit soos staal en in die middae wanneer die vlak wolke hulle buie om sy kante sweet, is daar silwer asemtogte oor sy smaraggroen water. Want eintlik is die water van Kariba groen: 'n kopergroen, swaar water met fyn rimpeltjies en blasies wat oor sy bovlak trek asof die woudaarde voortdurend planteolies na hom toe distilleer. Selfs in die skuimboë wat by die sluise uitgepers word, skemer daar 'n woudgroen aarwerk deur.

Wie sal ten slotte die brandende saamsmelt van lug en water kan beskryf wanneer die son oor Kariba ondergaan en wanneer die woude pers van al die nag se treurigheid wil word en die water vervaag tot die spinneraksluiers van al die bruide wat nie kon trou nie?

Mooier en digterliker is die band van welwillendheid en simpatie wat mens aan mens verbind, seker nooit so gelê soos by die stralingsvlak van hierdie dam nie. Maar dit was nie drome van Afrika se eie kinders nie, dit was witmansdrome, waarvan baie al in Afrika gestrand lê. Die meer as 50 000 Tongamense wat vir die projek hervestig is, moes trouens hulle vrugbare landerye vir swakker grond verruil en het na bewering geen ontwikkelingshulp ontvang nie.

Op die sierlike vierbaan-snelweg oor die wal van Kariba het destyds sandversperrings en masjiengeweerneste gestaan soos swart man teenoor wit man weerskante van Kariba stelling ingeneem het. Om die walle van Kariba was toe nie 'n morg grond besproei nie. Aan die Zambiëkant lê die verlate fondamente van die kofferdam wat die tweede, triomfantlike fase van Kariba sou inlui. Die enigste tasbare bewyse van diensbaarheid destyds was die klein betonopenings in die rotswande onderkant die wal wat na sy destydse klein kragsentrale lei, en oor die boomdonker berghellings het nog heldergroen padbane gekronkel vir die kraglyne wat sou kom. Daar was 'n skilderagtige dorpie teen die hange, 'n varswatervisfabriek ...

André Cayme wat die dam ontwerp het, het lankal selfmoord gepleeg in Europa. Daar word gesê dat die damme wat hy ontwerp het, nie almal ewe sterk is nie. Daar is sommige wat na vyftien jaar net padgegee het. Ook die rotswande waarop Kariba se wal rus, moet jaarliks versterk word om sy las te kan dra, vertel hulle.

Die sierlike klipwerk van Impresit het verweer. Die klein klipsirkels waarin die blomryke tropiese struike moes groei, lê leeg, want hulle wat die struike moes versorg, dra toe gewere in die bosse van Zambië. Sampa Karumma van die Batonga wat die dam so gehaat het, is dood, maar daar is nog mense wat sy vloekprofesie oor die wal van Kariba onthou.

Oorsee

Ná ek van die *Sarie*-verpligtinge onthef is, kon ek op my eie tempo werk en rondbeweeg. Ek kon dieper in die geskiedenis van ons eie land delf met Willem se ordentlike Afrikana-boeke. Vele denkbeeldige sketse, maar ook 'n roman soos *Rang in der Staaten Rij* is egter nooit ordentlik versprei nie, want volgens die uitgewers het te min mense die titel herken as die volkslied van die ou Vrystaatse Republiek.

Ek glo Dan Sleigh se boek het net so swaar gekry met sy titel *Onder twee vlae*, want toe is Transvaal se kleure ook nog by. Hy was minstens daaraan gewoond, want sy geskiedkundige meesterstukke oor die ou Oos-Indiese Kompanjie is deurentyd as jeugboeke aangebied. Ironies dat later skrywers sy navorsing uitgebreid voortgesit het in dikke boekdele.

Vroeg in die tagtigs nadat my groot huis van gekapte klip voltooi is, is Willem en ek saam met Carl Gernicke – die argitek wat die huis ontwerp het – en sy vrou Marie vir tien dae oorsee. Ons wou België sien, omdat ek navorsing gedoen het vir die Serfontein-boek, en daarvandaan na Parys. Ek wou eindelik die beelde van Auguste Rodin met my eie oë sien, en die ou klipgeboue en kastele in Skotland, en as dit moontlik is 'n Wagner-opera beleef. Daarna sou ons met die Ryn langs na Frankfurt waar ons kon tuisgaan by die broer van professor Osterhoff van Onderstepoort, asook in Heidelinde Kleinau se broer se woonstel.

Ek vrek natuurlik oor die ruiterstandbeelde van elke land en die paar in ons eie land, van Steynberg tot Hennie Potgieter.

Dit is nogal grillerig as mens verdwaal op 'n oorsese reis. Dit het met my in Venesië gebeur toe ek 'n afstraatjie na die Rialto-brug moes neem waar ons toergroep bymekaar sou kom. Meteens staan ek op 'n klein pleintjie en hier reg voor my staan die wêreldbekende ruiterstandbeeld van Colleoni deur Verrocchio wat ek soveel jare lank in my ou *Children's Encyclopedia* van Arthur Mee bewonder het. Ongelooflik! Ek wou my kameratjie uitruk, maar ek kon net nie – ek was te bang ek mors my tyd, ek moet eerder net kyk en kyk na iets wat ek nooit weer sal beleef nie: daardie perd se vorentoe beweging, daardie ruiter in balans ...

In München het saakgelastigde Dawn van der Merwe – dogter van my ou masjinis-vriend Jan van Ryneveld – dit vir ons moontlik gemaak om vanuit spesiale sitplekke *Tristan en Isolde* te beleef: die Keltiese verhaal van skrynende deur-die-noodlot-gedwarsboomde liefde, met musiek gesing deur wêreldbekende musici soos Wolfgang Windgassen en Birgit Nilsson. Daar was die woorde van my verweerde ou libretto van 1966:

> Wer des Todes Nacht liebend erschaut,
> wem sie ihr tief Geheimnis vertraut;
> des Tages Lügen, Ruhm und Ehr
> Macht und Gewinn so schimmernd hehr,
> wie eitler Staub der Sonnen sind sie vor dem zersponnen!
> In des Tages eitlem Wähnen, bleibt ihm ein einzig Sehnen
> das Sehnen hin zur heil'gen Nacht,
> wo ur-ewig einzig wahr Liebeswonne ihm lacht!
> O sink hernieder, Nacht der Liebe,
> gib vergassen, das ich lebe;
> nimm mich auf in deinen Schoss,
> löse von der Welt mich los!

Daardie voorspel ... om dit so sag en suiwer te hoor ... Dit was iets wat ek nooit alleen sou kon onderneem het nie.

Tien jaar later is ek en Tientie saam met 'n groep van Gerda Human van Pretoria weer oorsee op 'n toer waar mens natuurlik al die reisigersbesienswaardighede kon besigtig. Gelukkig het ek nie probeer om self kiekies te neem nie. Daarom het ek vandag nog twee albums vol kleurryke poskaarte.

Winburg

Winburg is die oudste dorp in die Vrystaat. Dit het in 1841 op die plaas Waaifontein begin vorm aanneem en het dus voor Bloemfontein tot stand gekom. Maar dit is die plek waar die vyf Voortrekkertrekke van Piet Retief, Louis Trichardt, Gerrit Maritz, Pieter Lafras Uys en Hendrik Potgieter in 1837 bymekaar gekom het en weer uitmekaar gegaan het, elkeen 'n onbegane binneland in en te midde van inheemse rasreste, elkeen ook besiel met 'n eie droom van 'n onafhanklike woonplek en geknelter deur die grootste droomverbreker van die moderne tyd, Groot-Brittanje.

My ma se ouma se familie kom daarvandaan. En ek moes elke Nuwejaar met my Lyles Golden Syrup-blik op die oneindig lange, vervelige tog saam na Oumagrootjie, my tant Hester en my oom Michael wat by my ouma grootgeword het – wonderlike mense, maar almal so oud.

Vir byna tweehonderd jaar het Winburg oorleef nieteenstaande soveel verbreekte beloftes, soveel landdrosrusies, soveel hardnekkige weerstand, soveel opstande en aftakelings, kerktwiste en versoenings. Die name van sy strate, die opskrifte op sy toegegroeide kerkhowe en sy vervalle plaasopstalle vertel daarvan.

Dit is saam met Bloemfontein in Februarie 1848 deur die Kaapse regering vir Brittanje as die Oranjerivier-Soewereiniteit geannekseer. Met "Soewereiniteit" is hand en mond beloof om alle ingesetenes, van Gert Taaibos, Andries Waterboer en Goliat Ysterbek tot Adam Kok en Moshweshwe en die klompie wittes op Winburg in samehoringheid tot heil van almal te regeer – glo my!

Kaptein Henry Douglas Warden is die resident wat dit moet regkry. Sy seun, het ek mos al gesê, was met my oupagrootjie Anton Michal van der Hoven se suster getroud. Andries Pretorius, die Meneer van die Groot Trek, wil die Noord-Vrystaat by die Transvaal inlyf. Hy neem sake in sy eie hande en daag in Augustus 1848 in Winburg op. Intussen het T.J. Biddulph, die Engelse magistraat van Winburg, al twee keer uit die dorp gevlug uit vrees vir die republikeinsgesinde inwoners en die Voortrekkerleier se koms. Toe ruk hy na Bloemfontein op en Warden besluit om die hasepad na die Oranjerivier te kies. Toe sir Harry Smith hom in Augustus 1848 by Boomplaats konfronteer, verloor Pretorius die slag en soek skuiling oorkant die Vaalrivier. Nou is Winburg steeds onder proklamasie en Moshweshwe is éérs uitdagend. 'n Beloning van £1000 word vir Pretorius se gevangeneming aangebied.

Ná die slag van Boomplaats daag sir Harry Smith by Winburg op. Die heethoofde van die dorp, onder andere Frederik Peter Schnehage, word voor hom gebring. J.H. Malan vertel grafies oor hulle in sy boek *Die Opkoms van 'n Republiek*. Hulle word te voet met galgtoue om hulle nekke die straat afgejaag, daarna aan 'n boom vasgemaak waar die geskut regstaan met hulle gewere. Dis toe – J.H. Malan beskryf die tafereel in die besonderhede – wat ons hoor van die pragtige blonde Duitse vrou van Schnehage. (Mens herken haar nie op die foto van haar uit daardie tyd nie, maar wie is ons om te stry – ons was nie daar nie.)

Sy kom toe aangehardloop, val voor sir Harry Smith op haar knieë en pleit om genade vir die skuldiges. En, sê hulle, Harry Smith, die fyn opgevoede gentleman, het haar opgehelp en die vonnisse tersyde gestel ... die toue van hulle nekke laat afhaal, met natuurlik die waarskuwing dat hulle nie by hulle uittog agternagejaag word uit weerwraak vir die belediging nie.

Schnehage kom met 'n stywe boete daarvan af. Sy vrou slaag daarin om die boetegeld van £200 bymekaar te kry en hy word weer 'n vry man.

Later glo, toe mevrou Schnehage allerweë op die hande gedra is oor haar dapperheid, was sy op haar beurt siedend: "Sal ek, 'n Oos-Duitse adelvrou, voor 'n Engelse skobbejak op my knieë val? Maar nooit, nooit! Ek het gestruikel, oor 'n tentpen. Dis waarom ek op my knieë was."

Daar was sinikusse wat beweer het daar was daardie dag nie by die beoogde fusillasie enige tente nie. Maar dan was dit 'n pen wat 'n paar dae tevore daar ingeslaan was met 'n osriem om, om die aanvallende Basotho's te laat struikel. So vertel ek vir my kleinkinders – vir dié wat moeg word van Polterstories.

Nadat Warden terug is Bloemfontein toe, probeer hy in Junie 1851 Moshweshwe by Viervoet tot orde bring, maar loop 'n groot nederlaag op die lyf. Nie lank daarna nie is daar weer groot moeilikheid: Die Boere is glo "boosaardig opgewerk", rapporteer Warden na Kaapstad. Moshweshwe wil al die grenslyne opskort en met perderuiters en ou voorlaaiers uit Napoleon se dae Vrystaatse plase stroop. Nou is optrede teen Moshweshwe nodig, besluit sir Harry. Maar ojee! soos my oumagrootjie altyd aan 'n groot mistasting klem gegee het. By Berea, op 20 Desember 1852, is daar groot misverstande en die Basotho's wen die slag.

Uiteindelik het die Britse regering besluit hy wil nie meer in Suid-Afrika geld spandeer aan oorlogmaak nie, want hy veg die Krimoorlog daar anderkant. Goedgunstiglik erken hy toe in Januarie 1852 by wyse van die Sandrivierkonvensie die onafhanklikheid van die Voortrekkers noord van die Vaalrivier. Die klipstapeltjie wat dit gedenk, lê vandag nog in sy ysterklipplaveisel langs Koolspruit. In 1854 erken Brittanje ook deur die Bloemfonteinkonvensie die onafhanklikheid van die Boere in Transoranje met F.P. Schnehage as een van die ondertekenaars.

Dis insiggewend dat hierdie kosmopolitiese gemeenskappie van 'n klein Hoëveldse dorpie oor meer as veertig jaar soveel weerbaarheid behou het, soveel inspraak op so 'n wye terrein gehad het. Hulle het van ver af gekom: die Vergottini's van Italië, die Schnehages van Duitsland, die hoefsmid Bell van Skotland, die winkeliers Wright en Ross van Engeland, Weber die juwelier, Arthur die bakker, en Kaplan die Griekse Jood met sy kafee, Bergstedt wat 'n apteek gehad het, Schul die vellekoper; almal eendragtig saamwerkend.

En hulle almal – saam met die Therons, die De la Reys, die Cronjés, die De Klerks, die Jacobse, die Van der Riets, die Le Rouxs en die Van der Lindes van die Oos-Kaap – trek saam teen Bloemfontein se Engelse residente.

Mens moet in alle regverdigheid teenoor die ou Britse besetters Warden en Harry Smith – so ver van die groot ouma oor die see – erken dat die Basotho net so min deur die nuwe Vrystaatse presidente makgemaak kon word as deur hulle. Die laaste Basotho-oorlog was eers in die tyd van president Hendrikus Brand in die laat sestigerjare van die negentiende eeu. En al wat die Vrystaat se weermag daaruit kon kry, was die toegewing dat hulle die lyk van Louw Wepener wat in Augustus 1865 op Thaba Bosigo gesneuwel het, kon kom haal. Hy is plegtig begrawe ja, maar ná so baie jare toe almal weet dat helde se liggame opgesny word vir muti vir die vegters ...

In 1870 het Moshweshwe gesterf – die Franse sendelinge was oortuig dat hy oplaas as Christen gebieg het, min of meer in tale – en sy volk agtergelaat in die hande van die Kaap en daarna direk onder die ouma oor die see se kombers.

Winburg-dorp bly streng neutraal gedurende die Anglo-Boereoorlog. Dis te verstane nadat byna 800 vroue en kinders binne maande in die konsentrasiekampe gesterf en volgens doktor Fransjohan Pretorius se opname in *Verskroeide Aarde* in die omgewing van 1700 perde en 60 000 skape doodgesteek en feitlik alle plaasopstalle soos dié van my oumagrootjie nie net afgebrand is nie, maar met bomme verwoes is. As kinders kon ons nog deur die pleisterlae die ronde bomgate sien.

Interessant om te weet dat ná die oorlog Skotse klipkappers bouwerk daar kom verrig het en teen die bomure deur onbekende skilders ou Noorweegse jagtonele geskilder is. In my besit is die enigste klerekas wat my oumagrootjie ná die oorlog gehad het, 'n kis wat so 'n onbekende uit populierhout met sy knipmes vir haar gekerf het.

Betaal? "Nee, kind, die geld en die skottelgoed wat ons betyds begrawe het, kon ons eers later in die nag gaan uitgrawe, want daar was oë orals. Ons kon hom nie betaal nie. Maar kos ja, hy het vir my kindeke Lena wat so siek was na ons uit Oos-Londen se kamp gekom het, met strikke gaan hase vang vir sop. Toe kon ons darem altyd iets voorsit."

"Wat het van hom geword – die skilder van die jagtonele?" wou ek eenkeer weet.

"Ek weet nie. Daardie tyd ... ons het nie gevra nie. Ons was te besig, kind. Ons het pampoenpitte geplant in ou boeliebiefblikkies van die Tommies en appels bymekaar gemaak onder die appel- en peerbome. Hulle het vrot gelê. Dit was winter toe ons hier kom. Ja, jy kin as jy moet ... jy stamp dit fyn, kook dit saam met marog op. 'n Ertappel was 'n wonderlike iets, jy eet die binneste en jy plant die skil met die ogie aan.

"O ja, en ons had ons fuike. Visse en skilpaaie in die spruit gevang. Daar was baie. Die Ingelse het nie vars vis geag nie, anders sou die oorlog nog langer aangehou het. Ons weet nou nog nie wat 'n Tommie geëet het nie. Ons het maar net gesien sy broek sit al slapper en slapper om sy agterent en as jy weer sien, val hy dood neer. Hulle het gesê dis die ientêrrieks van die kwaai son en die putwater. Ons het almal putwater gedrink om gesond te bly.

"Ons het natuurlik die wolpluisies van die doodgesteekte skape gespoel en in sakke gesit om as komberse te dien. Ja, goiingsakke en meelsakke kon ons opraap toe ons met die waens tot in die grootpad gevat is. Elke gesin het tien sjielings en 'n halfsakkie meel van lord Kitchener gekry.

"Ons was bly toe Sebina se ouma die dag met twee hoendertjies in 'n mandjie op haar kop by die werf opdaag. Nee, hulle was nie gevang nie. Sy het vertel mens moes net nie naby witmenswerwe rond wees nie, dan laai die Malisolle jou op saam met die wit mense en hulle se kinders. Sy kon op haar vingers vir ons tel wie van ons bure se mense is daar dood. O ja, hulle het alles geweet uit die sê-sê van die Majoiners.

"Hulle het gehoor Ouma-hulle is ook gedood, want hulle het gehoor al die parmantige vrouens is met die trein na die Dubbele Hel by die see gestuur. Nou ja, sy het my geken, nog as kleintjie saam uit Mosselbaai na die plat wêreld gekom.

"Oupagrootjie was baie sieklik, maar gelukkig, ek was jonk en het gou sterker geword. En die Heer Jesus was my helper, partykeer was ek sterker as Hy dan weer Hy as ek. Ek meen nou Heer Jesus."

Wanneer ons Nuwejaar daar gaan kuier het, het Oumagrootjie – dit was voor sy haar heup gebreek het – die verestoffertjie (nog uit Oudtshoorn van 'n niggie gekry) uit sy linnesakkie gehaal en alleen opgestap na die begraafplaas. Daar het sy Oupagrootjie se groot granietgrafsteen en kindeke Lena s'n afgestof en met die vrede van die wêreld so al neurieënde teruggestap. Later is hulle almal herbegrawe in die dorpse kerkhof, wat nou ingeperk lê met skerwe van Nuwebedelingheenganers.

O ngelukkig, dertien jaar later, ná die uitbreek van die Rebellie, veg Winburg se anderlike boorlinge reg teen hulle voorheense boorlinge wat opruk na Bloemfontein om te protesteer teen generaals Botha en Smuts se besluit om dieselfde ouma oor die see te gaan help oorlog maak. Winburg se anderlike kommando ruk op na Sandrivier, skiet generaal De

Wet se seun Danie daar dood en oorval die res die nag by Mushroom Valley, suid van Winburg. Dis toe die begin van die eintlike Rebellie van 1914 toe die voortvlugtige generaal Christiaan de Wet naby Vryburg gevange geneem en as opstandeling in Die Fort opgesluit word. Generaal Beyers, hoof van die Verdedigingsmag, verdrink kort daarna "toevallig" toe Regeringsmagte op hom skiet toe hy deur die Vaalrivier wou ontsnap, en generaal De la Rey is drie maande tevore net so toevallig by 'n padblokkade teen 'n rowerbende doodgeskiet. En Jopie Fourie, omdat hy lid van die Verdedigingsmag was en hom aan hoogverraad sou skuldig gemaak het, word gefusilleer.

Die res van die land stig die Helpmekaarbeweging om die geldelike boetes van Rebelle te betaal en Janneman en sy maat ruk die beursies oop en stig 'n Helpmekaarfonds tesame met 'n politieke beweging, 'n Nasionale Party, soos beskaafde demokratiese Christene, glo hulle. Maar Winburg het toe al lankal net genoeg gehad: Hulle ruk die beursies ook oop, maar hulle stig liewer 'n nuwe kerk ook, want hulle sal in ewigheid nie langs Witbande in 'n kerk sit nie. En siedaar, daar staan 'n kerk, Rietfontein (na die geboorteplaas van president Steyn vernoem)! Grimmig maar waardig word ná baie jare eers die serwitute gelig met lidmate, skole, weeshuise en plakkerskampe, en die sandklipkerk sonder naam op die plein – so pragtig deur argitek Till ontwerp – word in ere herstel.

Vandag dra Winburg met sy plakkerskamp van blikkiesdorp tot aan sy grense redelik geduldig die lesse, geleer oor baie jare, aan nuwe bedelings oor.

Die ou grense tussen die twee kerke is opgehef, die ou geboue om die geskiedkundige plein is mooi gerestoureer, datums van oprigting in die gewels.

Die vervalle konsentrasiekamp se data is netjies op granietpanele aangebring (oor die 18 maande is meer as 200 vroue en kinders oorlede). In die dorpsbegraafplaas is die indrukwekkende mausoleum van die Schnehages met sieryster omring en in die latere kerkhof staan die groot swart gepoleerde marmer-"gazebo" van die legendariese miljoenêr Petrus le Roux, wat soveel goeie sake gefinansier het, en sy vrou Alberta Christina, gebore Delport, van Mosselbaai. Hulle word beskerm deur 'n lewensgroot engel van wit Carrara-marmer; hulle grafstene met fyn roosknoppies versier. Dis haar pa wie se tienduisendmorg-plaas, Bloemskraal, onder die nasate verdeel is – die niggie van my eie oupa Delport.

Pieter van der Werken is daar, die Hollander wat op vyftienjarige ouderdom reeds in Natal skoolgehou het en op Winburg kom help bou het aan alle aspekte van die gemeenskap, soos die tesourie van die kinderhuis.

Daar rus ook my eie oumagrootjie Van der Hoven, gebore Muller, van Mosselbaai en my grootjie Anton Michal van der Hoven. Sy het Oos-Londen se konsentrasiekamp oorleef en die koshuis van die Rietfontein-kerk feitlik eiehandig gefinansier en oor die honderd jaar oud geword.

Die strate soos Victoria-, George-, Voortrekker- en Picadillykruis moeiteloos met De la Rey-, Wilcocks-, Van der Riet- en Wessels. Johanna Albertina-straat – vernoem na president Brand se eggenote, gebore Zastron – bly rustig saam met Bellstraat – vernoem na tant Tienie Bell, wat jare lank flink vanuit Jac Coetzer se prokureurskantoor wyslik of andersins geadministreer het.

Die hoefsmid, John Bell, se bruggie oor Laaispruit, wat die oorspronklike ingang tot die dorp was, staan nog omgewe van die reusagtige bloekoms en peerbome, gevoed deur 'n helder fontein wat oor groot ysterklipblokke aftrap. En flouweg kan mens nog bo teen die rant die oorspronklik witgekalkte klippe van 1837 sien, waarvandaan ek as kind soos honderde ander afgekyk het op die skyngeveg wat die Suid-Afrikaanse Diensbataljon met die Eeufees in 1937 aangebied het.

Die steenkoolmyn waarvandaan Winburgers jare gelede met

hulle ossewaens Kimberley toe steenkool vervoer het, gaan weer geopen word, maar Winburg het nog steeds sy ou Meulhuisie langs die silo's van Senwes.

Die ou Bellspas, die ingenieursprestasie van die Skotse gesin, is nou in onbruik naas die verbeeldinglose N1, en die Rademeyers se minerale bad lê verswelg onder die Aldamkanale waar in die ou dae die griep-oorlewendes van 1918 kom aansterk het en families weke lank uitgekamp het.

Toe die Voortrekkermonument beplan is, was daar onmin, want tereg is gevoel dat Winburg die plek is waar dit moet staan en nie Pretoria wat tog "niks met die prys van eiers" te doen gehad het nie. In so 'n mate dat Winburg se eie Voortrekkermonument in 1968 opgerig is (ontwerp deur die argitekte Hallen en Dibbhen van Durban) nadat moeisaam R75 000 ingesamel is. Die hoogs moderne simbole lyk vir die leek soos 'n kruising van 'n voersilo, met gebreekte waterpype wat die vyf Voortrekkertrekke voorstel, en 'n replika van die hartbeeshuis waarin president Steyn gebore is daarby.

Gelukkig dat die eienaar van die ou Winburg Hotel, Deon Botha, se vertrekke vol portrette van sport tot kultuur uit Winburg se verlede hang.

En die kinderhuis wat ná die Anglo-Boereoorlog in die Vrystaat begin is, is ten spyte van storm en drang nog daar en vervul sy oorspronklike funksie. En wel met Winburg se eie interpretasie: "Ons gaan almal kerk toe, sommige na onderskeie NG kerke, ander na dominee Mooi se kleurlingkerk. Vakansies tref ons reëlings óf na ouers óf pleegouers, ander gaan met 'n stewige klere- en kospakkie na die Roomse sendingstasie by Pella in die Noord-Kaap om te rus van die staatskool se verpligtinge en waar hulle skaak en sokker na hartelus kan speel."

Winburg bly nog altyd Winburg – wat twee staatspresidente kon lewer: Marthinus Theunis Steyn van Rietfontein en Charles Roberts Swart van Kannaboskroon – die suidelike kroondorp van die Vrystaatse Middelveld, deur oliewenhout en kareebosse en ysterkliprante beskerm teen dié wat hom kwaad wil aandoen.

Weskus

Dit was my laat voorreg om in die beskerming van 'n rooi Volkswagen-dubbelkajuit-"wên", drie hoogs verfynde Malteserhondjies en die sorgsaamste Serfontein-familielid wat ek ken, 'n reis te onderneem na die Weskus van ons land; die beroemde, eweso berugte, onherbergsame maar immer bekorende, diamantbesaaide smal stukkie kuslyn wat ná eeue se geweld homself nog jaloers handhaaf.

My reisgenoot was my kleinneef Christiaan Bell (Serfonteinnasaat) wat sy landmeterlaarse in die "eindelose ylblou bande van daardie ver-verre rande" van die Weskus verdien het en nooit die passie daarvoor verloor het nie. Hy het my langs die binnepaaie van sy eie herinneringe meegeneem.

Toe ons verby Vryburg en Kuruman se kameeldoringlaagtes van Pierneefse uitgestrektheid suidwaarts afswenk verby Olifantshoek, sak ons af na die besproeiingslande van die Oranjerivierbekken. Daarna eers kom ons in die eintlike Boesmanland en by die kopermyne van Okiep en Nababeep en die Komaggasberge.

Dan slaan die Weskus meteens toe soos 'n landskap van vreemde oorsprong en nog vreemder intensiteit; van sandvlaktes en kliplae, en jy is die dorre hoogland in deur Garies, Pofadder en na Springbok, die hart en hoofdorp uitgesprei oor die middelrante van die ou koperroetes van lank gelede. Tot by die smal strook seekus waar die diamante eens op 'n tyd met besems bymekaar gevee kon word. En deur De Beers as 'n suidelike *Sperrgebiet* uit die basaltlae oor jare heen op sy eie geadministreer.

So kon ek by Christiaan leer hoe die eerste verbindingsroetes tussen dorpe, die telegraafpaal, reg bo-oor hange feitlik geen skade aan die landskap gedoen het nie; hoe die ou ossewaens met die koperladings stemmig al met die hellings langs beweeg het oor klein driffies heen na die see; maar hoe daarna die eerste motorgrondpaaie meedoënloos reg deur die infrastruktuur ingekarring het en lae kosbare graniet vernietig het; hoe die nog latere teerpaaie morge en morge vrugbare grond in nuttelose skouers uitgepen het, en laastens die immorele padverleggings wat deur staat en politieke winsjagters deurgevoer is.

Ek kon die eerste stoomenjin by Nababeep mooi by die museum afneem, ek kon die son in die tafsyhange van die Aggenysberge sien opkom, ek kon dit in McDougallsbaai in 'n oranje gloed in die ultramaryne see sien wegraak.

Ek kon die verlate begraafplaas van Engelse soldate van die eerste Anglo-Boereoorlog in 'n bloekom-omheinde kerkhof tussen êrens en nêrens afneem; ons kon die witkruis-bossiesteilte van die Spektakelpas tot in sy diepste Buffelsriviernate afry, die wegraakrugge van die Gamsberge in die verte sien, op 'n stoepie voor die kliphuisies van die eerste Duitse seeduikers sit, en sien hoe die ondeurdringbare mis net met fyn sterpuntjies die landskap teken.

In een van die beste boekwinkels in Springbok kon ek die nuwe herdrukke van Afrikaanse boeke sien, nog onbekend in die Voorland, geslypte halfedelsteentjies in 'n weegskaal afweeg en koop; ek kon 'n omelet so dik soos 'n dubbele pannekoek vir ontbyt eet nadat dit twee tree van my af gaargemaak is.

Ek het 'n rare geskenk van mosselkrakertande en 'n haaitand by die elegante hoofvrou van Noup gekry en ek kon 'n dag in die pottebakkersateljee van Elize Hough met regte pottebakkersklei speel.

Ja, daar was Hondeklipbaai – die baai waar daar werklik 'n yslike kliprots uitstaan in die vorm van 'n hond – waarvandaan die Engelse in 1865 die eerste koper kon uitvoer. Dis gedoen op tipies meesterlike wyse: Eers is op die eerste hoogte 'n tronk gebou waarheen moeilike Kaapse prisoniers gestuur is. Met die opdrag om 'n pad uit te straat van die baai af, die rante oor, van die Komaggasberge tot by die kopermyne van Okiep. Dit, sê my neef, is hoe die merkwaardige eerste transportpad ontstaan het: die pad met die dubbele naam. Dit is die Messelpad tot by Okiep se steiltes uit. Wanneer die waens swaar met koper gelaai die afdraandes see toe vat, word die pad se naam die Wildeperdepad.

Ek kon by Attie-hulle van Hondeklipbaai die Afrikana-uitgawes van die Hitlersage deurblaai, die eerste ekslusiewe Boesmantekening-boek van Coral Fourie oopslaan en hoor hoe 'n papegaai wat regtig praat, uit sy gerieflike traliewerk teen die plafon in tale op die honde op die rusbank swets.

O, watter werklike inspirasie straal nie uit die wesenlike Namakwalanders nie, wat met minder as min geriewe hierdie morele en geestelike standaarde wat al lank by ons onder stof vergaan, moeiteloos hier uitleef.

Die spesifieke soort mens? Maar daar was oor eeue heen soveel verskeidenheid dat mens die antwoord wil vind in die landskap self, wat dwingend sy eise stel en meedoënloos wegdoen met dié wat daaraan nie voldoen nie.

In 1488 het Vasco da Gama, die Portugese ontdekkingsreisiger, sy kruisie by Angra Pequena geplant, maar sy Krismis by Natal gaan hou. Amper 'n eeu verloop voor die rivier, slagaar van die gebied, in 1779 vernoem word na die Prins van Oranje, toe die Oos-Indiese Kompanjie reeds sy handelsmonopolieë begin verloor het. Die Kaap is in 1806 finaal deur Engeland geannekseer. Soveel dinge gebeur gelyk in die agtiende-eeuse Europese en koloniale lande, dat dit moeilik is om die oorsaak en gevolg vas te pen.

Na die weskus van Suidelike Afrika spoel die kennis dat

voëlmis sekere chemiese stowwe bevat wat gronduitputting stuit, en die eilande om die Oranje se dik ghwanolae word gestroop deur Duitse handelskepe. Angra Pequena word Kleine Bucht.

Daarna kom binnelandse handel van Adolf Lüderitz, en dit word Lüderitz Bucht. Die Duitsers begin in alle erns die koperopslae en die diamantvondse benut. Tot Duitsland in 1884 die land annekseer, dit Deutsch Südwest noem en sy diamantbelange deur 'n kusstrook, die *Sperrgebiet*, beskut.

In hulle goed nagevorste boek *The Harsh and forbidden Sperrgebiet* gee Sakkie en Theresa Rothmann 'n kronologiese opsomming van die agtiende-eeuse Europese ingrypings.

Joseph Conrad, die Engelse ontdekkingsreisiger-skrywer praat van "the dark heart of Africa", wat elkeen wat dit te naby hom waag, meedoënloos vernietig, wie en watter altruïstiese motiewe dié ook al bely.

Sou dit dalk in hierdie nuwe eeu ook nog geld?

In die agtiende eeu het soveel Europese nasies geglo hulle moet koloniale uitbreidings in Afrika hê, meestal met die allerbeste altruïstiese doelstellings, maar niemand het dit kon behou nie. So asof dit die kortstondigheid van menslike ingrypings wil beklemtoon, maar nog meer die ontembaarheid van hierdie gloeiend warm land met sy yskoue see, sy groot stiltes en sy orkaansterk winde.

Soos 'n spleet diep uit die aarde se binneste waar oerelemente en gasse nog nooit klaar gestol het nie, bly die weskus soos 'n serene rif besaai met alles wat die grypsug van die mens lok, net om dit weer in ysige waterkolke en skroeiende winde buite bereik te sleur. Op die rotsriwwe van die klein baaie lê die ribbe van vergane skepe; murasies van opgedroomde beskawings; lê tegniese wonders toegewaai onder lae rooi sand; lê in rommelhope langs verskrompelde treinspore treine wat met muile voortgesleep is.

Op die einders dui boomriffies nog net die paaie aan wat toegegroei het; naamlose kruise op kruise staan langs paaie as getuies van oorloë wat niemand kon wen nie. Lawrence Green, die beroemde streekskrywer van Afrika, noem dit "The high Sierras of Namakwaland".

Teen 1854 pen die nuwe Britse regering aan die Kaap natuurlik sy eie belange suid van die Oranje vas toe hy 'n ondersoekspan per skip stuur onder leiding van kommandeur M.S. Nolloth. Die baai wat hy die geskikste bevind, word daarna Port Nolloth gedoop, en die Cape Copper Mining Company begin in aller yl 'n smalspoorlyn bou van Port Nolloth na Okiep en Nababeep, die ou kopermyne van Van der Stel. Hulle bring die eerste stoomenjins gestook met steenkool op die trajek, met Walliese treindrywers om die kopererts kus toe aan te ry. Oor hierdie spoorlyntjie wat in 1876 voltooi is, skryf Lawrence Green: "The narrow-gauge railway and the station at Klipfontein may be in ruins but the enormous gum-trees are still there and perhaps there are nights when ghostly copper trains with Cornish drivers still make the run to Port Nolloth."

Maar teen die laat sestigerjare verdwyn alles, want die skoknuus het bekend geword dat daar in Griekwaland-Wes diamante naby die samevloeiing van die Oranje- en Vaalrivier ontdek is, eers enkeles in 1867 by Hopetown suid van die Oranje, en die volgende jaar in die vorm van spoelstene by die samevloeiing van die Vaal- en Hartzrivier. In 1869 is die Ster van Suid-Afrika gevind wat tot die diamantstormloop gelei het en in 1871 het die ontdekking by Colesberg-koppie gevolg – die eindelike droom van Monomotapa?

Nou stroom almal van belang en andersins na die driehoek wes van die dorpie Bloemfontein: Transvaal, Oranje-Vrystaat, Andries Waterboer, Adam Kok en die Kaapse regering baklei en eindelik verloor almal. Engeland anneksonseer dit met die diamante en al en verklaar dit later deel van Kaapland.

Teen 1888 is miljoene tonne grond verskuif deur fortuinsoekers, miljoene in fortuine gemaak hoofsaaklik deur die maatskappye van drie enkelinge: Alfred Beit, Barney Barnato en Cecil John Rhodes.

Maar toe is die twee Republieke, die Zuid-Afrikaanse Republiek en die Vrystaat, reeds stewig ná die eerste Vryheidsoorlog in beheer, en die nog skokkender nuus kom: Juis dáár, op verskeie plekke aan die Witwatersrand, is goud in 1886 ontdek – ja werklik, die droomelement van soveel eeue.

Die fokus verskuif dadelik daarheen en nog meer word miljoenêrs. Dit is nou behalwe Cecil John Rhodes, die enkeling, die man in wie se rustelose siel 'n deurlopende geveg is tussen Britse koloniale imperialisme en 'n waaragtige sosiale gewete.

Hy en Beit wyk uit na die hinterland en kry by die opperhoof Lobengula bo- en ondergrondse minerale konsessies in die streek wat later as Rhodesië bekend sou staan. Die voorwaardes behels 'n betaling van £1200 per jaar, 1000 Martini-Henry-gewere en 100 000 patrone. Daarteenoor onderneem Rhodes om polisiebeskerming te bied; wette te maak ter ondersteuning van die infrastruktuur; paaie, hospitale en skole te finansier; spoorweë en hawens te voorsien; banke op te rig en handelsbande te smee. Daarvoor stig hy sy eie British South Africa Company in 1889. En Beit begin dadelik in Masjonaland vir diamante prospekteer.

As voorsorg, ingeval Lobengula te handig met die Martini-Henri's word, oorreed Rhodes 'n groep niksvermoedende Boere uit die Vrystaat en omstreke om te emigreer en langs die twyfelagtige grens tussen Rhodesië en Portugese Mosambiek te gaan woon, waar talle natuurlik aan koors sterf. Tog word tabakboerdery met sukses deur hulle op die been gebring.

Ten spyte van alles is die diamantvelde in Rhodesië 'n teleurstelling. Rhodes vertrek Kaap toe en word in 1890 daar Eerste Minister. Intussen stig hy in 1888 sy maatskappy wat hy vernoem na die twee broers op wie se plaas diamante in 1871 by Kimberley gevind is: De Beers Consolidated Mines.

Hy kry dieselfde konsessies bo- en ondergronds, verkry aandele in 'n weskus-delwery suid van die Oranje, en getrou bied hy hulle dieselfde mooi ondernemings waarby hy tot by sy dood bly. Hy ontwikkel die gebied, verklaar die gebied tussen

Kleinzee en Koiingnaas aan die kus 'n spergebied waar niemand mag ingaan sonder polisietoestemming nie en waar sy firma se vakmanne van alle moderne geriewe en voordele voorsien word, maar geen bo- of ondergrondse regte mag hê nie. Gaandeweg bring sy metodes van diamantontginning uit die see mee dat hy 90% van die wêreld se diamanthandel in De Beers besit.

Later vind verskeie amalgamasies met ander maatskappye plaas, veral ná die toetrede van die gesin Oppenheimer se Anglo American-maatskappy net voor die Eerste Wêreldoorlog. Rhodes sterf in 1902, voor hy die vrugte van sy onderneming kon pluk. Maar die ou maatskappy bly getrou aan Rhodes se sosiale gewete. Steeds is elkeen tans onder De Beers se vlerk verseker van sy beskerming en 'n billike bedeling.

Om na die Weskus terug te keer: In 1927 ontdek die geoloog, doktor Hans Merensky, groot getalle diamante van hoë gehalte aan die kus van Namakwaland, in die gedeelte bekend as die Richtersveld, net suid van die Oranjeriviermonding. Hy oorreed die destydse regering om die hele gebied vir verdere prospektering te sluit. 'n Staatsmynonderneming, Alexkor, verkry gevolglik die alleenreg om daar te prospekteer.

Die gemeenskappe van 'n gedeelte van die Richtersveld besluit 'n klompie jare gelede om 'n grondeis in te stel op 'n groot gedeelte van die grond waar diamantdelwery deur Alexkor al baie jare lank voorkom. Die eis is aanvanklik deur die grondeisehof verwerp, maar uiteindelik het die Konstitusionele Hof beslis dat die staat en Alexkor 'n gebied van sowat 85 000 hektaar, sowel as die minerale regte daarop, aan die gemeenskappe moet teruggee. Die hof het ook beslis die Richtersvelders moet vergoeding ontvang vir al die jare wat diamante so goedsmoeds op hulle grond gemyn is. Nou het die Weskus-inwoner van ouds net dieselfde onsekerhede oor sy toekoms as die deursnee-inwoner van die Reënboognasie.

Wat my hartseer maak, is dat De Beers oor jare ook gesorg

het vir die beroemde wilde perde van die Namib. Wat nou van hulle?

Maar grondeise het nou geslaag en die *Sperrgebiet* word waarskynlik nou deel van die huidige binnelandse politieke skommelings.

Ou, betekenisvolle name soos Morgenschadu, Bitterfonteinputs, Soebatsfontein, Wilgenhoutskloof, Kamieskroon, Lekkerdrink vertel nog iets van dit wat verby is, vir wie dit van belang is.

Ek is so bly dat ek daar kon wees voor die tye van die moderne valbyle ...

Mymering

Toe ek getroud is – tot passie besiel met my roeping as vrou, moeder, pasmaat, versorger – en by my ma neul oor haar resepte vir alles, van kinkhoesmedisyne tot seep- en konfytkook, kyk sy my halfmeewarig aan. "Maar my kind, jy kan mos lees. Lees daaroor in resepteboeke van Van Tulleken en Dijkman, dink watter jy nodig het en doen so."

Nou ja, daar is oor soveel dinge in ons huis gelees, gedink en gedoen wat my sonder taal gelaat het in die gesprekke van my tydgenote! Dis nie onwaarskynlik nie dat toe rebellies, Depressies, Afrikaner-verdeeldhede en krampagtige herenigings buite-om gewoed het, ek 'n ander ewewig kon bewaar omdat ek die erflas van Chautauqua moes dra. Per slot van rekening was my oupa Serfontein in die tagtigerjare van die vorige eeu as teologiestudent op Wellington se byeenkomste, en my ouma besig met haar laaste onderwyseksamen, saam met die Neethling-susters die eerste vrouegraduandi van hul tyd.

Is dit waarom ek op universiteit intuïtief aangetrokke gevoel het tot Lina Viljoen, 'n afstammeling van die Neethling-susters – wat my lewenslange vriendin geword het; is dit waarom ek getrou het met Willem van die Oos-Vrystaat, wie se voorsate van die Oos-Kaap en van Riversdale se Engelse was?

Waarom het ek my tant Lettie-hulle se huis net met die allergrootste piëteit kaalvoet betree en dié geraamde woorde in die voorgang: "De taal van de veroveraar is in de mond van de veroverde de taal van slaven" as 'n persoonlike waarskuwing aanvaar?

Want waarom kon hierdie ouma by wie ek agt jaar loseer het, nooit die naam "Anchor" van haar broodsuurdeeg onthou nie, maar sy kon my Engelse spelling korrigeer en vir my kortpaaie deur somme en tafels leer en my saans voor die ou stoof in die winter laat Halleluja-liedere sing, nootvas van haar kant?

Waarom het my ma net wanneer ons twee alleen is Maurice Gunsky se "I am just a dreamer whose dreams go astray" en Schubert se "Leise flehen meine Lieder" op die ou opwengrammofoon gespeel?

Hoekom die ongelooflike teleurstelling op my pa se gesig toe ek ná matriek vasbesloute was om Tukkies toe te gaan waar sy eie Afrikaner-oorlewingsideale aan die uitblom was, en geweier het om na Grahamstad te gaan waar mens Engels beter leer praat as 'n Engelsman?

Wou hy iets heeltemal anders vir my oorgee van sy Bothaneefs, die opvoedkundige reus, Etienne Rousseau, een van die baanbrekers van Loveday Kollege vir swart professioneles, of die ander, Swart Fanie Botha van Kuruman waarvan die Noordwesters gesê het: "Ons maak onse kinders net winddroog, dan laai ons hulle by Fanie op Kuruman af om verder groot te maak by sy skool"?

Hoekom het hulle almal met my geneuk om vreemde weemoede en dig bewaarde lewensgeheime oor te dra?

Was ek die enigste matriekleerling wat nie aan die slaap geraak het wanneer meneer Venter, die prinsipaal, Vrydae die laaste periode vir ons *Enoch Arden* en *In the Maelstrom* voorlees nie?

Chautauqua het gesê: "Lees, tot jy die siel daarvan binnegedring het en handel daarna met verantwoordelikheid; hou onse Here elke dag by jou, en desespereert niet!"

Nooit moed opgee nie ... wel, ek het my bleddie bes gedoen vir hulle sonder om te wil weet hoekom.

Tagtigers 2

Aan die einde van die tagtigerjare het ek byna visioenêr die einde van baie dinge aangevoel.

Ná die verskyning van *Keurskrif vir Kroonstad* het ek geweet, hoe almal dit ook al prys, dat die einde vir my joernalistiek aangebreek het. Met die goeie geld wat ek daarmee verdien het, het ek 'n jeugdroom verwesenlik: 'n woonstel op die dorp wat uitkyk op die Valsch! Afgesien van artikels hier en daar doen ek toe daarna net boekbesprekings vir leeskringe.

Ek vertel hulle weer van die ou digters soos Jan Celliers, die landmeter van die "blou bande van die ver verre rande", Totius se treursange by die haak en steek van Godsbesluite, Eugène Marais se "Diep rivier", die psalms van Dawid, die man met die siters en die harpe en die ou-ou paaie; die Eilande van Dan Sleigh se donker Afrika, of Etienne le Roux se Sewe dae van Ontnugtering. Want saam met my is leeskringe dalk nog die enigste draertjies van die verlore fakkel van ons volk se identiteit.

Ek het ook my geloof in die oorlewingsmoontlikhede van die Afrikanerboer verloor, veral toe ek ná vier jaar se woonstelbly beeste en beleggings verloor het net om die plaas te behou.

Ons het teruggetrek na 'n woonstel op die plaas waar my seuns en Willem toe heldhaftig produksie weer probeer opbou het.

Ook in die Nasionale Party waarmee ons saam oor die jare soveel witmensdrome gedroom het en soveel energie gestort het, het ek my vertroue verloor en ek het bedank lank voor die eerlose vredesluiting (myns insiens) van '94.

Ek kon nie geesdrif kry vir Willem se hoopvolle uiting van Smuts se lakonieke "Don't judge the present, let things develop" nie.

Dit afgesien van doktor Verwoerd se weerwoord toe die kreet "Winds of change" so gewaai het: "The white man of Africa has the right to change also."

In latere nuwe globale tye reis staatshoofde gereeld oorsee vir dringende besigheid wanneer botter-en-brood-sake tuis wil hande uitruk. Verskoon daarom ons staatshoof van 1994 wat toe as goedgelowige Christen sy Weermaghoofde afdank om die teenparty gerus te stel oor die onderhandelings. Daarna vertrek hy op belangrike besigheid oorsee.

Ons het destyds gehoor dit was rakende ons atoomenergiegeheime. Iemand wou dit glo steel. Hy was besig. Het dit oor energie gegaan? Dis nie meer van enige belang in moderne tye nie, waar al wat staatshoof is met gesteelde energie oorlog maak.

Ek wonder nogal, as ná baie geslagte die Afrikaner net 'n historiese feit geword het, of hulle sal onthou van die arme dwaas, die enigste wat toe die Afrikaner op die mespunt van oorlewing gestaan het, met sy Jeep ingejaag het, die enigste wat protes aangeteken het, en hoe almal vir hom gelag het en so stemmig beweer het "ons is nie almal só nie" vanuit ons meerkatgate?

Snaaks genoeg, ek dink baie keer aan Amos Oz, die Israeliskrywer wat later 'n steekproef onder die jong geslag uitgevoer het om te sien wat hulle reaksie op die Palestynse vyandskap is. Hy het vele standpunte aangetref. Party jonges het gesê: Gee die grond vir die Palestyne. Ons kan nie vir ewig oorlog maak daaroor nie. 'n Ander een het reguit vir hom gesê dit gaan nie oor grond nie. Jy kan die hele Israel vir hulle gee, dit gaan oor óns oorlewingswil. 'n Volk wat nie meer die wil het om te oorleef nie – onder watter omstandighede ook al – is soos 'n motor wat gaan staan. Jy kan dit hoeveel keer garage toe stuur, "but if it has metal fatigue, nothing will restore it". (So sê Oz in sy outobiografie *Adventures in Two Worlds*.)

Mens kan dalk dink dat agtergeblewenheid eintlik net simptome is. As die geskiedkundige en ander nie die diepgaande oorsake daarvan nagevors het nie, kan daar nooit regtig heilsame, volhoubare ingrypings gedoen word nie.

Wanneer het 'n volksdeel genoeg geld of kennis om gelykheid, heilsame gelykheid te bewerkstellig? Wanneer die geër so dink, of wanneer die ontvanger so dink?

En is die geër nie veronderstel om ooit sy eie standaarde te verhoog nie? Moet hy weer op sy beurt gewillig agtergeblewe word? Dis nou waar my stiefoupa die volgende gevleuelde woorde gesê het toe my pa hom nader vir die een of ander verdienstelike saak: "Kootjie, ek gee om 'n geër te bly."

So was apartheid 'n oes vir die Afrikaners wat die saad self in armoede gesaai het in die dertiger- en veertigerjare van oorlogsvernedering. Maar dit is nie 'n pad vorentoe voor almal die vereiste navorsingsverantwoordelikheid aanvaar het nie. Welgeluksalig is ek wat nie daardie klippad vol gate sal moet loop nie.

Sekerlik omdat ek destyds uit my ouerhuis gegaan het met twee baie mooi skilderye, Maggie Laubser se *Die Meisie met die blou sari* en die selfportret van Otto Schroeder, was dit nou maar my gewoonte dat, as ek iets verdien wat nie noodsaaklik is vir die huishouding nie, ek die een of ander mooi skildery aangekoop het. Sodat ek elke een van my vyf kinders later met iets moois op hulle weg kon stuur. Ek het my natuurlik nooit aan enige beleggingswaarde gesteur nie, maar ek het geweet: Wat regtig vakkundig goed gedoen is, bly mooi.

Aldus het Antjie as die oudste die Maggie Laubser gekry en die jongste, Jalie, die Otto Schroeder. Daar was nog Erich Mayers, Elly Holm en Carl Büchner, De Leeuw en Lucas Sithole-beelde.

Amal het hulle s'n geneem, maar Antjie het gesê sy sal my sê wanneer sy hare wil hê. Telkens het sy geweier.

Op 'n dag in 1999 sê sy nou wil sy dit graag hê. Sal ons dit vir haar afbring Kaap toe? Baie versigtig word dit per vliegtuig vervoer. Sou ek omgee as hulle dit laat evalueer? Nee, dis julle s'n, nes die ander wat hulle s'n al jare gelede het. Julle moet daarmee doen soos julle goed dink. Terug by die huis, ná 'n week of so, kom die oproep van haar. Ons het dit by Stephan Welz laat opveil. Dit het R350 000 gehaal. Ons het die geld in jou rekening inbetaal. Ek protesteer heftig. As dit nie anders kan nie, gee my net die R50 000 vir kommissie.

Of dit nou 'n lewenswyse of 'n grief is, as hierdie kind van my stelling ingeneem het, het dit nog selde in my broek gesit om haar daarvan te laat afsien, ten goede of andersins.

"Jy vra nie eens hoekom ek dit doen nie?"

"Ja, hoekom? Dis 'n present, wat jy dan versmaai."

"Ma, hiermee koop jy 'n huis vir jou en Pa. Op die dorp. En jy is die baas daarvan. Jy laat jou deur niemand versondig nie. Ook nie deur my nie. So as jy weier, versmaai jy mý present."

Ja, ek koop toe 'n huis vir R92 000, ver van die rivier, maar met 'n swembad. En die res belê ek.

Willem verseg toe om dorp toe te kom: "Laat staan net vir my 'n paar goed. Ek bly aan in die woonstel op die plaas." Nou nie vies of onredelik nie.

En ek maak toe so. Ek bring my kat en twee honde saam

dorp toe en rig my daar in. Ek swem elke dag en ek hou kapokhoendertjies aan.

Na ses weke hou Hendrik Nakedi met 'n lorretjie hoog gepak by my stil: "Die oubaas het gesê ek moet kom aflaai hier. Hy kom trek hiernatoe."

Logies, nou kan hy elke dag na die Letelle-kantoor toe ry, 'n paar strate weg.

Maar ek vra Willem: "En toe?"

En hy sê: "Gee my die kleinste kamertjie en ek vra niks meer nie. Ek het net vergeet hoe simpel is dit om alleen te bly."

Mooi, ons slaap saam in die grootste kamer met sy eie lessenaar en sy foon en ek belowe hy hoef nooit te swem óf die swembad skoon te maak óf die hoendertjies kos te gee nie.

En nou is hulle groot

En nou is hulle groot. Die lewe het my geleer dat alles wat eens klein, fraaiig en jonk was, onder mens se welmenendste pogings eindelik groot en sterk word en 'n netwerk van hul eie sprei: vreemd, soos gewoonlik.

Een voorbeeld is Njarra, ons graatjiemeerkat wat 'n werker een oggend in sy hoed vir my gebring het. Njarra, na die geluid wat hy maak wanneer hy houtwurms met sy skerp handjies uit die vuurmaakhout grawe en kou dat die vet so drup. Later kon ek nie net my voorskoot afgooi en my voor die spieël gaan skik wanneer daar vreemdelinge opdaag nie. Ek moes eers ylings vir groot, uitgevrete Njarra gaan vang en in sy slaapkis grendel, want hy raps elke vreemde hakskeen wat hy sien.

Daar was Nok, die skattebol van 'n kraai, wat soos 'n kind met 'n bal kon speel en smôrens teen die kombuisvenster kom klop met 'n "Haai op!" vir sy kos. Ons moes hom maar vergewe toe hy later op winteroggende die werkers se wolkepse in die vlieg afruk en bo in die kareeboom los; en wanneer die grassnyer breek oor Nok weer dakskroewe uitgewikkel en onder die gras begrawe het.

Ek het leer saamleef met dik halfslyt-ooie wat bedags skelm werf toe kom en die wasgoed van die draad kom afvreet, net oor hulle eens my vleklose hanslammertjies was.

Wat dan nou van Drosbek, die kalkoen? Hy is per abuis onder 'n ganswyfie uitgebroei en ek moes hom meer as een keer halfversuip uit die gansdammetjie gaan red, want hy het geglo hy is 'n gans en hy moet saam met die ganse swem.

Ons praat vandag nog oor Raar, ons stamboek Persiese kat wat ek in my handsak in die vliegtuig van Kaapstad af ingesmokkel het; wat wegkruipertjie met die kinders gespeel het. Sy het 'n ontembare passie vir straatkatte gehad: elke paar maande was daar 'n onbruikbare werpsel van tot tien. Jare later nog sit verre afstammelinge van haar, soms tot negentien, voor die kombuisdeur vir my en wag. En moet ek hulle kos vanweë hulle vreemde gene in ses verskillende bakke sit, anders word hulle droef en ontdaan.

Ten slotte was daar die kindergesiggies, soos Wordsworth sê, "trailing clouds of immortality" in hulle pragtig uitgevoerde mandjies, hulle prêms, met hulle eerste tandjies en hulle eerste treetjies. Ek sal nie kan tel hoeveel lepels slappap, pille en strope ek by hulle keelgate moes afjaag om hulle groot te kry nie. Oor hoeveel driewiele ek geval het, hoeveel argumente en pakke slae oor maniere, hoeveel uitvalle met slim skooljuffrouens wat nie kan spel nie, hoeveel ure voor klaviere en wiskunde-traliewerke, hoeveel sport-naelkouerye, puisies en oes kêrels en nooiens. Vergeet nie die aanneem- en matriekafskeidsuitrustings wat 'n mens voor oupas en oumas moes regverdig nie.

Trourokke, dooprokke ... Vreemde, uitdagende netwerke tussen wie se eise, verantwoordelikhede en vreugdes deur jy in en uit moes beweeg soos deur sonlig onder takke deur. Tot hulle groot is, jou koesterend om die skouers vat: "Ag, kom nou, Ma, moenie teëpraat nie. Ons het dit lankal klaar sus en so gereël vir jou."

Natuurlik skryf ek op die plaas jare lank in stil nagte by lamplig, oor dit waaroor ek beskik; nougeset om te beskerm wat ek het, maar nog meer om myself opnuut daarvan te vergewis. Soos om die krale van 'n rosekrans oor en oor te tel net vir die mooigeit daarvan.

'n Halfeeu gehuud

Dit was vir my en Willem 'n ongelooflik ryke voorreg en nog groter genade om ná vyftig jaar se saamleef nog soveel poëtiese bindkrag te kon hê om presies te kon onthou wie ons was en wat ons gedryf het om op 10 Maart 1951 voor die preekstoel in Kroonstad-Noord-kerk te belowe om mekaar nooit te verlaat nie. En die belofte te kon nakom, darem!

Ons kinders was vir ons wonderwerke van Bo aan ons toevertrou. Wonderwerke ja – wat ander aan hulle gemis het, was ons gewin. Ons het hulle tog self gemaak en sou ons ooit erken dat ons langs die pad hier en daar van ons eie swakheid ingeteel het?

Want mekaar se swakhede het ons so met die loop van tyd met goedgemikte kopskote leer hanteer. En energie en tyd vermors om mekaar beter te probeer kry.

Later eers besef ons dat jou lewensmaat se swakhede jou

beste vriende kan word. Dis die swakhede wat die ander een weerloos maak en juis meer afhanklik maak van jou. So sterk dit jou en bou jou uit as mens. Swakhede word die kunsmis wat die huwelik in stand hou. Bygesê, as mens net sorg dat die eie swakhede sorgvuldig toegeblik bly, sodat jyself nie later net kunsmis in die opset word nie.

Langenhoven vertel van die twee gramstorige ou reuse, Brolloks en Bittergal, wat jare lank so baklei het. Dan win die een en dan win die ander, vertel hy, tot hulle eindelik agtergekom het die een is net so sterk soos die ander een, en toe bly hulle rustig voort, elkeen op sy eie rots, ewe bang vir mekaar.

Iets van hierdie soort respek, glo ek, is die eintlike, onvervangbare kunsmis vir huweliksgeluk. Dit vorm die basis vir die welsyn van die hele gesin.

So het ons dan in swakheid 'n sekere lewenspatroon vir ons kinders probeer vaslê. Ons het hulle swakhede en probleemareas grondig leer ken en dit altyd vir bespreking en opinies oopgelaat.

Al het dit selde tot ander insigte aan beide kante gelei, het dit wel vir 'n ligter aanslag gesorg. Hoeveel potensiële lewenskrisisse het ons nie afgeweer bloot deur dit onderling in ander perspektief te stel met lag, musiek, grappe of dramatiese oorbeklemtoning nie.

Middenspruit ... Ons het almal jaar vir jaar vir Middenspruit leer ken in sy wisselende seisoene van winterkoue, lentebotsels, someroorvloed en herfsstroping, in droogte en stortreën, en ons lewe hierin leer skik. Ons het sukses en teleurstellings leer hanteer, gestalte gegee aan potensiaal so goed ons kan en nooit "desespereert" nie. Hierdie stuk landskap was immer en is steeds so 'n oop, eerlike stuk aarde waar jy net jou beste moet gee, want tamheid en slaplê kan hier nooit weggesteek word nie. Dis te plat, te oop, dit weerkaats jou motiewe in elke glooiing van die bulte, elke waterkuil en elke doringboom.

'n Goue bruilof impliseer ook dat twee siele vyftig jaar tevore óf deur gebedsverhoring óf synde van eenderse allooi mekaar in 'n stroomversnelling raakgevat het en dat hulle ná vyftig jaar saam nog dink daar is rede om 'n fees te hou.

Sou dit van eendersheid of van andersheid wees? Is een van die vennote destyds dalk so volledig gemarginaliseer dat die ander vennoot op 'n manier alleen getroud opereer? Om dit in tradisionele idioom te stel: Is een vennoot se smoel vroeg-vroeg so deskundig toegemoer dat hy of sy die eg as 'n onontkombare lot aanvaar?

Wat ons tersake goue bruilof betref, was daar 'n verskeidenheid redes waarom ons nog rede gevind het om fees te vier.

Ten eerste was daar my ingegrifde respek vir die Chautauqua-kultuur van die Oos-Vrystaat wat my nederig gehou het.

Tweedens was daar die allooi wat ons in krisistye soos 'n broer en sussie betyds laat weghardloop het vir dieselfde gevaar.

Derdens was my vennoot so 'n professionele perdekarleiselshouer by slaggate en afdraandes dat ek dit selde agtergekom het, siende dat ek met Brusselse kant gesluier deur die lewe gegaan het.

En ja ... sonder 'n draad klere aan lyk my vennoot toe nog steeds vir my soos 'n bankrot oliemagnaat van Homeriese gestalte ...

Laastens het ons nooit genoeg geld gehad dat hy modemotors kon versamel of ek nuwe klere nie.

En ons was gelukkig albei lief vir diere.

Tagtigste verjaarsdag

Sou mens op jou tagtigste verjaarsdag met dieselfde ontgogeling van berusting soos die Israelse skrywer Yehuda Amichai op sy twee en dertigste verjaarsdag sê:

> I am still a parable
> with no chance of becoming its meaning
> and I stand without camouflage before the enemy's eyes,
> with outdated maps in my hand,
> in the resistance that is gathering strength
> and between towers
> and alone, without recommendations
> in the vast desert.

Nee – ek sal daardie jare liewer so onthou soos wat miss Christie dit van Christina Rossetti gedeklameer het:

> My heart is like a singing bird
> Whose heart is in a watered shoot:
> My heart is like an apple-tree
> Whose boughs are bent with thickset fruit;
> My heart is like a rainbow shell
> That paddles in a halcyon sea;
> My heart is gladder than all these
> Because my love is come to me.

En dan praat ek van baie soorte en baie getye van liefde ...

Herfs

Die seisoenesiklus in die natuur is van die vroegste eeue af simbool van die mens se lewe, en waar die menslike liggaam in gebreke bly om ná die winter 'n lenteherrysenis te bewerkstellig, daar het dit die funksie van die godsdiens geword om met 'n nadoodse opstandingsfilosofie die kringloop te voltooi.

Sekerlik is die herfs met sy sigbare boodskap van tyd, tydelikheid en tydloosheid die seisoen wat sy boodskap die skerpste ingrif in die menslike hart.

Herfs is en sal altyd die oestyd bly. In die natuur en in die mens se lewe. En juis omdat dit so is, is dit onlosmaakbaar aan die lente verbind. In die lente moet die goeie saad op die geploegde land gesaai word om die goue graan in die herfs te oes. Die skoonheid, bruikbaarheid en pit van die menslike herfs word vasgelê deur die kwaliteit van die besluite wat in die lente geneem word. Dit is 'n cliché, maar terselfdertyd 'n harde lewenswet dat die mens verplig is om in sy seisoen van speelse onbesonnenheid 'n voorkennis te dra van sy eie herfs.

Daarenteen, die mens wat deur sy herfskrisisse nie iets van die hoopvolle onbesorgdheid van sy lentejare behou het nie, sal volle verlatenheid leer ken. Iets, ja, maar nooit beheptheid nie, moet die lente met die herfs of die herfs met die lente hê. Keats, wat jonk dood is voor hy sy eie herfs kon beleef, dra die voorkennis daarvan nietemin poëties: "Waar is die liedere van die Lente, ja, wat het van hulle geword? Dink nie oor hulle nie, Herfs, jy maak jou eie!" En dan noem hy die herfs 'n sekelsnyer op die land wat by die halfgeoeste vore aan die slaap raak, dronk van die geur van papawers en appelwyn.

Henry Thoreau praat van die herfs as die tyd wanneer "the mature soul of lesser innocence has its autumnal victory over the loss of one's springtime". Dan drink hy 'n heildronk op die vlammende, dapper herfsblare wat die mens leer hoe om met 'n laaste, gloeiende fanfare die dood binne te gaan.

Dronk van papawers en appelwyn? Soos wanneer ek in die herfs saam met 'n huisgenoot langs 'n ryp sonneblomland gesit het, waar die stropers soos groot bont kewers van die kante af inkruip, en dan en wan die sonneblompitte in 'n oliestroom in die karweiwaentjies braak. Ons is dan omring van die skoon reuk van gekneusde kakiebos en pasgehooide gras, ons luister hoe die patryse fluitend protesteer oor die oopgooi van hulle tonnelvestings, die mossies opsketter, die vinke helder flapper en ons kyk gefassineer hoe swaeltjies soos 'n dun syserp in 'n windvlaag van die draad af oplig, dwarrel, die lugstrome toets en terugsak: want nog is die finale tyd vir hulle wintervlug nie daar nie.

Rondom strek die vlaktelandskap se byna onmerkbare deinings oor die silwer skaafsels van ryp mielielande, oor die ongepoetste ou koper van sonneblomlande, en verder smelt die ryp grasvelde in heuning brandings weg. Net hier en daar in fyn, vreemde skrif lê soos handtekeninge die plaasopstalle. Nader, in die kronkelstreep van skuins gespoelde wilgers in die spruit, lê reeds die vaal hale van 'n vroeë ryp, maar die Lombardiese populiere is nog groen, hulle wasem net sidderend die geel uur wat sal kom. Die son skyn met 'n briljante lig en die aarde reik met 'n laaste wellus van saad en vrugte op na die agaatblou lug, sy suurmelk-wolkskifsels en die felle son. Is dit dan vreemd dat ons ook meegevoer word in 'n herfswaansin?

En skuins van ons teen die afdraande lê die steeds groeiende oespatroon van ons eie huis, ons stalle, ons diere, ons bome, ons tuinerye. Met verdrag deur meer as een geslag het – deur onproduktiewe saaiseisoene heen – diep uit die genadegawes van die grond 'n oes van geloof gegroei; wedersyds, tussen die grond en die man wat dit bewerk. En die oes van 'n gesin. Kinders deur genade, deur pyn en verlies oor jare gedra tot die oes van insig kom en die wete daar is dat hulle eie bestemmings afsonderlik deur God berei is, gebonde ook aan hulle eie onvolmaakte oespotensiaal. Ons kon vir hulle maar net die deurgang bied, in dankbaarheid, soos die blink sonneblompitjies wat deur ons vingers gly en daarna deur vreemde waens verder geneem word.

En watter oes-genade is dit nie as die twee wat die pad as man en vrou saam begin het, steeds 'n goue herfsdag saam kan beleef. Hoe baie keer het hierdie brose netwerk tussen ons, wat ons die liefde noem, nie vol skeure en stingels geraak nie. En het ons nie soos lomp swart spinnekoppe gewroeg om die draadjies te las nie. Partykeer verblind deur trane het ons skeef geknoop, soms traanloos met koue doeltreffendheid beter geknoop. Maar gelas het ons dit. En op 'n dag in die herfs skitter dit dan meteens in ongelooflike simmetrie en bring 'n laat oes van herfs aanvaarding.

Die swart sonneblompitte ... Soos maar altyd in hierdie land van genadelose droogtes en wreder winters en ongelukkige ontkiemings is die oes van die lande 'n skraal een, maar as sekelsnyers in die vore vergeet ons van ons lenteverwagtings. Ons is oorweldig deur wat ná die oestyd tussen die elemente en die grond nog vir ons, die onbelangrikes, oorgebly het. En soos elke jaar voor die finale afrekening beleef ons die oesvreugde soos die landbouers oor eeue heen gedoen het.

Daar kom by ons die begrip dat hoe die mens ook al mag wanhoop dat sy bestemde oes nooit aan sy verwagtinge sal voldoen nie, hy nooit, maar nooit, mag twyfel dat die oes by God onwrikbaar as beginsel geld nie. Nooit sal die mens die tyd van sy oes volledig kan bepaal of die aard daarvan korrek kan skat nie, maar op die een of ander herfsdag sal hy die oes tussen sy vingers belewe. Dit mag minder wees as waarop hy gehoop het, maar dit sal oneindig meer wees as wat hy verdien.

'n Prekie vir die jong vrouentjies van destyds se kleindogters

In ons tyd en in ons land lewe ons soos nog nooit tevore nie in die lig, of as jy wil, in die skaduwee van individuele prestasie. Enkelinge in Suid-Afrika presteer ongelooflik goed en die standaarde waaraan hulle gemeet word, is die internasionale.

Dit gebeur dikwels dat kinders tuis kom vertel van leerlinge wat in hulle skool goed presteer. Hoor 'n mens later weer van sulke leerlinge, is hulle dosente aan oorsese universiteite; leiers op hulle vakgebied. Van Sannie se kort skoolrokkies en vroegrype kapsel sal gepraat word, maar wanneer 'n mens weer van Sannie hoor, het sy 'n internasionale skoonheidstitel gewen. En die astrante polisiemannetjie het dalk reeds 'n wêreldbokstitel verdedig. 'n Mens kla ook nie wanneer die bure se seuntjie baie tyd in jou swembad deurbring nie, want volgende jaar besluit hy dalk om die Engelse kanaal aan te durf. En die jong bengel wat die buurt se rus met sy brullende motorfiets versteur, kan nog as renjaer oorsee vir sy land roem inoes. (Ek praat natuurlik nou in die algemeen en nie met sekere bekende individue in gedagte nie.)

Ja, onteenseglik het prestasie binne die bereik van Jan Alleman gekom. En die buitensporige publisiteit en vergoeding wat sommige prestasies meebring, plaas ontsaglike druk op die gewone mens om te presteer. Hy kan nêrens heen daarvan ontsnap nie. Trouens, hy word reeds op skool deur ambisieuse leerkragte onder geweldige druk geplaas. Hy moet presteer om sy eie onthalwe, maar ook ter wille van die eer en naam van die vakonderwyser en die betrokke skool. Nou ja, mits hierdie dryfproses binne die perke van die morele en praktiese bly, kan 'n mens nie daarmee fout vind nie. Dit is tog sekerlik vir ons land, enige land, belangrik dat sy inwoners skouer aan die wiel sit.

Omdat meisies en seuns gelykvormige skoolonderrig kry, wat weer gelyke moontlikhede bied, is meisies net soseer op prestasie ingestel as seuns. Soms presteer hulle ook inderdaad baie beter, want hulle toewyding is dikwels groter.

Maar dan trou so 'n meisie en meteens word haar uitingsveld ontsaglik vernou. Haar eie ideale vir prestasie kan nou meteens immoreel lyk. Sy moet dit verberg of omsigtig versluier sodat haar gesin nie eers 'n suspisie kry dat sy iets om haar eie ontwil beplan nie. Werk om 'n hoër lewenstandaard vir haar gesin is toelaatbaar, lyk dit soms. Maar werk vir die lekker nou nie. Word sy 'n beroepsvrou, sal sy moontlik diep binne-in haar die verwyt dra dat sy as moeder en eggenote gefaal het. Beperk sy haar tot haar eie huis, voel sy hoe die jare verbygaan en ander óm haar presteer, terwyl sy tog skynbaar niks tot stand bring of bes moontlik enige dank vir haar getrouheid kry nie.

Om vrede in hierdie tweespalt te bewerk, kan 'n lewe lank duur. Die gelowige vrou vind vir haarself 'n middeweg. Sy organiseer haar gesinswerksaamhede doeltreffend, dan presteer sy so 'n bietjie op haar eie in sake waaraan sy verdienstelike name gee soos welsyn, opvoeding, die estetiese, maak sy haar lewe vir haarself mooi, veredel sy haar stokperdjies ... Tog wonder selfs sý partykeer: Is dit alles die moeite werd? Moes sy nie maar liewers vasgebyt het met die veelbelowende loopbaan, die eie prestasies nie? Kyk dan na die prestasies van dese en gene, swakker van begrip as sy? Dit kan, as sy haar nie teësit nie, van haar 'n verskeurde, gefrustreerde mens maak.

Dit is dus goed en nodig dat 'n mens hierdie saak, prestasie, van nader beskou. Nie net die heldeontvangste en hosannas wat dit meebring nie. Ook die troebel water en die eensaamheid en die ondankbaarheid.

Hoe word 'n mens 'n belangrike mens? Kyk mens na die lewe van belangrike presteerders in die verlede, kom jy op eienaardige feite af. Hulle was soms mense wat van een beroep na die ander rondgeval het, hulle was soms onaangename, egoïstiese persone. Die saak wat hulle beroemd gemaak het, het partykeer half toevallig in die loop van ander gebeure gekom. En stroop 'n mens hulle van die luister van hulle prestasies, dan wonder jy soms oor hulle integriteit. Sukses bring 'n mens nie noodwendig nader aan die hemel nie, dit weet ons maar alte goed.

Louis Pasteur, 'n Fransman, is die grondlegger van die moderne mediese wetenskap deurdat hy die bestaan van mikro-organismes in die lug vasgestel het. Pasteur was 'n doodgemiddelde skolier, word vertel. Eendag het 'n brouery in die omgewing van Lille hom gevra om te probeer vasstel waarom die bier in party vate suur word en in ander nie. Hy het opgelet dat die suurdeegborrels in die goeie vate rond is, en dié in die suur vate langwerpig ... Hy het hom verdiep in hierdie probleem en hieruit die ontstaan van mikro-organismes in die lug bewys – 'n konsep wat 'n omwenteling in die mediese wetenskap gebring het en tot die ontwikkeling van ontsmettingsmiddels gelei het – wat weer die medici in staat gestel het om voorheen onbekende operasietegnieke toe te pas.

Alexander Fleming het as 'n skeepsklerk gewerk en later 'n medikus geword. By hom het die gedagte ontstaan om kieme te dood met behulp van ander lewende organismes en ná jare se skynbaar nuttelose navorsing het hy in 1928 penisillien aan die wêreld besorg.

Sigmund Freud, die grondlegger van die moderne psigo-analise, was aanvanklik geen briljante mediese dokter nie en dokters van sy tyd het geglo dat hy sy teorieë verkondig om die feit te verberg dat hy nie 'n behoorlike diagnose kon maak nie.

Thomas Edison, die uitvinder van dosyne wetenskaplikmeganiese instrumente soos die telefoon, grammofoon en elektriese gloeilamp, het sy lewe as 'n koerantverkoper, later as die uitgewer van 'n koerantjie op 'n trein begin.

George Bernard Shaw het sy loopbaan as 'n doodgewone klerk by 'n eiendomsagent begin.

Florence Nightingale was op een-en-dertigjarige ouderdom 'n opgevoede, verveelde rykmansdogter wat van die een plesieroord na die ander gefladder het. Maar in haar dagboek het sy geskryf: "My God, what is to become of me?" Sy het die goddelike insig gekry om haar vraag te omskep na: "My God, what is to become of them?" (die siekes, die gewondes op die slagvelde) en die res van haar lewe was so vol inhoud en betekenis dat sy nooit weer daaroor gewonder het nie.

Daar word vertel dat toe sy as 'n ou dame die Order of Merit ontvang het, die eerste vrou in die geskiedenis aan wie dit ooit toegeken is, sy afwesig en verward voorgekom het. Dit was te betwyfel of sy die eer of die taak wat dit verteenwoordig het, verstaan het.

Ja, inderdaad kom beroemdheid selde deur 'n vaste resep. Al wat hierdie beroemdes waarskynlik in gemeen gehad het, en ook in gemeen het met die geringste van ons, is dat hulle op een spesifieke oomblik bewus geword het van 'n spesifieke probleem. Dat die probleem vir hulle groter as hulleself begin word het, dat hulle só daardeur in beslag geneem is dat hulle in 'n oomblik van dwase of goddelike oorgawe die uitdaging aanvaar het om dit op te los. Hulle het hulle eie ontoereikende kragte selfloos begin inspan en dit 'n lewe lank volgehou, teen kritiek in, met verwaarlosing van alle ander dinge; soms teen vleitaal en die gevaar van oorskatting van aanvanklike sukses in. Hulle word die groot presteerders van 'n tydvak en 'n land, en hulle inspireer of frustreer die gewone mens om ook te presteer.

Pasteur stel dit só: "Will opens the door to success both brilliant and happy; work passes these doors and at the end of the journey, success comes in to crown one's efforts." Dis insiggewend dat hy die tweede vereiste, wilskrag en werk, voorop stel en geen melding maak van besondere skranderheid nie.

Nie elkeen van ons is 'n Pasteur nie, maar hierdie oomblik van verheldering kom in die lewe van elke mens voor. Dat hy bewus word van 'n spesifieke taak en opdrag in sy lewe en sy toekoms daaraan verpand. Soms is dit groot take van landsbelang, soms van humanitêre belang. Soms is dit Christelik, soms is dit filosofiese gedagtes om 'n nuwe betekenis aan die lewe te gee. Dalk behels dit net die klein omgewinkie waarin ons woon, of dalk is dit net 'n opdrag wat vir die een enkele mens geld – waaraan mens met 'n trouring getrouheid sweer. En soos ons almal weet, is selfs hierdie laaste, kleinste van alle opdragte te wyd en omvattend om behoorlik uit te voer en staan ons van tyd tot tyd voor ons eie mislukkings ten opsigte van ons huwelikslewe en die paar kinders wat die Vader aan ons toevertrou het en waarvoor ons voor die altaar van God 'n doopbelofte afgelê het.

Ek glo nie daar is 'n enkele mens wat nie bewus is van 'n taak in sy lewe nie – of hy oud of jonk is, eenloper of gesinsman. Of elkeen dit erken, is 'n ander saak. Maar 'n taak is 'n diep persoonlike saak wat nóú gekoppel is aan dinge soos 'n mens se eie persoonlikheid en godsdiensbelewing. Daar is aspekte soos liggaamskragte en opvoeding, die tyd en geld tot sy beskikking. Geen mens kan hom dus veroorloof om 'n ander te kritiseer oor hoe baie of hoe min van sy taak hy eindelik volvoer nie.

'n Lewenstaak is ook iets wat nooit klaarkom nie, nooit afgerond kan raak nie. Prestasie is soos 'n ysberg. Dit wat jy verrig het, is net die een derde wat bo die water uitsteek. Die twee derdes wat vir altyd onder water bly, is dié gedeelte van jou lewenstaak wat nooit voltooi word nie, die onvervulde ideale, die drome wat in elk geval nooit verwesenlik is nie. En dit is wat prestasie so 'n ondankbare taakmeester maak. Hy laat jou nooit volkome tevrede nie, daar kom altyd nuwe verpligtinge en – so voel 'n mens dikwels – dit dryf jou hoe ouer jy word, hoe harder.

Maar daar is nog 'n aspek van prestasie waaraan mens nie dikwels dink nie. Dit is dat elke mens, hoe groot en indrukwekkend hy ook al presteer, of hoe min, die een of ander tyd onvermydelik by die net so onthullende besef sal kom dat sy prestasies, ten spyte van al sy bemoeienis daarmee, vlugtig en nietig was. Ook dat dit uit sy hand geneem gaan word en hy daarsonder sal moet klaarkom. Die een of ander tyd word jou wêreldrekord oortref en niemand in die strate ken jou meer nie. Die een of ander tyd word 'n wetenskaplike se uitvinding verouderd en nog net van historiese belang. Op 'n dag word die invloedryke staatsman 'n politieke melaatse en die filosoof wie se denke die toon aangegee het, 'n ketter; word die skoonheidskoningin 'n middeljarige vrou, een tussen duisende soos sy.

Die ouer wat hom vir sy kinders afgesloof het, vind tot sy ontnugtering dat hulle smag om van sy bemoeienis af los te kom. Nog later vind hy dat hy 'n verantwoordelikheid en 'n las vir sy kind geword het ...

Ons kom onvermydelik by 'n tydstip, nie noodwendig as gevolg van ouderdom nie, waarop die jonger mens of die meer populêre mens of die meer doeltreffende, ons vervang – ten spyte daarvan dat ons nog bereid is om van diens te wees. Dan bly daar van die bohaai weinig oor en ons is geneig om soos die Prediker te sê: ydelheid, alles ydelheid en 'n gejaag na wind. Dan dwing die lewe jou om, soos Ralph Waldo Emerson dit stel, "jou firmament in te trek tot 'n blote tent".

Totius bekla dit so:

> O my dae wat verby is,
> en my dae wat by my is.
> Julle is almal gou-geswind
> nietigheid, gejaag na wind.

> Geen jaloersheid, en geen lof
> pas jul, kinders van die stof.
> Soos dit was – ék ontevrede,
> Jul 'n string van nietighede –
> so is't noú en so sal't bly
> totdat alles is verlede en
> en 'n stem roep: Dis verby.

Jy het jare lank met die verantwoordelikhede, die irritasies, maar ook met die verfynde geluk van jou taak, jou prestasietaak saamgeleef. Nou moet jy daarsonder leef. En hoe doen jy dit? Met 'n taak is ek 'n belangrike mens, maar wát is ek sonder die taak? Kan ek sinvol leef daarsonder? Ek het 'n ideaal gedien, maar kan ek nou bloot die Here dien? Ek glo die wyse waarop 'n mens hierdie situasie hanteer, bepaal die uiteindelike som van jou menswees.

Vind 'n mens eindelik die genade om jouself as kind of as blote vrou of as blinde dienaar te sien in die voorportale van Gods paleis, dan kom daar 'n geheel nuwe struktuur van waardes wat by jou ingang vind. Dan vervaag die begeerte om jouself as presteerder uit te bou en meteens vind jy die genade om die belangrikste of die nietigste taak met ewe veel vreugde af te handel, want jy respekteer en verwonder jou aan die taak soos wat jy jou aan die hele skepping om jou verwonder. Dan kom die gesindheid in 'n mens se hart waarvan Ferdinand Deist in sy boekie *Tussen angs en sekerheid* sê: "Om verwonderd te wees oor heel alledaagse dinge, is om te bid. Om bly te wees oor die feit dat jy 'n mens is en mag lewe, oor jou geluk, oor liefde tussen mense, of oor 'n glimlag, is alreeds gebed. Om verwonderd te wees oor die vlae reën of die krag van die wind, dit is gebed. Want dit is verwondering oor die werk van die vingers van God."

'n Mens moet, al is hy nog so ledig of so bedrywig, ook die tyd vind om terug te sit en te dink soos die Psalmis: "Ek dink oor die dae van die voortyd, oor die ou, ou jare. Ek wil dink aan my snarespel in die nag, wil peins met my hart, en my gees deurvors ..." (Ps. 77:6,7)

'n Mens sal dan vind dat jy minder plesier daarin het om ander se geluk vir hulle te beredder. Jy bou eerder op die geloof dat jou eie vreugde in die eenvoudige dinge van die lewe vir hulle soos 'n lantern in die donkerte sal lei. Jy bou eerder op die geloof dat die God wat soveel erbarming vir jou het, hom ook oor hulle sal ontferm.

En die huiskring wat die Vader aan jou toevertrou het – en om wie se onthalwe jy by soveel waters gesaai het en wat jy so naarstiglik probeer herskep en rehabiliteer het ... Is dit nie dalk groter diens aan hulle om hulle te aanvaar vir die enkele goeie dinge wat God se beeld in hulle dra nie? En hulle foute ook aan sy oordeel oor te laat nie?

Hoe goed dit ook al is om vir hulle die wagter op Sionsmuur en die kampvegter te wees, dit is dalk vir hulle beter as ons soms net vir hulle die skaduwee van ons eie koelte gee. En die koelte van 'n boom gee die son van God aan hom, nie hyself nie.

En vir jouself, as jy jou losgemaak het van die belangrikheid van jou eie bedrywighede, as jy jou plek as eenvoudige weer ingeneem het, word elke dag nie meer vir jou 'n gejaag om die ure sinvol deur te bring nie, maar elke dag word 'n kosbare gawe van God wat Hy aan jou skenk omdat wat ánder ook al dink, Hý sin in jou wankelmoedige pogings vind. Omdat Hý sy eie wonderwerke kan verrig, is dit nie meer vir jou nodig om hulle te verrig nie. Jy kan verseker weet dat jou blote menswees met al jou swakhede en foute genade in sy oë vind.

Mag hierdie diep en innerlike kalmte, hierdie eenvoudige vreugde in die skoonheid van jou bestaan, hierdie aanvaarding van jou eie nietigheid en die aanvaarding van God se liefde juis daaroor, jou bybly. Mag dit jou versterk in die stormsee van valse waardes en die bose eise van die prestasiesiek tyd waarin ons leef.

Kan 'n mens

'n Reël uit die musiekblyspel *Camelot* lui: "... if I'd ever leave you, it couldn't be in autumn." Ek dink dit wanneer ek voor sonop vanaf my woonstelbalkon ooswaarts kyk, af op die draai van die Valschrivier. Dit lê soos 'n silwer halfmaan teen die onbeskryflike krytkleure van die lug. En ek merk dat daar 'n fyn gekamde kapoklagie teen die riete lê. Ek sien die eerste ligroos van die môre nie meer bo nie maar tussen die blaremassas van die wilgerbosse op die kim syfer. Ek sien die populiere wat soos kolosse die landskap na die waterkant inlei. Hulle is nog nie geel nie, hulle sweet net geel. Die swaeltjies swiep dringend en stil deur die koelte; hulle is nog hier.

Vir die eerste keer hoor ek die ligte, weemoedige slag van die kerkoorlosie wat in die middel van die dag in die middel van die somer nooit opval nie. Van 1914 af slaan hy so. Hoeveel mense in hierdie dorp het dit deur die jare gehoor soos ek dit nou gehoor het? Ek onthou dat dominee Kestell by die opening van die kerk oor Jacob by Bethel gepreek het. Hy het sy kop op 'n klip geplaas en van God en engele gedroom. Toe hy wakker word, het hy klippe daarby geplaas, want op hierdie plek is van God gedroom. "Mag dan hierdie klipstapel die tyd oorleef omdat hier van God gedroom word."

Toe ek hiernatoe gekom het, was ek moeg, moeg met die vermoeienis wat oor jare opbou in 'n mens wat immer te veel emosie het vir sy verstand om te hanteer, wat immer te veel werk gegee word om te doen, wat bekommernis optel soos 'n hond sy bosluise, wat met heldersiende sekerheid die rampe aanvoel wat voorlê, die inflasie van die verbreekte beloftes, die verwarde lojaliteite. En ek het getrou gebly aan alles wat eintlik vir my die dierbaarste was wat ek self byeen geworstel het: mense, diere, geboue, tuine. En ek het gereken dat ek soos 'n ou olifant deur die bosse aankom na die kerkhof van die voorvaders. Hier waar ek as kaalvoetkind een blok weg skoolgegaan het, 'n blok verder by my ouma loseer het, smiddae rivier toe geloop het oor ek so baie verlang na die plaas hier op langs die rivier waar my ouers woon. Baie keer wanneer die vrolike roeibootjies heen en weer laveer, het ek gefantaseer oor hoe my ma-hulle dalk met 'n bootjie stroomaf kon roei tot by my. My geel perd Kweper kon dalk – soos hy so maklik gedoen het – die rivierdrade omseil deur in die stroom óm hulle te swem ... dalk kon hy kom en ek kon op die sandbanke bloots met hom jaag. Ja, ek het baie verlang as 'n kind. Is ek by die huis, verlang ek weer na die stimulasie van skoolwerk, sang en hardloop en om my verstand teen dié van ander in te slyp.

Ek het die land leer ken, my lewe bedryf nie beter of slegter as ander nie, die oes was nie ryker of skraler as dié van ander nie, maar dit was vol goeie are. Maar ek het geweet dat ek eendag kom doodgaan langs die Valschrivier; ek het dit kom soek, soos ek gesê het: soos die olifante.

En nou is dit so mooi hier. En ek redeneer met die Here ... oor die rivier en die populiere. "How can I leave it in autumn? How can I leave? No, never can I leave it at all."

Kan ek maar nog 'n rukkie langer net van God droom langs die sandklipkerk?

Gebed oor 'n appelroomkoek

Veertien van ons sit toe die dag in 'n kring in Anna se ruim woonkamer.

Buite is dit 'n heerlike dag met voëltjies in die voëlbad, knoppe aan die roosbome en oraloor die reuk van vars gesnyde grasperke. Naby op 'n ronde stinkhouttafel staan Anna se appelroomkoek en beste servies onder 'n geborduurde teenet.

Desnieteenstaande sit ons almal van inspanning en sweet in ons stemmige tabberds op die ferweel-bekussingde stoele. 'n Mens kan amper wesenlik sien hoe gedagtes vang na gepaste aanhalings en woordelikse uitweë uit labirinte van ongewone retoriek.

Sien, ons is besig met 'n biduur. 'n Biduur waar ons nuwe mevrou Dominee aan die begin dit duidelik gestel het dat daar kringgebed aan die einde sal wees waaraan elke suster hardop moet meedoen.

Bid in die openbaar het natuurlik, met respek gesê, baie gemeen met pannekoek in die lug omgooi: Dis baie maklik as jy net eers die slag het en in oefening bly.

Die punt is, ons is almal jammerlik uit oefening. Ons vorige Mevrou was 'n gesoute pastoriemoeder wat die belydenis, soos Jakobus, na aanleiding van die werke geëvalueer het.

Ons ouens van die plase, lang gevestigde gemeentelede, is die basaarpilare van die gemeente. Ons gee die beeste, die varke, die skape, bokke of hoenders. Ons verwerk dit tot maal-vleis, boerewors, biltong, kerrievleis, sopbene en frikkadelle, al na die idealistiese eise van die dorpsusters. Dan koop ons weer alles terug wat op die basaar oorbly.

Ons skenk die botter en eiers vir die sending se koekverkoping, ons open die lyste van die swart ouderlinge, ons skenk die melk vir die Ringsitting, ons mans ploeg die kerk- en pastorietuine met ons trekkers en ploeë om en ons ry die mis aan daarvoor. Ons skenk die plantjies en wanneer daar waterbeperkings op die dorp is, ry ons die kerk- en pastorietuine met waterkarretjies nat. En as daar geld kort, is ons die eerste wat oortuig word dat ons nie ons tiende behoorlik uitwerk nie.

Hierdie beskeie akkertjie in die wingerd is ons al die jare toebedeel en ons verrig dit met dankbare harte, met selfvertroue.

Wanneer daar 'n kwartaallikse biduur op 'n plaas gehou word, was dit nog altyd 'n ontspanne, gesellige uurtjie rondom goed uitgeryste gebak met ryk Jerseyroom. Dan sou Mevrou vir ons die een of ander verdienstelike sakie aansny wat 'n spesiale bydrae nodig het van vleis, melk, botter of kompos, wat ons moedig vir ons rekening neem. Ria, ons ouderlingsvrou, sou gewoonlik so 'n byeenkoms afsluit met 'n vooraf uitgewerkte gebedjie wat die terrein van menslike behoeftes op die allerwydste en allervaagste manier aanstip.

Ons sien verder toe dat Mevrou se motor se bagasiebak vol gelaai word met groenmielies, seisoensgroente, 'n boud vleis en grondboontjies vir die pastoriekindertjies. Ons neem dan met soengroete van mekaar afskeid met wedersydse respek vir mekaar se geloofsuitlewing.

Maar predikante kom en gaan, en nou is ons geseën met 'n nuwe Mevroutjie, kersvars uitgedraai uit groot herlewingsaksies. Dit lyk of die enigste item wat oorgebly het uit ons vorige bidure, Anna se ryk appelroomkoek onder die net gaan wees, want dit blyk Mevrou voel vere vir tombola-tafels en tuine. Wat saak maak, is die toestand van ons siele; 'n biduur is 'n saak van eksegese, teksverklaring. Die biduurganger moet sy of haar vergiffenis vra, sonde bely, moet van geestelike herlewing getuig. Daar sal gesing word, geloof word en daar sal gebid word, hoorbaar, op die man af en persoonlik.

Dwarsdeur haar voorlesing, haar besielende rede en haar helder voorsang sit ons toe in ons gedagtes en rondskarrel vir paslike gebedstemas.

My probleem is spesiaal. Ek sit aan Mevrou se regterkant en as ons kloksgewyse omgaan, sal ek heel laaste aan die beurt kom. En ek vra vir jou wat op aarde het teen daardie tyd oorgeskiet? Watter ergerlike sonde, watter spesiale behoefte, watter inkleding, watter gedrae konklusie sal dan nie al deurgespeel wees nie? Sou ek kan bieg oor my en Naasbeste se rusie gister toe hy oudergewoonte aanmerkings het oor die smaaklose middagmaal en ek die bord onder hom uitruk en die inhoud by die venster uitskiet?

Ek hoor die voëltjies my aanmoedigend buite toeroep. Wat omtrent die inspirasie van die natuur? Helaas, ek onthou van die digbundeltjie langs Ria se Bybel. Sal ek dankbaarheid betuig oor goeie gesondheid? Terwyl twee stoele van my af my vriendin sit wat pas uit die hospitaal is ná 'n kankeroperasie?

Intussen het die bidstonde met mening aangebreek. Ek was reg, Ria het die natuurtema gepak en daarna, so vinnig as wat ek aan iets waardigs dink, handel iemand dit af. Die landsomstandighede, die regering en die opposisie, die uitdra van die evangelie, tot Mevrou met haar pastorale sorge.

Iemand is dankbaar oor 'n gelukkige gesinslewe, iemand vra vergiffenis oor haar gebrek aan geloof, haar ongeduld, haar swakheid teen aanvegtings van die duiwel. Opgedra word onderwysers en die polisie, dokters en verpleegsters, spoorwegwerkers, die weermag, die jeug, die oues van dae, swartes, wittes in magsposisies. Party vra reën vir die koringplant, ander vra sonskyn vir die mielie-oes. Toe die Onse Vader twee keer gedoen is, is my laaste skamele hoop daarmee heen.

Daar bly niks oorspronkliks of waar of eg oor vir my om te sê nie, dag ek toe die dertiende biduurganger haar aanspraak begin. So 'n swak, ontoereikende Christen is ek dan, so help my. En meteens dag ek, maar as ek hier sit en sweet hieroor, wie anders weet nou beter dat dit so is as die goeie Vader self. En of ek daarna soek of nie, ek sien meteens in die stoel reg oorkant my, dwarsdeur my geslote ooglede, 'n mens sit, 'n vreemde man. Dit is iemand wat ver moes geloop het, want sy lang mantel wat Anna se Persiese tapyt raak, is stowwerig. Gelukkig dat dit so 'n kosbare tapyt is, dink ek, wat sag onder sy voete moet wees in sy afgetrapte sandale. Hy is moeg, kan ek sien. Soveel eeue al wagtende en in die laaste rukkie so baie versoeke wat aangehoor moes word.

Iemand stamp aan my: Dis my beurt. "Liewe Jesus," sê ek kalm, "ek is so bly dat U oor die slegte paaie en ou sleephekke tog vanmôre hier by ons kan wees. Want Anna het nou ook hierdie wonderlike appelkoek spesiaal vir U gebak. Met rosyne en rum daarin, weet U? Eet asseblief 'n stukkie saam met ons voor U verder gaan. Amen."